U0031311

台灣近現代水墨畫大系
Contemporary Taiwanese Ink Painting Series

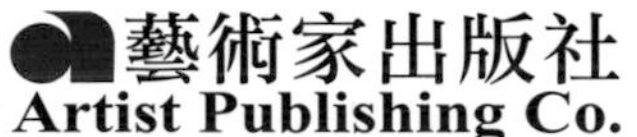
藝術家出版社
Artist Publishing Co.

Contemporary Taiwanese Ink Painting Series

台灣近現代水墨畫大系

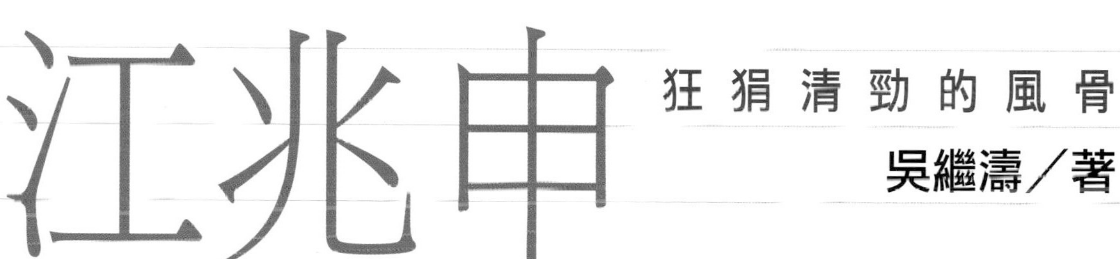

江兆申

狂狷清勁的風骨

吳繼濤／著

藝術家出版社

出版序

源自中國的水墨畫在九〇年代台灣本土化熱潮中，曾經是備受冷落的畫種，即使是具有實驗性質的「現代水墨畫」，也有著眾說紛紜的界定與論述。然而邁入廿一世紀，隨著中國大陸的經濟力所帶出的活絡華人藝術市場，其關切的焦點必然屬於民族性畫種的水墨畫，故此，水墨畫似乎已有重新站上歷史舞台的聲勢。

相對於中國大陸近年來相繼出版了不少水墨畫大師的畫集或套書，台灣針對此方面的論述出版品似乎較爲薄弱。藝術家出版社有感於台灣缺乏一套系統性的水墨畫論述出版品，故在今年以系列性、階段性的方式，出版《台灣近現代水墨畫大系》套書。

《台灣近現代水墨畫大系》不僅可以建構出另一種觀點的台灣美術史，也可以促進台灣水墨畫創作的發展，當可謂推動台灣現代水墨繪畫奮力向前的重要里程碑。爲使此一系列套書能引起當代藝壇的重視，同時對台灣水墨畫研究提出相當分量的學術價值，不僅藝術家具有代表性，著者亦爲一時之選，他們對其所執筆撰寫的藝術家均有深入研究，以突顯這套叢書的時代性與代表性。

本套書目前已出版的著者與藝術家包括：蕭瓊瑞撰寫高一峰、黃光男撰寫傅狷夫、巴東撰寫張大千、詹前裕撰寫溥心畬、鄭惠美撰寫鄭善禧、林銓居撰寫余承堯、潘襎撰寫陳其寬、盧瑞珽撰寫鄭月波。

《台灣近現代水墨畫大系》套書採菊八開平裝，文長約四萬字，內容包括前言（畫家風格特徵）、藝術生涯介紹（師承及根源、風格及發展、斷代等）、繪畫作品賞析（代表作、特質、分期、用印等）、評價論述（傳承及對後人影響）、結語（評價及美術史位置）、畫家年譜。畫家代表作品圖版約一百廿幅，並有畫家生活照片，編輯體例嚴謹。

畫家風格不同，著者用筆各異，然而提供讀者生活傳記與論述兼具的內容、具有可讀性與引導作品賞析的作用，同時闡述正確美術史定位及藝術作品價值，是我們出版本套書的宗旨與期許。相信這是一套讓我們親近台灣近現代水墨畫大師的優良讀物。

藝術家出版社發行人 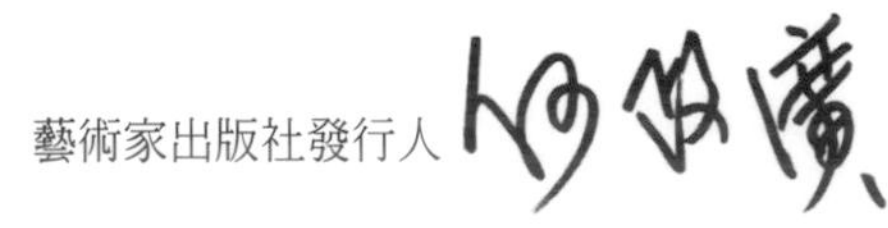

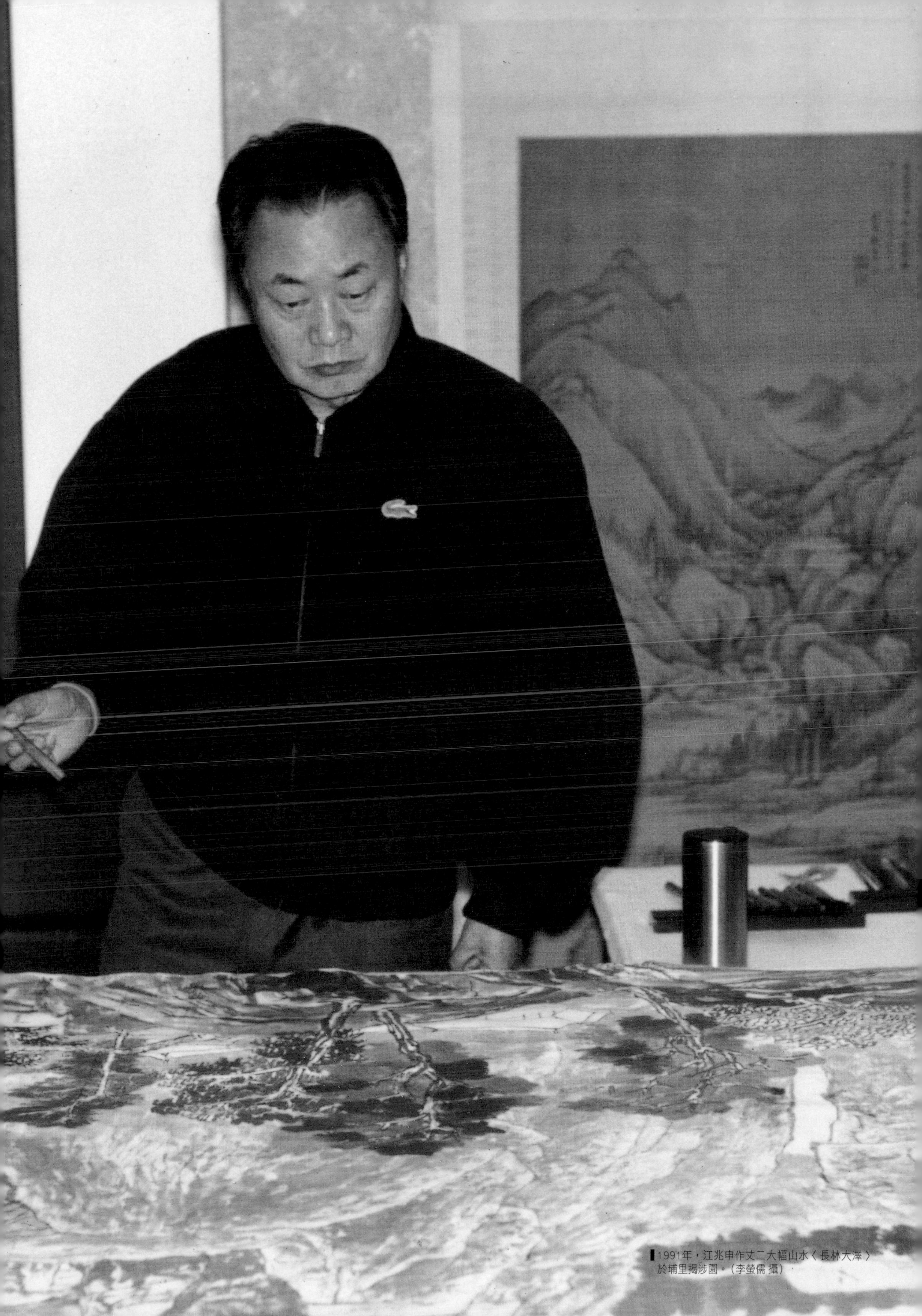

1991年，江兆申作丈二大幅山水〈長林大澤〉於埔里揭涉園。（李螢儒 攝）

〔台灣近現代水墨畫大系〕江兆申——狂狷清勁的風骨

CONTENTS

目錄

前言：廿世紀文人水墨的頂峰

百年來台灣水墨的演進，從明、清延續的「閩習」傳統，到日治與「和畫」的新舊並容，以至政府遷台從中國傳統到鄉土運動的演變，已歷經多次更迭與時代的轉折。就台灣當前水墨狀態看來，假使以一九四五年作爲分界，可以發現：光復前的面貌未曾在這塊土地積澱下來，而光復後自大陸移植的風格，落實在這塊土地也已逐步削弱其特徵，在當代儼然擴延出台灣自身的多元變異。可以說在台灣水墨畫已由對故國的懷想，歷經抽象藝術的引潤、鄉土寫實的情思到當代多元混種、異類合成；而思想上從外表的言情寫意、學理依據到內在自省抒發，透過海島土地的省思到世代交替的量變質變，儼然形成不同於中原體系的繪畫表現。

但放諸兩岸三地廿世紀後半期中，書畫家能具備歷史深度，並落實人文性格與畫格厚度者已是屈指可數，尤其在新水墨熾熱的時代，能夠跨越舊傳統而卓然成家者更形絕少。然而純粹由台灣這塊土地培植的水墨畫家中，江兆申絕對是獨領風騷，尤其在承繼古典筆墨的成就上，放眼海峽兩岸當代無人能及，以至不少學者、畫家私下皆對江兆申欽佩不已。藉由古典結構的再創造，並能賦予山水畫時代新意上看，他的藝術成就已超越當年渡海來台的諸位前輩，倘加上其它方面的長才，江兆申絕對穩居台灣美術史的翹楚地位。水墨風貌南渡的轉換，究竟是青出於藍，還是橘化爲枳？歷史自有公斷。

雖然生長於大陸安徽，但江兆申的藝術滋養、成長與鎔鑄，完全是在渡海來台以後。環顧當時台灣水墨所瀰漫的藝術氛圍，他並未因此隨波逐流，反而傾慕著文人風範作爲精神指標的溥心畬，至此深刻於經史與書畫的研究，篤定自己所追求的創作路線，這不但是個人天秉的直覺，也與創作情性激盪下的風骨有關。張大千在世時，已讚譽江兆申的山水畫是「海峽兩岸第一人」，大陸楊仁愷先生也認爲：江兆申面對傳統與創新的藝術實踐上，實起著力挽狂瀾之功。江兆申以古雅醇厚的文人風範，在當代藝術甚爲詭奇的藝壇屹立不搖，甚至在兩岸書畫界以「新文人」畫風逐漸發酵的影響力，更是奇蹟！這樣的時代，何以成就這樣的水墨大家？

回顧江兆申一生，所涉獵的藝術範圍並非僅限繪畫一事，他的視野是奠基在書畫史鑑定與創作間相互釐清與鎔鑄的結果，而其書畫更是個人專致博涉與情性耿烈的獨白。也因此，前密西根大學藝術史教授艾瑞慈就推崇說：「想想在書、畫、詩文、藝術史、篆刻，乃至博物館行政，這幾門裡，能想得出同時擁有第一流地位的人才，如江先生者嗎？」一個能同

江兆申
層霞疊巘
1996年
188×95.5cm
水墨設色灑金箋
（右頁圖）

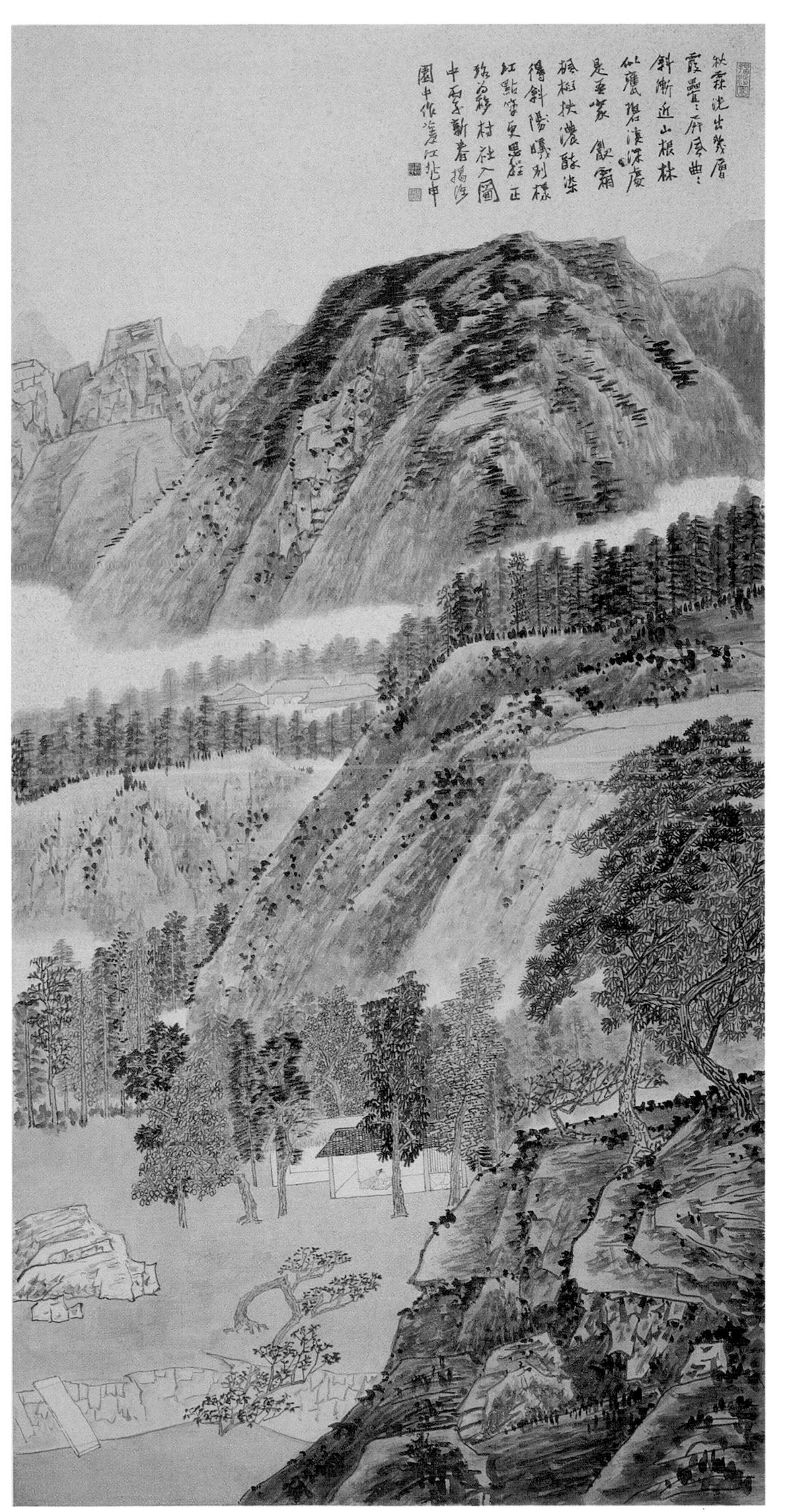

時受到眾多人佩服的藝術家，絕對有他在創作上的價值與深度！

多年前筆者撰寫《台灣現代美術大系──文人寫意水墨》一書，內列八位文人畫家中，吳平、蔣勳皆與江兆申知己交遊，而周澄、李義弘爲「靈漚館」入室弟子，小魚、倪再沁則在文化大學就讀時，頗受先生教誨。江氏以其個人風範，一時俊傑相互交融，輻射在同時代的文人感染力可見一斑。回憶筆者少年時期，首次見到雜誌報導關於江先生的專文，即爲其清勁狂狷的畫格所折服，爾後於北上求學之際觀摩到不少原作，並陸續閱讀其學術著作，其風範也逐漸影響己身藝術性格的追求。從旁觀崇仰到深究其藝術精髓，而今能執寫先生評傳，歷四分之一世紀的浸染，算是了卻翰墨因緣。

在本書中筆者透過江兆申早年閱歷，分析其繪畫風格、師承與發展、代表作品特質、對後世影響與台灣水墨發展上的貢獻逐一敘述，重點放在其書畫風格的分期與融滲。更難能可貴的是，在近代繪畫史中確實不容易見到，藝術家盡其一生卻有如此鮮明的風貌變革，也益發顯見江兆申不肯因襲固有的氣魄。

在台北國立故宮博物院任職期間，江兆申曾主持過「吳派九十年展」的研究，清清楚楚道盡一個畫派由盛而衰的過程，以江兆申藝術成就所奠定的畫壇地位，與「靈漚館」所延續的書畫影響，正引領著台灣水墨發展歷程中令人期待的關鍵時刻。

一 江兆申的早年與生平

有一句話說人品即畫品，要畫格高必須人格高，高尚的品德揮灑於筆墨間，所流露出的境界，常常能使人涵詠不盡。

——江兆申〈春風化雨話師門〉

（一）早年家學的培育

江兆申，字椒原，一九二五年農曆八月廿六日，生於安徽歙縣巖寺（別名鳳山）豐溪水畔，爲家中長子。江氏的先祖原居於安徽縣南的梅口，到了祖父輩才遷居巖寺鎮，以務農爲生。

江兆申家族可謂書香門第，且先輩間亦多能繪事。他的祖父江國模就專工仕女、花卉、翎毛畫，而父親吉昌公則擅長書法、篆刻，偶爾畫些沒骨花卉。外祖父方德曾試第過秀才，既能書法也善作果蔬題材，時人雅稱「方白菜」；在家學影響下，舅父多與文士如許承堯、黃賓虹相交，而母親江方旃與姐姐江兆訓亦善於作畫。

七歲時，江兆申進入當地鳳山小學就讀，無奈由於在校成績不佳，竟被老師斥責歸返，改在家中侍母學書。到了冬天，他才隨地方名宿吳仲清讀書，並偶爾從事雕刻。八歲時他原跟著三舅父讀書，但那年冬天因爲地方上鬧土匪，全家便隨父親搬到上海暫避，由父親督導功課與書法，並教畫松柏及簡筆山水，不過此時頑皮的他，常會在父親離開後，興起畫些濟公捉妖或關公、張飛、岳飛一類的歷史人物。

九歲時的江兆申，已能爲人書寫扇面及對聯，並獲得老一輩的獎譽。這年，他還跟著四舅父在上海謁見過黃賓虹。十歲，江兆申返回巖寺就讀小學四年級，也偶爾爲人治印，並受到當時篆刻名家鄧散木稱賞；可惜由於祖父過世，父親在上海經商失敗，使他不得不在讀了一年小學後，輟學爲人鬻印、抄書以貼補家用，遂在鄉里間聲名漸著。一九三六年冬天，當時黃山山麓唐模村的許疑盦太史，爲深渡的姚氏老太爺撰寫墓表與書丹時，就委請十二歲的江兆申負責刻碑，次年他爲許太史補書杜甫《草堂詩集》後，先生贈詩有：「願汝學有成，博汝父母喜」的期許。

十五歲時，江兆申考取安徽屯溪「江南糧

方德作品

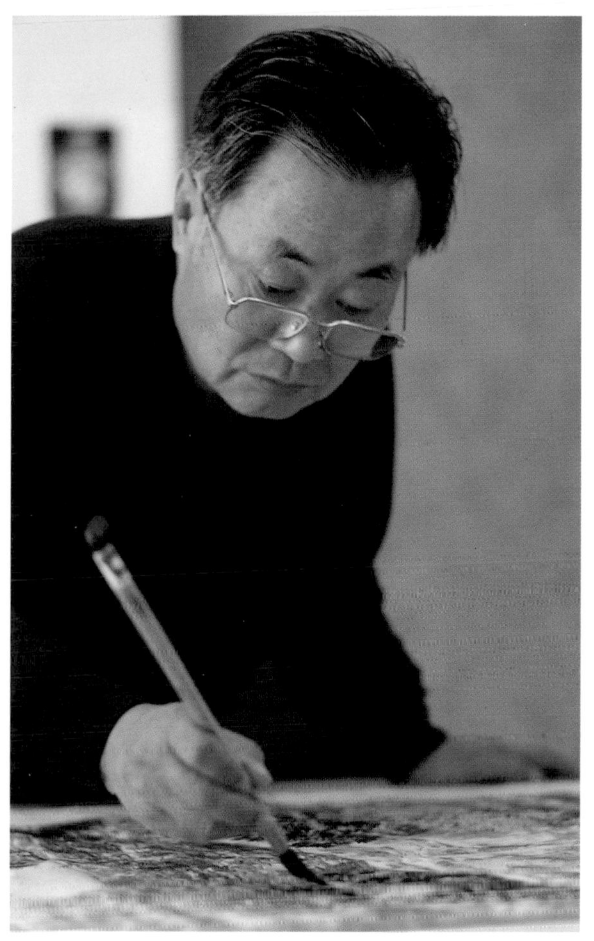

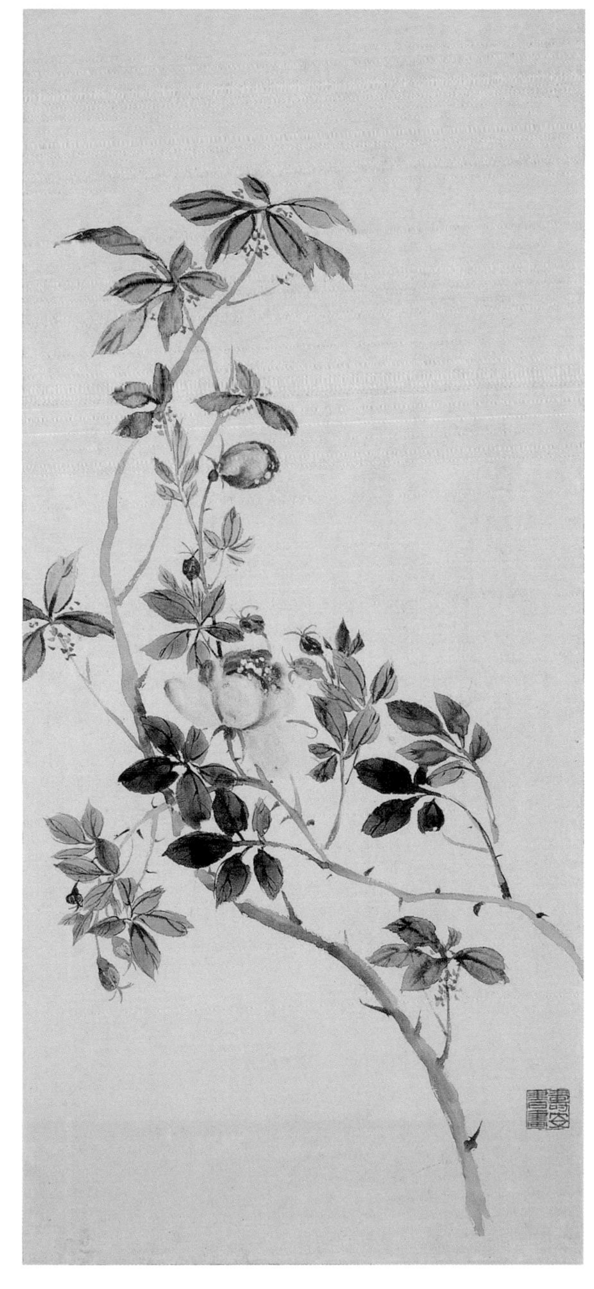

江兆申作畫（左圖）
江吉昌作品（右圖）

食購運委員會」，官拜准尉而職稱司書，負責處理文書工作。此後他偶有詩作，並承鮑倬雲收錄爲詩弟子，只是所作不多。但這時卻不斷因戰時工作改變，而先後供職江西、福建「羇旅近七年始返」，並常往返於江西信江一帶。直到抗戰勝利，廿二歲的他才在回鄉半年後，再度赴任「監察院浙江監察區監察使」，辦公室設在杭州西湖畔的孤雲草堂，生活才稍許安定。在杭州供職的餘暇，他常能優游於西湖及附近名山勝景，並結識同事的妹妹章桂娜。一九四九年元月近春節前，由於父親病篤驟逝，江兆申便在百日內與章女士於杭州結婚，並轉任職「上海浙閩監察使」，後來隨單位在五月渡海來台，暫居台北姊姊家。(註1)

（二）渡台後的藝術生涯

渡海來台後，江兆申於第二年九月任教基隆市立中學，教授國文。那年冬日，他投書溥心畬求錄爲弟子，獲先生覆書應允，得以就教溥先生學讀書。從渡海南來的畫家中選擇投入溥心畬門下，本質上就透露出他個人品性的傾向，日後雖並未直接向先生學畫，但溥心畬在書畫上的清高雅逸、氣韻沉然，與透滲的文人涵養，都在江兆申的身上以另一種面貌傳承下來。

一九六五年，四十一歲的江兆申在台北市中山堂舉辦第一次個展，不久獲得葉公超、陳雪屏兩位前輩的引薦，進入甫成立的台北故宮博物院書畫處，擔任副研究員一職，自此展開他後半生藝術史研究與鑑定工作。從〈唐玄宗書鶺鴒頌完成年歲考〉、〈楊妹子〉開始，江先生一連串發表有關唐寅、蘇州畫壇與文徵明畫作與編年考證，最後擴及整個吳門畫派研究，成爲當代最傑出的藝術史學者，也將台北故宮博物院推向國際一流的研究地位，廣受中西學界所敬重。

一九六九年九月，由密西根大學艾瑞慈教授推薦並獲國務院邀請，江兆申以客座研究員的身分，赴美國遊學訪問。一年間不但參觀了美國各大博物館與私人收藏，還完成十六世紀蘇州地區畫家活動情形研究卡三千張，歸國後再補成研究卡八百張，並籌辦為期兩年三期的「吳派畫九十年展」特展，主編出版宋、元、明諸家書畫墨蹟選輯。期間從研究員、書畫處處長升任至副院長，直到一九九一年，他才從任職廿六年的故宮博物院退職。

江兆申在書畫藝術上的成就，主要從遊歷蘇澳、花蓮、天祥歸來所作《花蓮紀遊冊》，並獲得中山文藝獎後，就先後多次受邀個展、演講於日本、漢城、台北等地，期間他書畫上的多方躍升與不同時期的風格轉變，都彰顯著鮮明的性格與豐厚的人文素養。一九九〇年春，江兆申發現患有心肌梗塞，年末於台北國立歷史博物館舉行盛大個展後，翌年即退職移居埔里，隱遁入另個創作顛峰。

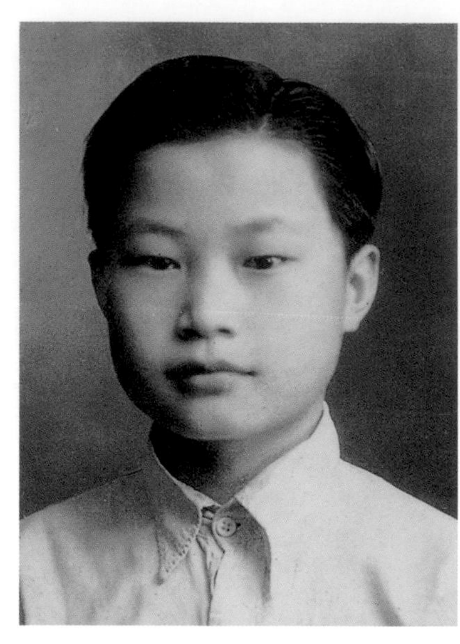

江兆申　1939年攝於屯溪（上圖）

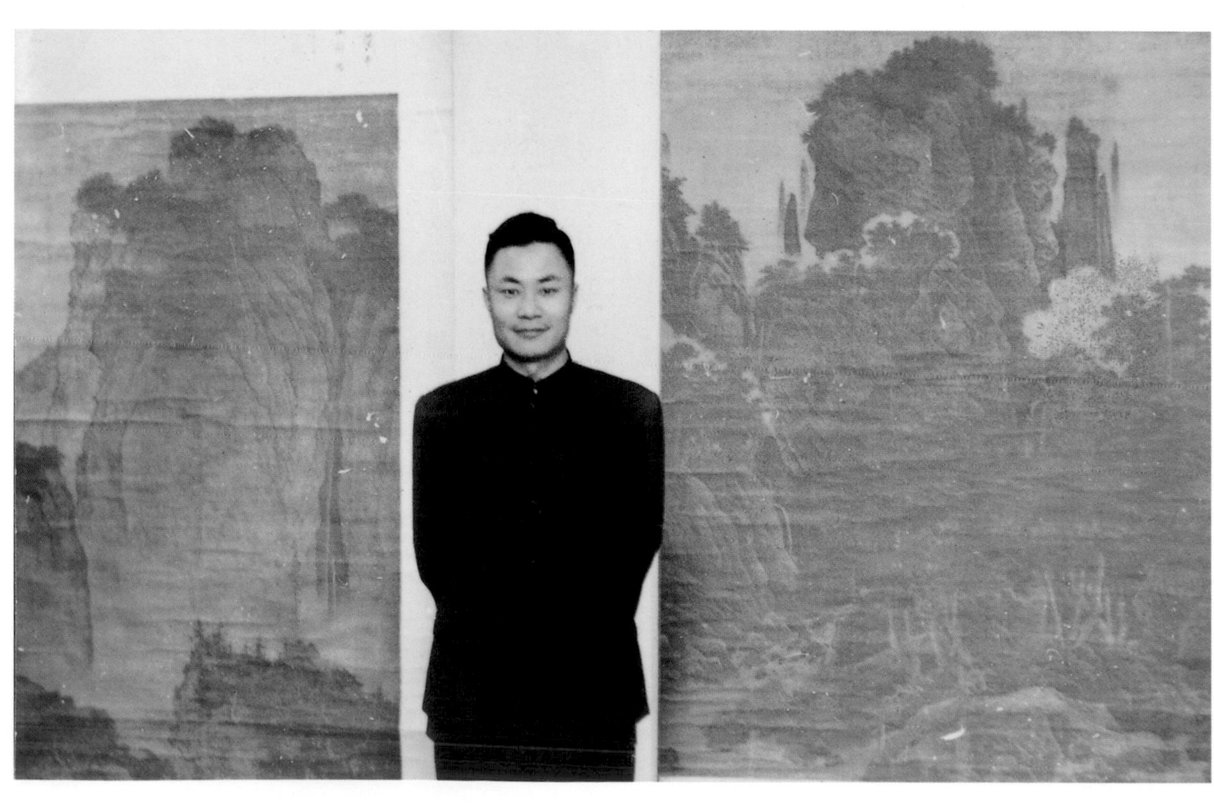

1966年，江兆申攝於台北故宮博物院書畫處。（下圖）

- 1969年，江兆申（左）與傅申（右）、羅覃鑑賞華府弗利爾博物館庫藏郭復雷〈春消息卷〉。（右一圖）
- 1993年，江兆申於北京故宮鑑賞北宋郭熙〈窠石平遠圖〉（右二圖）
- 1995年，江兆申於遼寧省博物館鑑賞南宋〈寒鴉圖卷〉（右三圖）
- 1995年，江兆申參觀瀋陽魯迅美院庫藏。（右下圖）

一九九二年，於台北市立美術館舉辦爲期三個月的「江兆申書畫展」後，另擇件至北京中國美術館開展，並續展於安徽省黃山市博物館、香港藝術中心、新加坡文物館等地。一九九五年以新作赴遼寧省博物館個展後，卻在次年於瀋陽魯迅美術學院的一場演講中，突然因心肌梗塞猝逝，得年七十二歲。

在辭世後的十多年間，江兆申的藝術成就持續被提及與肯定，而「江門學派」更超越了一所學院所能化育的成就，開展出代表台灣近代最重要的書畫風格與藝術史研究，其影響已逐漸的散染開來。台大藝術史研究所顏娟英教授就認爲：

> 故宮專家對臺大學生影響最大的首推江兆申。……他的教學重視培養鑑賞的法眼，著重實例示範，重現創作的環境、心境與筆法，到達神乎其技的境地，同時也不忘提醒學生熟讀古籍，與古人同遊的重要。事實上，江兆申兼具傳統文人詩、書、畫的創作才能，研究唐寅與文徵明，也深刻地融入其困頓的際遇與跌宕的情緒，以敏銳的才情感同身受，最後並回復到文人傳統，再現古人的創作世界。[註2]

江兆申年少時因動亂離開故鄉，又因工作轉換奔波各地，反而在渡台後才逐漸安定下來。而他的居所，也先後從基隆的「暮雲山館」、宜蘭頭城的「靈音別館」，台北龍泉街「丏山樓」、濟南路宿舍「小有洞天之室」與「靈漚館」、外雙溪「石林叢舍」、「嬾雲窩」書齋、汐止舊莊「靈漚小築」內「對山樓」、「雙菩提樹龕」，晚年隱居埔里「揭涉園」、竹圍「煙波飄渺之樓」等，可說道盡一生際遇時分的內在託寄。（參照25頁圖版款書）

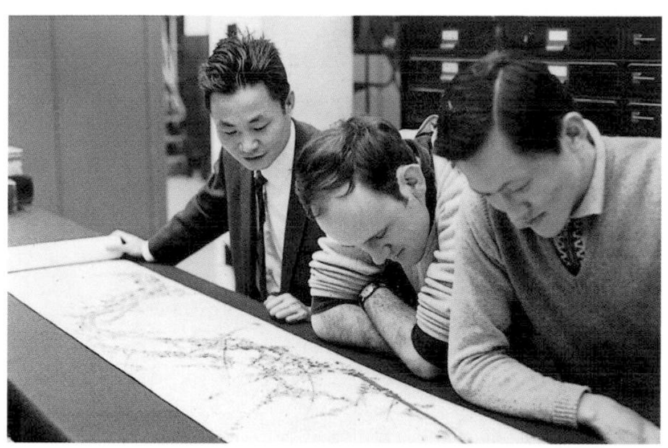

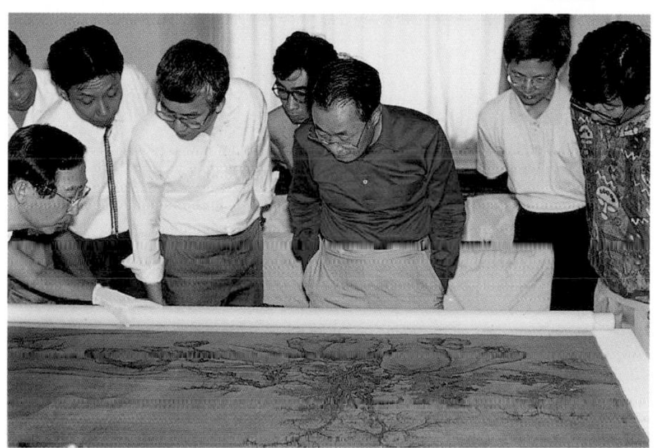

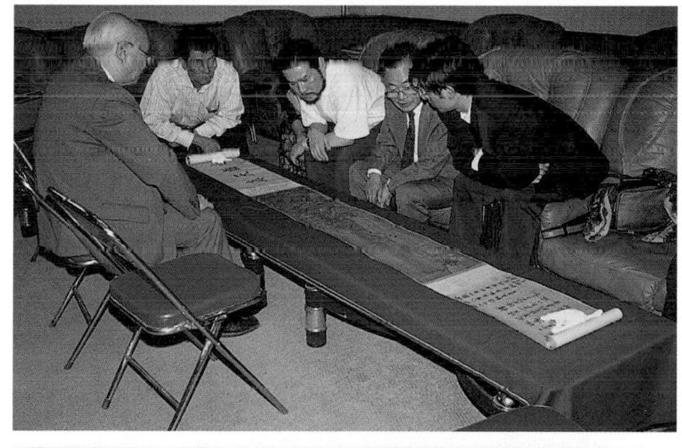

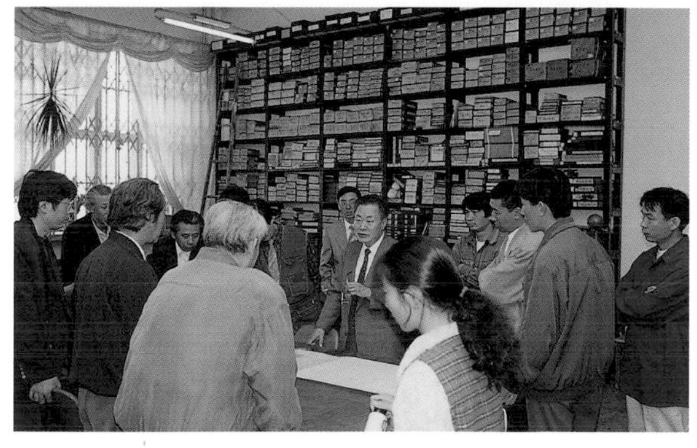

註1：在父親過世之際，由於姐姐、姊夫、弟弟早已暫居台北，喪事是由江兆申自行返鄉處理，有親人的依靠也成為江氏日後選擇來台的契機之一。

註2：顏娟英，〈導言〉，《美術與考古》。北京：中國大百科全書出版社，2005.5。

二 江兆申的藝術歷程與發展

隨著年齡和時間的增長，一個畫家的風格會變，他的題材會變，他的閱歷、品格、品味等等都會改變，但是他作畫的習慣不會變，要認識一個畫家，要從這個角度去考察。

——〈江兆申畫語錄〉

無論當代藝術如何創新，依傍著古典涵養的書畫藝術，總能使「人」的價值更形深刻，因爲不同時代的傳統，都是藝術創作者盡其生命精粹的揮灑，也是各自與過去文化聯繫出筆墨至情至性的激盪，使得後繼者能在相異的時空中，同樣感應到線質之於人格美學散發，這是傳統價值的珍貴意義。

（一）師承與藝術脈絡

江兆申早年承繼家學，奠定著書、畫、印、文的基礎，廿七歲拜入溥心畬門下後，十二年間唯從先生讀書習文，於繪事則自學於古人。觀其一生書畫風貌，主要從寒玉堂靈峭清新而出，並透過個人豐厚的文學根基，滲入不同生命時期對創作美學的體會，形成他重要風貌的源頭。根據江兆申自己所訂的年譜，他似乎有意強調其文學底蘊而勝於繪畫歷程，當是始於傳統文人畫家重「士氣」觀念。

關於江兆申的繪畫，比較明顯是受到溥心畬影響與黃賓虹的啓迪，但主要還是在精神的傳承，而非筆墨性格的重複。江氏從溥儒主要是作學問，經常僅只於討論課業。於此，江兆申曾有文字述及：「申於己丑庚寅之交，執贄願從學六法，先生誡之，以為畫不足學，須先學書。其後每呈詩文習字，則先生欣欣然喜，偶一作畫，又往往蹙額若有不悅之容焉。故其後申專意於讀書臨池，丹青之事轉而益疏。」(註3) 於繪畫一事，雖然多從旁濡染，卻非親筆傳授，直到三十八歲才在溥心畬的要求下，臨摹了兩件宋冊呈上，溥氏看過後說：「筆墨都對，但顏色不對，以後再教你吧。」後來隔了很久，江氏在晉謁老師時，溥老師以去年所畫山水長卷爲本「口述畫法，歷一時許。」(註4) 這中間溥儒所訓誡，也是對他此後影響最大的是：繪畫倘袛匆匆染一兩遍，則山澤枯槁，毫無生氣，若欲凝實而潤澤，則不下十遍亦可。正因爲如此，江兆申日後不同時期的畫中雖然常有筆法放逸奔馳之態，卻又能凝重渾穆，實得力於「寒玉堂」的絕染醇厚。

在取法黃賓虹方面，江兆申用墨沉厚，卻純以筆墨積疊而少用宿墨，他堅持作畫應取新研墨色方能鮮活潔淨、層次分明。對黃賓虹的看法，他曾在〈東西行腳〉一文中提到：「景色微茫，筆墨蒼莽。初看滿紙漆墨，細視之則苔、樹……莫不了了可辨。涉筆之間，用意甚深刻，故能愈黑而愈雅，愈醜而愈媚。」(註5) 因他深知樸翁用宿墨脫膠後的晦暗與混濁，自不學其墨法，至於黃賓虹在書畫線條蟉虯如篆，江兆申也自認筆法差別頗大。他曾針對自己早年用筆分析如下：「當時賢者頗以為拙畫學黃賓虹先生，其實黃樸翁始終用毛公鼎，拙

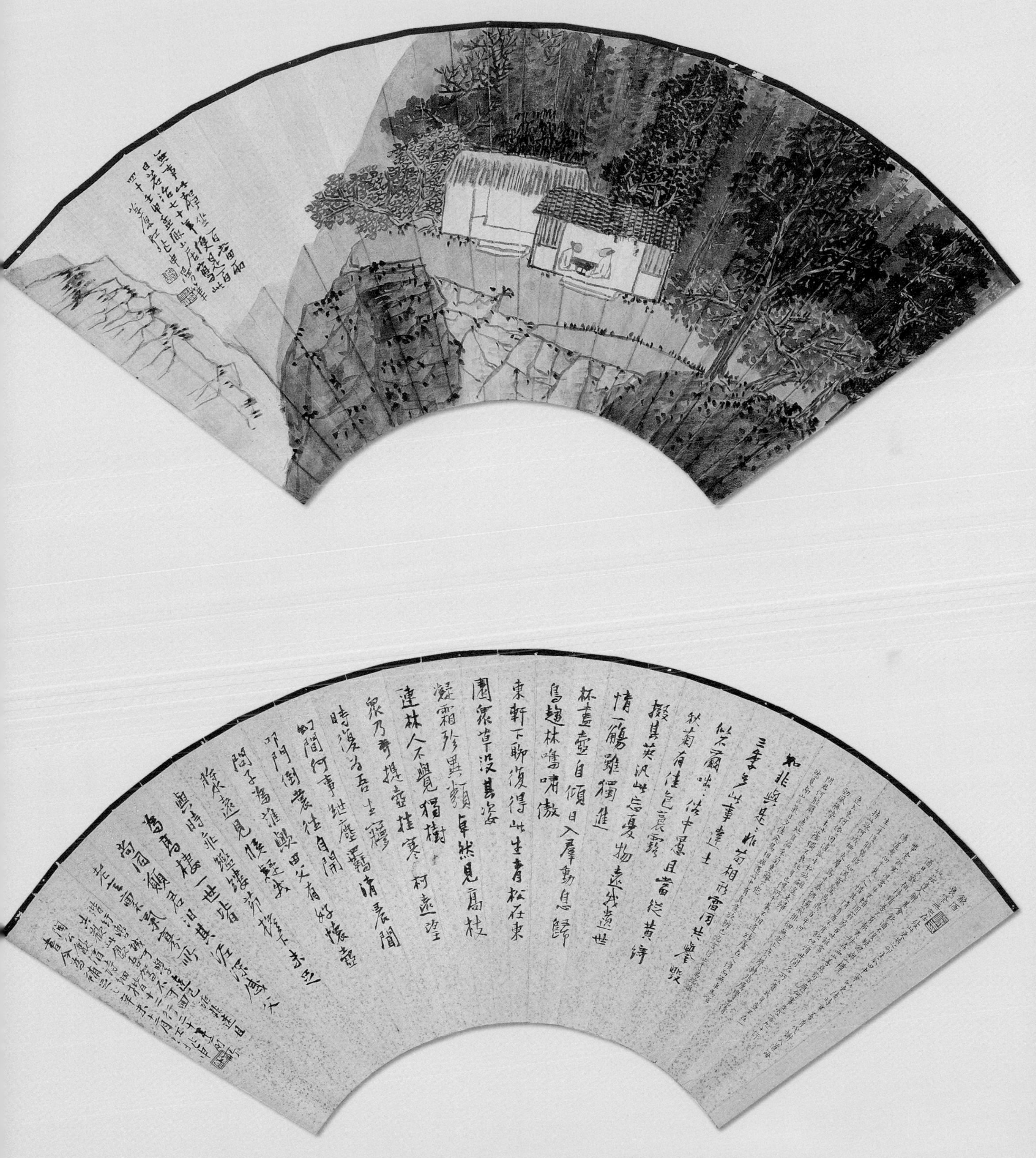

江兆申　書畫扇(正、背面)
1991-92年　32×46cm(本頁二圖)

筆則似歐陽信本之險峭，去樸翁甚遠，近時漸漸圓厚，或在永興、平原之間。要之樸翁用籀法，申則用楷法，偶有隸意耳。此是能為知者道。」[註6] 另一件同年所作〈靜影沈璧〉亦有款識如下：「樸翁本色，畫便蹊徑模糊，不拘形相，蟉虯直是古篆書，心拙筆追之，知相去逾遠矣。」江兆申深知他與黃氏間，脫胎於書法線條的差異，可見他非常清楚，以自己所學歷程去運用前人法式，最終仍要回歸本我的情性與特質。

(二) 繪畫風格特徵

江兆申的繪畫，是透過筆墨與結構的理解，去探究傳統意識的整體深度，他重視山水美學的人格更勝於眞實自然的再現。在本書中，筆者明確將其風格分爲：四十五歲前的「摹古期」，和以六十五歲作爲分界的「狂狷期」與「樸厚期」，而風貌特徵則詳述於第三章。但整體而論：「摹古期」的江兆申，是從師承傳統去印證自然，重現了古典筆墨觀點下自然山川的切片；而「狂狷期」中，江兆申則是透過書學所領悟的肩架與提按，以意在筆先的直覺與線性組織，重組出山川巖塊的脈絡與分割，並在此一邏輯辯證中耙梳出個人的藝術性格與審美價值。此時的他，畫中山水與自然氣韻間的關係較少，全然是理性思考與感性經驗的統合，而充滿著個性中倔傲、狂狷的一己性格；在「樸厚期」的江兆申，重新縱入自然山水的遊歷與鄉愁，再次體認藝術與個人心境的延伸，是透析生命起伏後的修持，此時畫作看來平緩淡然，卻又處處生機勃鬱。茲就其繪畫特徵敘述如下：

(1) 折筆書寫的結體

談論江兆申的作品，絕對不能忽略書法對他線條與結構的影響，從早歲臨習楷書，與學習篆刻的歷程，不但增進了腕力，也厚植了他構築空間虛實的能力。江兆申早年專致行楷，得飄逸靈動之筆；中歲雖多行草，但佐以漢隸增其濕潤奇崛的厚重筆意；晚暮透過篆法增益遒勁、乾裂的老辣筆調，故能顯現拙厚沉著的痛快，也因此他晚歲的書法用筆，多能於瞬間決定出筆墨的辛辣意味。在書畫與筆墨、間架之於丰神氣韻的關係上，江兆申曾在〈書與畫〉一文釐清彼此的關係；至於書畫彼此間的交融與意境，他自己也提過：

江兆申
李青蓮橫江詞
（書法局部）
1994年（左圖）

江兆申
楷書小跋
1963年
15×3.7cm
（同裱於溥心畬墨荷〈翠蓋紅衣〉）
（右頁上圖）

江兆申
靜影沈璧
1984年
60×97.5cm
水墨設色紙本
（右頁下圖）

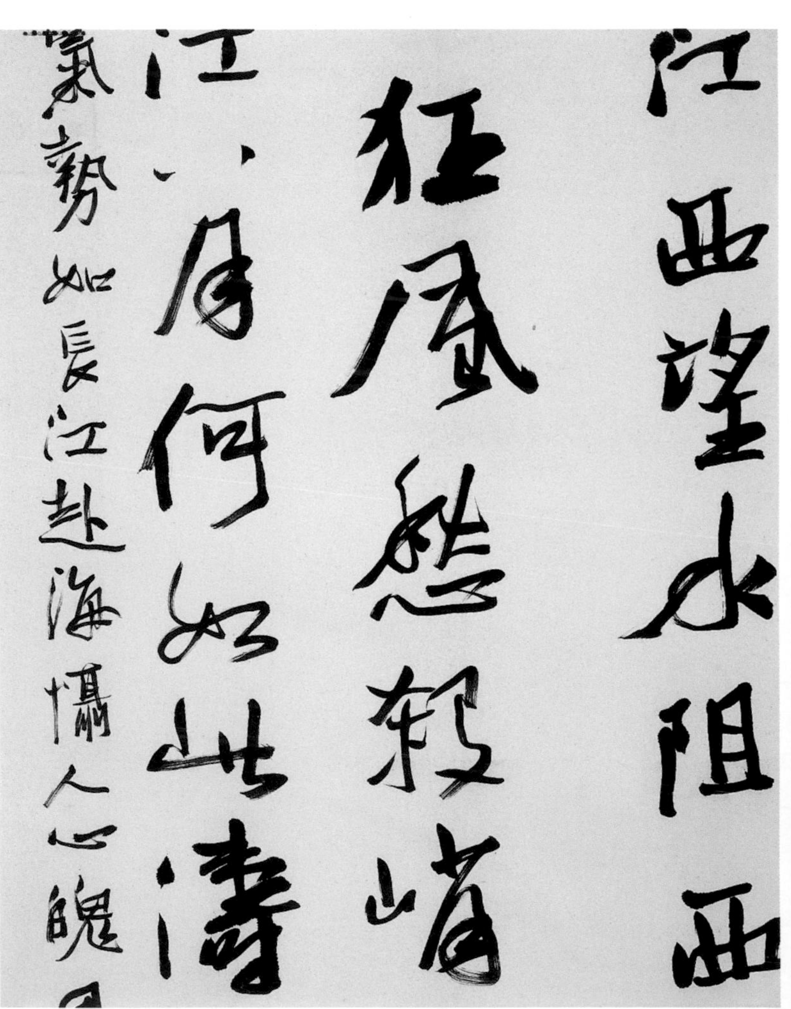

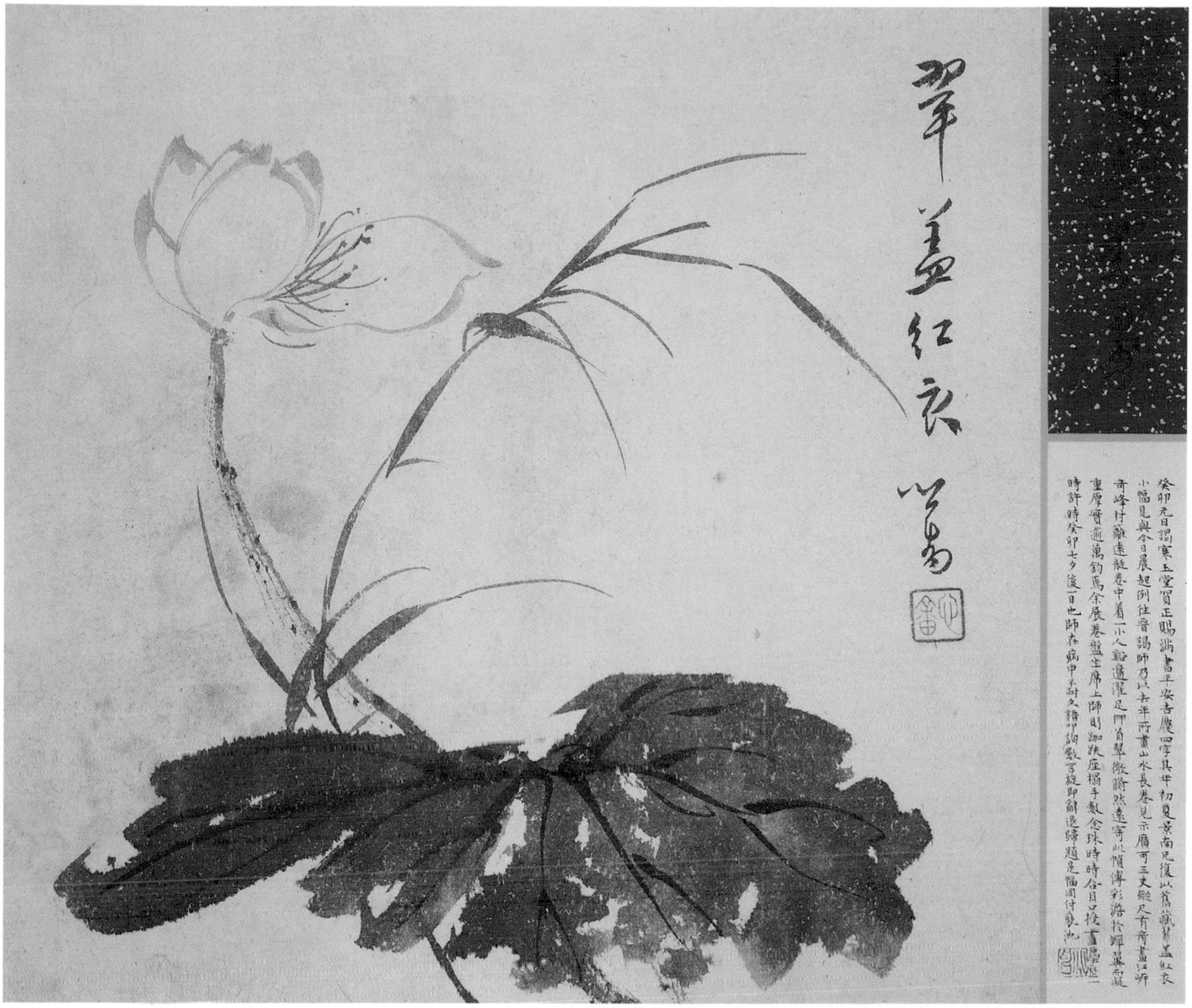

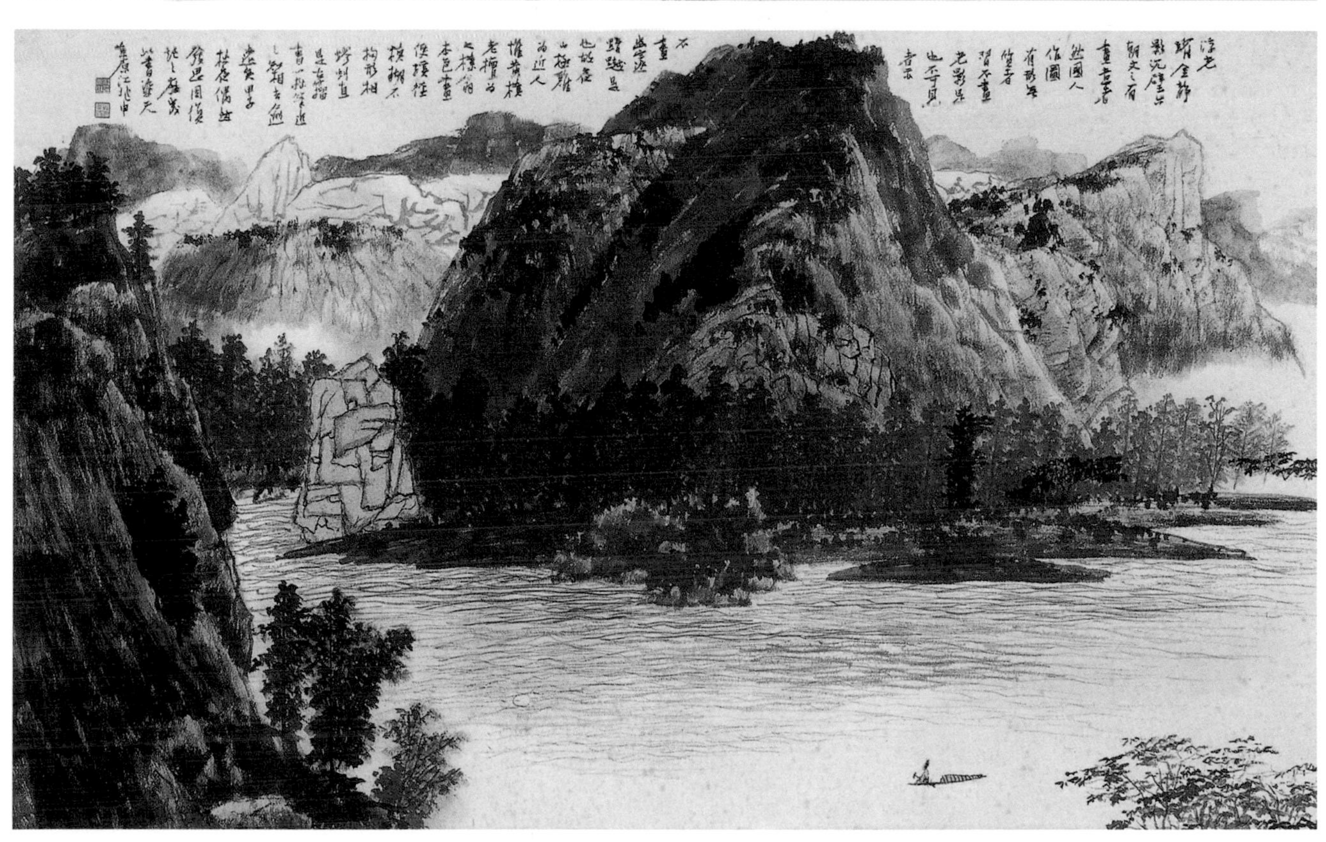

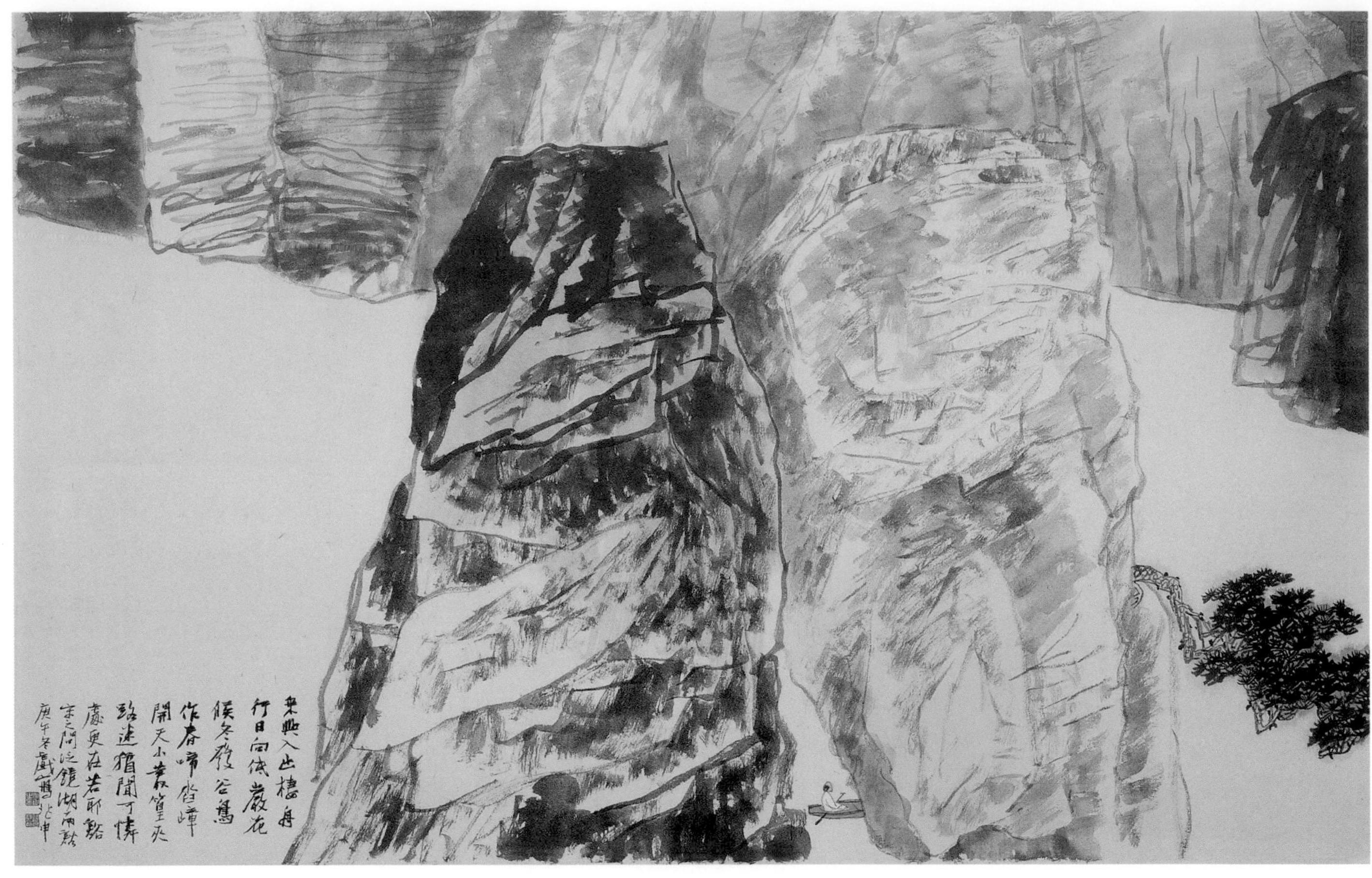

江兆申
滄江撥棹
1990年
63×99.5cm
水墨設色紙本

練字是畫家訓練手的最好方法，而作詩的條件，是要抓得住「情」與「景」，要「情景交融」，這又是畫家們訓練腦的最好方法。手經過訓練，他的筆墨才有深趣；腦經過訓練，他的取景造境才有感性、才有深度。(註7)

書法是爲了鍛鍊筆墨的深度，而作詩則是動腦感性的思考，因爲要凝練字句的同時，也在訓練腦筋對情景交臻的剪裁，行諸於畫面就是構圖的章法或造境。這種對繪畫空間造型的追求，其目的就是智性與人格相互交織成的品味氣度，然而江兆申以自身書法、文學交融於落款布局，其間所形成的氣脈相連，在當代書畫界幾成絕響。

(2) 險峭奇崛的構圖

在山水畫的演進歷程中，畫家對於自然空間如何承接景物的手法，至少可以分成兩個脈絡。自唐五代以至南宋，山水畫透過口袋型拼貼、實景交接到水氣交融的處理，畫家以留白方式處理著空間前後景與景的銜接，如〈谿山行旅圖〉、〈溪山清遠卷〉，甚至元代所發展一水兩岸的空間，都同樣注重這種虛實塊面的延伸；至於從〈早春圖〉、〈青卞隱居圖〉到石濤、石谿以迄黃賓虹，這一個注重山脊龍脈蜿蜒，將繪畫空間作有機的考量，又是另個注重整體構成的系統。

可以說，江兆申的繪畫構圖，就是試圖將傳統兩大系統予以融合，從拼貼山塊到畫幅整體的思惟，以取得空間協調的一致性。在此略述其繪畫構圖特徵如下：

1.險峻奇變

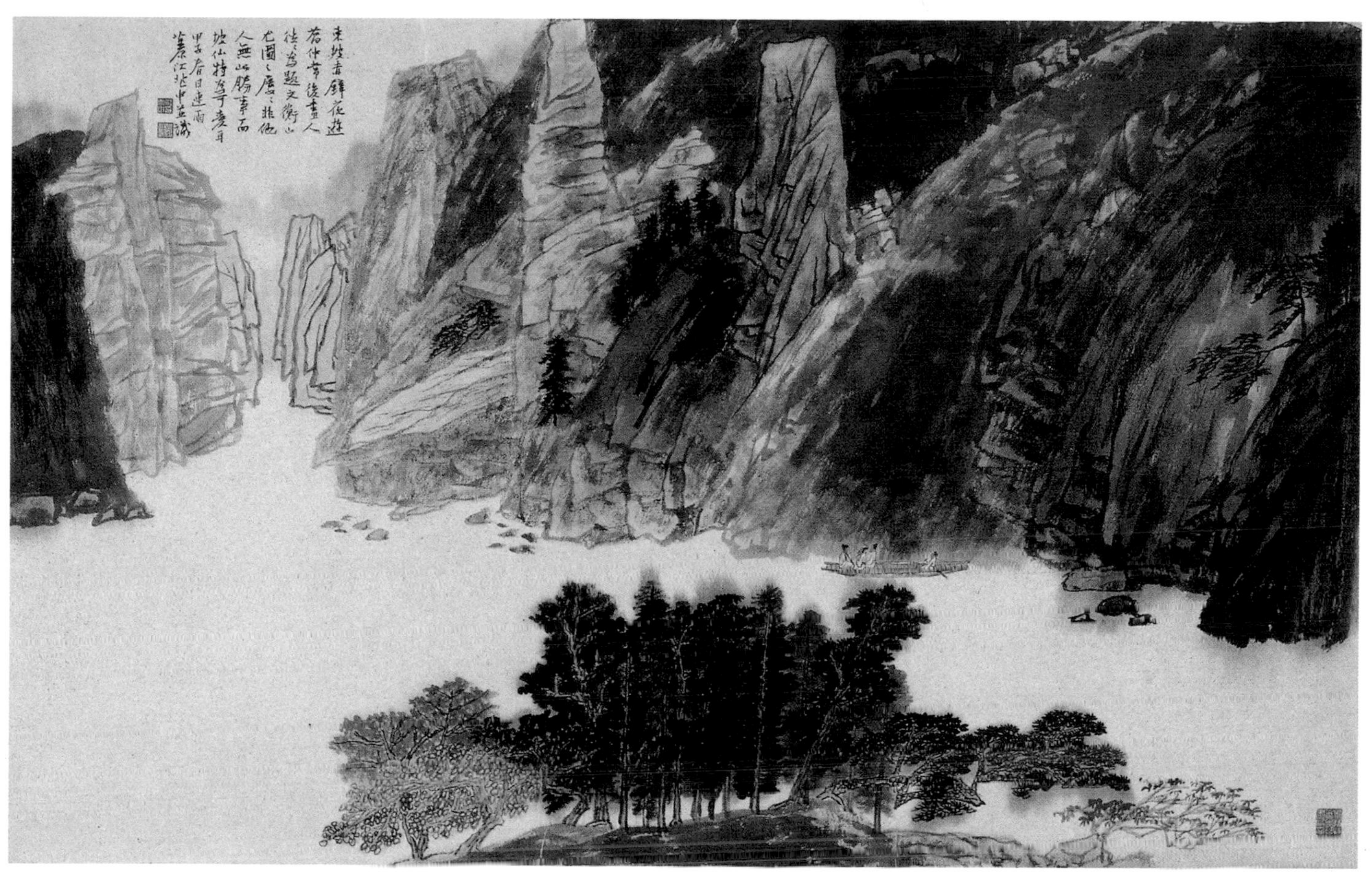

江兆申
赤壁夜遊
1984年
62×99cm
水墨設色紙本

唐代孫過庭在〈書譜序〉中，對於書家一生書風歷程，就提出過「平正」、「險絕」、「平正」的三階段，江氏晚年能出「奇」入「正」，就是歷經人世轉變，逐步找尋自我經驗的通會，這是藝術創作者必經的歷程，也是自古評斷畫家風格分期的不二法門。

江氏畫面的布局，自早年一派空靈飄逸之氣；中期則多嚴峻奇壯的意氣風發，用筆時而放逸，時而潑辣，時而淋漓、時而凝重，顯見畫家在創作上的不斷調整與嘗試；晚年從狂狷奇譎轉入簡淡圓融，是畫家生命歷練的醇熟，漸趨入耳順從心的寬適。江氏曾對學生說過：「營造畫面的結構，需從『安』的穩定整齊中，寓『奇』之變。」[註8] 這當是他透過楷、隸書體與篆刻布局的體會，所參酌到畫面奇峭不平衡的特色。

2.塊面分割

歷朝畫家無不在面對自然的觀察中曲盡其形，並充分綜合仰瞻、俯瞰、側觀的形態，予以主觀性的搏合。所謂「遠取其勢、近看其質」談的就是高深廣度的遠望與細節的近觀，從宋、元以後這種理解就成爲畫家皴石分面的法則，無論李唐以至唐寅、溥儒皆然；而透過巖塊結構的區隔，或在畫幅裡藉著邊角、半邊、上下間虛實的離合，所呈現結構的奇險峻峭，也影響著南宋至石濤以降在布局的精剪妙裁。

江兆申繪畫風貌中，最明顯就在山巖疊嶂的塊面間凸顯出單柱尖峰，這是江氏從狂狷期開始最常使用的造型特徵，無論是尖、方、弧形或矩形結構的切割，均能以榫接穿插的交疊錯位，開創出前所未有的立體關係。雖說江氏受北宗影響，但在虛實關係上，他巧妙的避開

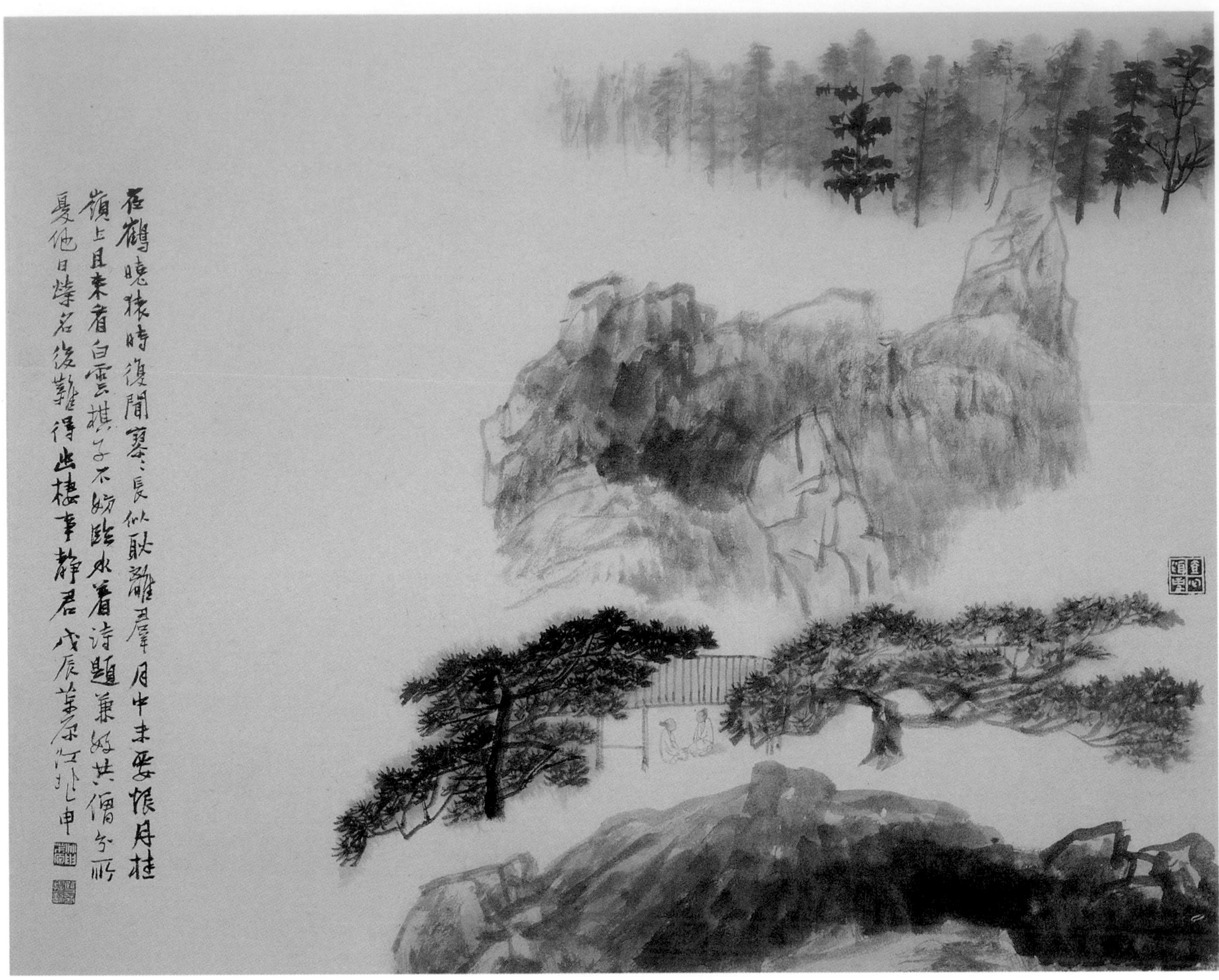

江兆申
松龕曙色
1988年
50×62cm
水墨設色紙本

宋畫中據實處理淡墨雲煙的手法，而融入元畫裡南宗寫意的留白，甚至在空間中明顯可見鈢印籌布的匠心。

3.筆墨調節

在處理畫面前後空間上，為凸顯明確的前景主體，在中後景的表現江兆申多能利用皴筆與墨色調節出前後距離，當然這得力於唐寅，(註9) 但他似乎更能夠透過畫幅空間引導線條的脈絡呼應；藉著這樣的筆墨構成，不論在具象蜿蜒的龍脈、空間前後的距離，甚在抽象性的畫面重心轉移、對角線的呼應關係（此為江氏專擅的救命術：如孤峰、單樹、勾硃醒色、落款、鈐章等），都能夠獲得整體的調節。

據悉江氏在繪畫過程中，最先從白紙中思考出幾根結構性的線條，依此決定構圖、技巧與景物的前後虛實，才開始植林佈石、皴擦點染，這重視整體的思考，按他自己的說法就是「意境」、「章法」。江氏晚年如此說過：

> 剛開始畫畫的時候，心裡會想著各種皴法和技巧，很注意各種技巧的應用表現，到了後來，我現在只注意兩件事，就是什麼地方要黑，什麼地方要白，黑的地方就想辦法讓它黑，白的地方則盡量讓它白；當然，每一個畫家有每一個畫家的習慣，要塗黑的時候有它一定的步驟和方法，中國人講所謂的功力就在這個地方，而表現出來的，就是畫家心中的意境。(註10)

這裡所講的黑與白的關係，於繪畫就是一種抽象的結構。在他早年已經注意到王原祁畫中於黑白間的平面關係，(註11) 畫中的層巖叢樹、小橋流泉，並非現實景物的挪移，反而是畫家重視結構安排後的繪畫語言。這種從大結構思考畫幅布局，與同時代畫家如張大千，晚年在潑墨中闢開天地混沌，或是傅抱石用狂掃皴法以求整體氣勢，甚至是李可染自近而遠、由小而大漸次點染，基本上就存在著互異的創作思考。

(3) 文人底蘊之精神

江兆申一生作品中，不乏借用前人文學的意境作為自身寄託的依據，如陶淵明、歐陽修、蘇軾的文，以及唐、宋人的詩作，他或許有意將自我投注於詩文與生命的感受，運用在書畫美學的領略，意圖超越前賢曾經詮釋的構圖。但這一個吸收與吐納的過程，江兆申始終在取法後又不露形跡的重新詮釋出，從民清筆墨、元明氣韻溯及宋人丘壑，從飄逸奇崛到醇厚蒼鬱，始終貫穿他一生創作的風度。但是，江氏最後的面目，卻是在集大成後重新投入大自然的領悟，重新去濡染那天光雲影、風吹林壑、水漾碧波的從容自在，江氏自己也對學生說：「畫家到了最後，還是要從真山真水去尋找他的養份。(註12)」

而關於畫家面對眞實山水的意境轉換上，他也提到：

當你去一個地方遊玩，回來想要畫畫的時候，你一定會有一些感覺，讓你可以感受到當時旅遊的情緒和心情，然後會有一個意念在心中形成，這就是意境，就是最後從筆墨出來，經營結構、人物房屋點景、加上色彩之後，整張畫最後給人的整體感覺。(註13)

試想，畫家該如何從畫面塗佈的幽深處，營造出叢林交織的生趣？假使無法將自然界渾然一體的生命特徵，思惟出深具內在神韻的畫法，就無法使畫面形象與情思產生聯繫，就無法將山川與筆墨關聯出一致性。在創作中，江兆申是絕對重視以繪畫技巧表徵出精神意境，那所散發的修養與性格，就是畫家在物我間的移情與投射。

註3：江兆申，〈校印寒玉堂畫論序〉，《寒玉堂畫論》。台北：華正書局，頁2。

註4：關於江兆申從溥心畬的學畫歷程，可參考資料如下：一、江兆申於1963年同裱於溥心畬墨荷〈翠蓋紅衣〉一作中楷書跋文，參考本書17頁圖版。二、陌塵，〈溥心畬藝事錄〉，《雄獅美術》。1974.5，頁34。三、《雙溪讀畫隨筆》。台北：故宮博物院，1977，頁185-187。四、江兆申演講，靜枚記錄，〈春風化雨話師門——溥心畬書畫特展專題演講〉。《藝術家》，8卷1期，1978.12，頁146-149。五、張瓊慧記錄，〈江兆申書畫藝術座談會〉，《江兆申書畫集（瀋陽）》。台北：近思書屋，1995，頁99。

註5：江兆申，〈東西行腳〉，《靈漚類稿》。台北：世界書局，1997，頁583。

註6：江兆申於1984年間，重新題識於1974年所作〈清溪列嶂〉一畫所作。文見許郭璜〈理論與創作——關於江兆申先生的書畫理論與實踐〉，「嶽鎮川靈——江兆申書畫藝術國際學術研討會」。台北：關渡美術館，2002.5。

註7：江兆申，〈談中國文人畫〉，《靈漚類稿》。台北：世界書局，1997，頁144。

註8：同註6，〈理論與創作—關於江兆申先生的書畫理論與實踐〉，頁10。

註9：江兆申，《關於唐寅的研究》。台北：故宮博物院，1987，三版，頁121。

註10：侯吉諒整理，〈江兆申畫語錄〉，《江兆申先生紀念集》。台北：新光吳氏基金會，1997，頁94。

註11：江兆申，《雙谿讀畫隨筆》。台北：國立故宮博物院，1977，頁112。

註12：同註10，〈江兆申畫語錄〉，頁93。

註13：同註10，〈江兆申畫語錄〉，頁95。

三 江兆申繪畫風格的分期與特色

我覺得氣韻是繪畫中一種特有的生動而感人的素質，不管這素質代表什麼：雅秀、溫潤、雄渾、沈深、蒼涼、清越，祇要生動而感人。——江兆申〈書與畫〉

回顧民國以來，中國大陸歷經民初科學主義文化風潮，水墨畫的革新運動在北京、上海、嶺南三處分進合擊，雖說各有偏頗，卻也具備個別擅長之處，為民國初期的水墨發展留下見證，直到五○年代才因政治干預而止歇。但面對廿世紀中期的兩岸分治，台灣雖有渡海諸家輩出的時代新意，卻也歷經過紛擾不休的正統之爭，並逐漸受到西方當代主義席捲的狂潮而失去立場；在這樣的時代更迭中，能宏觀遙望著過去歷史傳統，並統攝未來書畫發展的鍥石，江兆申確實傲立在引領筆墨精神關鍵的高度。

（一）繪畫風格的三段分期

在藝術風格研究中，欲明確畫家不同繪畫分期的切截，本就存在一定的難度，因為畫家創作風格的轉變，往往是漸進且恆動的；因此，要明確界定江氏畫風的分期，諸家看法多少有所出入。台大陳葆眞曾將江兆申的繪畫風格細分為四期，當時江先生仍然健在；故宮許郭璜在江兆申辭世後，依上述進一步區隔為五個階段，上述二位皆為江氏高足，如此劃分當無疑問。更早之前，學者巴東也曾將江兆申一九八○年代的畫風細分過四類，顯見畫家此際繪畫風貌的多變。但不管是有意無意，江兆申約略依循著十年一變，作為創作風格歷程的劃分，應無異議。

但筆者以為，依上述作為畫家風格的分期，略顯複雜。對照江兆申繪畫變革與身處時代，其實簡分為三個階段：摹古期（1969年以前，即45歲以前）、狂狷期（1970至1989年，即46至65歲間）、樸厚期（1990年後，66至72歲），即能明晰其間的轉變。

（二）第一期：摹古期（1948至1969年，24至45歲）

江氏於四十五歲以前，是綜合著家學、師承與古典，依序得力於新安畫派、黃賓虹、溥

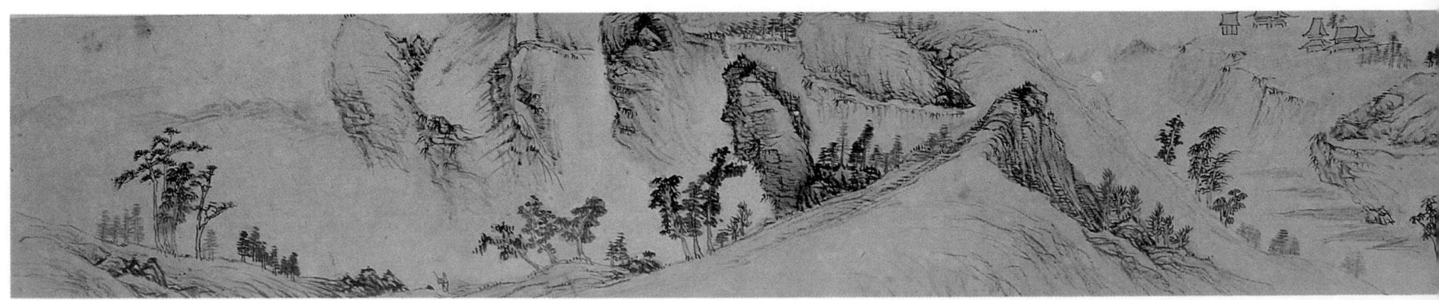

江兆申
贈維翰〈山水卷〉
1948年
14.5×145.5cm
水墨設色紙本

心畬，以及南宗董源、巨然，北派李唐、馬遠、夏圭、唐寅等人；主要以溥氏清健、雅逸風格爲宗，旁涉南、北二宗的融合，故而作品也顯得細緻典雅。

（1）少年的行旅與領會

江兆申最早畫作著錄是一九四八年，可推知其一生畫歷近五十年，而書法、篆刻資歷更明確逾六十年。對一個創作者而言，早期的學習風貌幾乎就奠定其人的個性品味，根據江兆申自述，他在兒時就見過漸江的畫作：「（漸江畫作）生平所見數幀，一在吾鄉許際唐（按：許疑奩）太史處。三尺軸作一石如圭，旁倚一松，高瘦入雲，用青赭設色。當時我衹有十一歲，但覺畫極好，現在不能妄定甲乙。」(註14)

在〈我的藝術生涯〉一文中，江兆申就提過：在十二歲如何從旅程遊返，透過長輩作畫的布局中啓發他日後嘗試構圖的意念。而約在廿二歲時寫給母親的家書中，也表明過自己對於晚明董其昌清簡畫風的喜愛。董其昌畫風淡逸清雋、勁拙秀雅，爲明末「華亭派」首領，也影響「新安畫派」甚巨。但無論是董其昌，或是「新安畫派」的漸江，甚至是兒時謁見的黃賓虹，江氏自此對繪畫的品味，遂積澱一些自我的想法。

現存江兆申留下的畫作，最早見於廿四歲任職杭州西湖，題贈維翰先生的〈山水卷〉，這件小品筆法清疏、細緻且工整，畫幅自右起見江岸幽渺、平坡遠映，一段空白後則有崗巒坡渚、疏林數叢，並轉爲山壁連綿，似入黃山峰渺之間。全幅用的是捲曲靈動的披麻皴法，構圖轉景有些勉強，但畫風延續著「新安畫派」石濤、梅清的面目。「新安畫派」或稱「天都派」，故江氏在落款中自謂「天都椒原江兆申」，也可能與他自詡與安徽的地緣，或是心儀新安風貌有關。

在西湖的日子，是江兆申早年重要的一段回憶，他當年曾在巢居閣附近的梅林裡，一面呼吸著梅花的清香，一面享受雪花飄拂臉面。此際，溥心畬正好遊歷於杭州一帶，在透過《中央日報》首次見到溥心畬詩作墨蹟，甚爲欽仰，而興起拜師念頭，信去了一年多，才獲得老師回音。

（2）寒玉堂門下的化育

一九五〇年冬天，在接獲溥心畬覆信後，江氏當下就從基隆搭車至台北謁見溥先生，相談甚歡之下，溥心畬鼓勵他多讀書，因爲書讀多了，人品、畫品自然高。此後十二年間，江兆申輾轉從基隆、宜蘭到台北執教，期間與溥心畬的互動，或是書信往返，或是週日拜訪；早年大約每隔一、兩個月，有時甚至半年才得見一次，究其原因，當時由於經濟窘迫，江氏

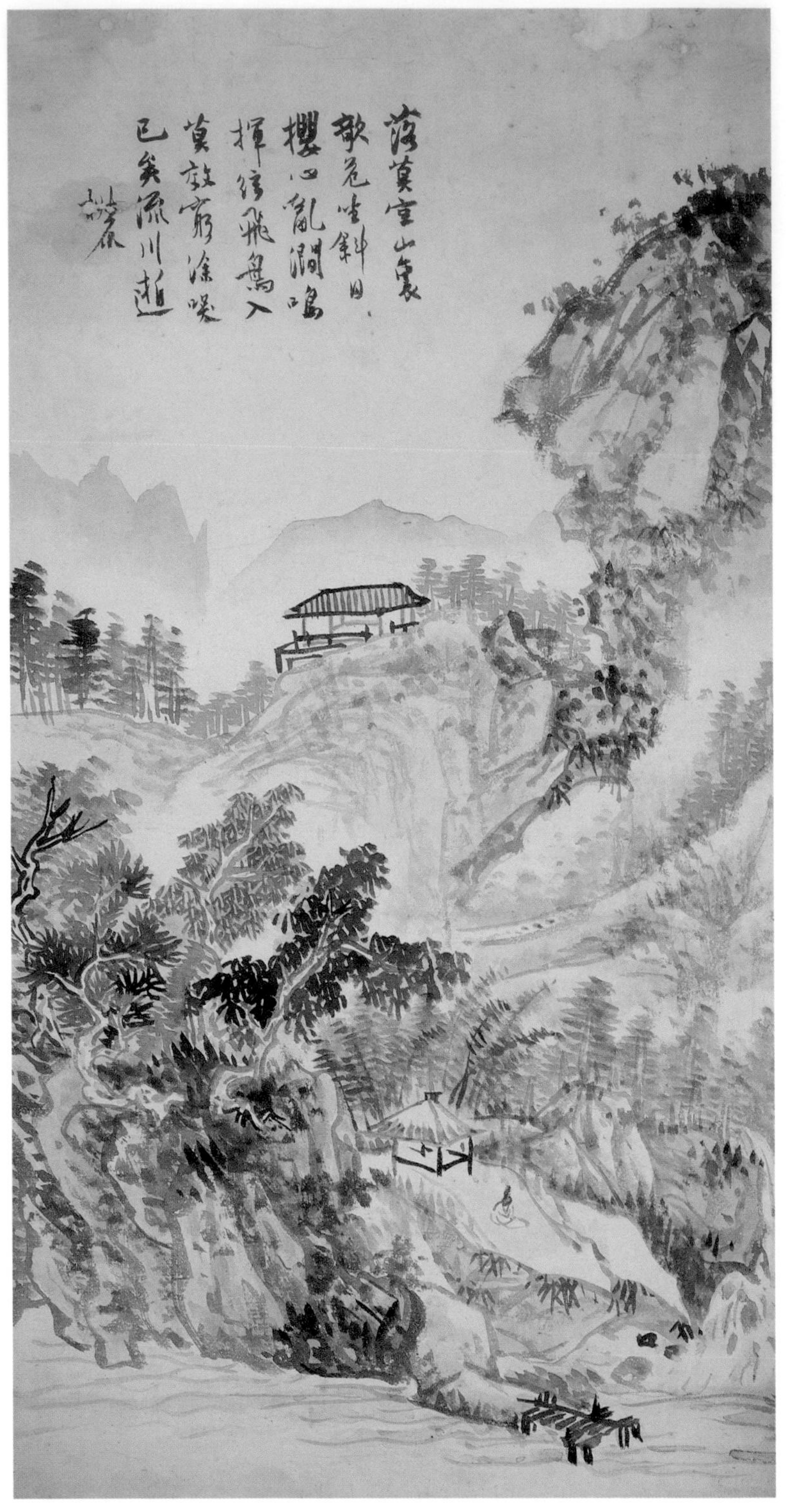

尙需從日常的支應中計算著足夠來回車資，才能去拜見老師。至於讀書一事，也在經濟襟肘間必須以借閱方式，在下班餘暇就著燈光手抱稚子抄書，其一路好學而未有懈怠。這個階段，他遍讀了《杜詩全集》、《昭明文選》、《莊子》、《淮南子》、《呂氏春秋》、《資治通鑑》、《史記》、《漢書》……與諸家詩文集，奠基了此後豐厚的文學素養。

投入溥心畬門下後，江兆申雖未曾讓老師知道他作畫，但由於對老師畫風的心慕，自然在手摹的氣息中隱然呈現這種濡染，次年所作〈空山鳴澗〉就可以看出此一趨向。溥儒所學北宗線條挺拔剛健，於山石勾勒停頓折轉皆顯得節奏方側，江氏此作用筆放逸大膽，但氣韻風格肖似，甚至落款間亦有溥氏飄逸之風，所幸江兆申並未沈溺於師門窠臼，很快就脫離出來且另闢蹊徑。平心而論，自古從臨摹過程的深陷與超脫，就是書畫學習的必經，只是每個人智性才能不同，但江兆申談論書法的學習歷程中，他是肯定精熟與相似的重要性：「寫字最重要的是要緊緊追著每一種字帖寫，要寫到完全一樣，完全一樣就表示他會的你也都會了，別種字帖來了也就可以掌握其中的特色。」[註15] 透過這段文字來貫穿江氏對於繪畫學習的想法，應該也是一致的。

(3) 故宮的閱歷與印證

一九六五年五月，江兆申在台北中山堂舉行第一次個展，展出書畫作品六十件，印拓六冊，同年就獲得引薦進入故宮博物院研究。此次個展的展品之一〈浪花博雪〉，與次年所作〈清溪釣隱〉相較，兩件畫作皆用宣紙，方折剛健的側筆在生宣中被圓潤柔化，顯得水份淋漓。

而〈碧峰青隱〉則明顯側重勾線筆意、少用皴法填實，是脫胎自青綠山水的畫法；線條剛健且斫折多變，能得古今兼融並陳，可見此際江兆申在創作中亟欲多方取法借鑑的變革。〈桃花源圖〉則是淺青綠設色，技巧上純以北派皴折法，略法唐寅、溥儒一路；左下方松樹、屋宇人物頗得宋人清健氣韻。

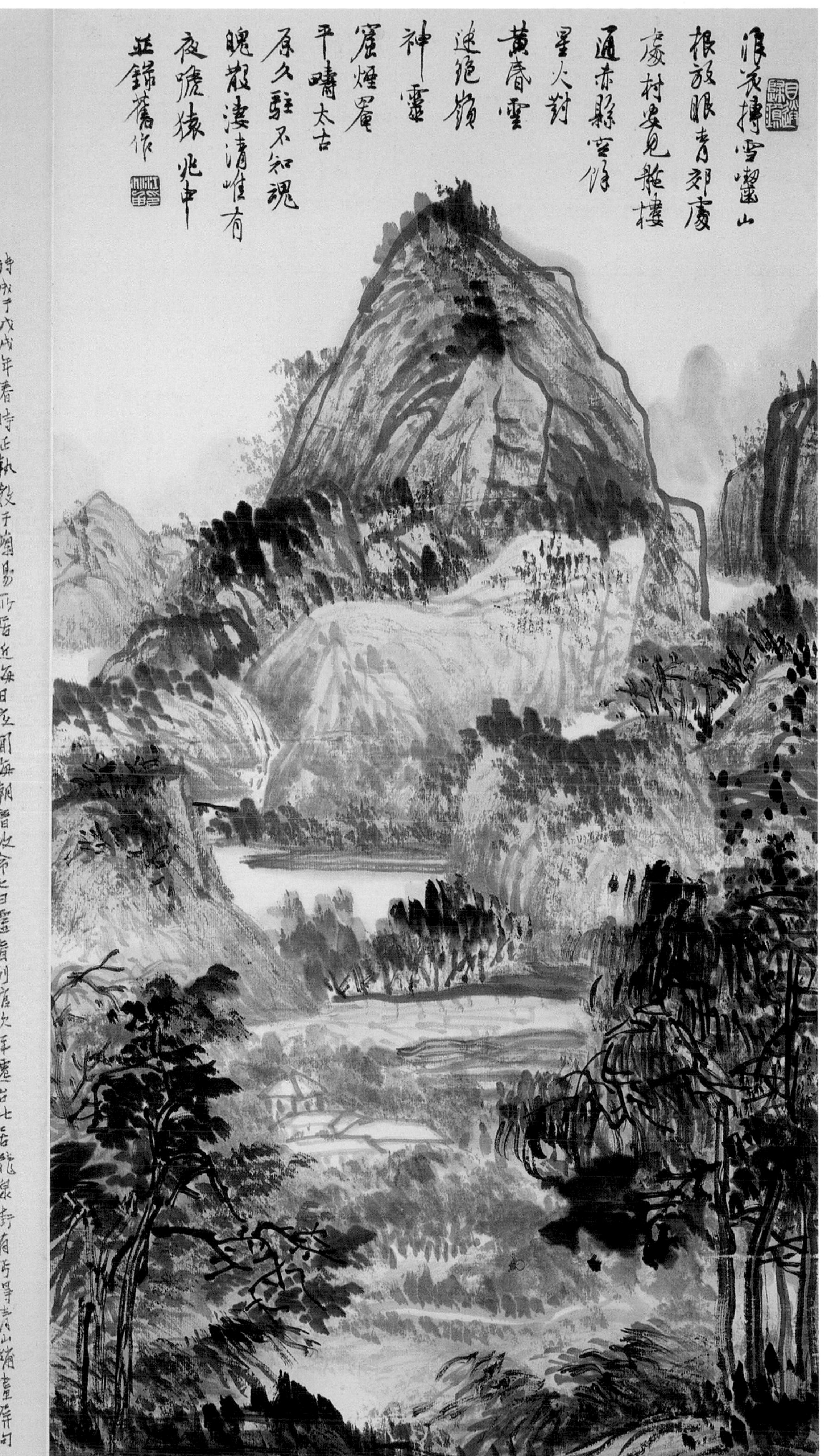

江兆申
空山鳴澗
1951年
68×35.2cm
水墨設色紙本
（左頁圖）

江兆申
浪花博雪
1965年
68.3×37.5cm
水墨設色紙本
（右圖）

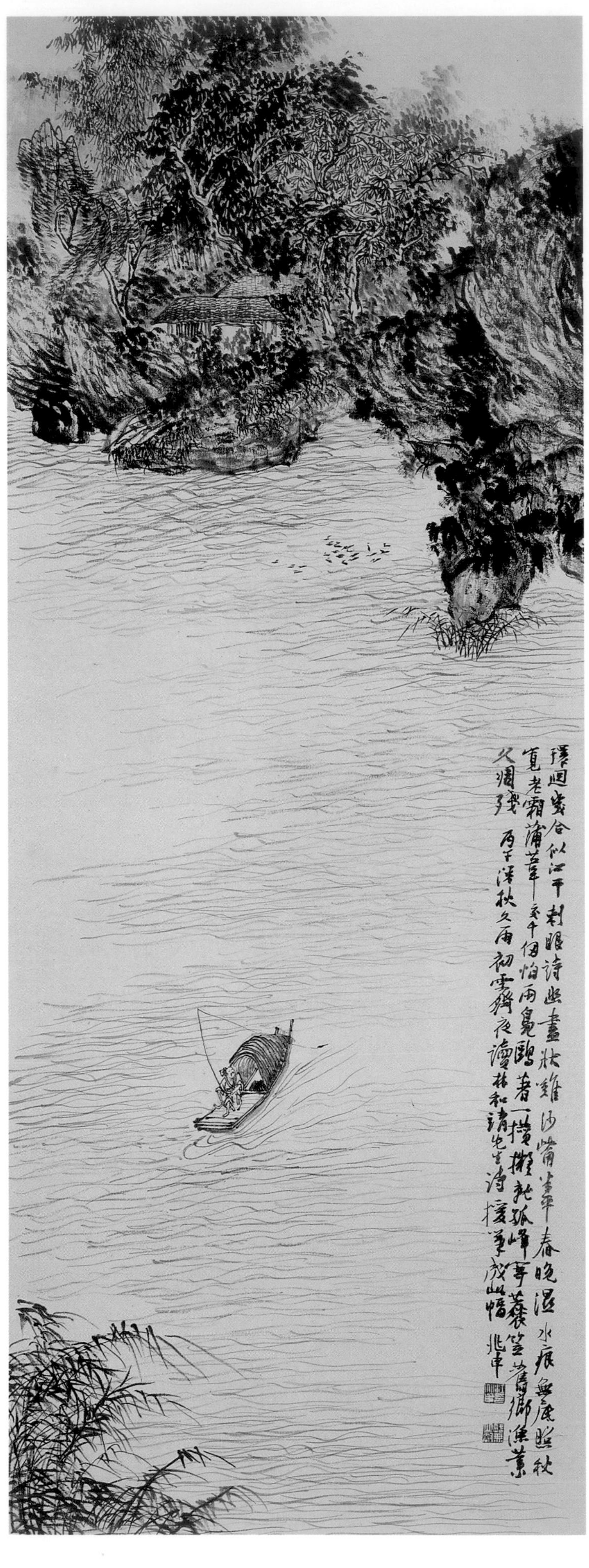

進入故宮兩年間，他陸續發表了〈楊妹子與馬遠之畫〉與關於唐寅研究論文數篇，應與他從溥儒處熟悉了北派畫風有關。溥心畬的繪畫風貌，上可推至荊浩、關仝、李唐、馬遠、夏圭，下至王蒙、浙派、唐寅、文徵明等人。江兆申對於上述諸家的研究，當是溯自師門與自身的學習路徑，自然也較能掌握這個脈絡的風格分析。在一九六七至六八年間，他針對唐寅與沈周關係的文章發表，認爲沈周是以南派構圖結合北派用筆，而唐寅雖師事於他，卻能在南、北兼參以宋人妥帖求眞的構圖，並滲入元人婉約圓成的用筆，動機雖出於沈周，卻是原則性而非技巧性。這一個思想方面的啓迪，致使唐寅擺脫了沈周、周臣而能卓然成家，也形成其個人面貌；對江兆申而言，這個結論當亦啓發自己此後的創作思考。(註16)

(4) 摹古期代表作品：《花蓮紀遊山水畫冊》

一九六八年七月，他與莊嚴、那志良等，遊歷了蘇澳、花蓮、天祥等地，歸來作《花蓮紀遊山水畫冊》十二開。隔年，江兆申就以這套作品獲得「中山文藝獎」。

江兆申似乎有意透過這一套冊頁，將自然造化的抒景與傳統筆墨重新融合，總結他所學習過的南、

江兆申
清溪釣隱
1966年
92×35cm
水墨紙本
(左圖)

江兆申
碧峰青隱
1966年（？）
34×132.5cm
水墨設色著紙
(右頁上圖)

江兆申
桃花源圖
1966年
29.3×67.2cm
水墨設色著紙
(右頁下圖)

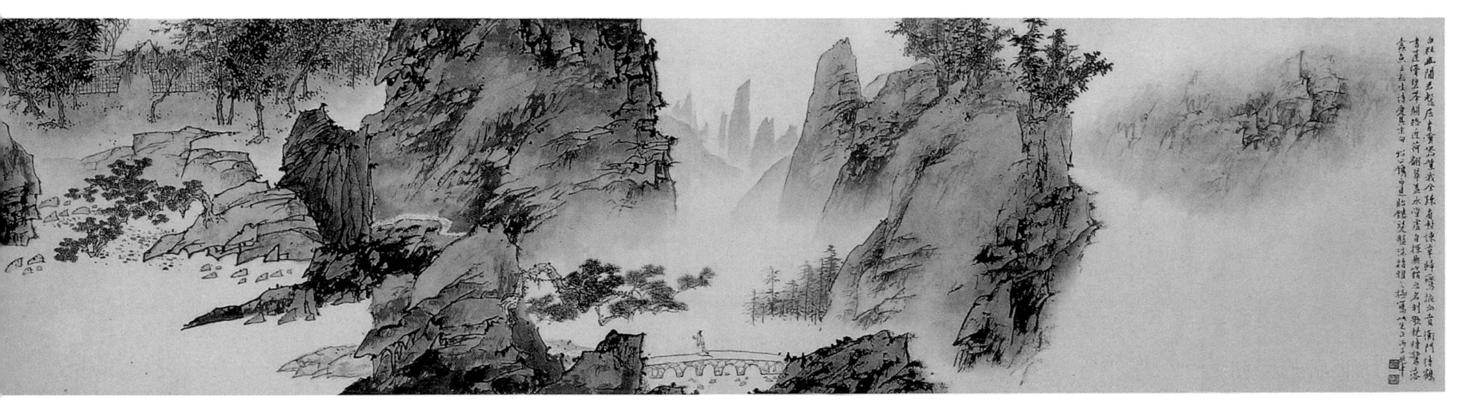

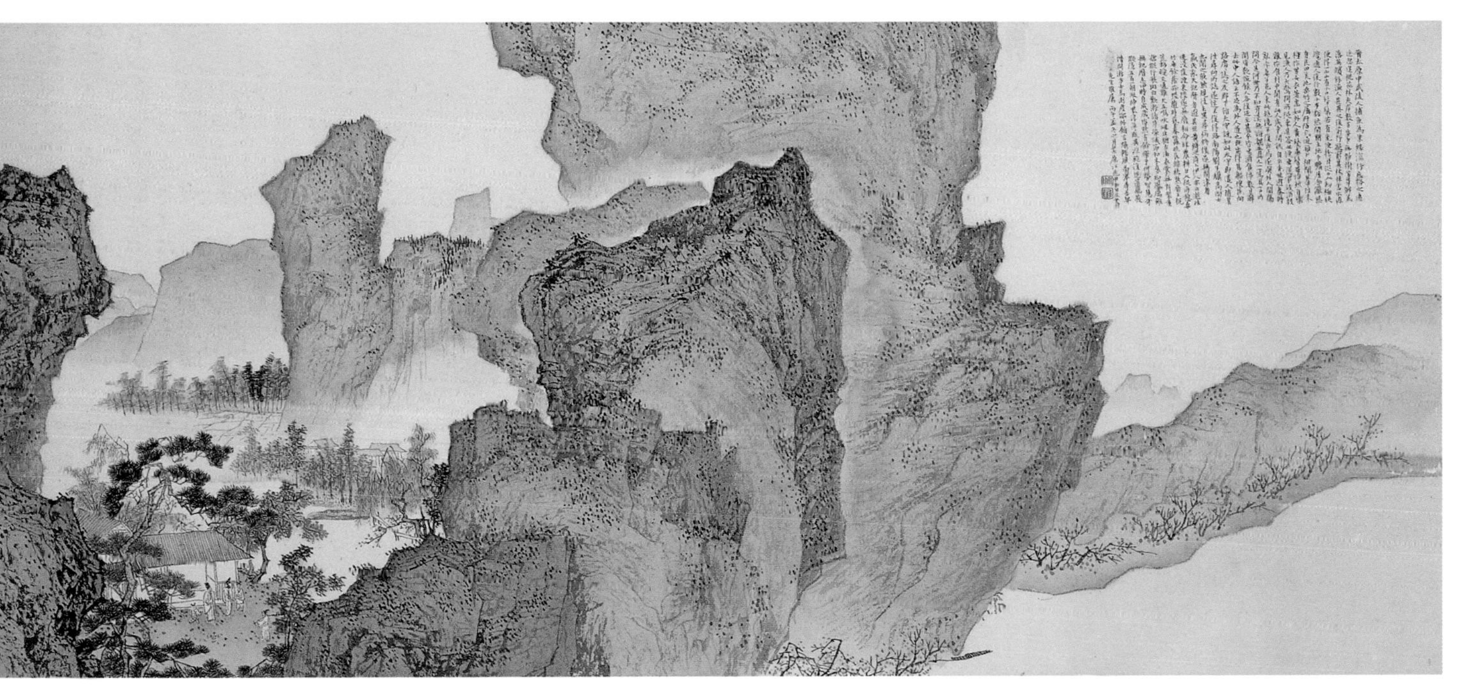

北宗傳統筆法與渲染技巧，透過布局取境的轉折險峭，呈現台灣特有的地理風貌。全冊以不同創作材料的工、寫兼融，使用了一張礬絹、九張不甚透水的礬紙、皮紙來展現他學自溥心畬與馬、夏用筆的方折勁健與渲染設色；而另外選用兩張生宣紙，則顯現了他對元人筆墨與同鄉前輩黃賓虹的理解。溥老師曾對他指出：「畫中著色要澹，要一遍一遍的增加，多者可至十遍。這樣顏色纔可以入紙，也纔厚重。」(註17) 江氏這套作品實際看來雖深受溥儒筆法、賦色與氣質的影響，但卻更爲精煉與富於變化。

冊頁第一開應是宜蘭經蘇花公路途中所見，布局上有宋人邊景構圖的意味，試使從蘇花公路回首北方來時路徑，雲影環山、崖路蜿蜒深遠當如此境。畫幅自近而遠逼仄主峰，而懸泉飛瀑隱隱轉折於雲嵐掩映間，別有一番清潤之氣。溥心畬《寒玉堂畫論》·〈論水〉曾提到：「畫飛泉宜施於巖巒凹處，兩巖相夾，茂樹翳之，近則飛湍有影，遠則穿雲直下。……」(註18) 江氏此作飛瀑當與此契合。轉首往南行，則有冊二之險峻危崖百丈直下，其間風急浪高、落石崩塌之態更覺驚險異常。冊三寫初入花蓮境內遠闚太魯閣山，適驟雨初霽、

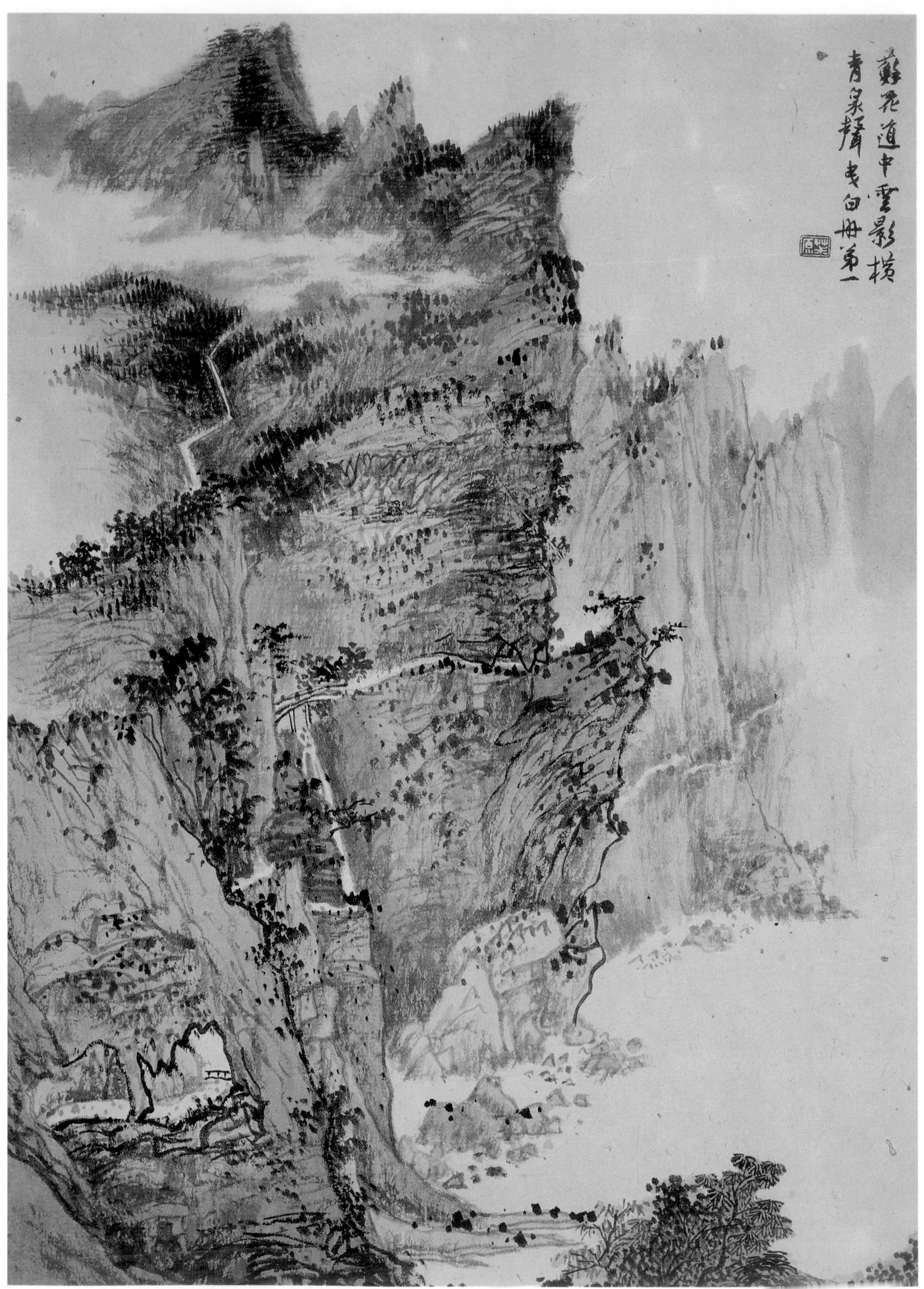

▍江兆申　花蓮紀遊山水畫冊｜二開　1968年　33.7×24.8cm　水墨設色　各式紙　絹（山山頁圖）　（12-1）

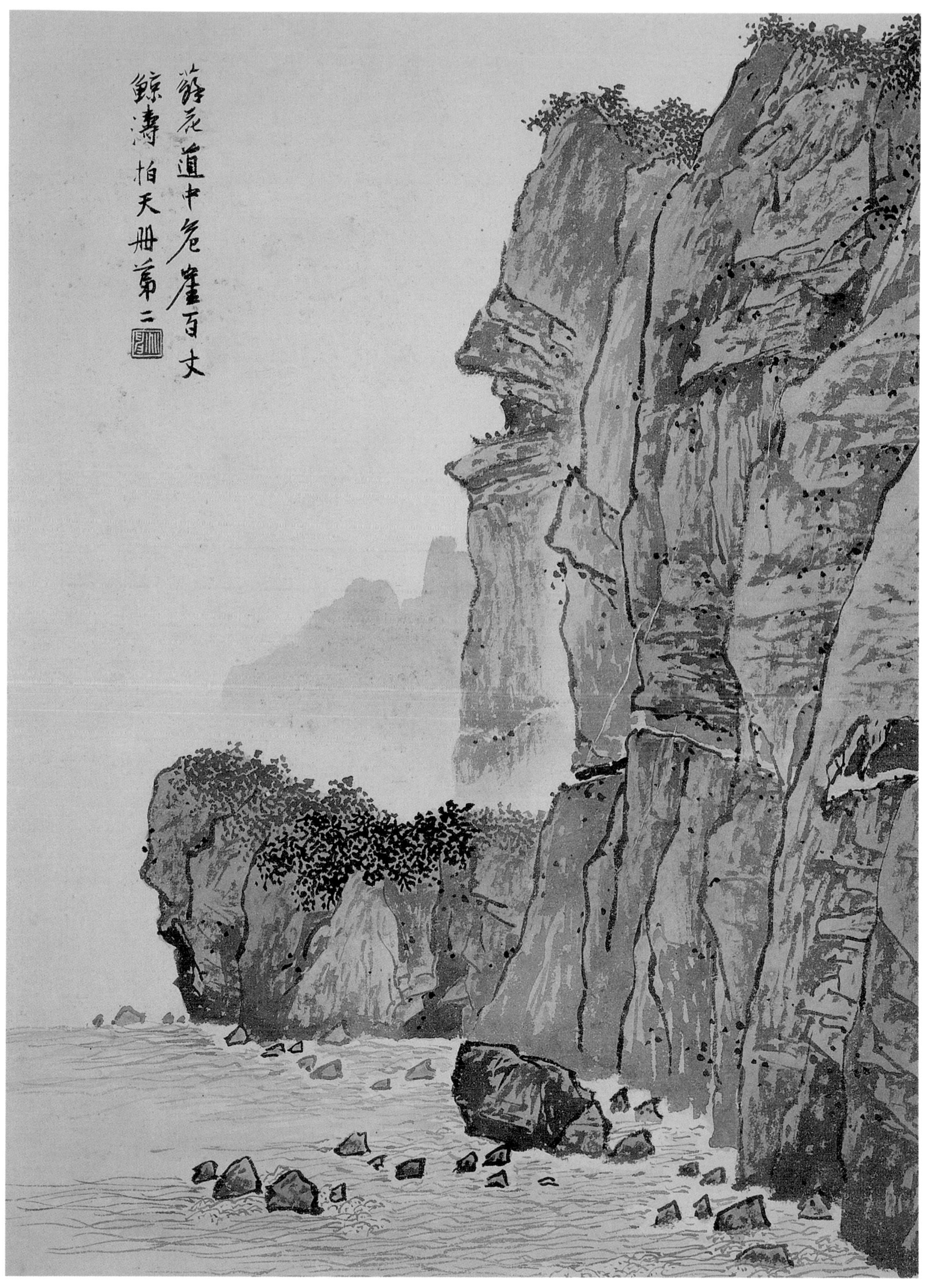
蘚花道中危崖百丈
鯨濤拍天冊第二

(12-2)

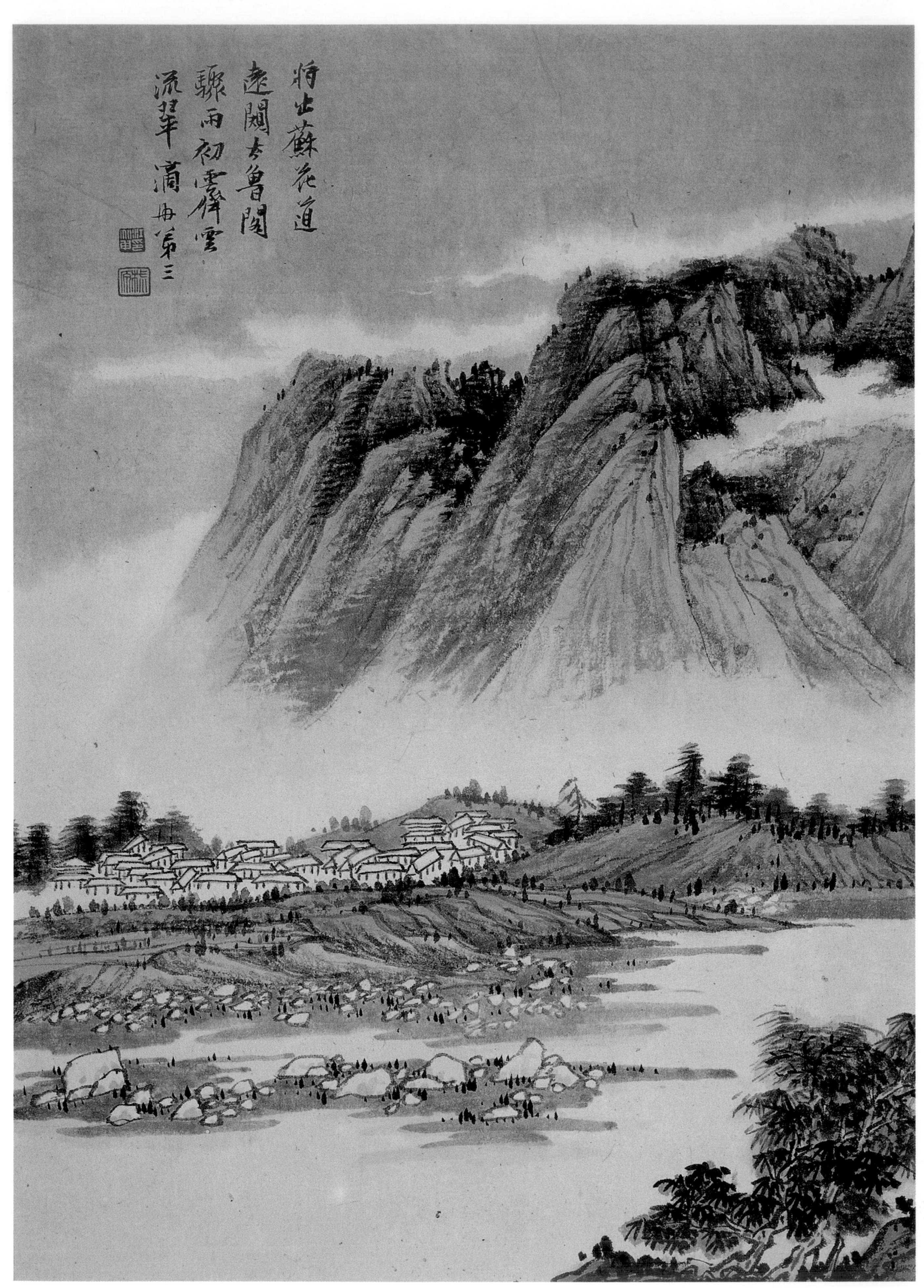
將出蘇花道
遠闊太魯閣
驟雨初霽岸雲
流翠滴 冊第三

▍江兆申　花蓮紀遊山水畫冊十二開　1968年　33.7×24.8cm　水墨設色　各式紙、絹（左右頁圖）　（12-3）

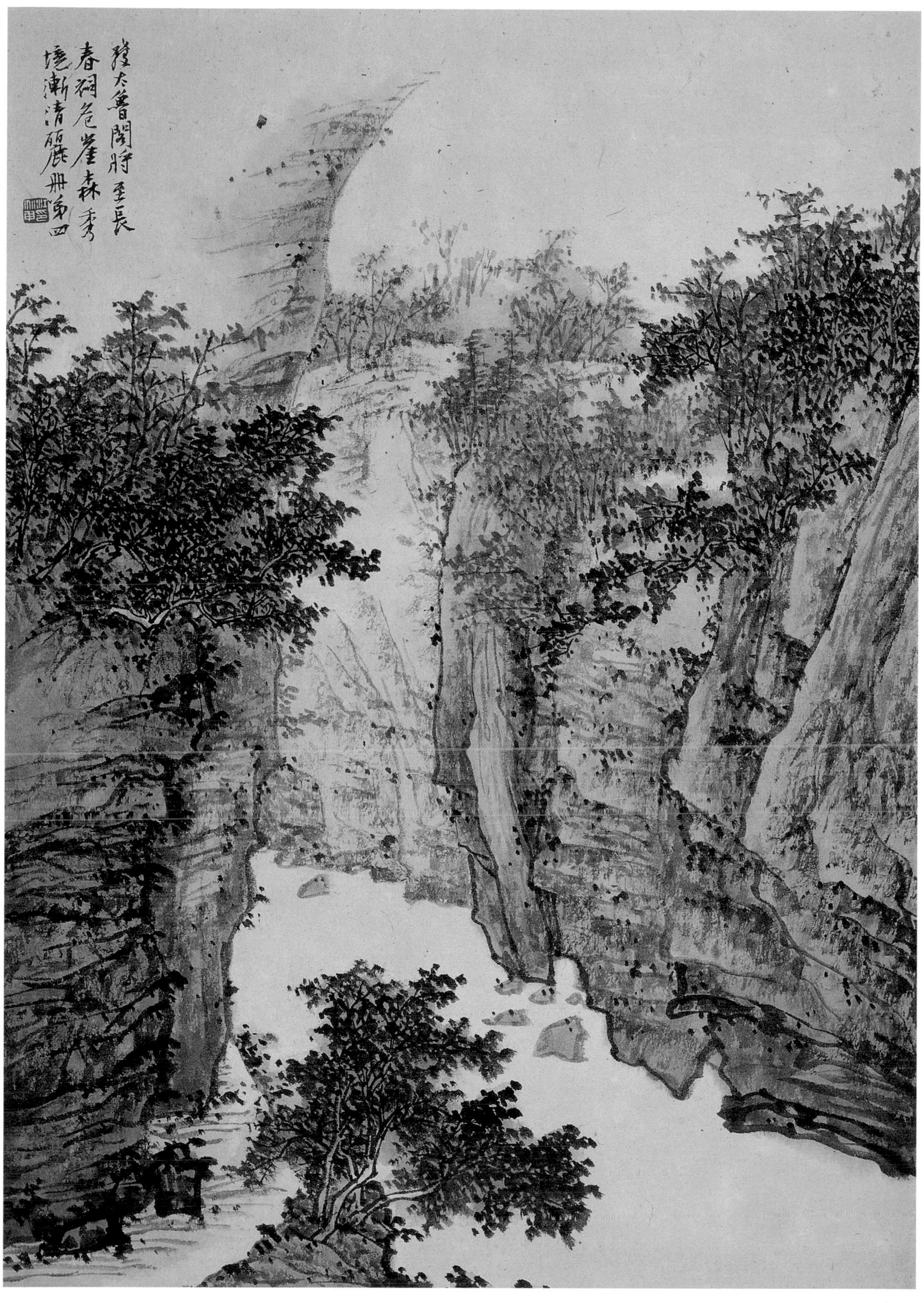
發大魯閣將至長
春祠危崖森秀
境漸清麗冊頁四

(12-4)

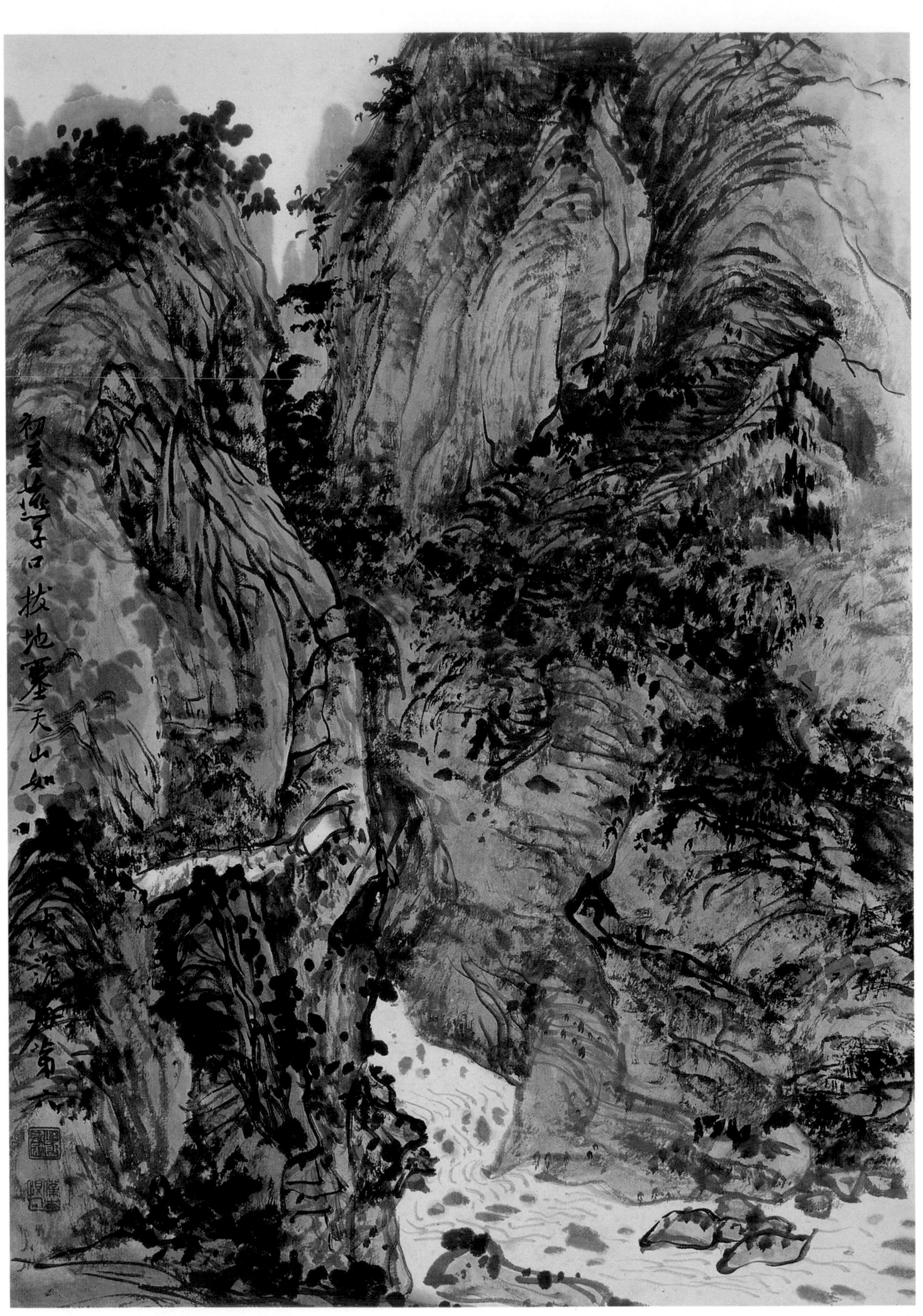

江兆申
花蓮紀遊山水畫冊
十二開
1968年
33.7×24.8cm
水墨設色
各式紙、絹
（左右頁圖）

（12-6）

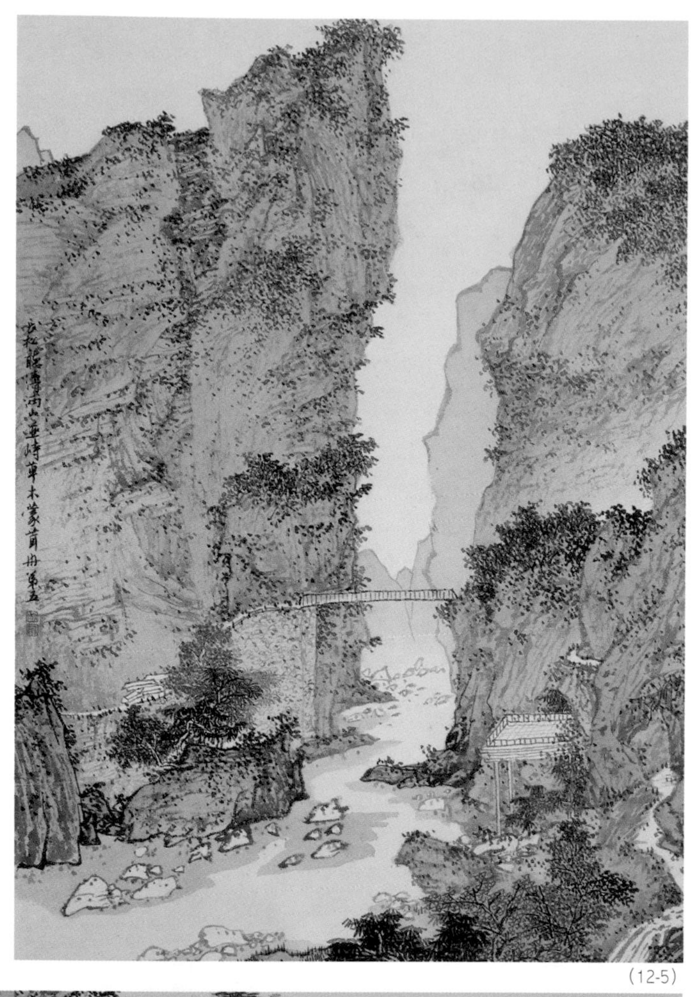

(12-5)

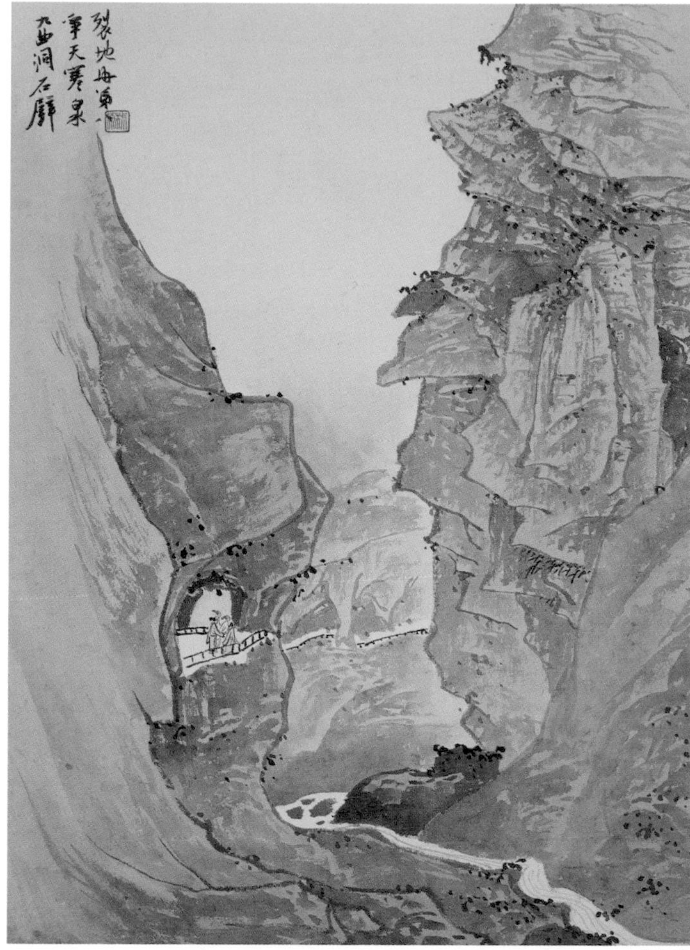

(12-8)

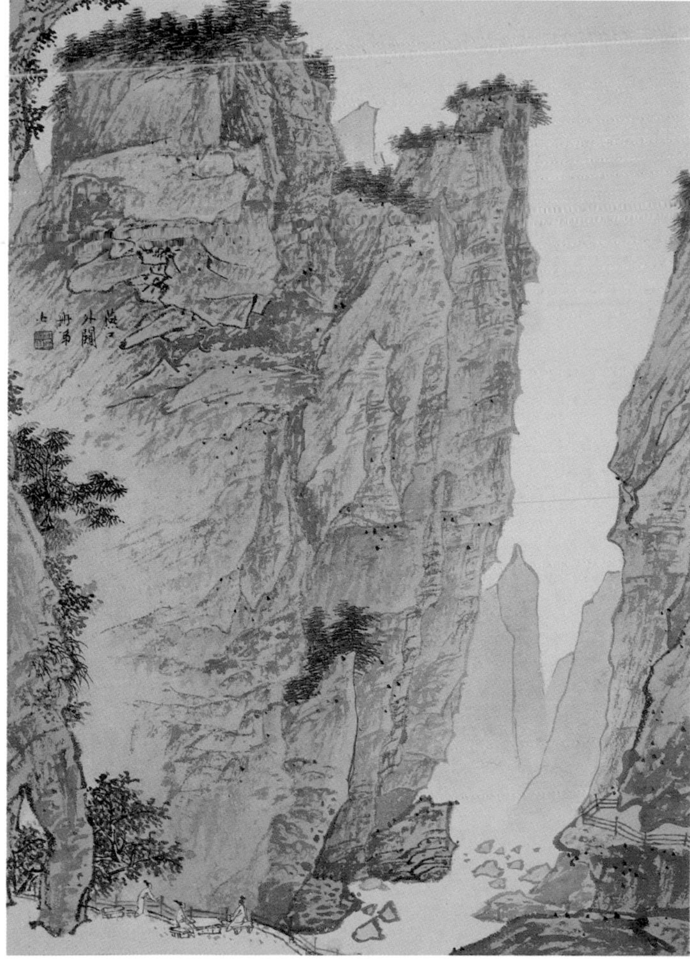

(12-7)

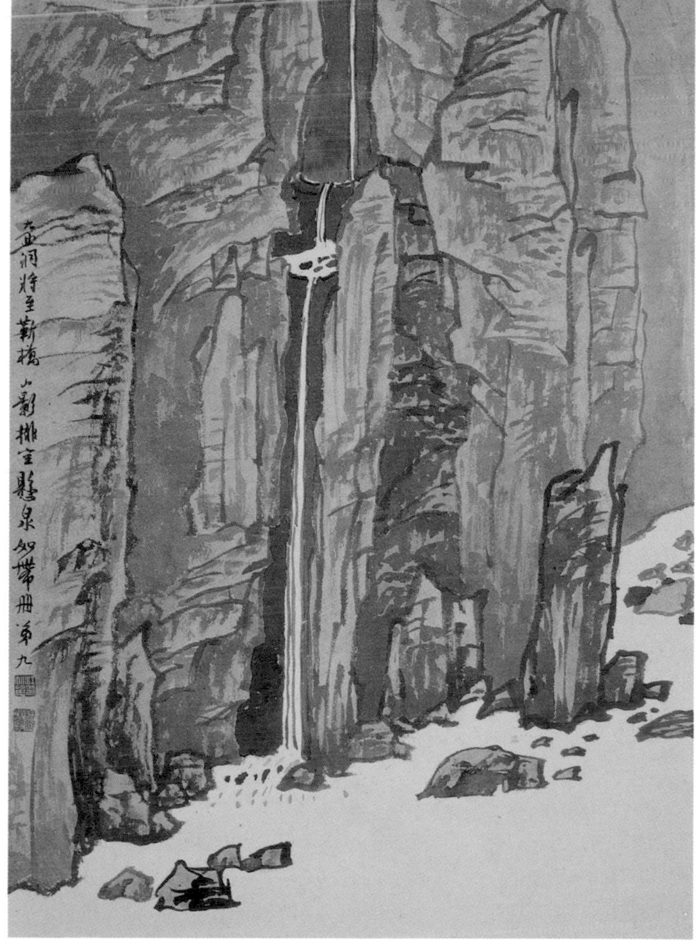

(12-9)

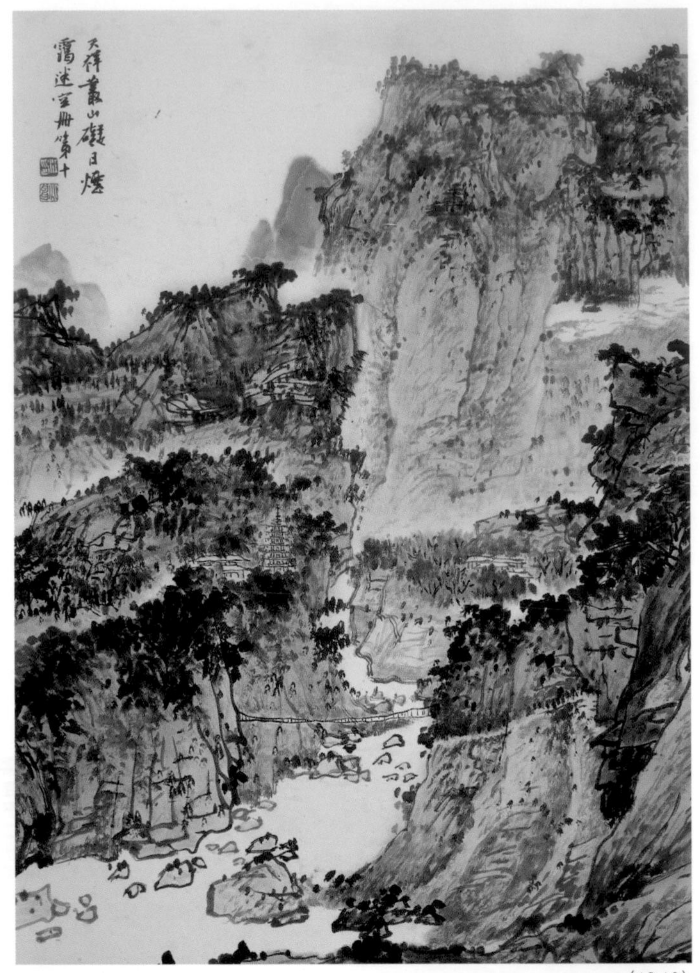

(12-10)

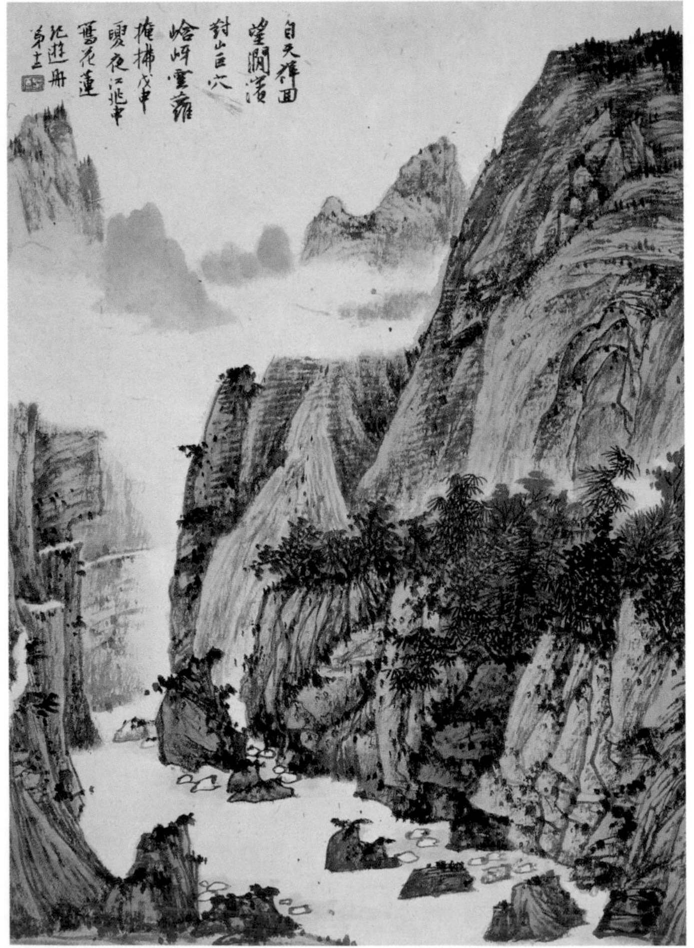

(12-12)

烏雲盤桓而不見天際，渲染著和墨的花青，頗能顯出山巒的沉謐。

自冊四至冊十二則進入中橫奇境，故布局多採左右對峙之勢。冊六寫燕子口景物，由於造山運動地殼變化，石質紋理蜷曲扭轉得厲害，而生宣重墨裡增強了點、線彎曲的動態，顯現他受到黃賓虹啓發的筆意。《寒玉堂畫論》·〈論苔〉章如此記載：「點苔筆欲直下，不可拖曳。如雹之擊沙，如壺之滴水，必審山石應生苔草之處，然後點之。……點苔最難，無定形而有定法，習之既久，乃通其道。」可知江氏在融貫師承、理論、自然之間的印證，已能不拘於法，而醇斂用筆於法度外。

冊七寫燕口外闕，構圖整體猶如北宋巨碑，以高遠法自下仰觀，左下角延伸至上方角落的岩崖，暗示著窺景狹迫逼仄；山巖結構似取徑李唐小斧劈，但率性鬆秀的筆意又似從夏圭而來，在江氏和煦秀潤的渲淡下，又濡染著溥儒所傳承的文人雅逸。

冊九、冊十一同採半邊、一角的構圖，並以溼筆長斧劈寫天祥、九曲洞溪澗石岸，充滿著靈秀的氣韻。冊九以銳角折帶皴寫石柱，而壁壘塊面的結構鋪陳，與峭壁高不見天的氣勢，卻是他日後風格的濫觴。而冊十一是唯一以礬絹所繪，俯視天祥山澗一隅，構圖隔水對角相望，巖頂枝枒盤錯，壁面堅實而方切，山壁下急水盤渦，純以中鋒作激流翻浪，餘皆留白；礦綠勾塡螺旋紋，增添著水面突起錦石的奇趣。

江兆中
花蓮紀遊山水畫冊
十二開
1968年
33.7×24.8cm
水墨設色
各式紙、絹
(左右頁圖)

天祥澗中急水盤渦錦石
絢麗冊第十一

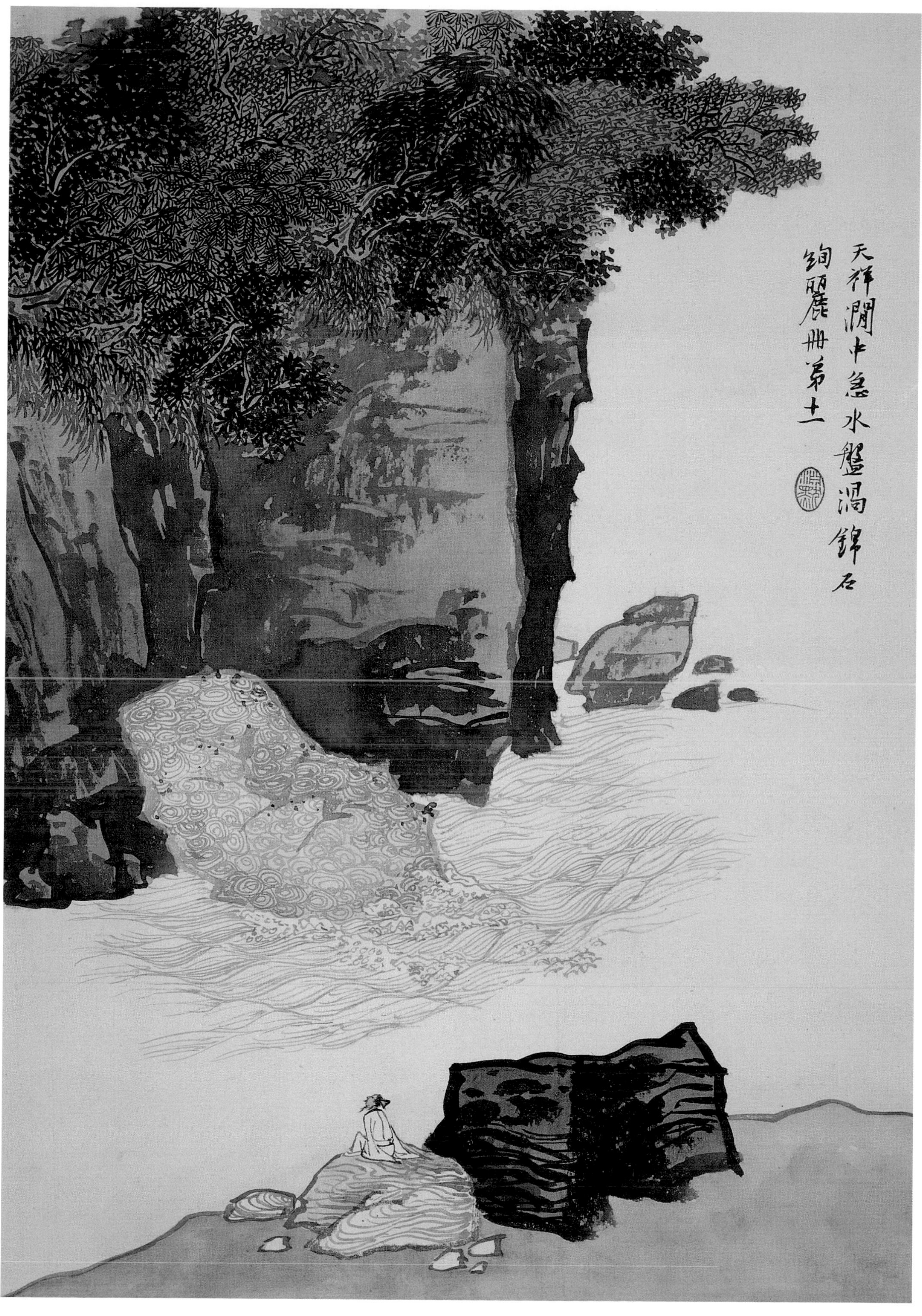

(12-11)

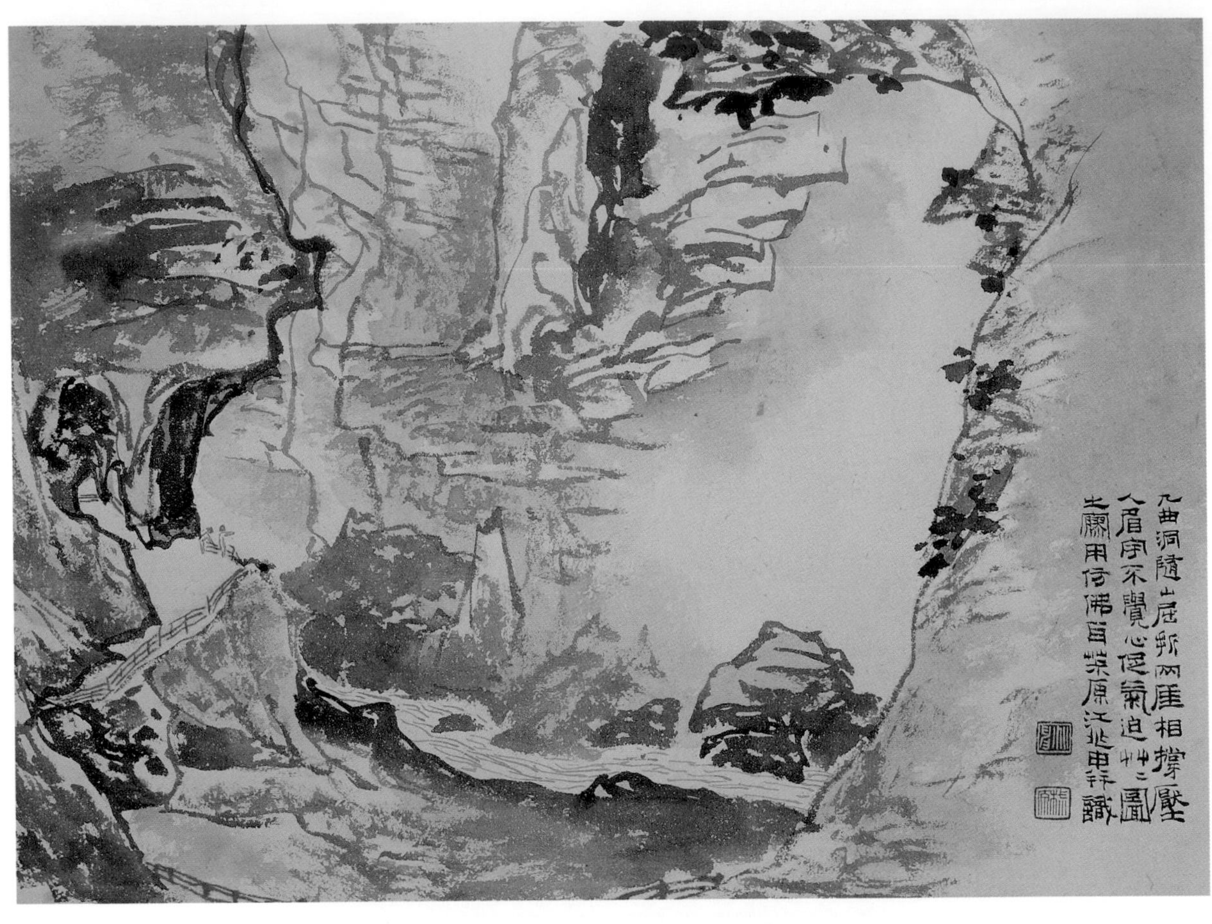

江兆申
花蓮紀遊冊（6-4）
〈九曲洞〉
1968年
24.8×33.6cm
水墨設色箺紙
（左圖）

江兆申
花蓮紀遊冊（6-5）
〈燕子口〉
1968年
24.8×33.6cm
水墨設色箺紙
（右頁上圖）

江兆申
阿里山紀遊冊之〈神木〉
1968年
23×34cm
水墨設色紙本
（右頁下圖）

在這一套冊頁中，江兆申刻意採取各種構圖，或取徑奇幅一角半邊、或左右促迫上下截斷、或墨線渾融盤繞擁塞、或筆意勁折層疊穿插、或大小青綠染漬其間，展現出刻畫精微卻能小中現大的奇險，印證著他領略自然實質與古人技巧的微妙關係上，已豁然開朗的一己法門。他曾自述道：「《花蓮紀遊冊》出來以後，就覺得怎麼畫都可以，可以不再拘泥於古人的筆法規則。」(註19) 與其說蘇花風景的靈秀觸發他的創造才華，不如說是他將習畫多年與鑑賞名蹟的心得，在此作了一次總整理。

這一套冊頁完成的同時，他還作了《花蓮紀遊冊》六開與《阿里山紀遊冊》八開。兩套冊頁皆作橫幅，似欲將先前的直式重新思考構景。大致看來，《花蓮》冊較多率性用筆，如〈九曲洞〉留白多而虛淡恬雅，〈燕子口〉構景偏側且多亂筆縈迴，峽澗色彩虛實巧變，石綠、墨赭互見套疊交錯，頗有從澗底窺見夕照光影之趣；在《阿里山》冊中〈神木〉一作是從遊歷的山道中，瞥見一樹因雷灼而空其腹，遂衍伸出他幻想臥居其間、俯仰自樂的想像。

整體而言，這時期的江兆申不斷探索歷代名家風格特徵，尤其進入故宮後因目睹宋、元、明、清歷朝書畫精華，更加速其吸收、融合傳統養分，以厚實自我風貌。他的繪畫在前半段兼融著大陸時期家學與來台的師承，並能增添圓潤秀雅之氣，印證在寫生創作間猶能彰顯諸法門徑，為下一階段畫風的躍起奠定堅實基礎。

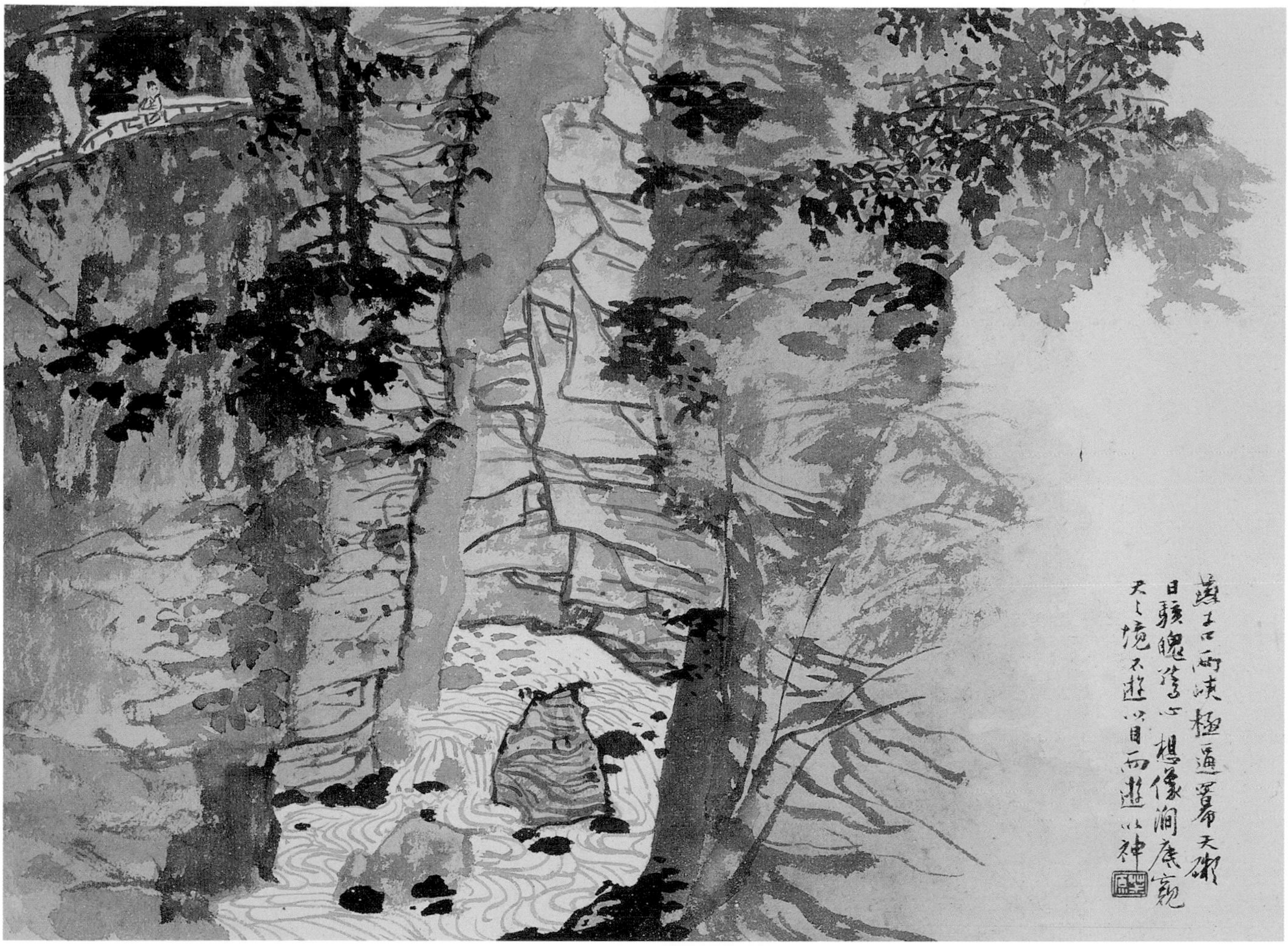

蒼古兩峽極遙冪天衢
日駭魄驚心想像洞底窺
天之境不遊以目而遊以神

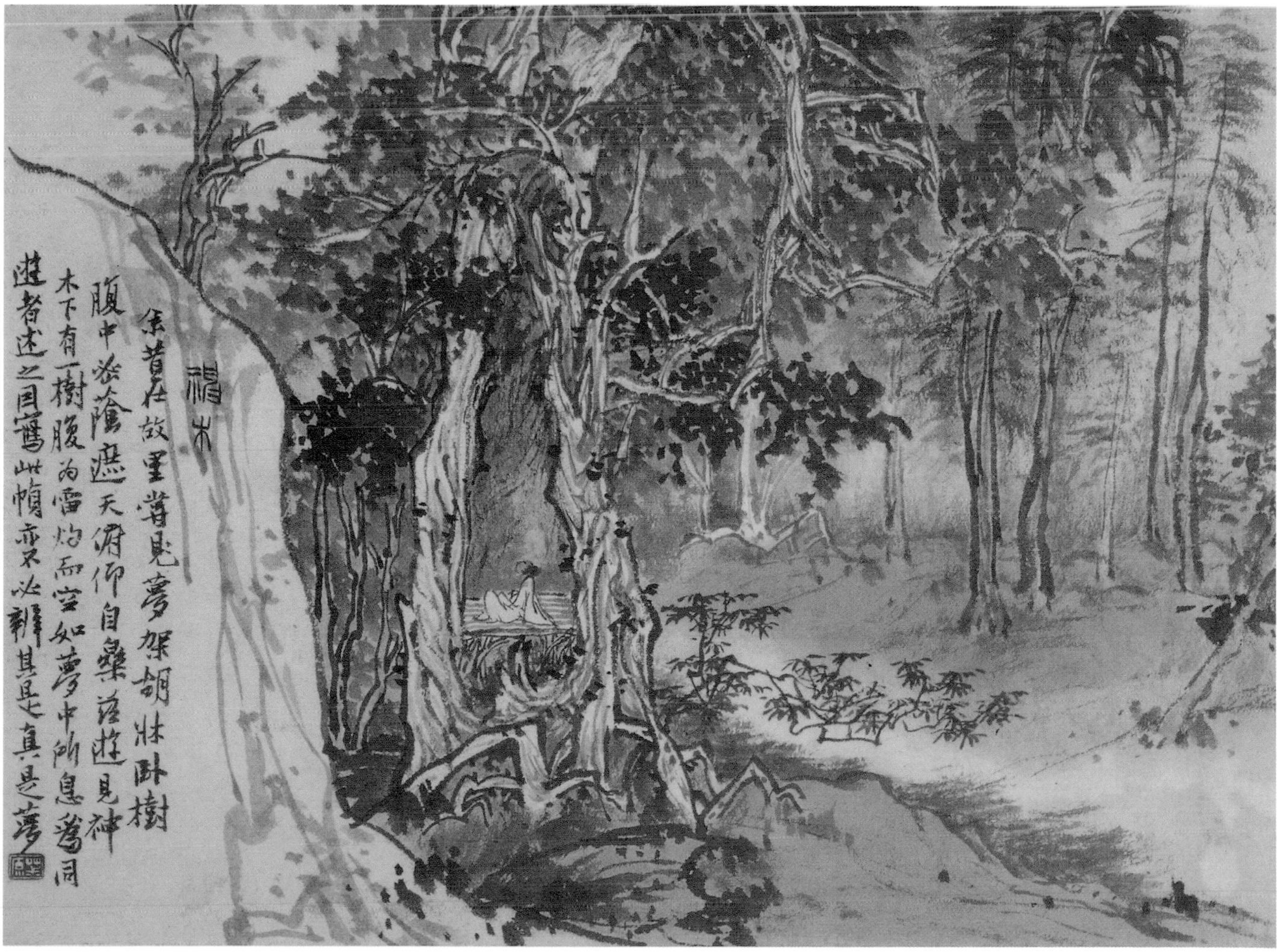

禍木

余昔在故里嘗見夢架胡牀卧樹
腹中恣蔭遮天俯仰自樂旋遊見神
木下有一樹腹為雷灼而空如夢中所息為同
遊者述之因寫此幀亦不必辨其是真是夢

（三）第二期：狂狷期
（1970至1989年，46至65歲）

在這一個階段，江兆申逐步表現出壯年盛氣勃鬱的狂狷，此時的繪畫風貌，主要顯現在「水墨暈濬」與「骨力奇譎」兩種面目：其一是表現於外對於筆墨態度的解放；其二則是內發於自身情性的抒發。由於揮灑暢意、勁健奇險都可視作畫家壯年煥發的體現，確實爲狂狷偉傲的一體兩面。

「水墨暈濬」：在四十六至五十五歲之間，由於江兆申赴美進行參訪與研究，對於書畫閱歷的精進，以及創作思考的釐清，都爲他的畫風起著重大轉變──從原先的嚴謹清勁，化爲率筆寫意的濕墨暢快。這似乎取法自石濤筆線潑辣，並逐漸形成他筆墨暈濬的快意。

「骨力奇譎」：而五十六至六十五歲之間，江氏轉而追求勁健有力的線質，於山巖間穿插塊壘險峻的結構。這時期，他將自身透過帖學而來的放逸筆法，融入此時鑽研秦、漢碑學的腕勁屈健，以線質疊架彰顯出崚嶒奇譎的山石塊體。這時期，他個性上的倔然傲氣，也逐步彰顯在構圖的嶔崎多變，且明晰顯現著淋漓豪邁、與穩中寓險的風貌。

（1）水墨暈濬：四十六至五十五歲

1.赴美期間：溯古與懷鄉

一九六九年八月，江兆申應美國密西根大學之邀，並在國務院支持下，赴

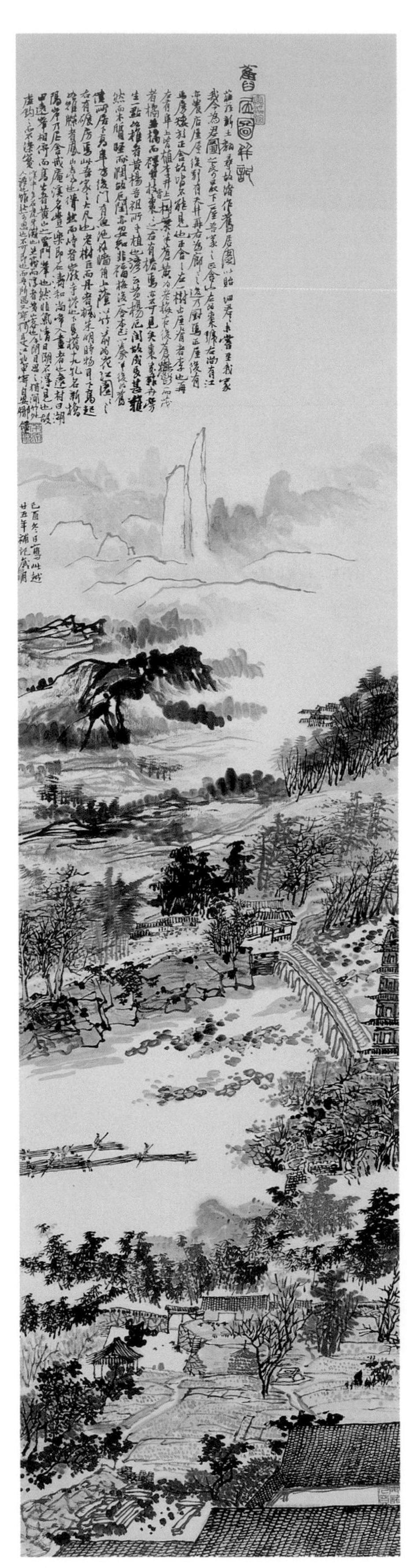

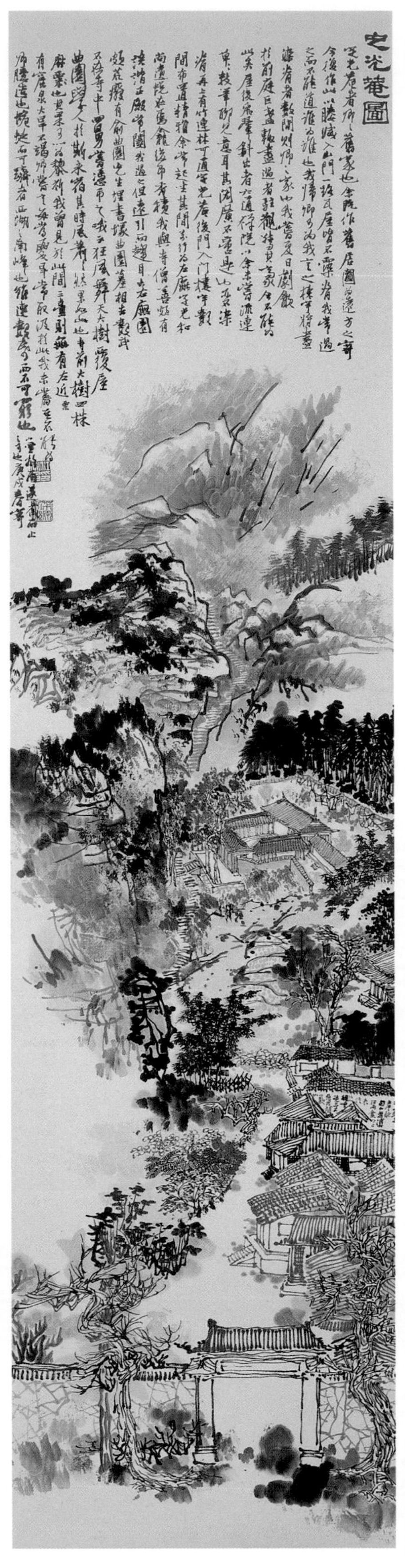

美客座研究一年，研究主題是「十六世紀蘇州地區畫家活動情形」。這段時間他遍覽密大所藏圖書資料外，還參觀美國重要的相關中國書畫文物博物館的庫藏與重要的私人收藏。期間完成相關研究卡三千張，還創作了五十件作品，並於歸國後在故宮博物院展出，這個時期可說是他壯年風格重要的轉捩點。

赴美時期最重要的作品，當推〈舊居圖〉與〈定光菴圖〉。這年冬天，江兆申乍到美國，客居異鄉思及家人，時節又近父親週年祭日，竟懷念起大陸家鄉的巖寺；兒時住過的瓦屋、溪流、平原與山嵐景致，都藉著〈舊居圖〉娓娓細述給遠在台灣的妻子，以彌補她從未去過的遺憾。舊居屋舍植栽甚雜，自下往上沿楓林行至巖寺文峰塔，十九孔新橋橫亙於豐樂溪畔，與對岸尼舍「戒菴」遙相對望；而坡渚山崗遙至數峰清遠外，黃山的雲門峰已然在飄渺虛幻間。江氏在畫中的題記雖云「猶能聞竹外人語」，然而記憶雖常駐永恆，故鄉景物卻已在物換星移中消弭幻滅，讓人乍生世事變換、景物全非之歎。

次年春天他再作〈定光菴圖〉，則是回憶起少時居住西湖的景致。江氏於西湖任職之際，同事於章桂娜的胞兄，並曾於她杭州舊居「劇飲於前庭」[註20]，江兆申回憶妻子故居而成此作，直是一封親密細語的家書。畫幅追憶著當年西湖風光，沿著山門入瓦屋數間，在經過妻子家的「定光菴」後，尚有禪院、香積寺、書塚、窟泉等等，沿著山道蜿蜒而上可至西湖的南峰，惟因遙遙無限，遂也草草而止，畫作充滿著對往昔與友人的懷念之情。

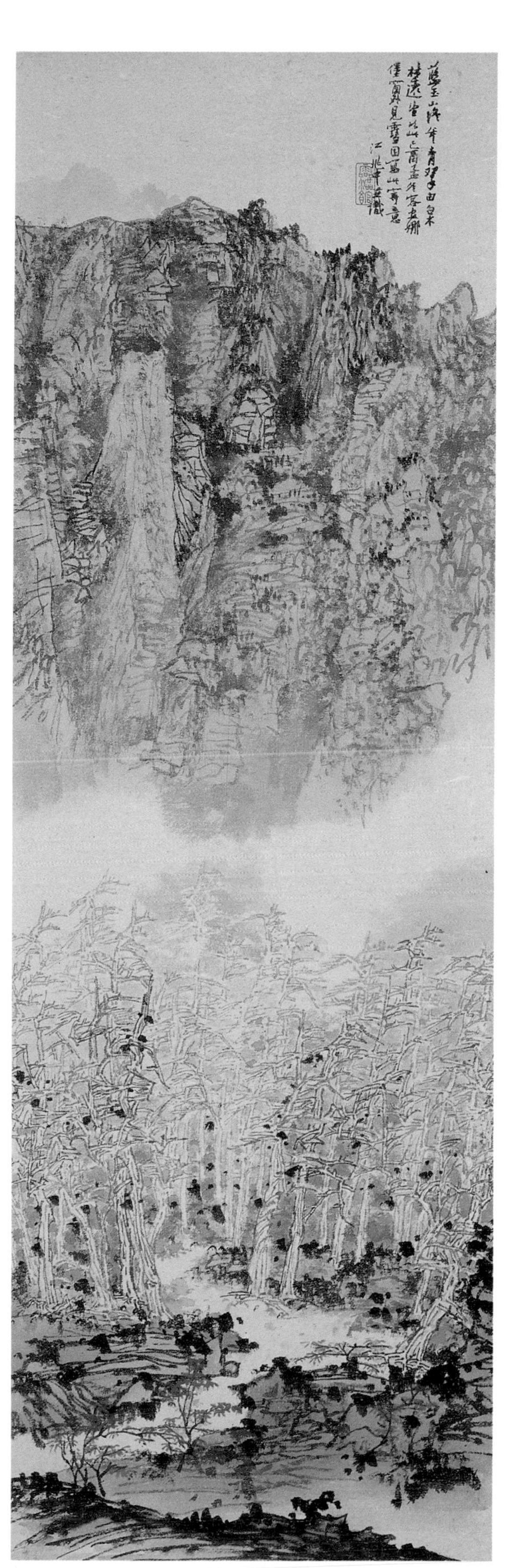

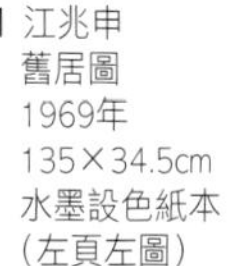

江兆申
舊居圖
1969年
135×34.5cm
水墨設色紙本
(左頁左圖)

江兆申
定光菴圖
1970年
135×35 cm
水墨設色紙本
(左頁右圖)

江兆申
藍山白木
1970年
96.4×27cm
水墨設色紙本
(右圖)

這年一月，江氏還作了〈藍山白木〉(見前頁圖)，題記有：「藍玉山終年青翠，由白木林遠望如此。己酉孟冬，客安娜堡，窗外見雪，因寫此寄意。」此作由低處遠望，白木林間煙霧掩隔前後，藍玉山微帶青翠，以勁峭的側筆勾折交織，石紋稜角已非斧劈皴法，似是畫家專注自然花崗巖層的結構。近處寒林幽徑曲折，枝幹皆作雙勾植寫，層次推移並以朱赭落葉醒之，整體呈現出筆線協調的一致。應也是同時完成的〈江岸霜楓〉，則將山巖石壁拉近，聳立於畫面半幅之上，短勁的方折筆線構築山壁塊壘，再以淡墨塗抹確立光影量感，巧妙的將墨塊與線條交融妥貼。美國一年的異地風物，使江兆申在畫境運用上明顯增廣，而在值遇廿年不見的北國瑞雪後，更啓發他對過去生命經驗與心靈思惟的轉換，在創作上投向詩意的人文情懷。

訪美客座研究期間，他還在《故宮季刊》發表〈從畫家構圖意念來看中國山水畫的舊有進展〉一文，明確分析了傳統中國畫家面對「卷」、「軸」、「冊」在創作間構圖意念的轉變。他注意到：從五代到元代以來，畫家在繪畫上是從實景普遍性的觀察，逐步趨向思考性的追憶，因此遊息行止開闊而明爽，透過比較，他確立不同時代的繪畫差異，不僅存在於構圖、寫實與視點的變遷，還與創作思想記憶的重新組織相關。宋人在「靜止」的取景中，將自然擷取一部分下來，因此往往缺乏思考畫面整體的連續關係；但元代畫家是藉由記憶中思考重組了遊歷經驗，因此他們畫中的整體性，往往就能依靠著筆墨，予以協調出前後疊合的空間關係。面對前人的作品，體會創作過程中的思惟差異，可以想見江兆申此時以創作者的角度重新對傳統繪畫思想進行探索，進而形成新的分析法則。這篇文章，可以說總結江氏在故宮五年間對傳統中國畫構圖形式的重新解讀，同時印證了多年來對繪畫創作的心得，更重要的是，江兆申所提出的觀點，也逐步影響他創作上的審美品味，促使他不斷在回顧過去形式與重新再現的創造中，演繹出日後奇崛險絕的構圖風貌。

2.歸國：野逸的抒放

回國後，江氏開始著手進行文徵明的研究，兩年後隨即升任書畫處處長。而此時的繪畫，也逐漸轉換往寫意且抽象的筆法，似乎取徑了石濤對空間與筆墨的倚重。在石濤的《畫語錄》中，就一再述及對於「筆墨」與「蒙養」的概念，文中對於繪畫生命境界的理解，是深究筆墨線條者不能不鑽研修練的；江兆申曾認爲石濤在小幅山水的構圖意念，是有其自己的獨立型態，可惜並未深入談到。

一九七三年一月，江兆申以書畫處處長身份隨同當時的蔣慰堂院長，分別至張岳軍、王雪艇兩位先生家中，接收他們所寄存的明清書畫。江氏當時爲文提及：對於石濤畫語錄中，談到用筆的自然與筆墨的「活」與「靈」之間的障礙，在看了原件眞蹟，默會這些論旨後，便「覺絲絲入扣，意與法俱」；而論及八大山人所作〈長江萬里圖〉時，他也寫道：「長江萬里圖卷的用墨，用筆、用水、用色，分開來看，髣髴各不相屬，合起來看，卻又一片渾圇。」想見江氏平日對石濤、八大諸家的繪畫思想與畫跡已然涉略頗深。而早年對董其昌的喜愛，到中年進行對吳門畫派的研究後，至此他得出結論道：

董其昌去晚期吳派之枯弱細碎，而用大筆濕墨，畫樹畫山，亦時時挹注著「變形」的觀念……；而八大石濤，其實亦從董其昌出，但奇逸縱橫，取古人為我用，而不用於古人。

日後他也曾就石濤、八大從董其昌的風格取法上，對門生如此說過：

董其昌的繪畫之所以影響後人，就作品形式上看，倘將董其昌畫作中的水分擠乾，就是八大；將董其昌的山水局部切割下來，就是石濤。(註21)

這是唯從創作者的觀點，才能直言的精闢見識，非深知貴踐之妙者可以體會。筆者以為，江兆申對石濤的思考可能在美國逐漸凝聚，(註22) 雖無法立即在他畫中顯現出來，不過此後江氏畫面上確實出現著更為篤定、以單一墨線勾勒山形皴法的形式。如一九七一年春作〈皓然林岫〉，幾將筆墨抽離到僅剩墨線支架山石的稜線，且雪景的空間似乎更有利於勾線與墨塊、留白的掩映。我們可以注意畫面黑色部分布局的節奏關係：從近處坡土與枯枝，連接中景江邊的黑色坡岸，甚至由此處延伸往上的幾道

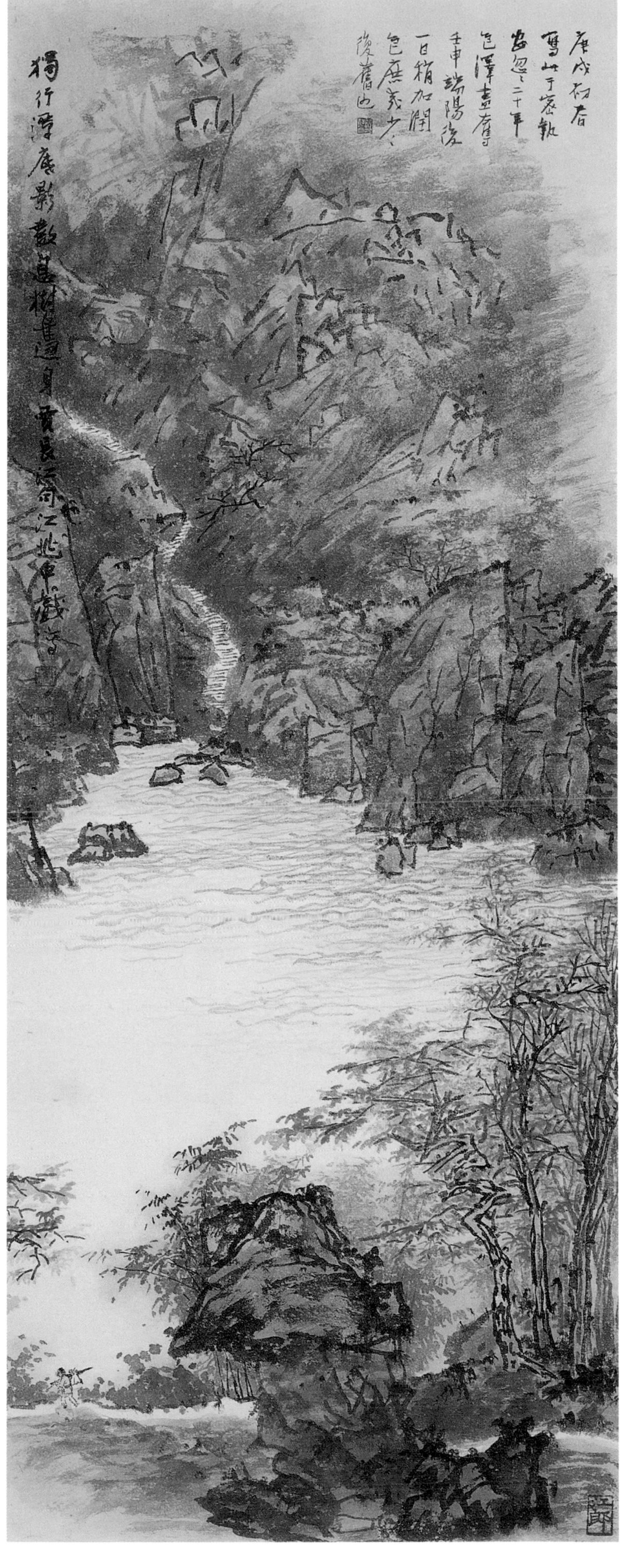

江兆申
江岸霜楓
1970年
96.4×38cm
水墨設色紙本

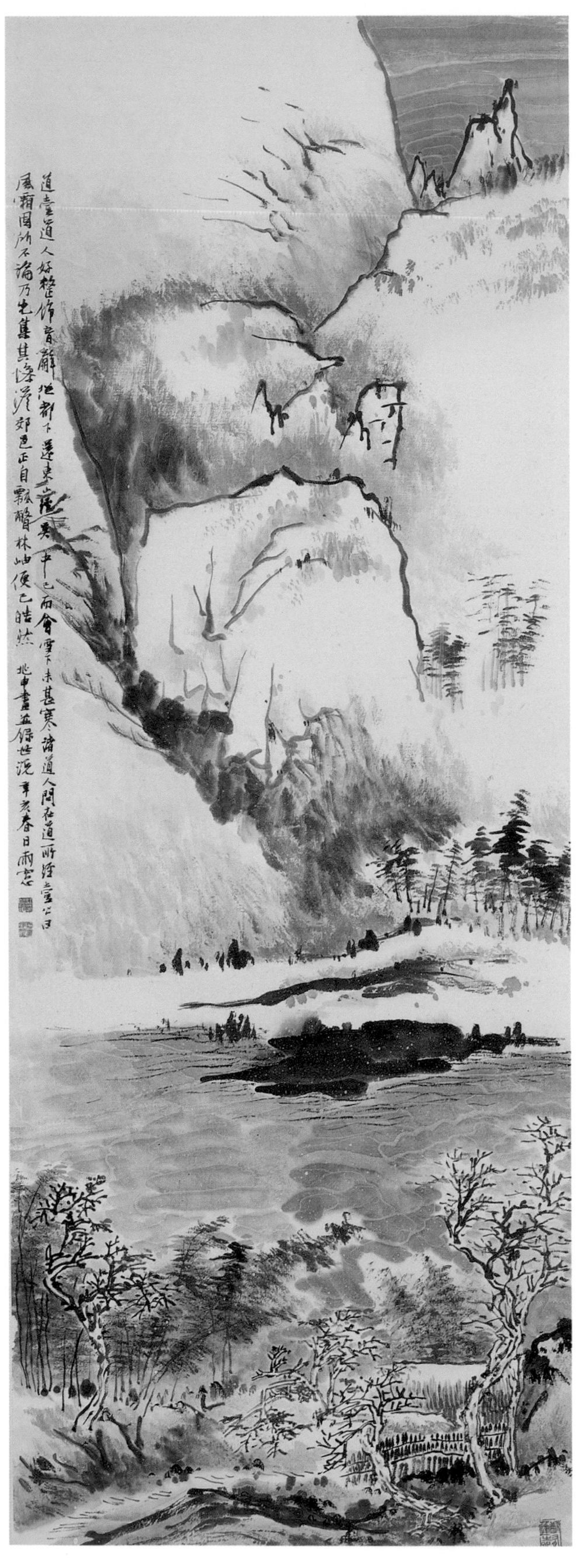

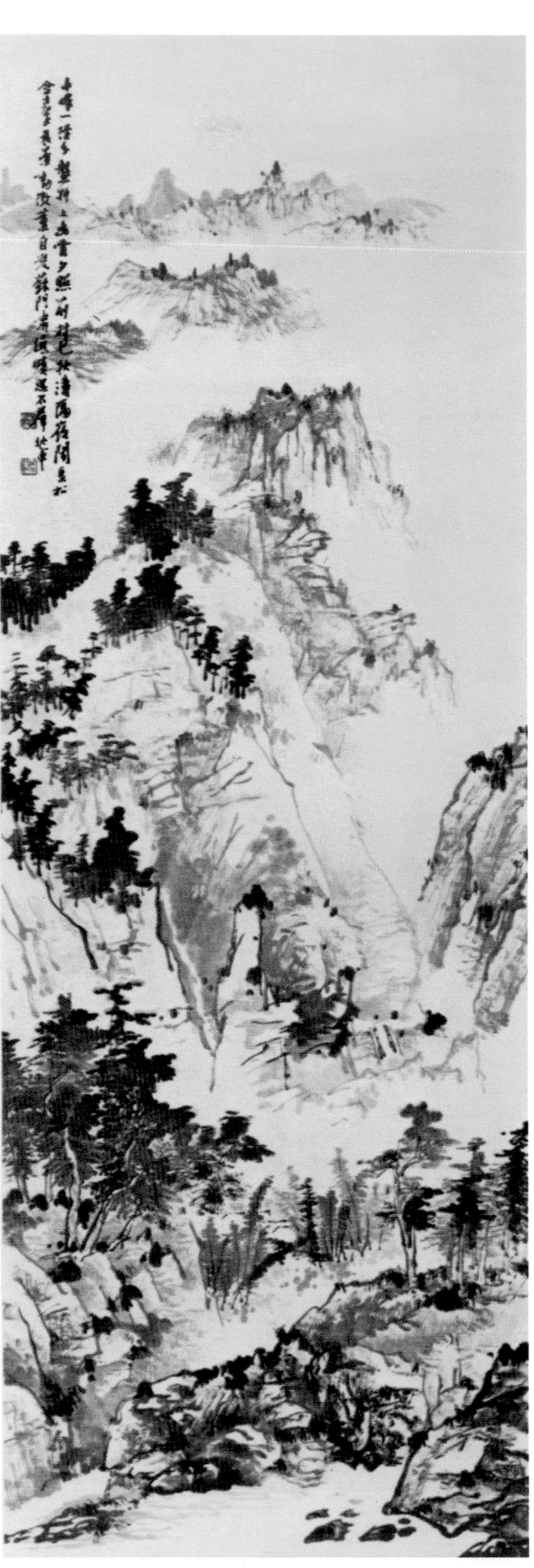

江兆申
皓然林岫
1971年
97.5×35.5cm
水墨設色紙本
（左圖）

江兆申
中鋒夕照
1971年
137.5×49cm
水墨設色紙本
（作者命名，右圖）

江兆申
幽居圖
1973年
43.3×47.2cm
水墨設色紙本
（右頁上圖）

江兆申
釣水耕煙
1973年
43.3×47.2cm
水墨設色紙本
（作者命名，右頁左下圖）

江兆申
寒巒江渚
1973年
43.3×47.2cm
水墨設色紙本
（右頁右下圖）

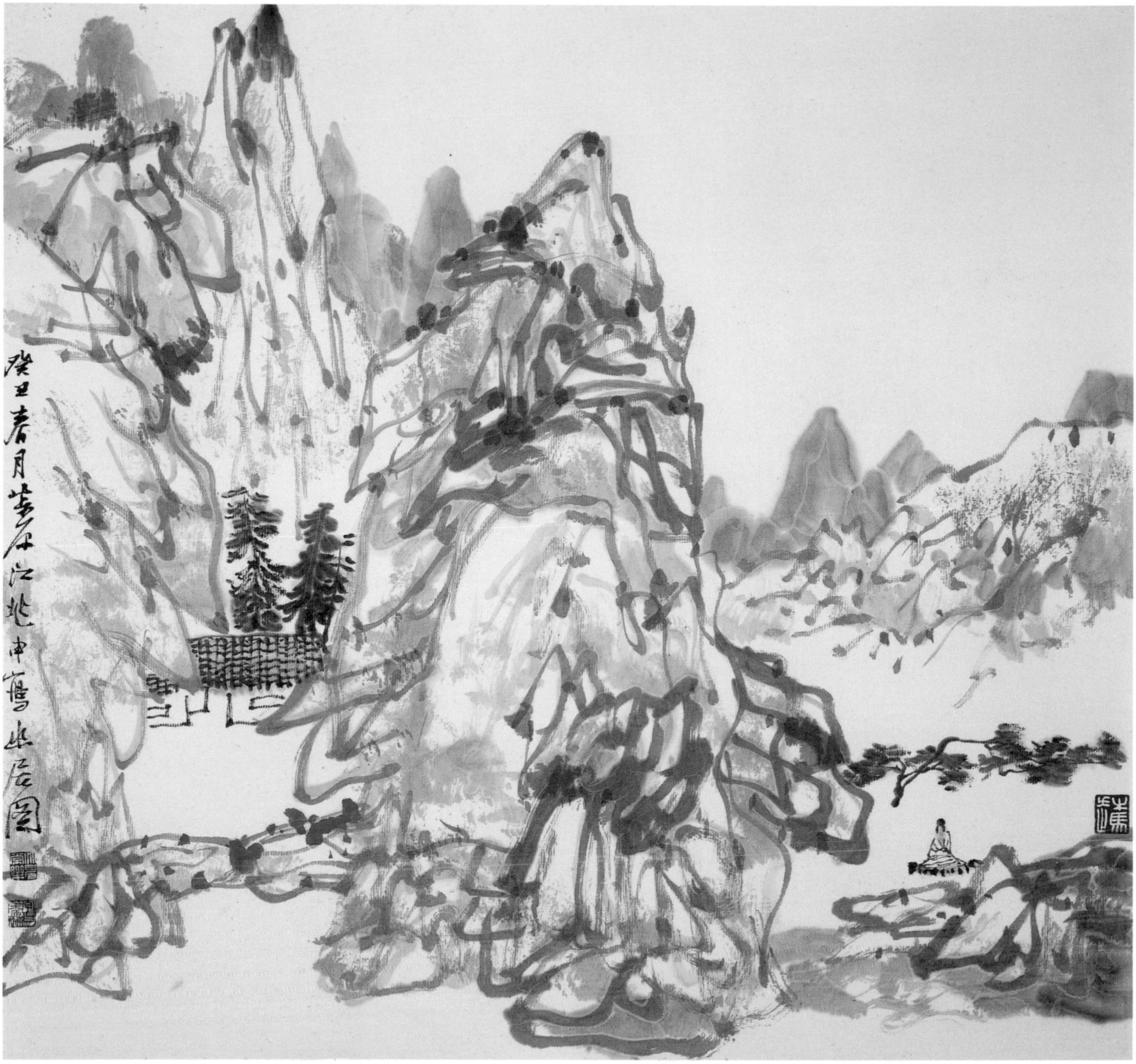

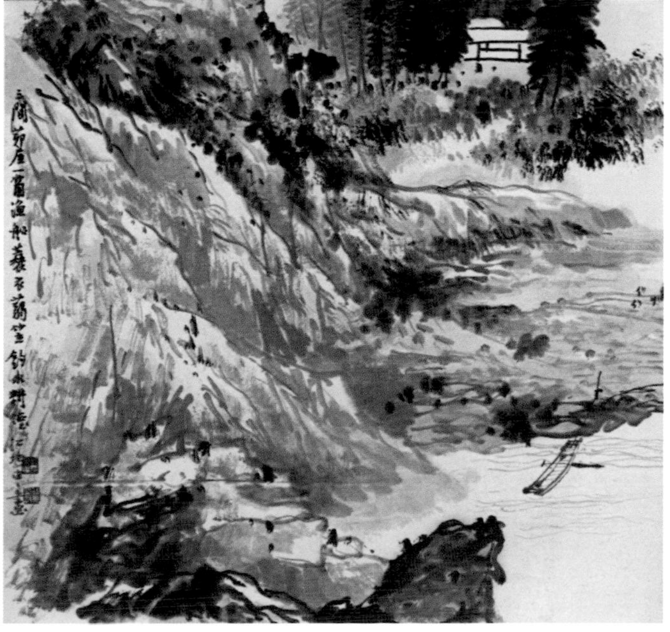

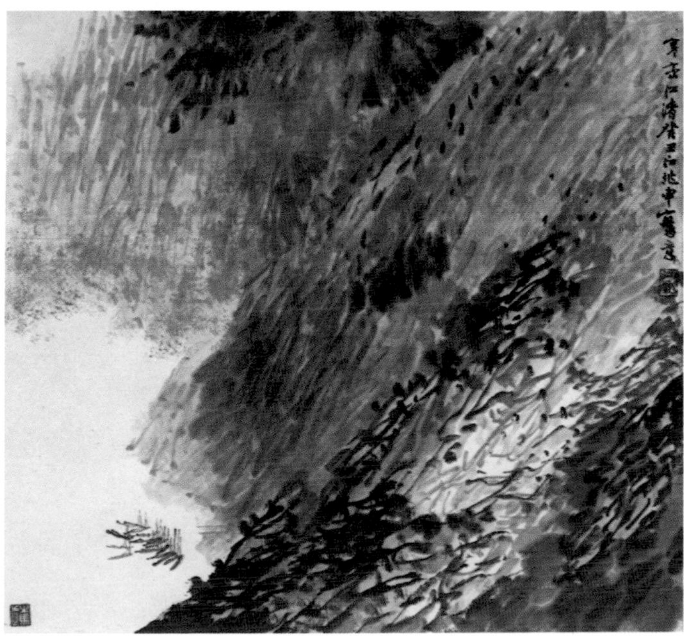

墨筆，都對空間前後的連續性起著極重要的作用。相較於前述的〈藍山白木〉，一寫景、一造景，其意境表現自有所別。甚至在這年七月所作〈中鋒夕照〉，已儼然預見他廿年後的風貌，差異的不過是時間淬鍊下筆法的絕染深厚。

從一九七三年三月開始到年底，他作了廿餘件山水小品，直覺上在用筆勾勒與線條放縱的表現，受石濤的啓迪猶甚八大。這批一尺半見方的小景畫均以生宣紙所作，如〈釣水耕煙〉是用密佈滿紙的皴線直瀉而下，雜以隨性的墨點渲破乾擢，墨色在圓緩曲折、濃淡濕潤間變化幽微；除去房舍與右下角的獨泊小舟，此件作品已是筆線墨點的恣肆酣暢，但又不給人因襲西方抽象的浮墨空泛。〈寒巒江渚〉筆墨雖近似黃賓虹，卻非襲其渾厚華滋，而是屬於一己的清淡秀潤。(註23)

此外如〈幽居圖〉用流暢的淡墨作逸筆草草，赭色略施勾勒，不加渲染的表現輕淡柔雅，頗得石濤蕭散韻致。更有甚者，在〈潭影獨行〉以數道老辣勾筆支撐半邊巨石，高士涉橋獨行，清朗疏曠間別有柳暗花明又一村的感覺。至於〈江干奇峰〉、〈巖穴輕船〉則作高巖重壑，以近乎楷法的方折，疊架出主峰的奇險，與石濤冊頁畫作相較，可以感受結體相似的關係。而落款中，江兆申也表述了追求用筆求簡、淡的意蘊：

> 王司農論畫云：筆不求繁，要取繁中之簡，墨須用澹，要求澹裏之濃。平生最服膺此語，近於此似稍有入處，然以形跡求之則遠矣！

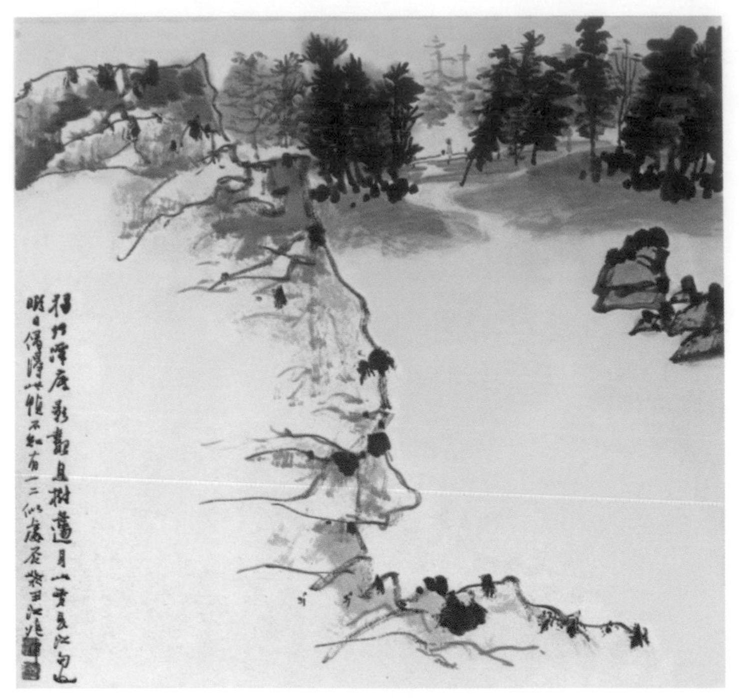

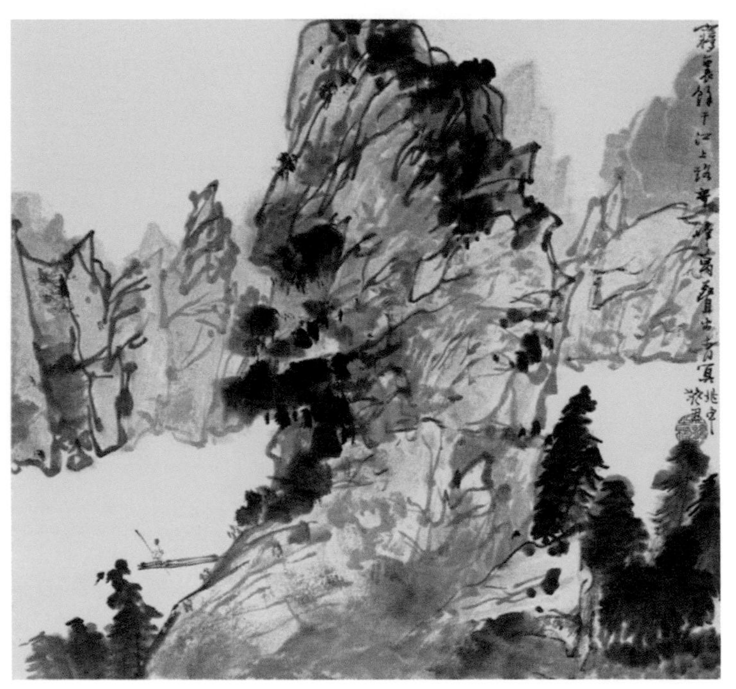

江兆申
潭影獨行
1973年
43.3×47.2cm
水墨設色紙本
(作者命名，上圖)

江兆申
江干奇峰
1973年
43.3×47.2cm
水墨設色紙本
(作者命名，下圖)

王司農即是王原祁，而王原祁對於繁、簡、淡、濃的概念，確實擴展著江兆申畫不求形、筆墨爲上的意念。與摹古期〈碧峰青隱〉(圖見27頁上圖)相較，可明顯看出青綠畫風的延續，只是筆墨在生、熟紙間墨韻互有差異，但江氏欲求咫尺千里於簡筆淡墨的意圖，則是明顯且成功的。

這一路以線條表現爲主的寫意結構，與他此時的書法相較，也可以看出著意灑脫飛奔之

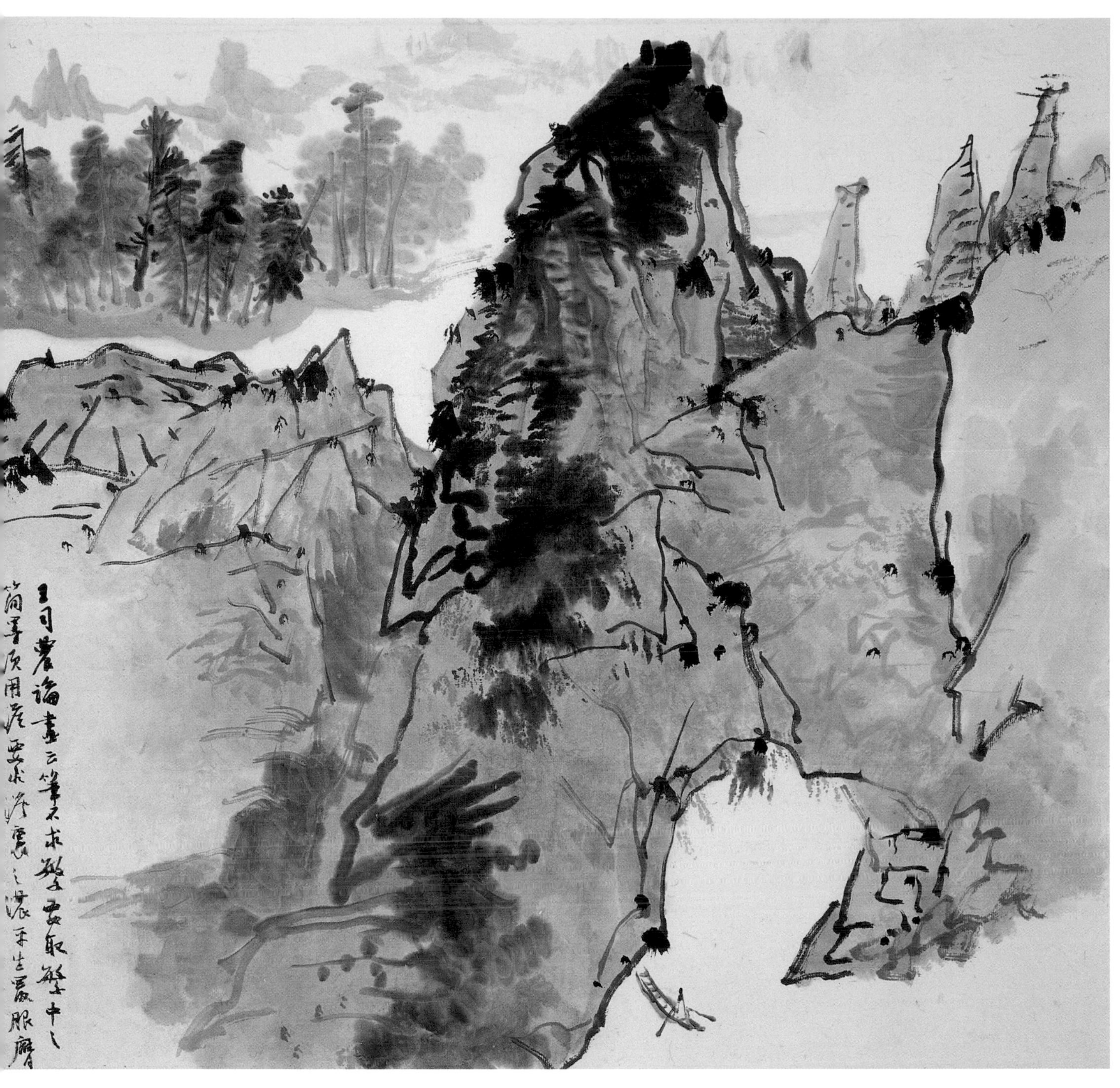

江兆申
巖穴輕船
1973年
43.3×47.2cm
水墨設色紙本

態。如〈草書軸〉、〈行書林和靖寒食詩條幅〉中，就明顯出江氏當時書風線質圓融、間摻刷掃的暢意變化。此後他進一步往「層次積疊」與「潑墨渲染」兩種風格試探，絕大部分是發展於七七到七九年間。〈陰崖幽澗〉、〈薜荔晴暉〉皆作主峰聳立、江岸交疊的籌布，破墨漬染顯得渾厚華滋，而幽深掩映之際的留白，尤能推遠前後層次。〈重江疊嶂〉也大約完成於此時，在巒嶽交峙環疊中，雙松翠竹、谿谷幽靜，文人隱逸沉謐的思想流貫其間。上述三件皆以生宣紙作巨壁直軸，不見渲水暈破，反是醇厚雄渾的崇嚴高壑，直到九〇年後，江兆申作品中才能再見到這一路風格的延續。

另一路「潑墨渲染」的風格，則可從一九七八年所作〈覓句〉看出，此畫以方折側筆作爲骨架，酣暢流利的狂驟，混合著急如雨下的濃淡暈瀋，呈現一片滂沱景緻。同年〈掃花菴〉則顯見撲天蓋地、風起雲湧之態，遠崖懸瀑水墨暈散猶如山雨欲來，而用筆奔放、側勢起落間幾乎無跡可循。而〈雲蒸〉一作似乎更能透過自然山水的高遠、深遠與迷遠，表現出破墨酣暢、光影奇變的夢幻詩意。

在〈于江春色〉、〈濕雲靈雨〉中，畫作又不同於先前，筆鋒明顯收斂，呈現畫家此時收放自如的穩健。〈山河積雪〉則刻意以「筆法調節」(註24) 全局，無論在山崗岩塊、近景枯幹或遠景枝枒，皆作皴劈兼施，然而整體筆線統合，一片瀟灑中仍呈現著狂縱風貌。

自明代陳淳、徐渭以來即擅用破墨水法，而石濤、黃賓虹更將之用於山水畫間，從而達到自然氤氳變化；江氏或從陳淳、石濤筆墨技法的體悟中，進而參透其間的破筆墨渲，因此楚戈曾稱讚過他此時的作品：「他有些畫行筆恣肆，意趣飛揚，就像酒酣耳熱，一氣呵成，筆精墨暢，大氣瀰漫，生意盎然，真是出手天然，非由造作……我認為這是他作畫的輝煌時代，旺盛的生命力，像是江河受到了什麼壓抑，一旦衝破了障礙，便奔騰澎湃，傾瀉而出。」

但陳宏勉卻以為，江兆申此時畫風的變革原因可能有：一、對舊傳統與新西潮的融合；二、受到西方表現主義或是張大千潑墨山水的衝擊；三、是黃賓虹、傅抱石、李可染等人在作品技法皆有類似突破之處，乃心嚮往而取之於己。(註25)

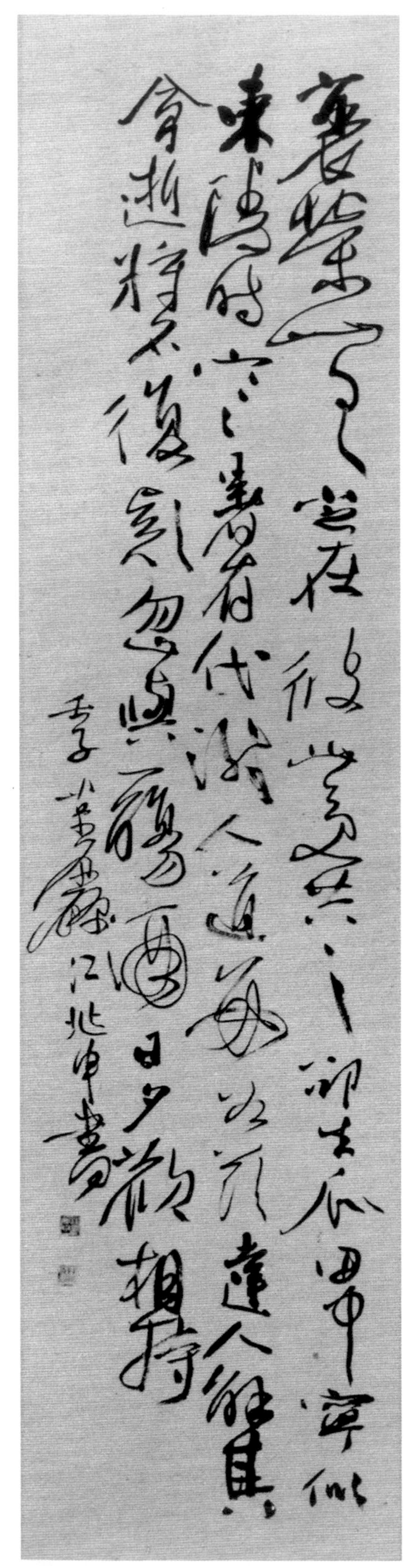

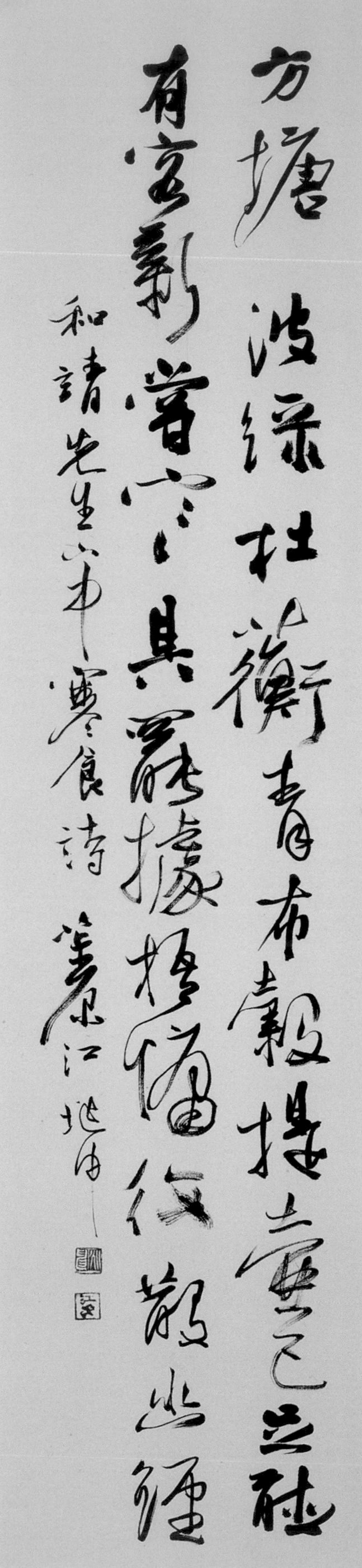

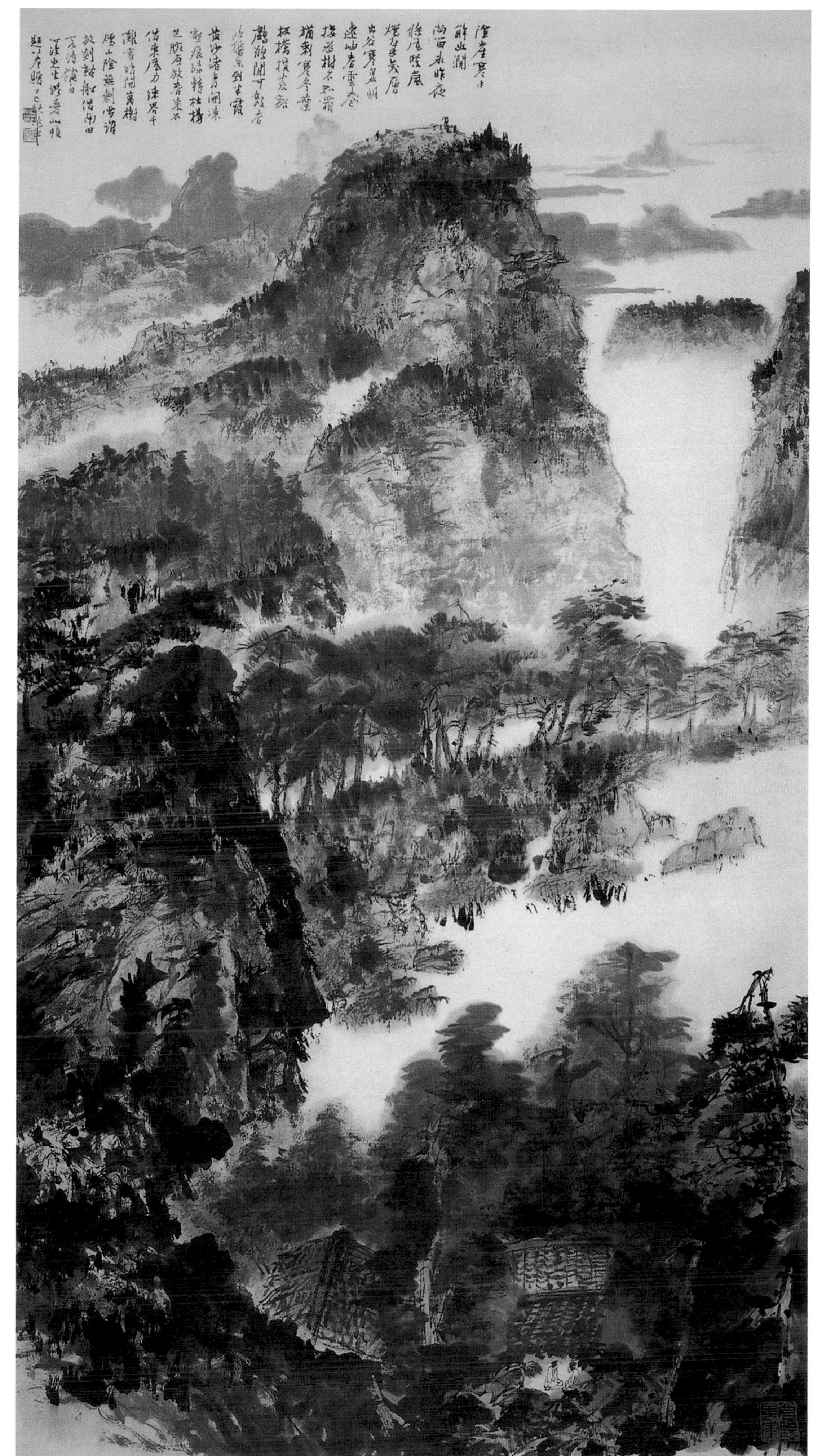

江兆申
草書軸
(左頁左圖)

江兆申
行書林和靖寒食詩條幅
137×33.5cm
(左頁右圖)

江兆申
陰崖幽澗
1977年
151.8×83.3cm
水墨設色紙本
(右圖)

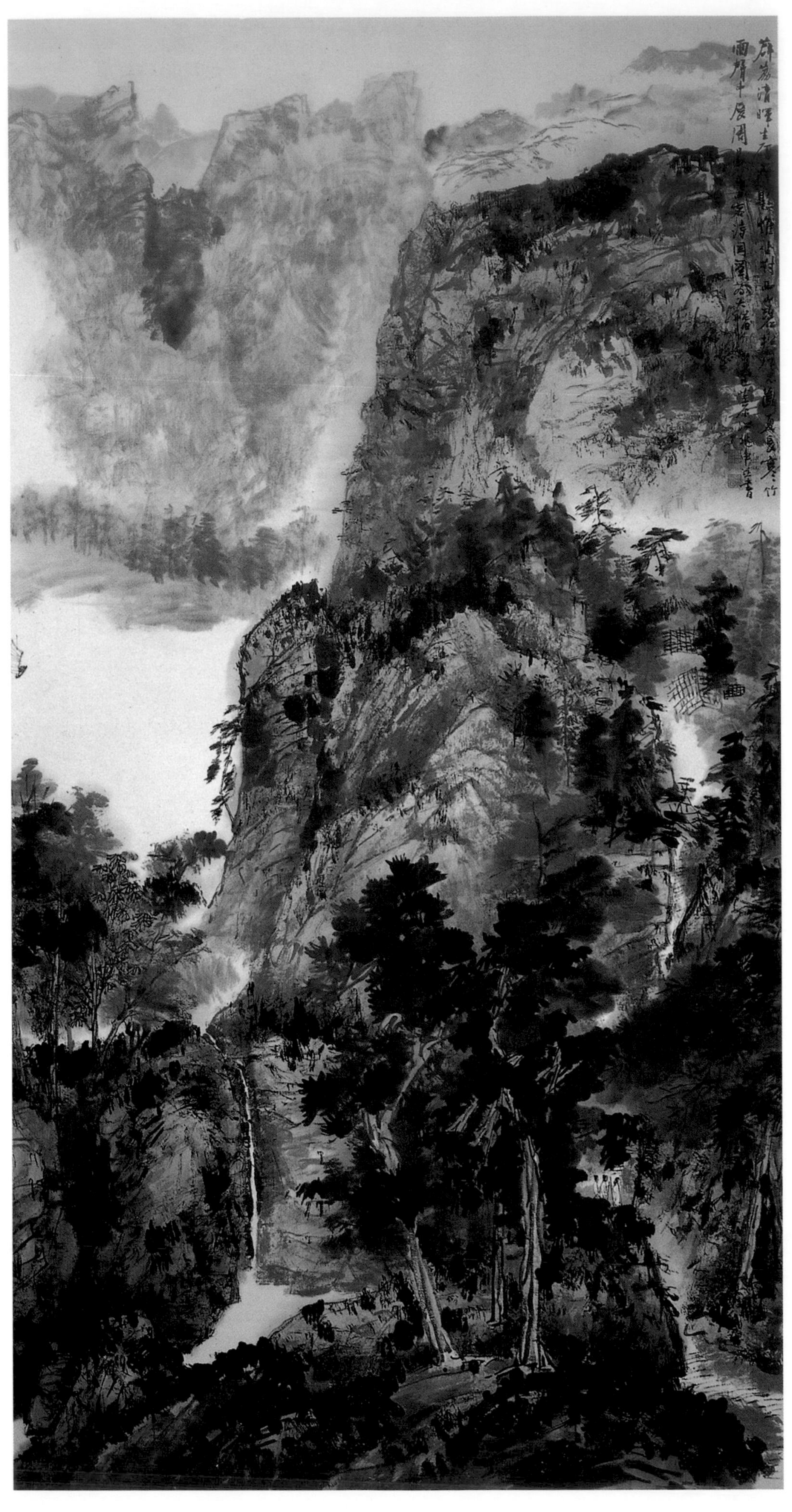

江兆申
薜荔晴暉
1977年
182.8×93.3cm
水墨設色紙本

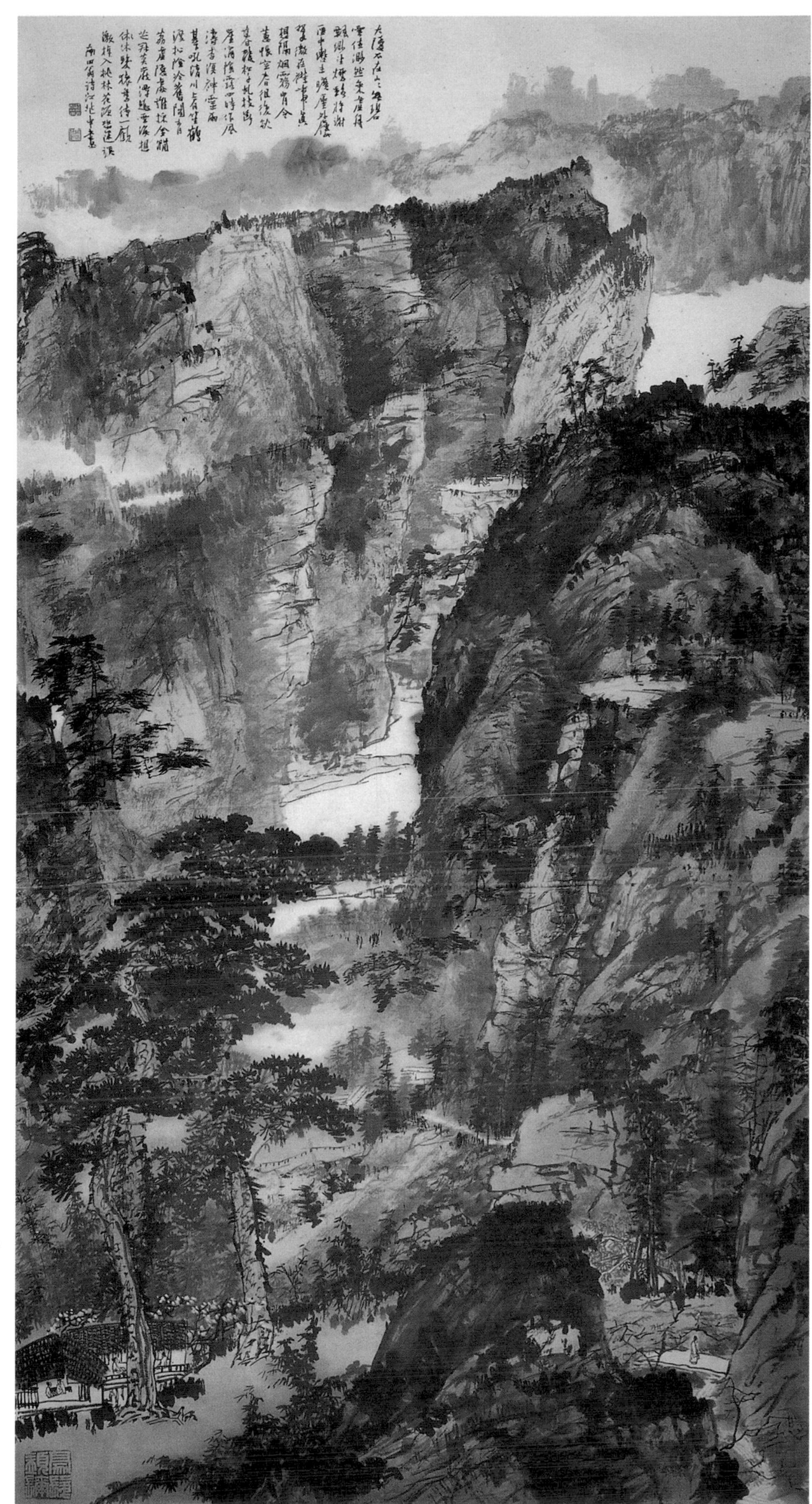

江兆申
重江疊嶂
年代未詳
180.5×97.5cm
水墨設色紙本

江兆申
覓句
1978年
62.5×93cm
水墨設色紙本
(次頁上圖)

江兆申
掃花菴
1978年
62.5×93cm
水墨設色紙本
(次頁下圖)

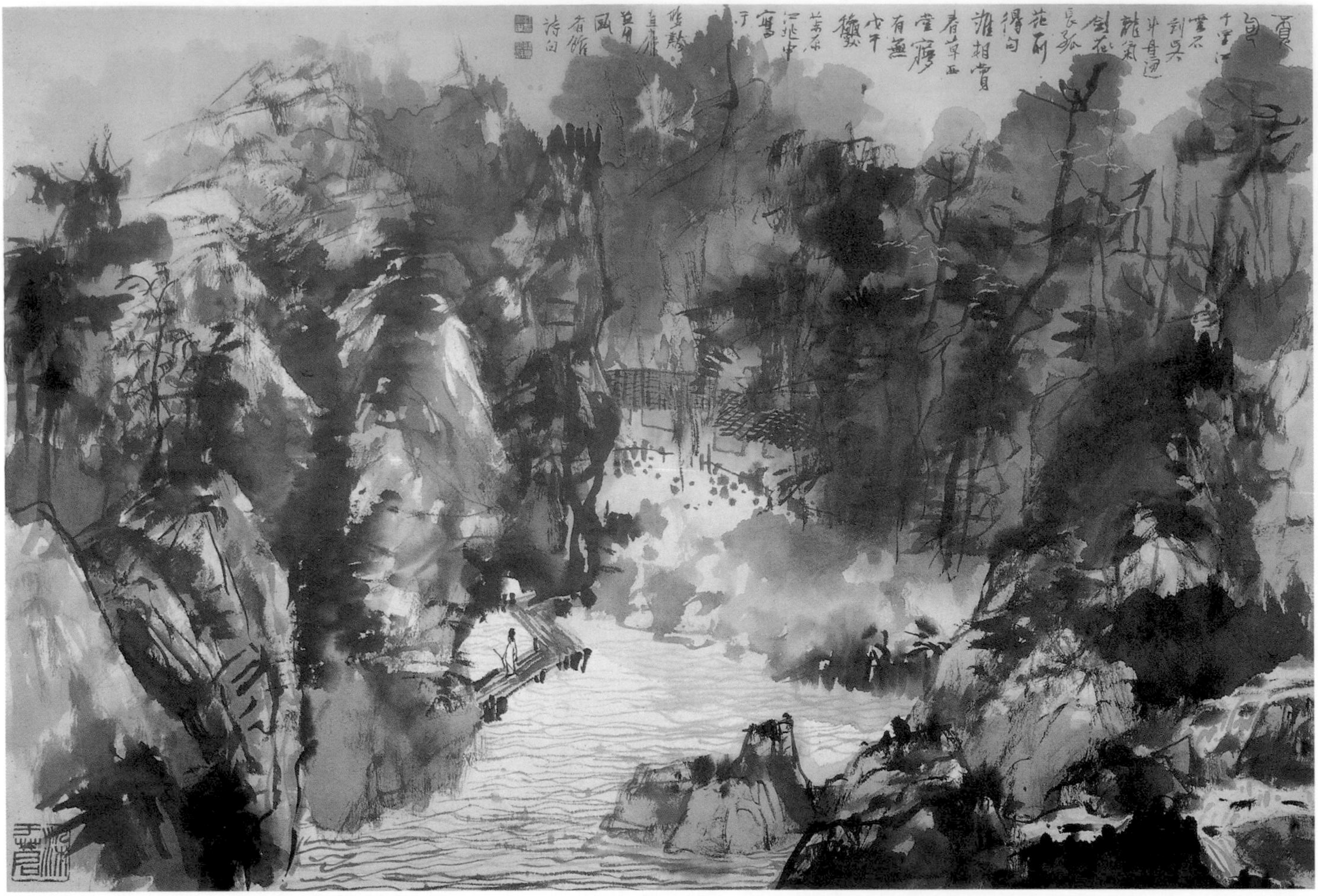

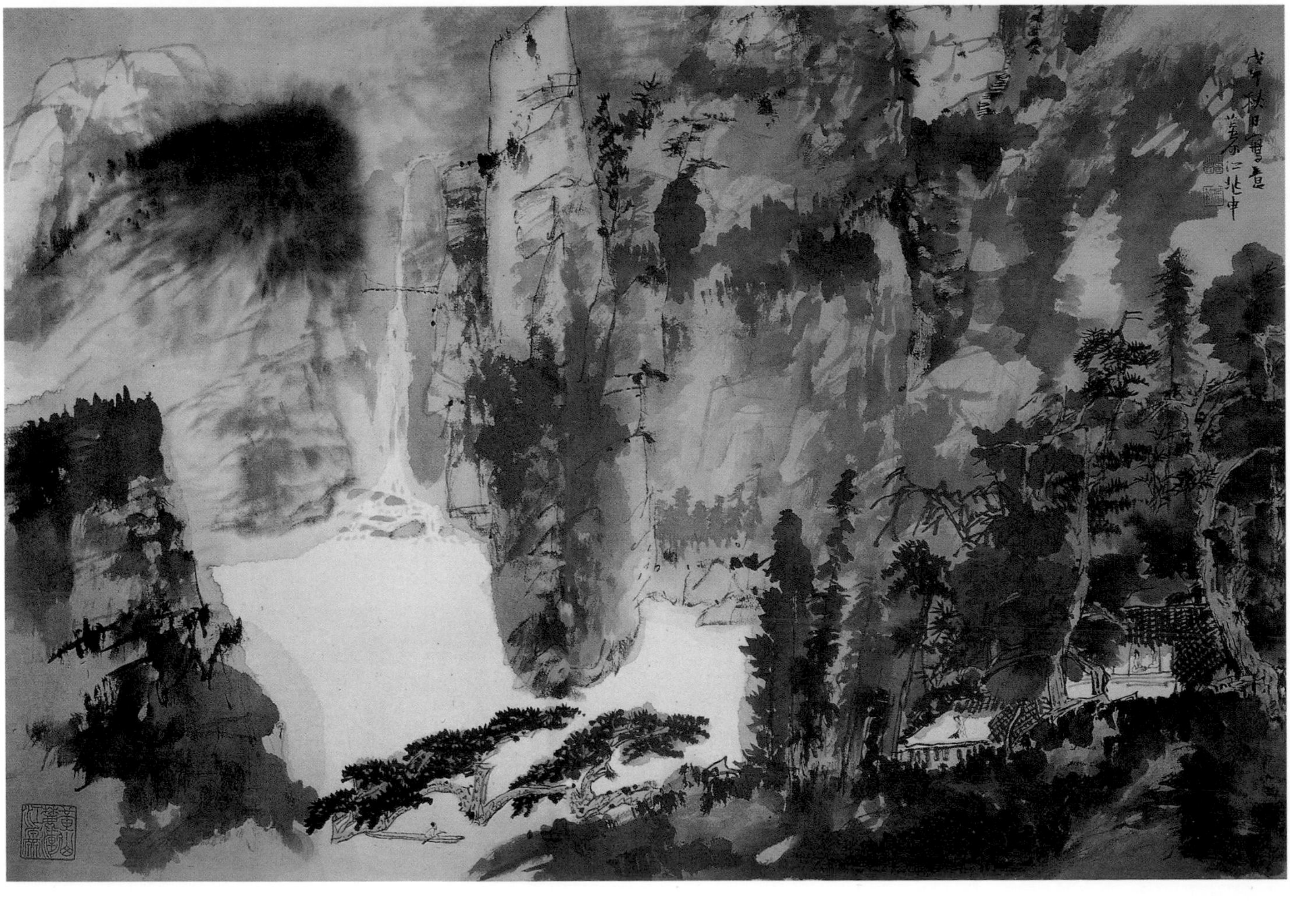

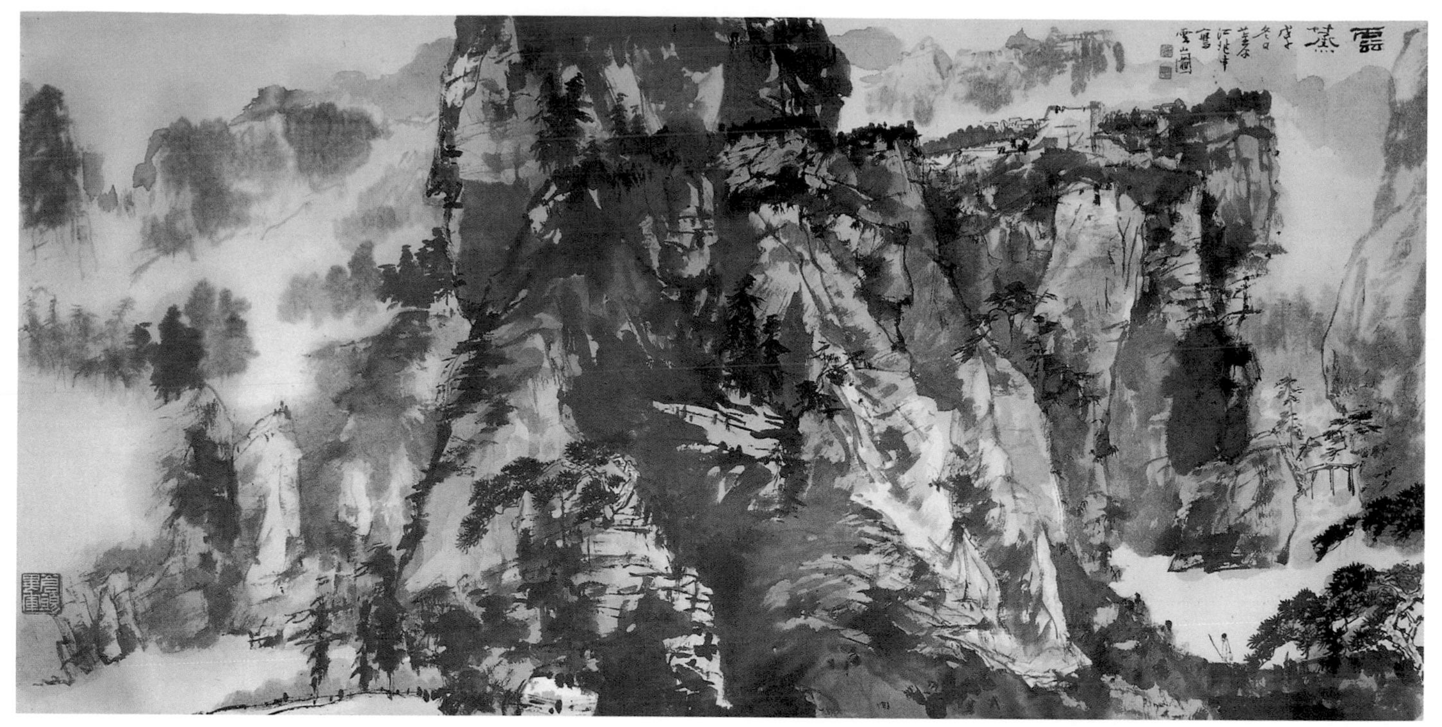

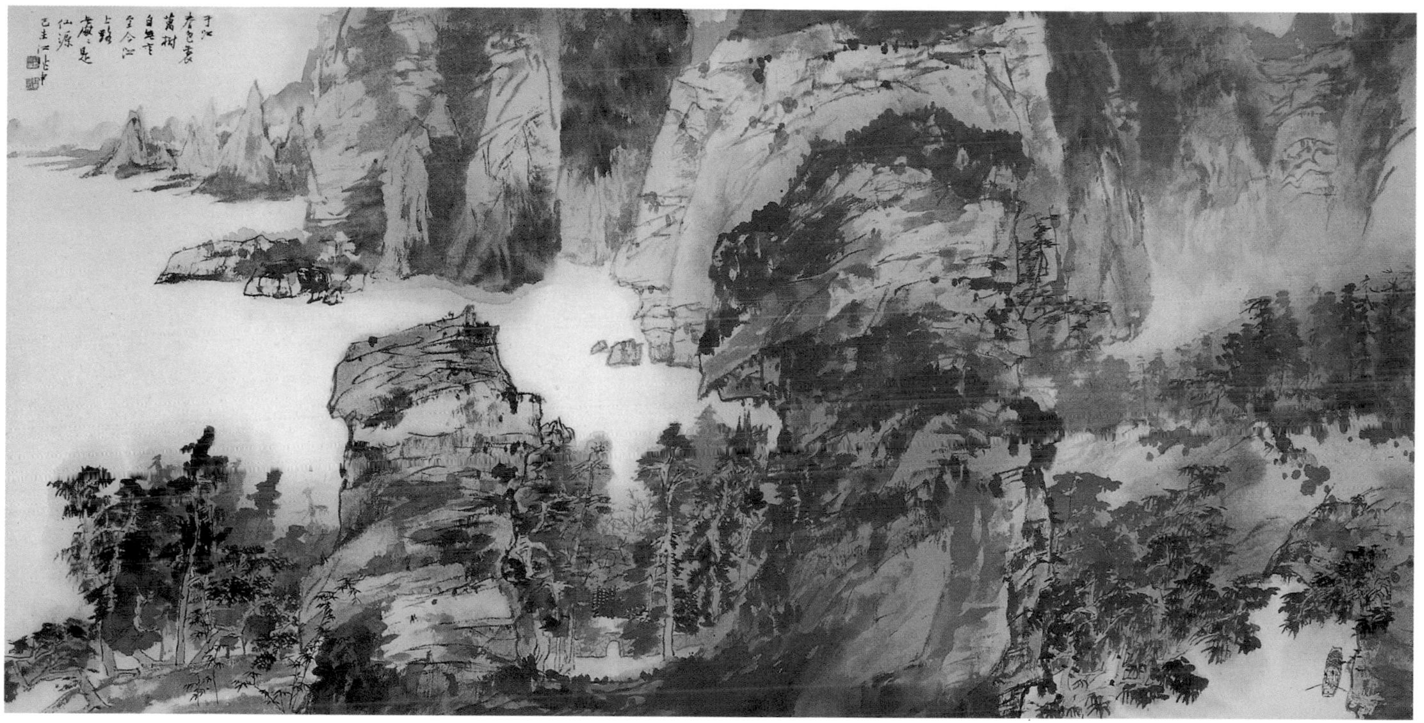

江兆申
雲蒸
1978年
62.5×139cm
水墨設色紙本
（上圖）

江兆申
于江春色
1979年
69.5×139cm
水墨設色紙本
（下圖）

從時間點看，江兆申初識大千於一九五九年，直至七六年赴美時還特意至環華庵拜訪，張大千從美國環華庵返台定居後，兩人的交往遂逐漸頻繁，一九七八年底還曾陪同大千赴韓展出，也約莫從這年秋冬之際，江兆申的畫作中就出現一系列大塊墨色塗染與濕筆暈渲的作品，如上述的〈覓句〉、〈掃花庵〉、〈雲蒸〉皆是。張大千虛長江兆申廿七歲，以當時在國際的聲望，執華人水墨界牛耳地位，江氏與之討論或觀其畫作的濡染，「磅礴」(註26) 之誼不無可能。(註27)

江兆申的脾氣倔，投射到作品上的便是胸臆中無畫絕不作畫、不一稿數作的傲氣，但是否他自覺到風格取法上似乎傾斜於潑墨一路，故而暫時停住發展，不得而知？然而確實此後江兆申就少作淋漓濕筆，反而往重勾線、多厚染的風格取徑，更開啓他此後十年奇崛稜峭的風貌。

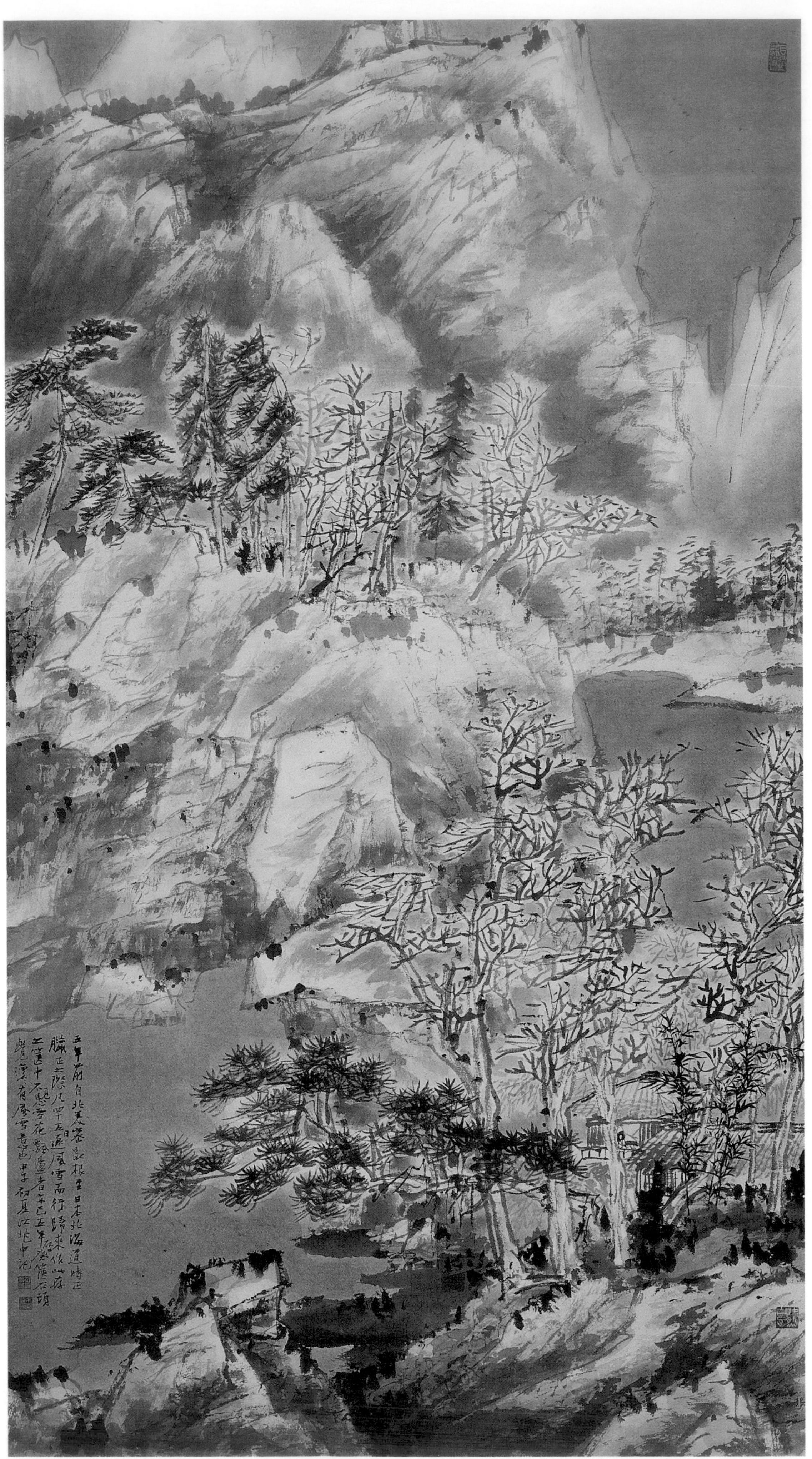

江兆申
山河積雪
1979年
124×69.5cm
水墨設色紙本

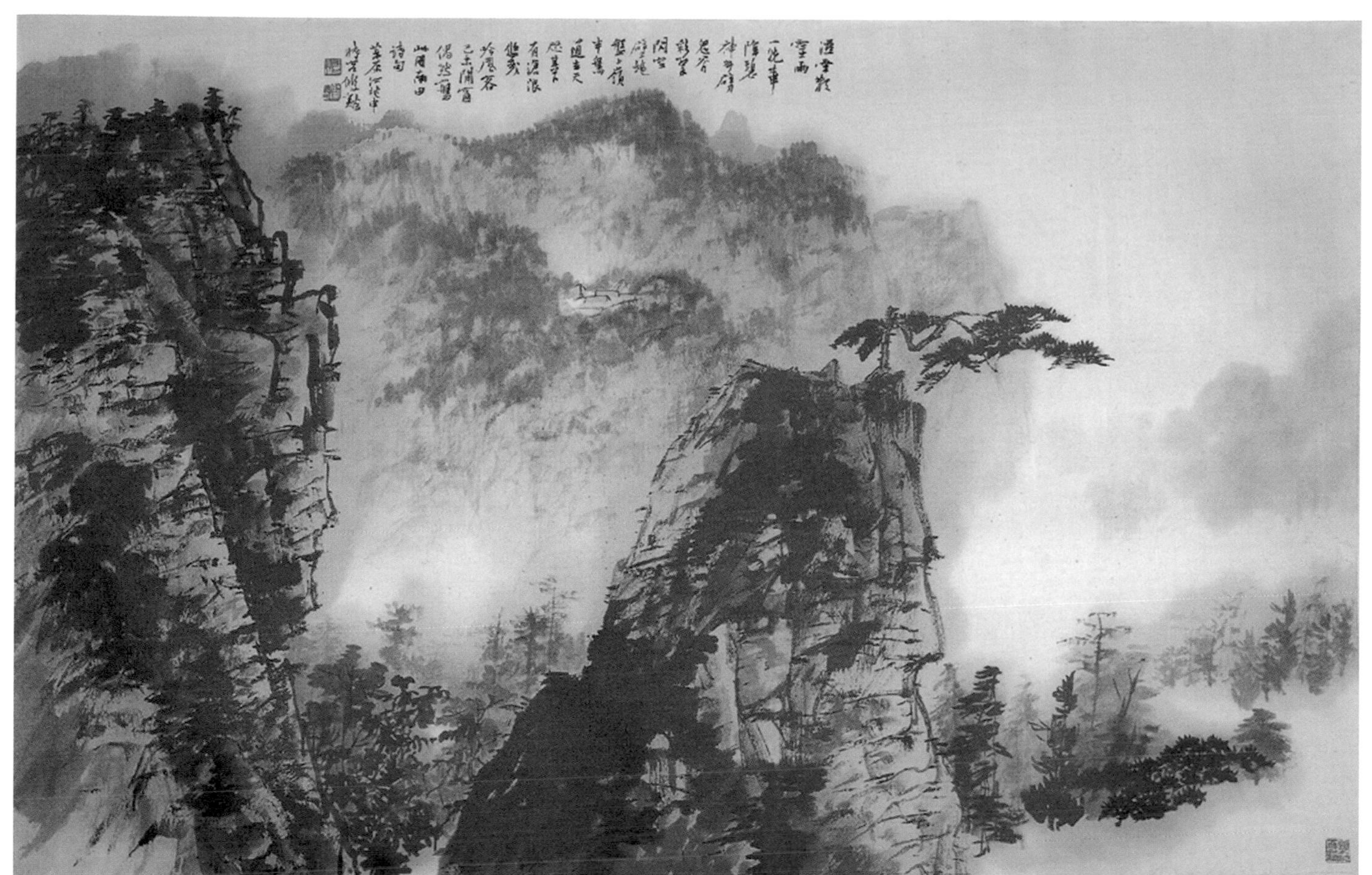

江兆申
濕雲靈雨
1979年
63×99cm
水墨設色紙本

(2) 骨力奇譎：五十六至六十五歲

在畫歷與生命閱歷的雙重激盪下，五十多歲的江兆申，其繪畫風格已完全成熟。此時他擅長以大塊面組織山巒結構，並施以側筆刷掃的線條，筆法粗放使皴擦渲染得以並行，以中側筆鋒頓挫著明顯的石塊肌理，更是江氏此時畫風的特徵。雖說山石的形式是取法南宗的渾圓，但才高氣倔的他，此時脾性中透著傲骨，畫面追求奇峭險峻，折射到作品則是衝突且統一的筆墨性格。總之，此際的他筆墨縱橫，揮灑淋漓而氣勢磅礴，已掙脫造型的束縛，走向線條墨彩變幻的主觀性山水。

這一個時期他所用的紙張，多爲日本所製二乘三尺的楮皮紙，[註28]早於一九七八年間的作品，就顯見此類紙張水氣淋漓的表現。江兆申使用的這種紙，其優點是筆墨頓挫容易呈現，缺點則是積墨太澀或染色不厚時，容易顯見焦躁枯槁之氣，此際有些作品即透出某些火性，也恐怕與其工作上的不如意有關，或是被需索而作急迫性的應酬畫。楚戈憶及於此曾寫道：「他在蔣復聰院長的治下作書畫處長和副院長，有苦還可以跑到我們辦公室說一說，……多少還獲得一些抒解，但後來在秦院長屬下作副院長，就很少見他笑過……我想這大概是他一生最苦澀的日子。事實上故宮內受人敬重的他，是被逼退休的。」或許也可以理解這生命不如意的狂狷之氣，宣洩在畫紙上而成的焦躁不平之鳴，而風格多傾向狂放險絕，也在這幾年表現最多。但仔細比較他此時畫風，確實可區隔著「清健險絕」、「意筆書寫」、「幽深濃鬱」、「秀逸清潤」[註29]的交錯表現。

1.清健險絕

一九八〇年作〈秋林幽居〉[註30]，空間結構除取資花蓮的險峭之外，也與他自身對於構景奇崛的美感追求有關。峭壁因松林壓迫畫幅頂邊，而顯得高聳深遠無盡；下方雙松俯仰其間，高士攜杖涉橋拜訪幽居於山隘的主人，明

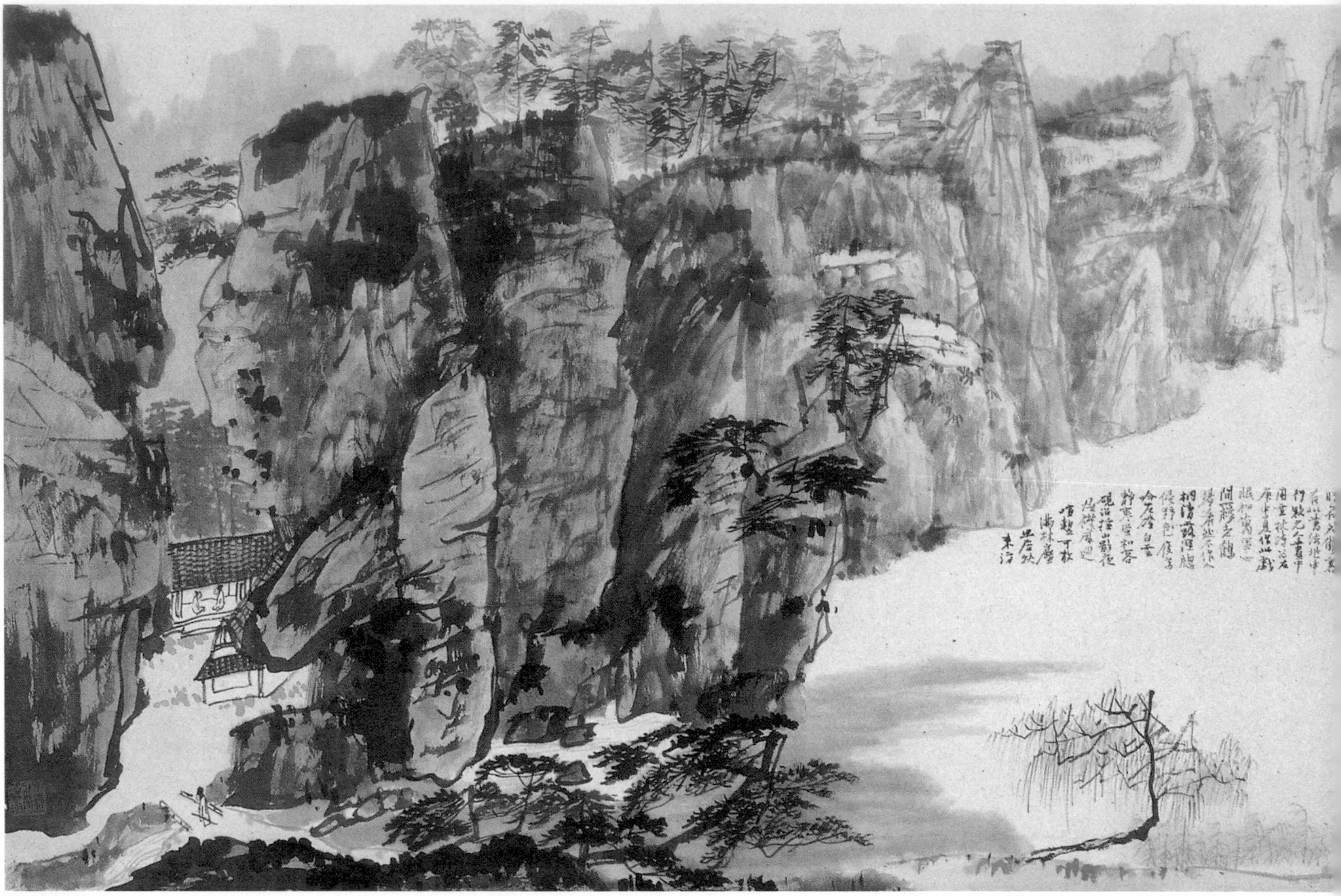

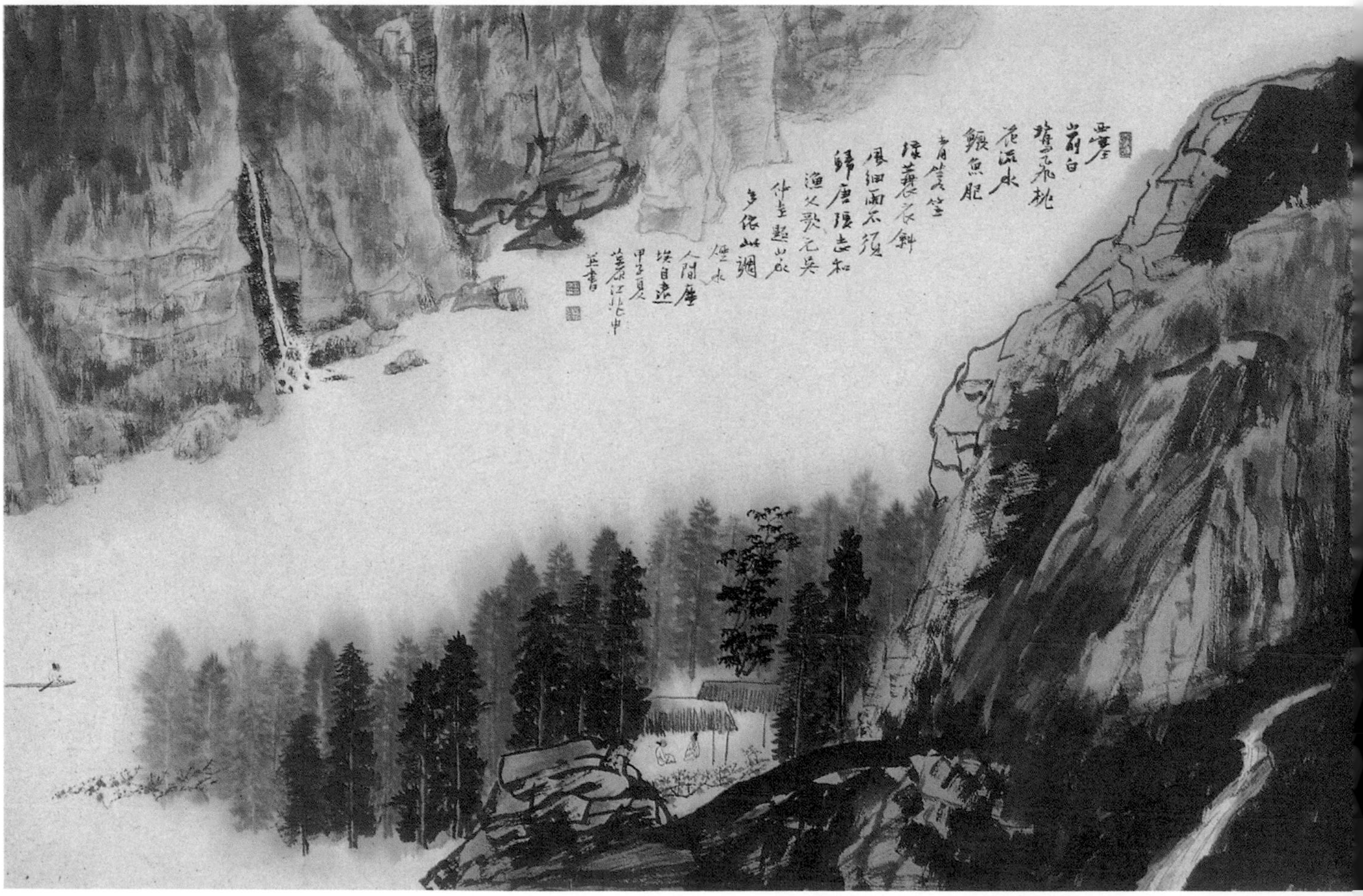

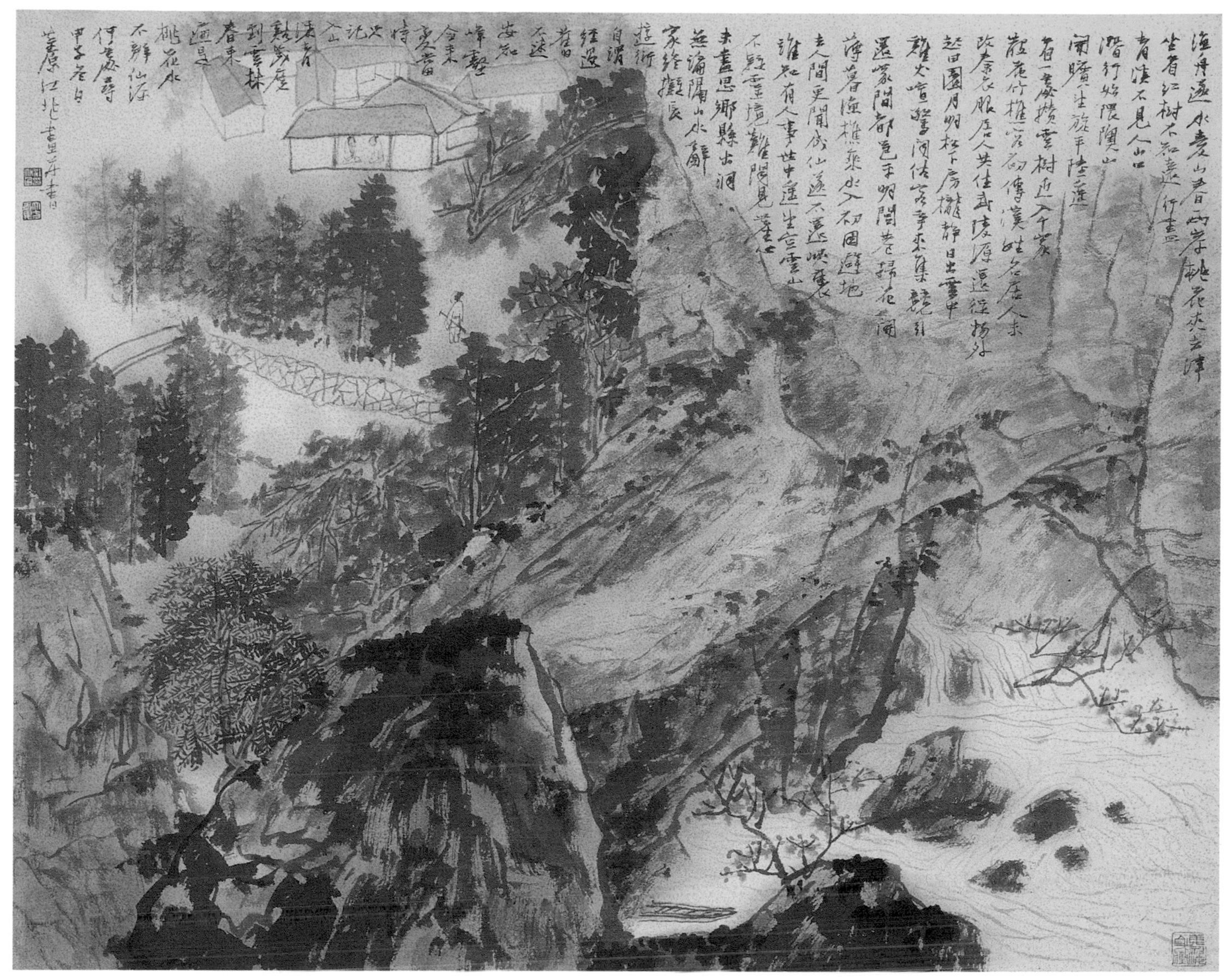

江兆申
秋林幽居
1980年
62×99cm
水墨設色紙本
(作者命名,左頁上圖)

江兆申
漁父歌圖
1984年
62×99cm
水墨設色紙本
(作者命名,左頁下圖)

江兆申
淵明清寄
1984年
49.5×61cm
水墨設色紙本
(上圖)

顯著畫家避居隱逸的心意。畫幅筆墨粗獷悍霸，以迅疾的闊筆縱恣勾皴，致使筆法墨彩間沁發著撼人心脾的靈氣；摻以朱、赭色點線刮蝕於巖壁、坡岸與渺遠處，對畫面也起著點醒作用。右下方折柳曲立撐起底部空處，此一「救命樹」方法，皆在此後的作品中出現。而落款由左至右：「戲用雲林詩為右行款，元人畫中有此書法。」確可起著穩定畫幅斜勢的作用。此作雄偉遼闊，從高視點俯瞰峭壁雷霆萬鈞之勢，令人想起金代武元直所作〈赤壁圖〉。

早在一九七七年，江兆申發表了對北宋郭熙〈早春圖〉看法時就寫道：「……山石輪廓的筆，凝重處寬度超過兩公分，煙中樹林，纖細處不到廿分之一，用心用力，神謀手追，處處可以看出作者的苦心。」(註31) 無論上述〈秋林幽居〉，或是一九八四年所作〈漁父歌圖〉，都可見到他此時大膽書寫的寬線條，與筆鋒斜刷皴掃山頭與瀑角，所充分展現的狂辣奇趣。值得一提的是，上述兩件作品落款、印章皆在水面，不但打破禁忌，又能在文字與畫面協調出新意。同年〈淵明清寄〉取材自〈桃花源記〉，緊湊的布局除得力於「之」字形取勢外，上方的留白與落款，亦表現出畫家書畫合一的匠心，試與文徵明、石濤同名作品並列，就可以看出江兆申繪畫上意造簡潔的張力。

此外，如〈障壁幽翠〉作樹色平遠，極似台灣常見的溪谷河川，而墨氣淋漓又呈現出春水融融的自然生意；前景樹法微顯龔賢筆意，花青設色延伸了一片蒼茫氤氳，山壁赫見巨石襲面而來，令人叫絕。而〈赤壁夜遊〉(圖見19頁)

與〈漁父〉皆呈現出他此際擅長的險巇——前景平坡植樹或稜巖頂天，畫幅上以單柱山峰穿插或巨石壁立，顯出塊面上下分割交疊的嶙峋。〈江岸奇峰〉作雙峰巍峨奇立，其間能遠窺平遠江岸，描述他少年時期放遊信江兩岸所見的絕境，也道出這單柱峰造型的出處；而〈野宿山家〉中刻意層起的巉巖、密林掩映，猶似龔半千畫境中的遺世獨立。此外從〈江源荒寂〉、〈夾江遙屬〉一直到九〇年代初，江氏畫作常顯現這種奇峰視點高低縱橫，充滿崚嶒嶔巇的悍霸風尚。

〈漁父圖〉以構圖之險奇，可視爲這時期的代表作。右方柱峰以拔地破空的氣勢，與左方崖嶂淋漓、林壑翠竹形成空間的不平衡感，這種柱峰塊面結構，走勢虛實且銜接錯榫，形成他這時期的代表風貌。論其由來：從李唐、馬、夏、漸江、石濤皆有，獨江氏線條疏朗方折，塊面虛實嶔奇，而切割結構更取法傳統對書、印佈白造型的領略。

江兆申以凸顯奇巖怪石衍生著自身性格與美學意識，對於區塊鬆緊虛實的體會，對比同時期畫家廣泛從西方寫生觀念所作的空間法式，更爲顯著個人對傳統的思考與關注。

2.意筆書寫

所謂意筆書寫，是指江兆申此際多以粗細變化的書法筆線，所作提按勾勒的暢意筆蹤。據說江兆申作畫開始思考著空白紙幅的分際時，門生總是正襟危坐且屏息無聲，周圍氣氛亦顯得肅穆凝結，但是當數根線條在畫紙上，

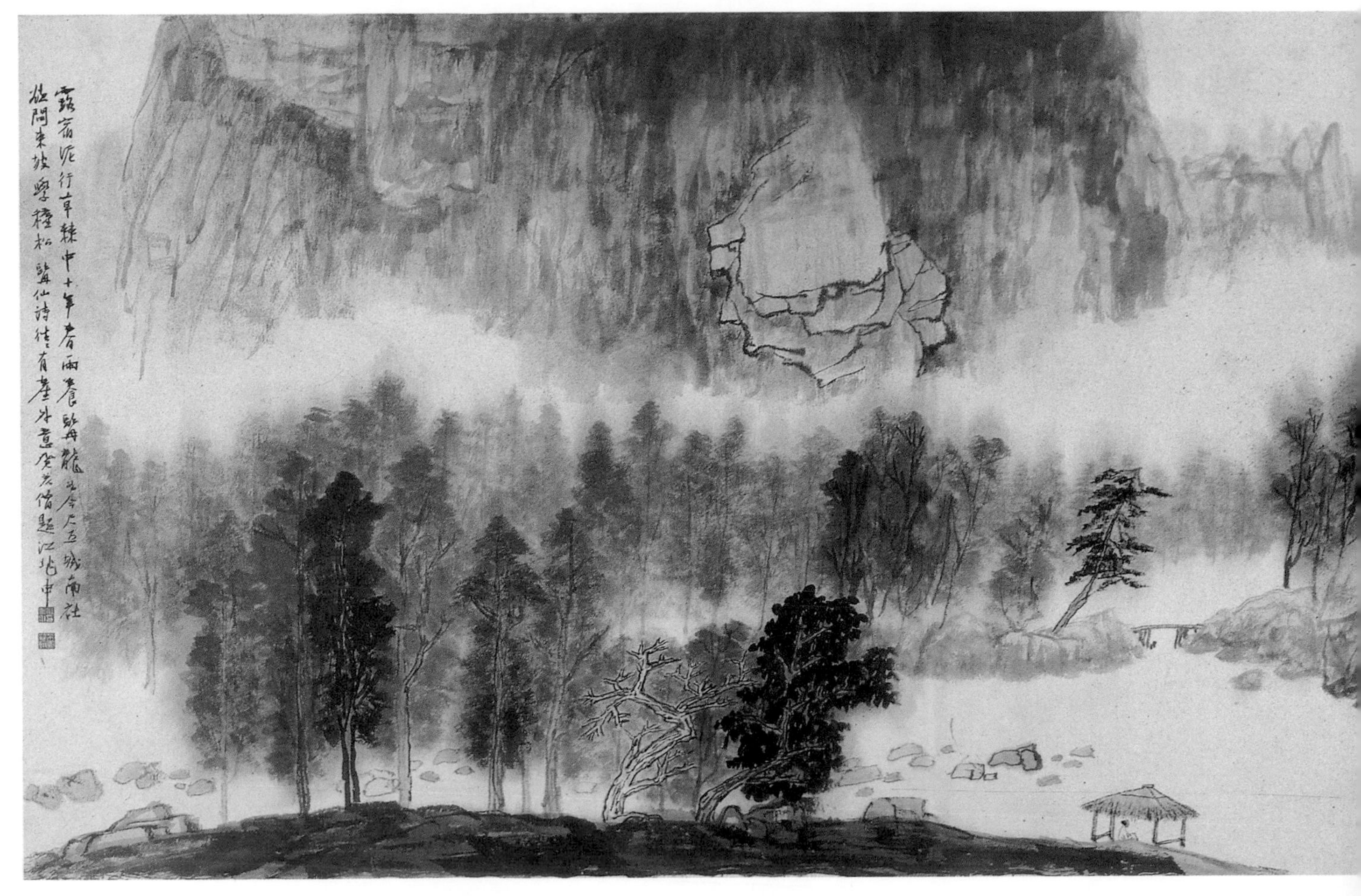

江兆申
障壁幽翠
1983年
62×99cm
水墨設色紙本

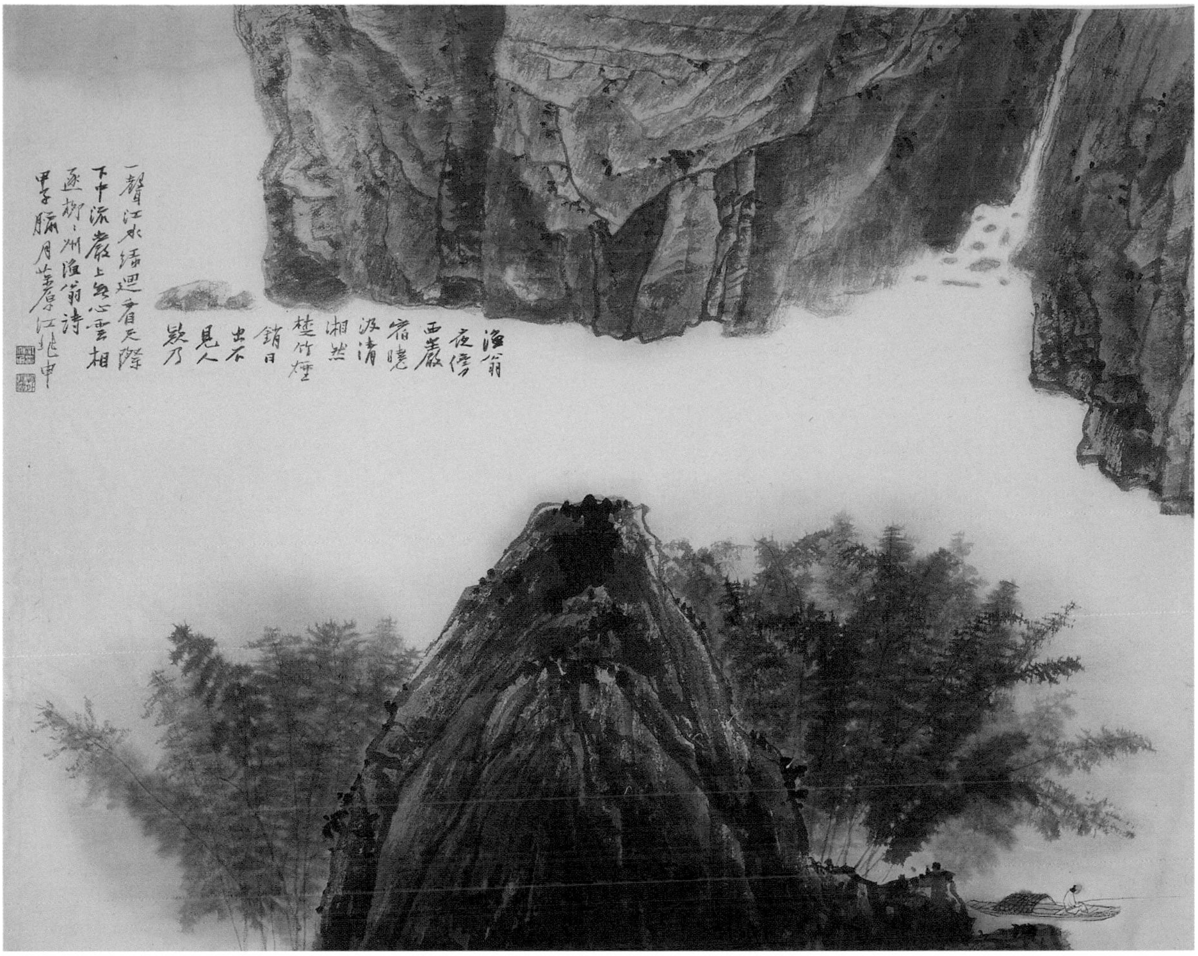

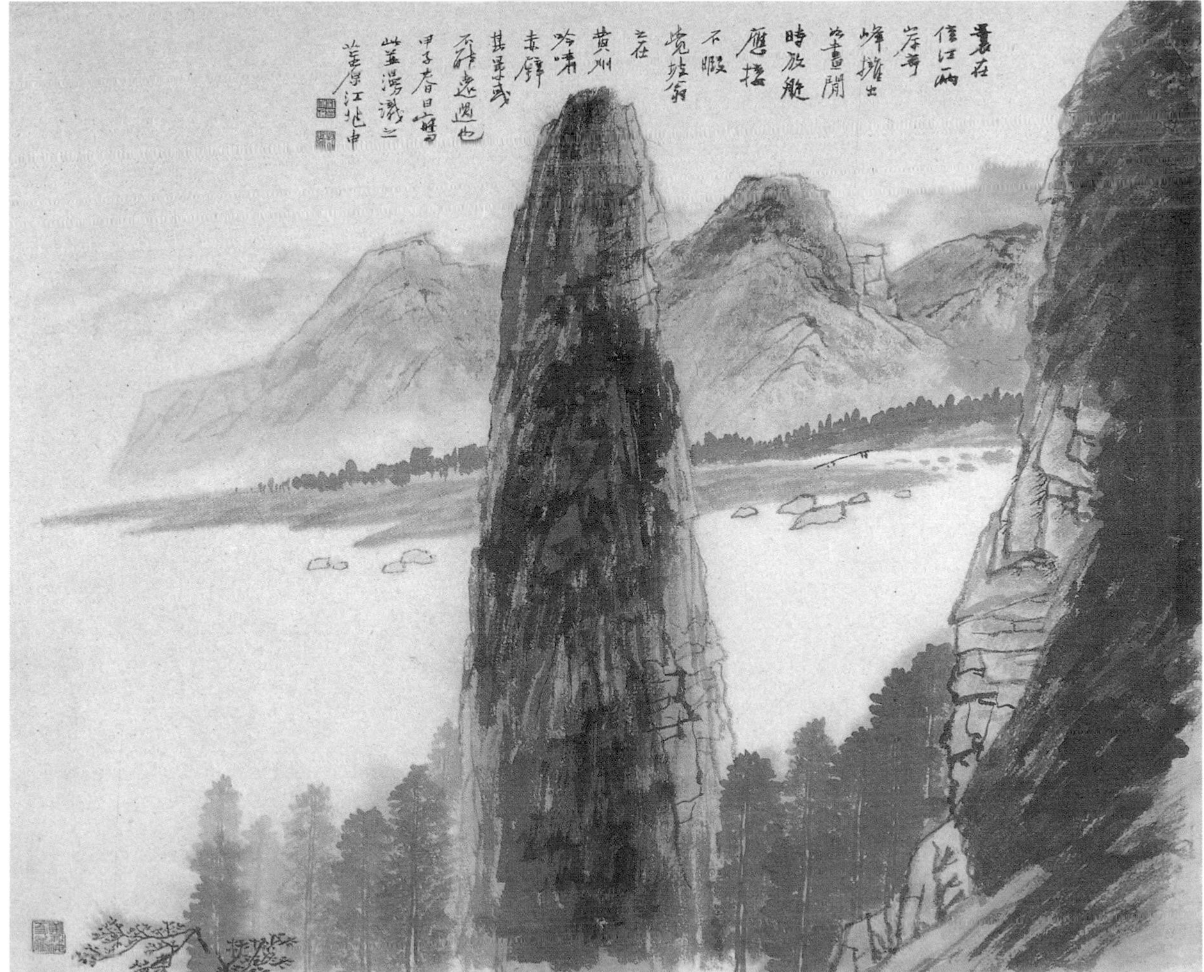

江兆申
漁父
1984年
49×61cm
水墨設色紙本
(上圖)

江兆申
江岸奇峰
1984年
49×61cm
水墨設色紙本
(作者命名,下圖)

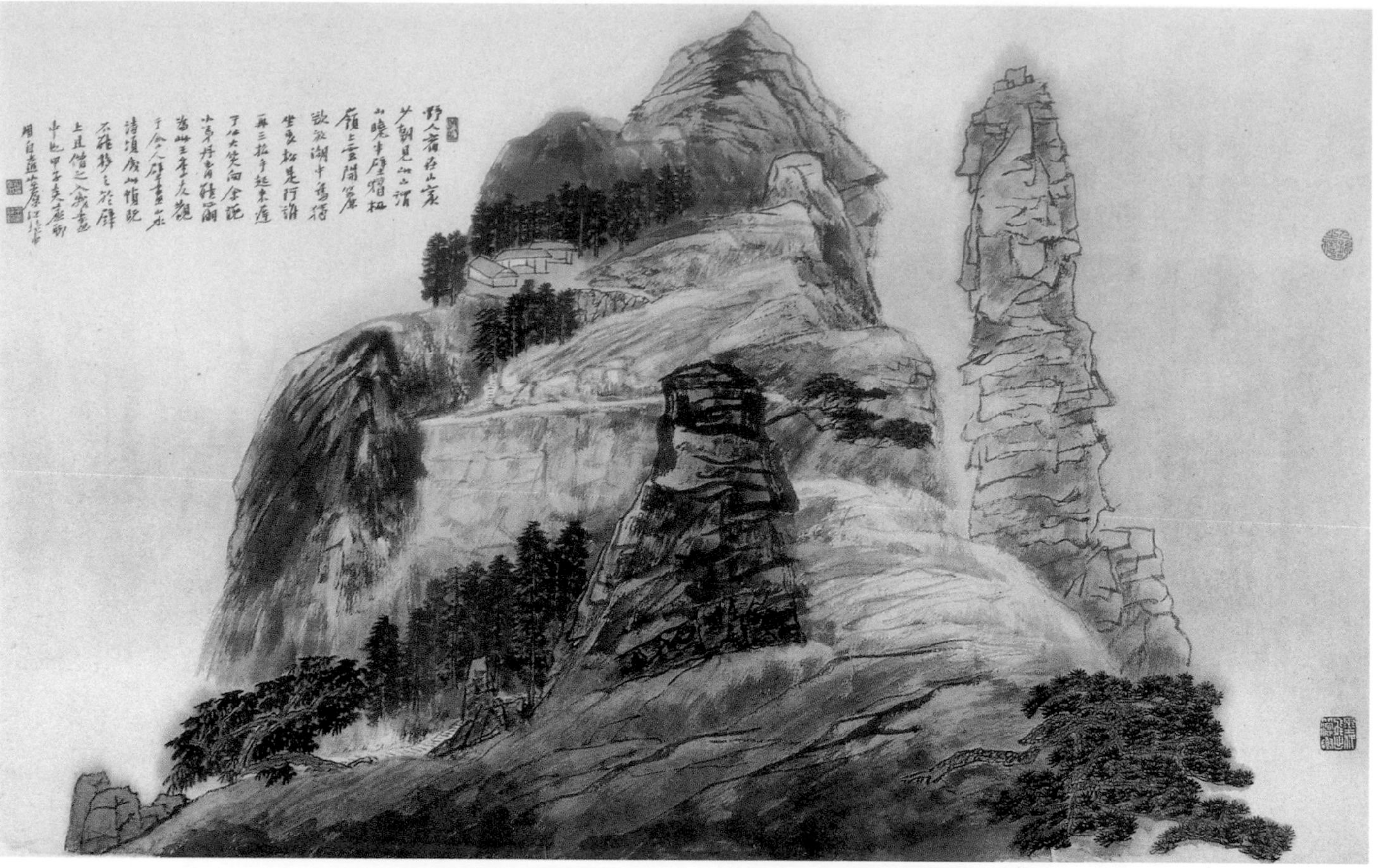

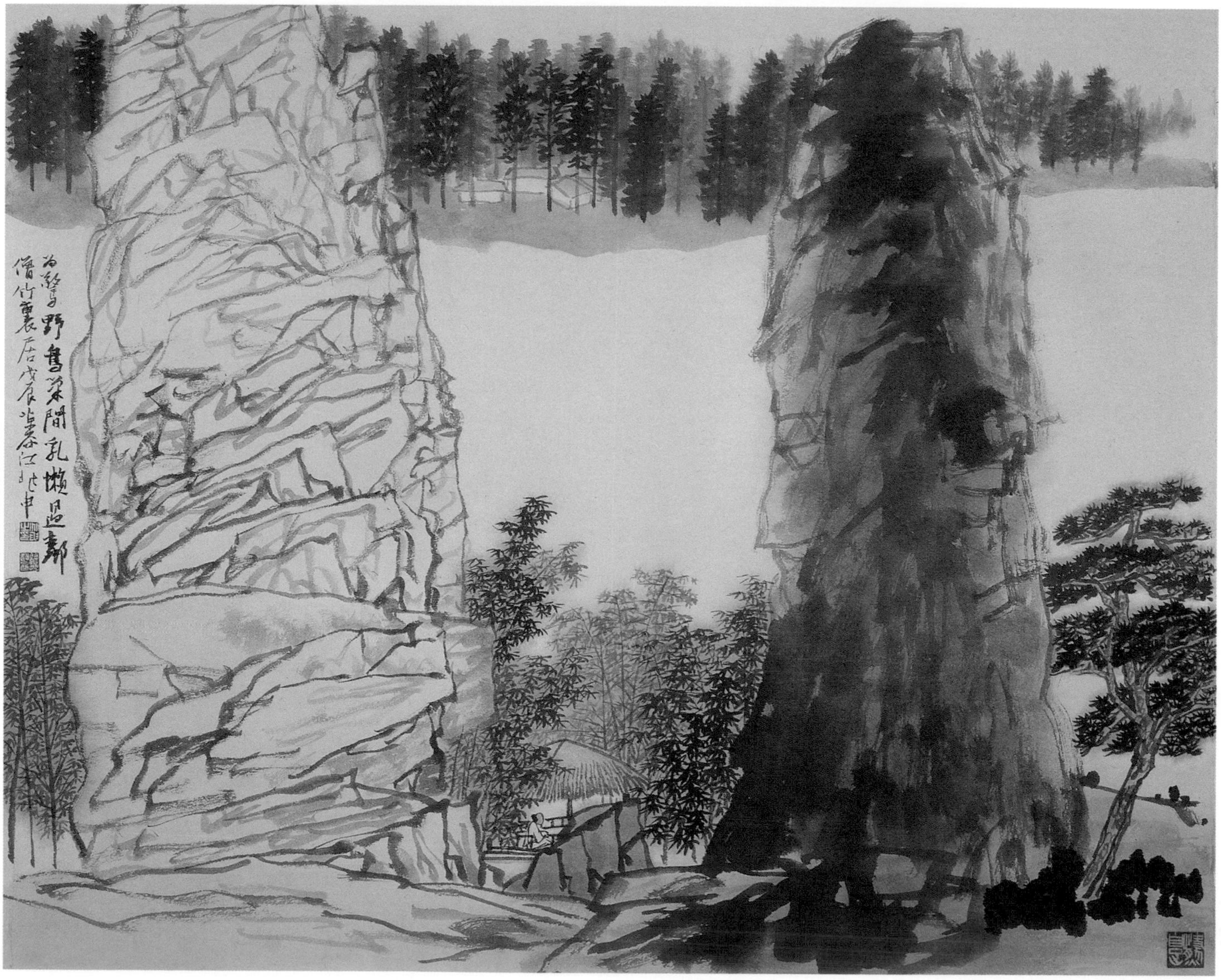

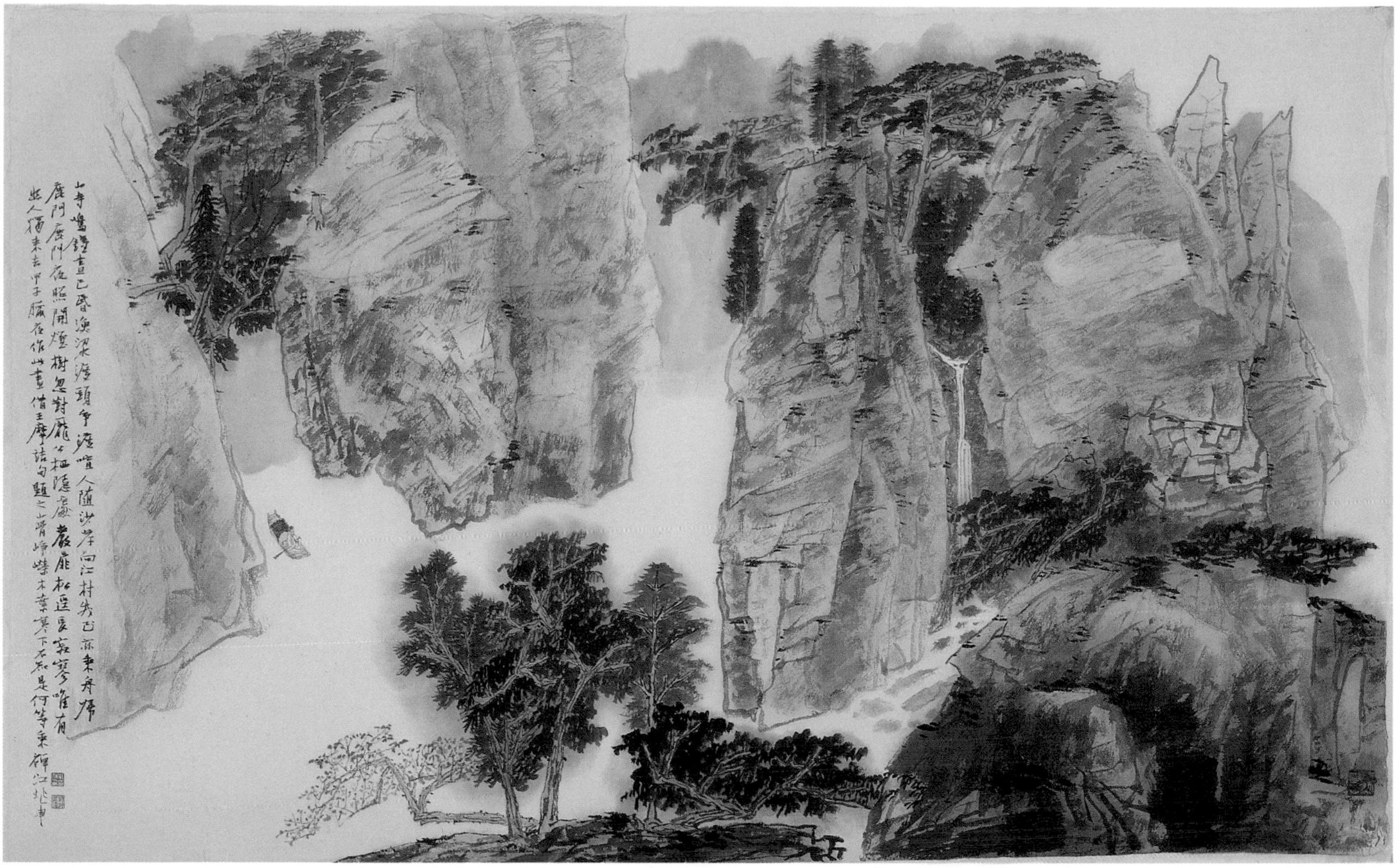

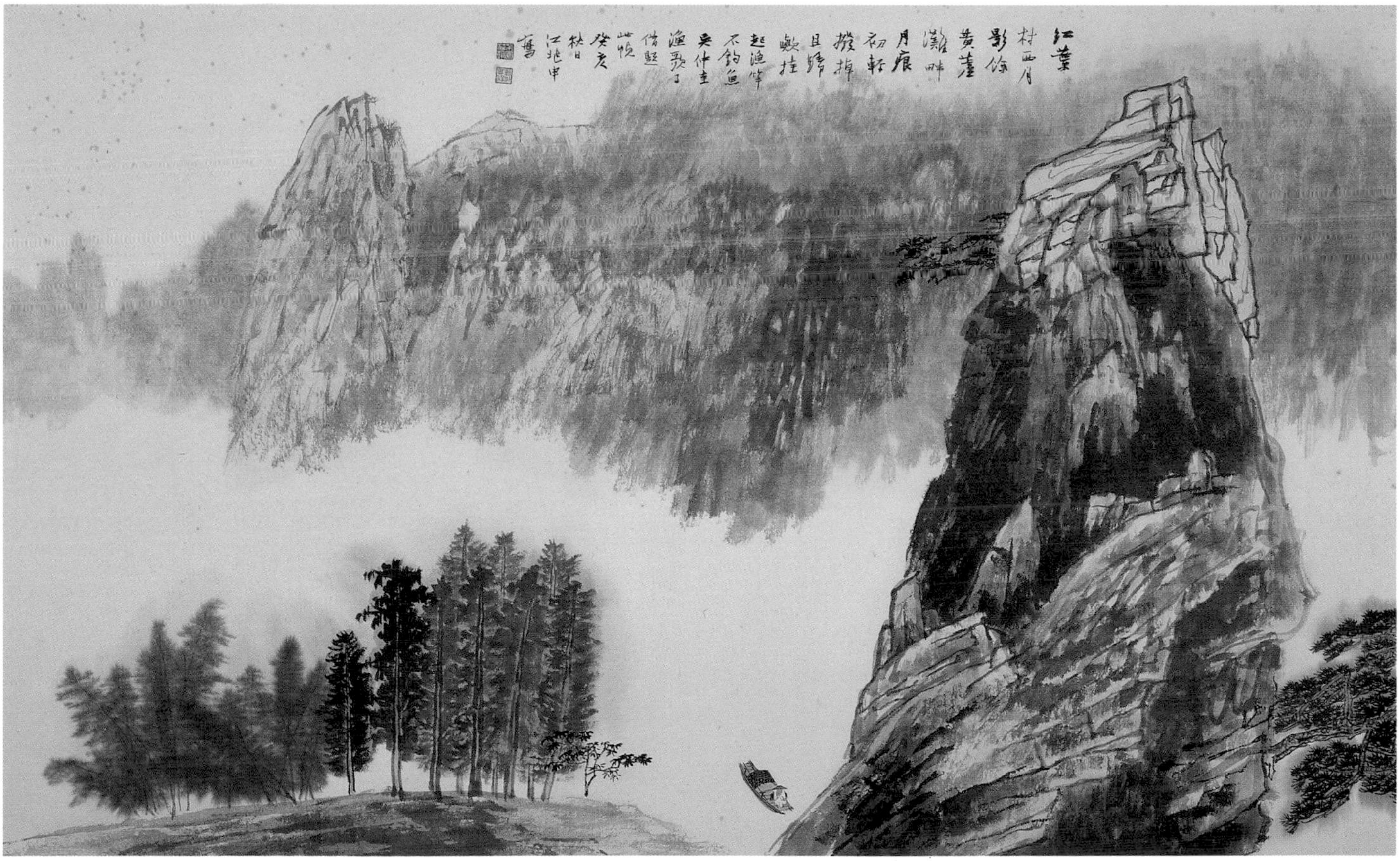

江兆申　野宿山家
1984年　62×99cm
水墨設色紙本（作者命名，左頁上圖）

江兆申　夾江遙屬
1988年　50×62cm
水墨設色紙本（左頁下圖）

江兆申　江源荒寂
1984年　60.5×98cm
水墨設色紙本（上圖）

江兆申　漁父圖
1983年　62×99cm
水墨設色紙本（下圖）

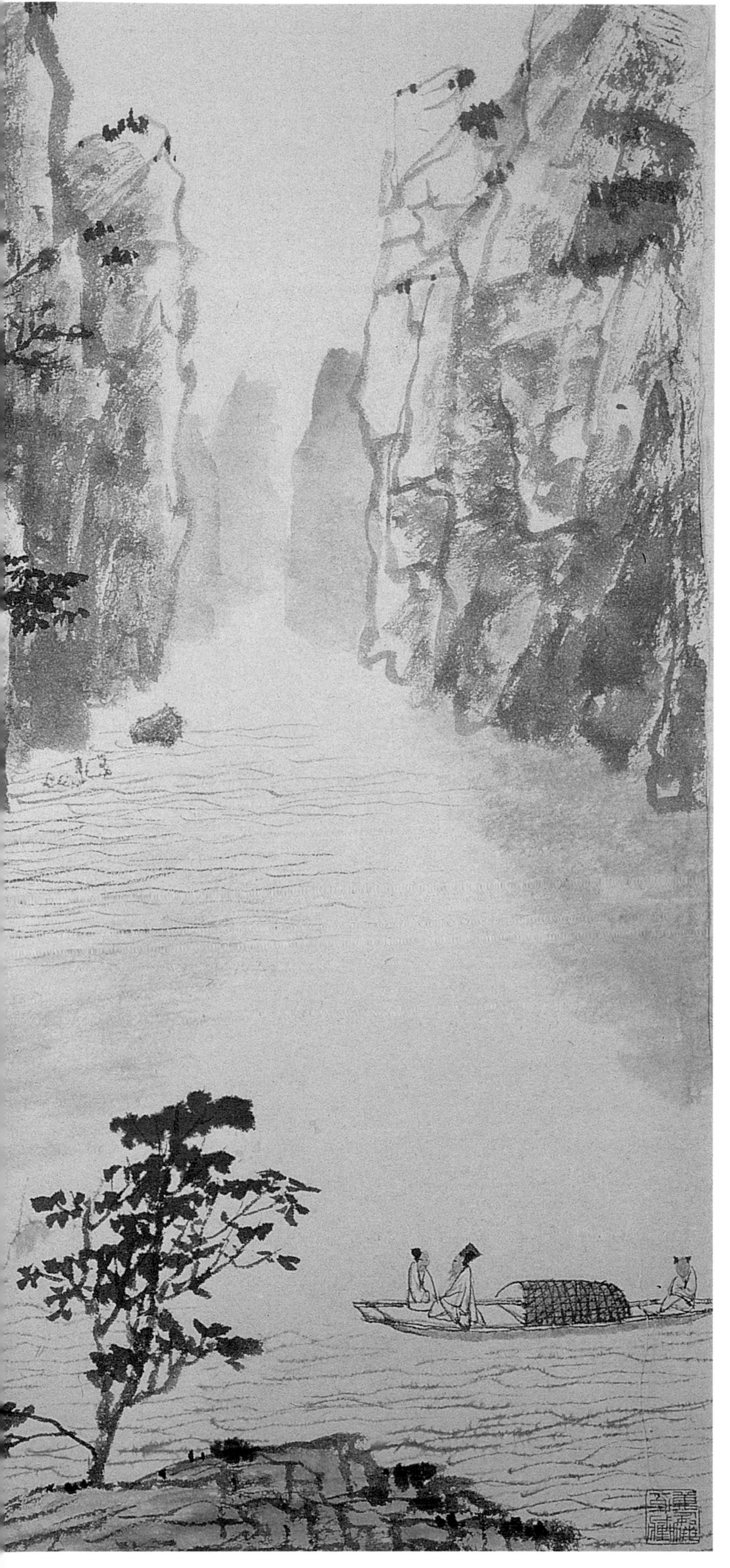

颯然有聲的切分出粗獷迅捷的空間後，那沈悶的空氣也就隨之豁然醒破，在接下來與學生的談笑間，畫中景物遂跟著蒕融蓊鬱起來。看來，江兆申作畫的意識，是在畫紙上完成自己對空間、結構的分解重建，無論是線條縱暢間倏然橫折的一方巨岩，或是恣意裸露著岩層嶙峋的節理骨幹，甚至是塗寫點染之間乍逝忽顯的光影透空，都同時突顯著筆墨性格中的嶔崎與醇厚。

〈林隙棹舟〉前景作深林濃鬱，樹蔭間墨色皆暈滲出水氣，主峰山脊以荷葉皴線略施點染，使墨染的雲天與遠山能逼迫出山巒的清新與透明。同年〈重山疊峽〉作雙壑夾江對伺，山巖用側筆恣意塗抹，揮運著墨氣淋漓的放縱，整體居然極似一張寫意抽象畫。在〈蘇子夜遊〉一作，其山岩用筆亦是粗獷稜峭，但表現在水中的倒影，卻有著暈滲漫渙的月色迷離，其間以虛應實的處理可說開前人之未有，若比較當代李可染所作漓江景致，就能比較出二者分別借鑑東西方觀點的差異。通篇款書自赤壁緩降至江面崖頂，頗見絕思；猶有甚者，如〈雪賦〉作行書滿紙於雪灘之上，立意更爲巧妙。

江兆申
蘇子夜遊
1984年
49×60cm
水墨紙本

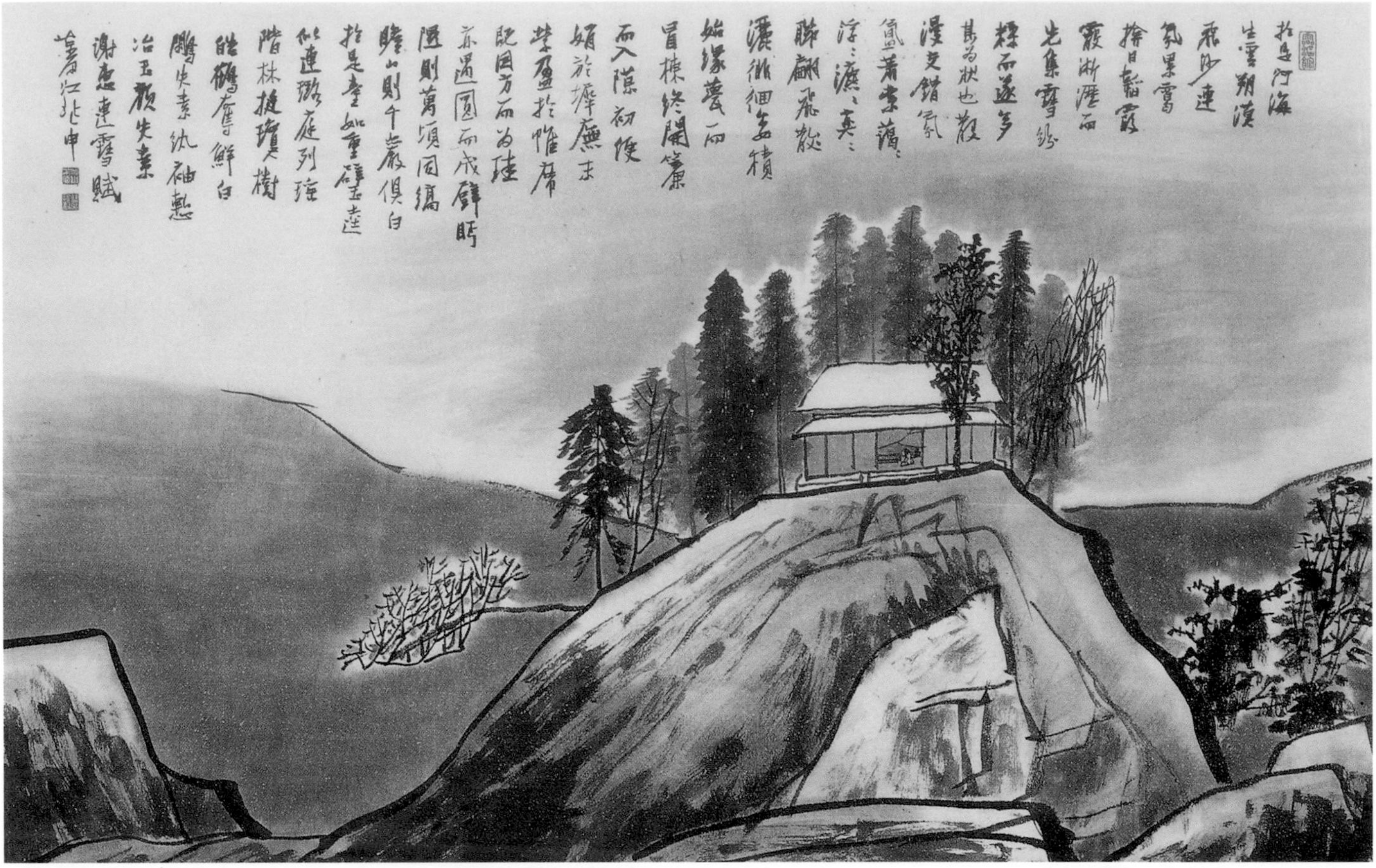

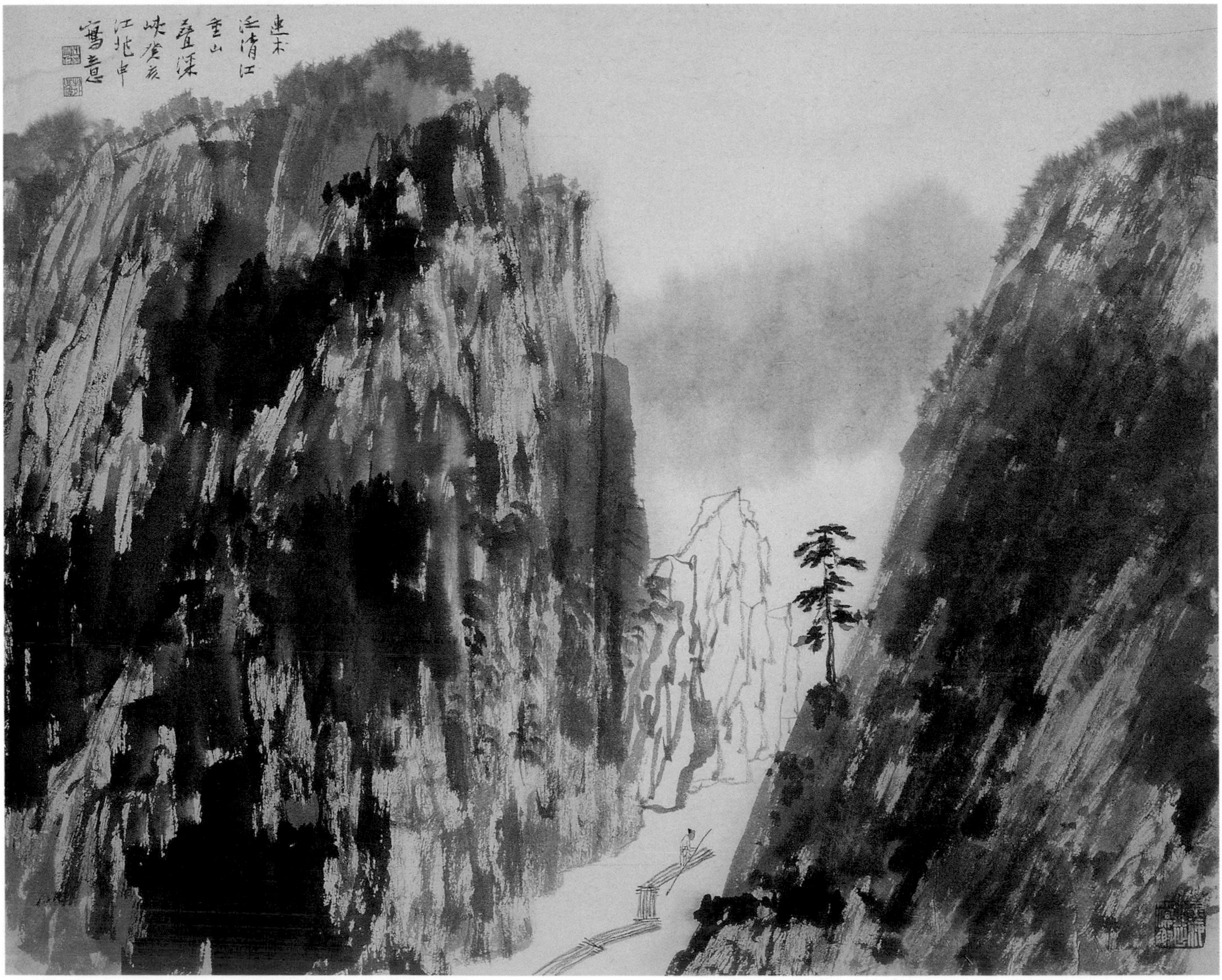

於是河海生雲，朔漠飛沙，連氛累靄，揜日韜霞。霰淅瀝而先集，雪紛糅而遂多。其為狀也，散漫交錯，氛氳蕭索，藹藹浮浮，瀌瀌弈弈。聯翩飛灑，徘徊委積。始緣甍而冒棟，終開簾而入隙。初便娟於墀廡，末縈盈於帷席。既因方而為圭，亦遇圓而成璧。眄隰則萬頃同縞，瞻山則千巖俱白。於是臺如重璧，逵似連璐，庭列瑤階，林挺瓊樹。皓鶴奪鮮，白鷴失素，紈袖慚冶玉顏失素。謝惠連雪賦 [illegible]房江兆申

連木泛清江，重山疊深峽。癸亥江兆申寫意

一九八八年，江兆申應日本東京壺中居邀請舉行個展，這次的作品更多顯意筆書寫風貌。〈汎江〉極為簡逸空靈，驟筆刷寫卻絲毫不見火氣，顯出恬淡靜謐的雨後詩意；至於〈掃跡〉、〈列嶂〉兩作，都展現畫家此時興筆而作的適意，若非畫面黑白交織的密林頂立於後，無論渴筆皴寫或濃墨塗刷的線條，直如狂草書般交錯纏繞，教觀者的視線無法分辨，這究竟是羅列分佈的山水，或是胸中意氣的狂發？而〈山泉〉一作在前後虛實間頗能迭出新意，前景筆意灑脫，橫亙畫面的淡墨線上有奇峰聳立，其空間描述著實令人難解，與〈雨後〉作盛夏時分「煙雨霏微，雨後忽晴」的坡岸有異曲同工之妙，此乃重其意而非其理。這種重視畫面主觀的虛實黑白，而非客觀的眞實再現，當是文人意造筆墨逸趣的思想體悟。

3.幽深濃鬱

一九八三年，江氏作丈二橫幅〈高江急峽〉，此作重嶂深壑，畫幅主山高不見頂，而墨線筆筆中鋒飽滿，已不同於十年前作於宣紙的柔和雅致，反而顯得幽深濃鬱；這瀟灑恣意的圓潤筆觸，讓人想起董源、黃公望的一派天眞，卻能化靈動透明為渾厚樸實，透露出巨作的宏偉氣魄。

〈煙噪夕陽〉是江兆申初次試用新製的礬砂紙，因不斷設色烘染於上，顯得特別靜穆沈厚。畫面近景杉林濃鬱羅列，中段峰巒起伏而有壯闊之美，主山背脊的逆光染法，更增添著高聳幽深的凝澤雄渾。〈峰巒蒼翠〉、〈青山紅葉〉、〈秋雨詩話〉有著相似技法，但露出山頭的岩塊更近似反光的奇妙錯覺，尤其在〈叢山林屋〉一作中，他更明述這樣

江兆申
雪賦
年代未詳
62.3×98.8cm
水墨設色紙本
（左頁上圖）

江兆申
重山疊峽
1983年
49×61cm
水墨設色紙本
（左頁下圖）

江兆申
林隙棹舟
1983年
62×99cm
水墨設色紙本
（下圖）

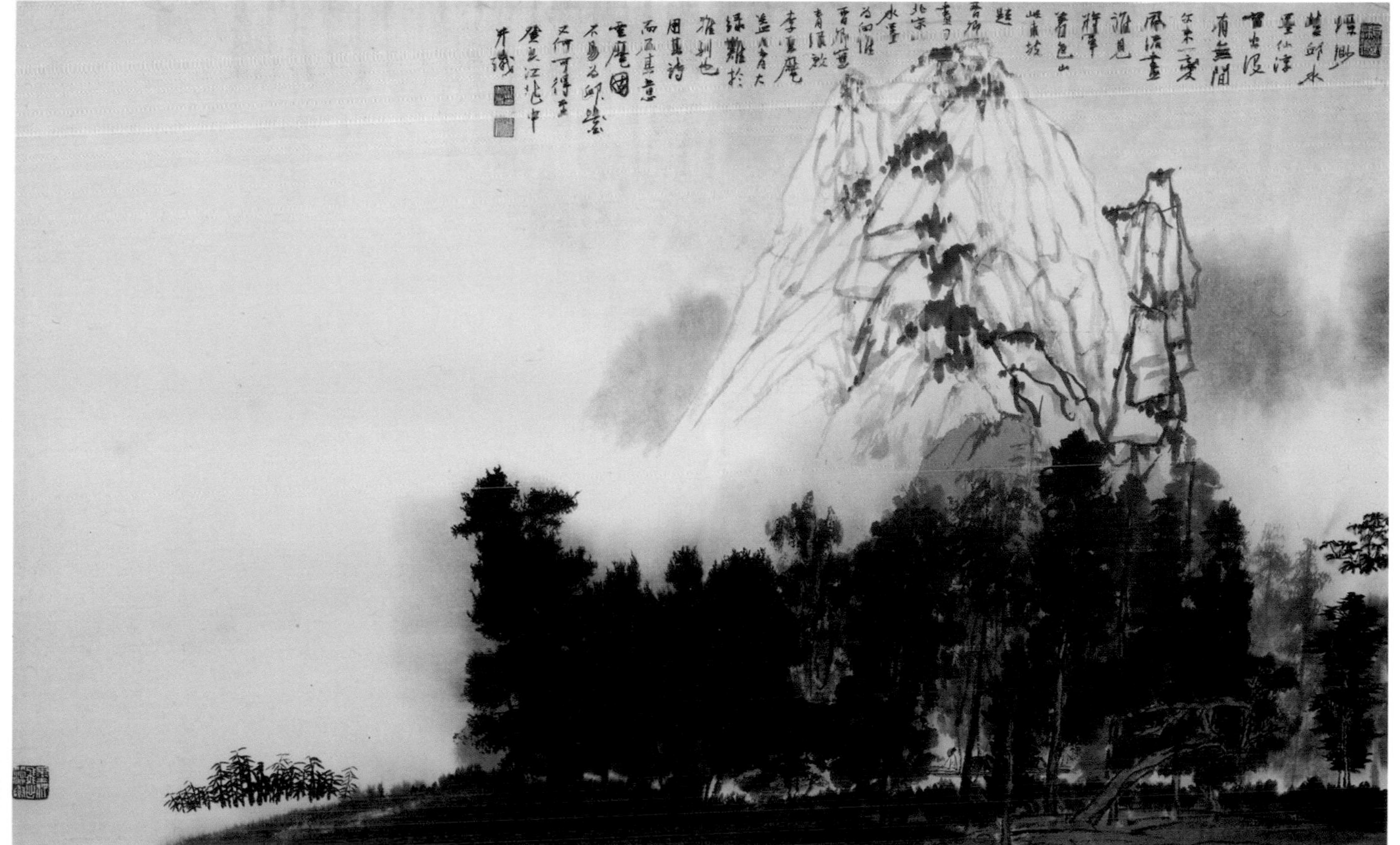

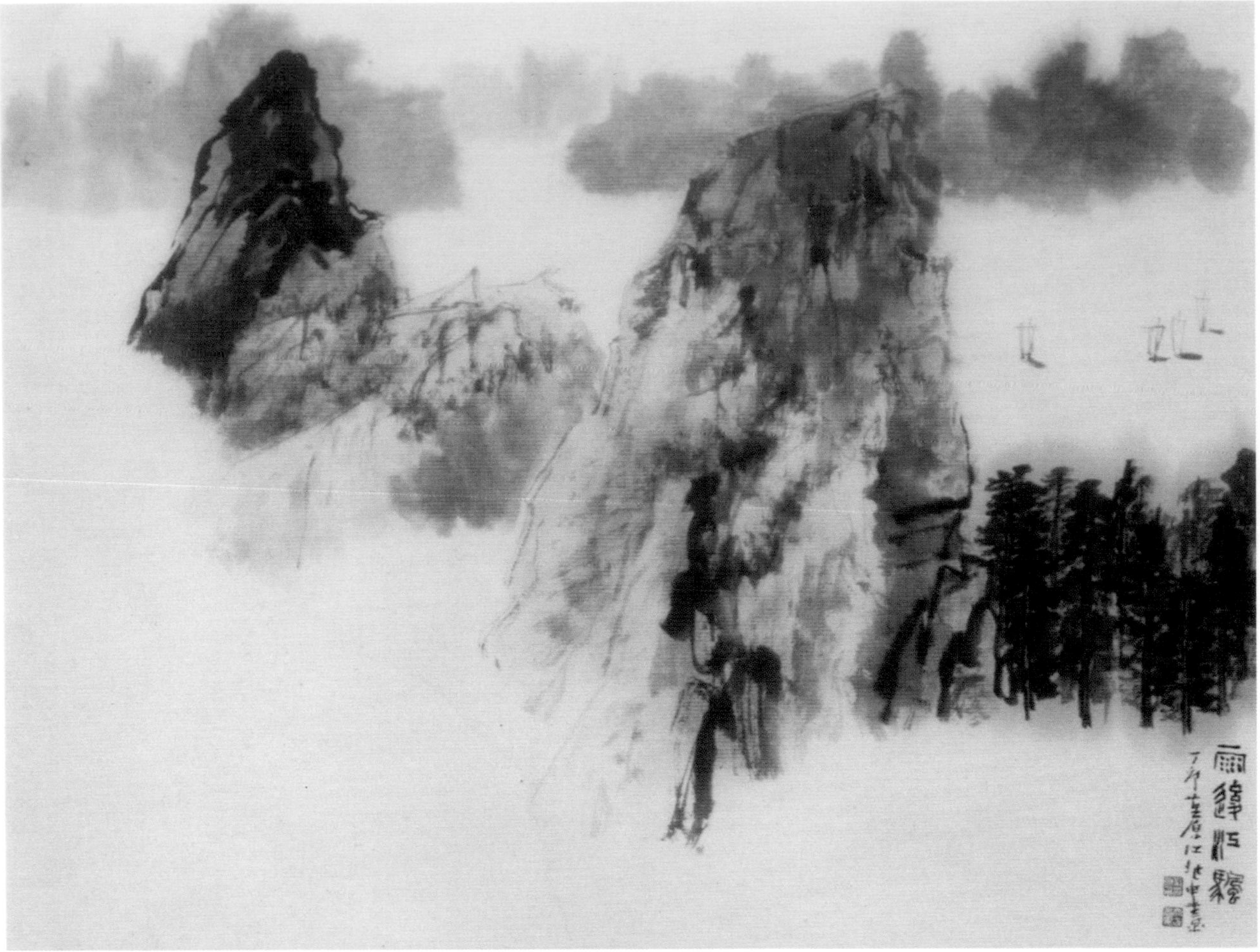

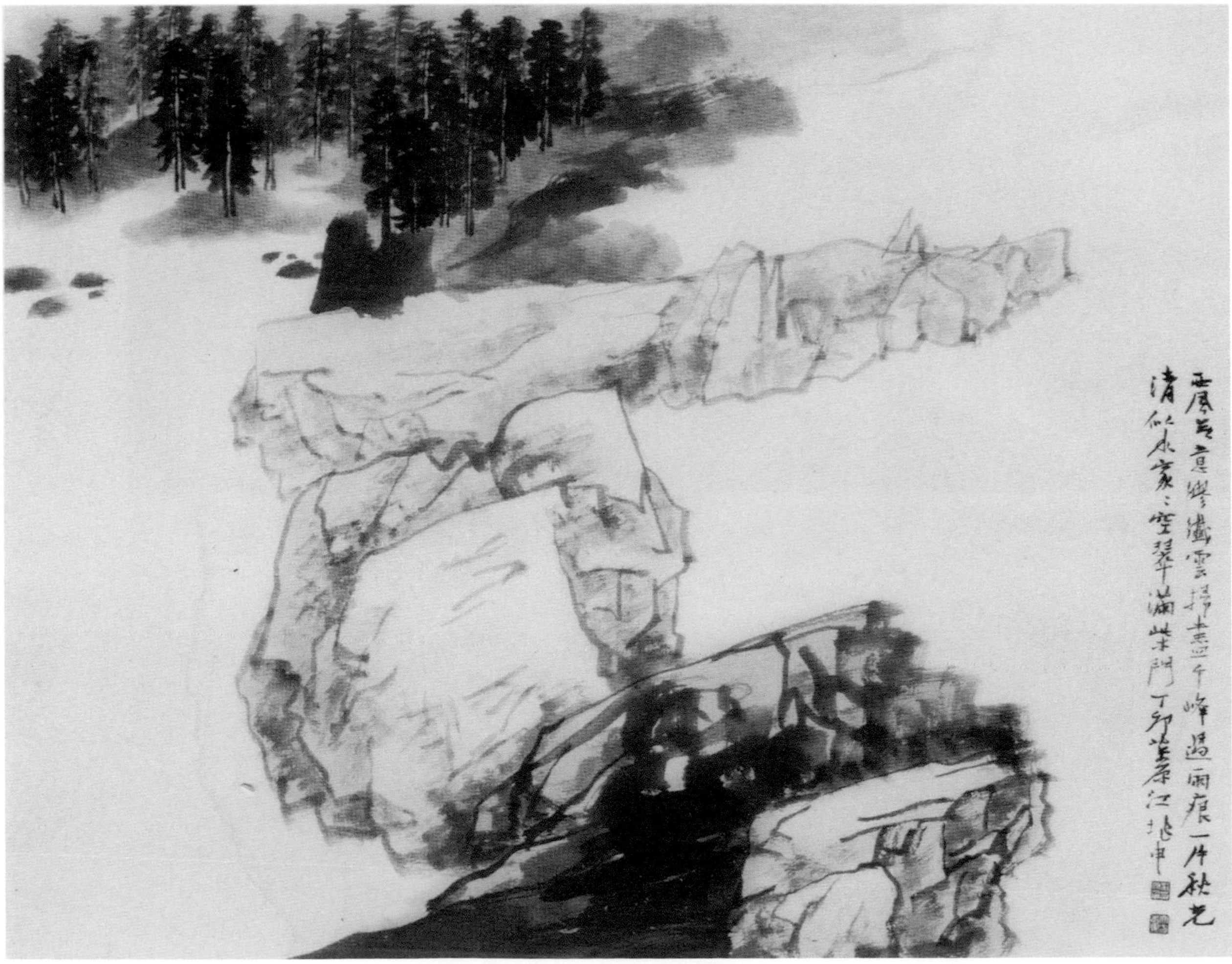

江兆申
汎江
1987年
50×62.5cm
水墨設色紙本
(上圖)

江兆申
掃跡
1987年
50×62.5cm
水墨設色紙本
(下圖)

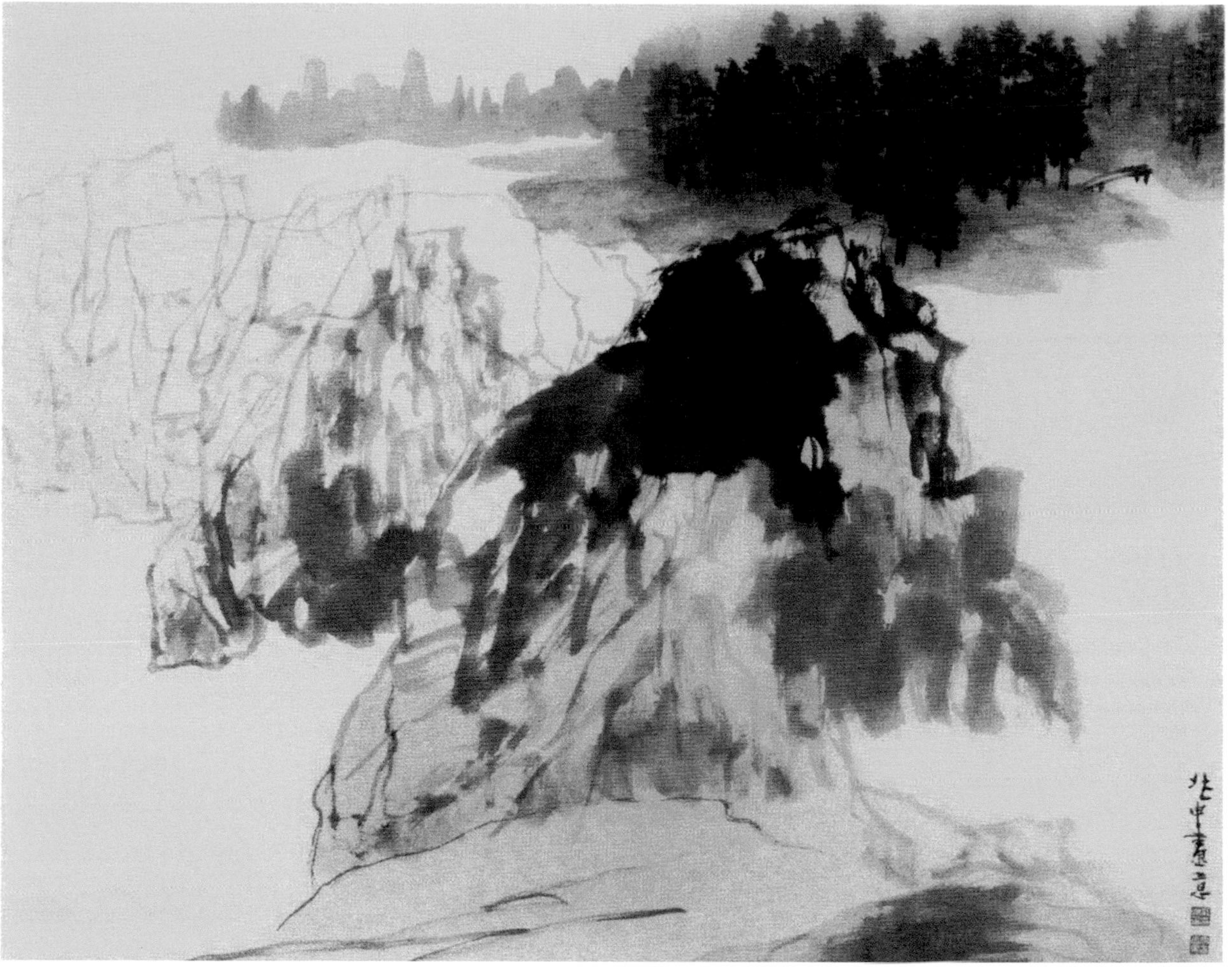

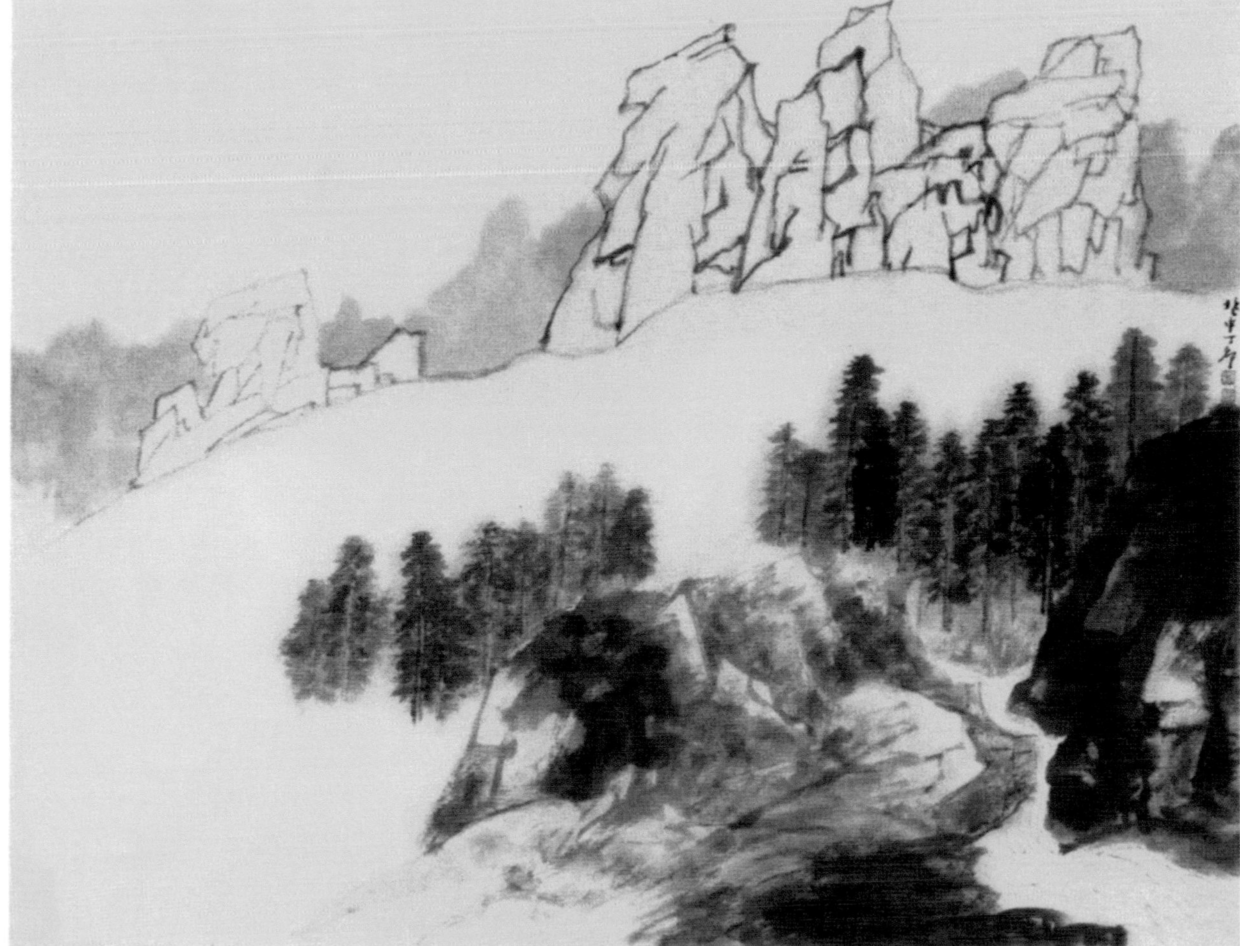

江兆申
列嶂
1987年
50×62.5cm
水墨設色紙本
(上圖)

江兆申
山泉
1987年
50×62.5cm
水墨設色紙本
(下圖)

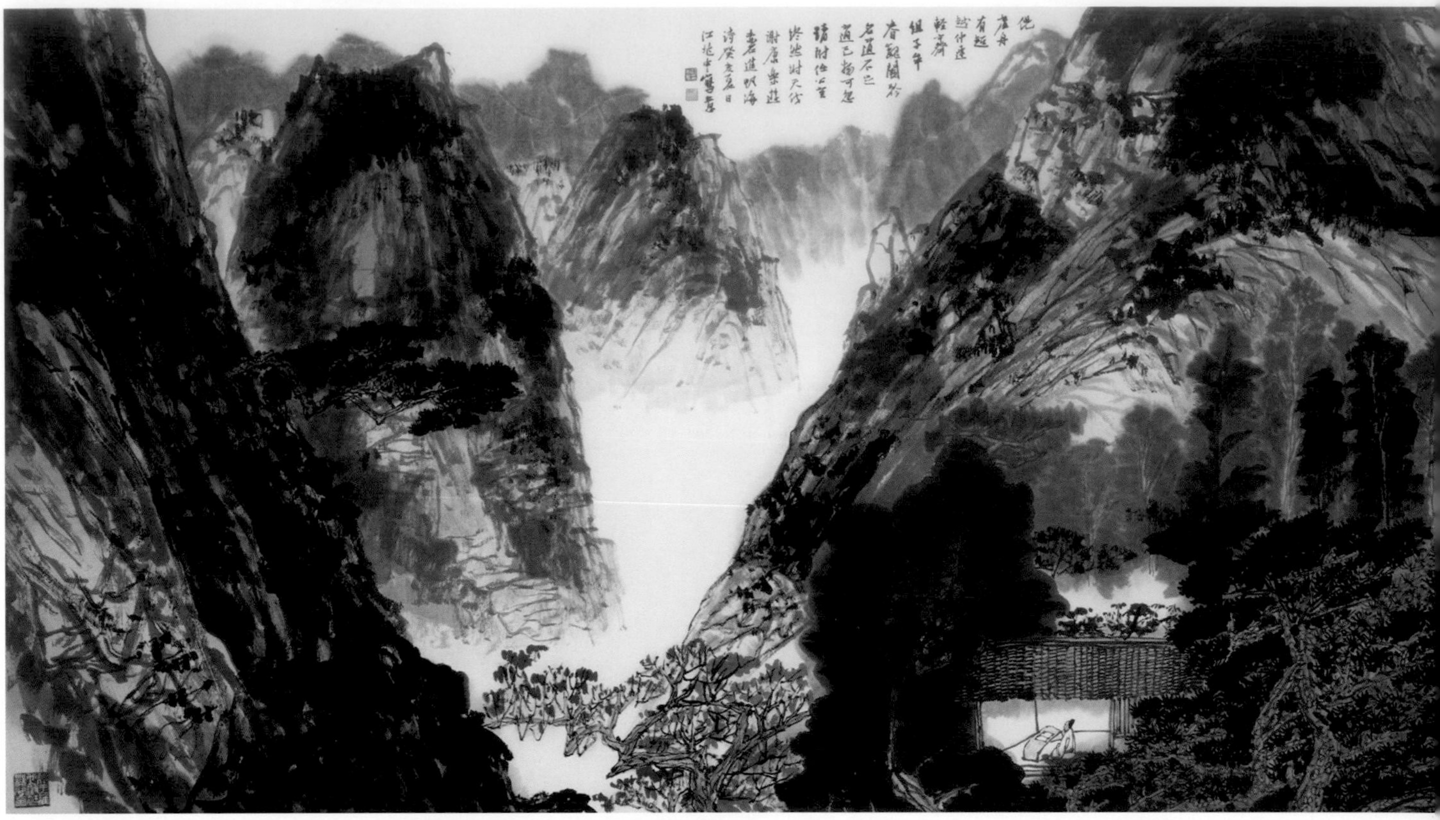

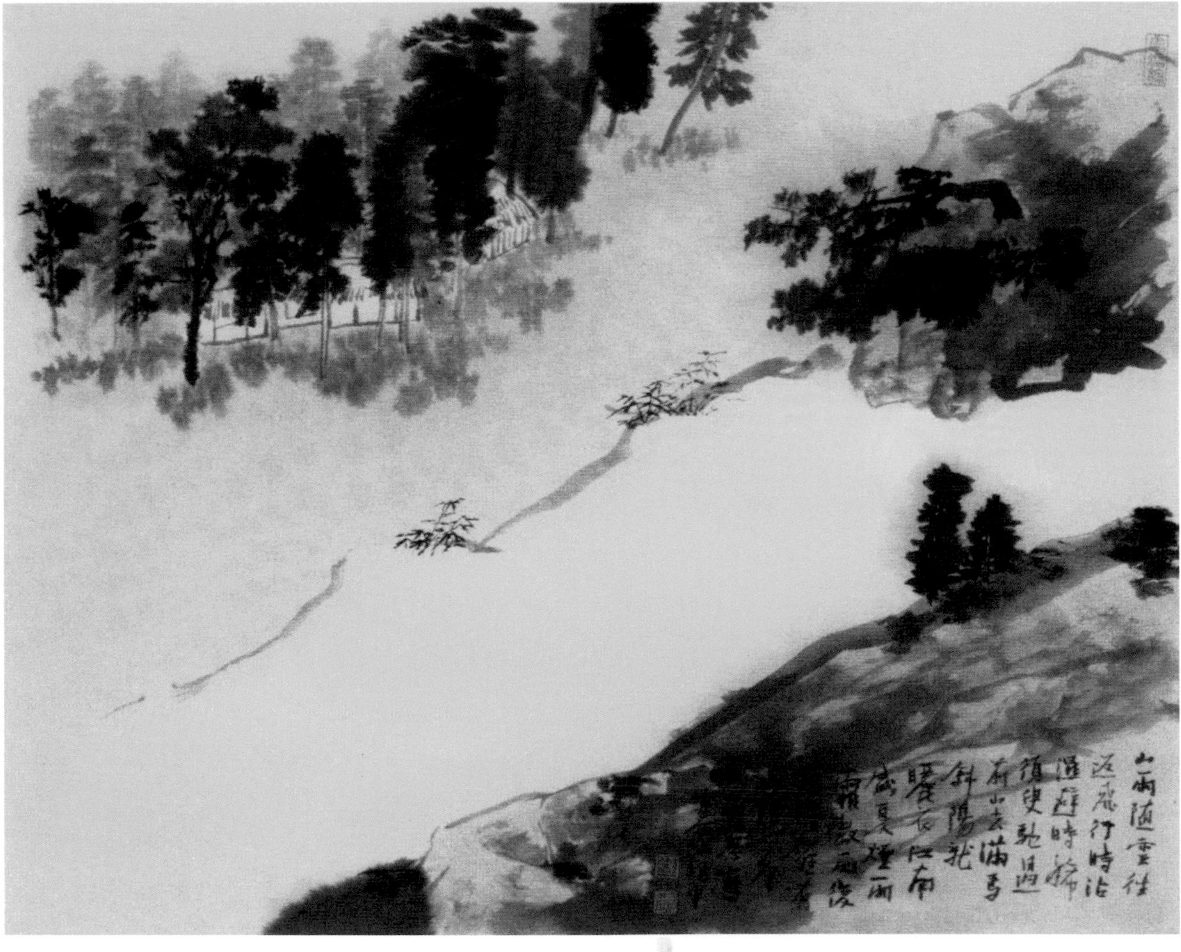

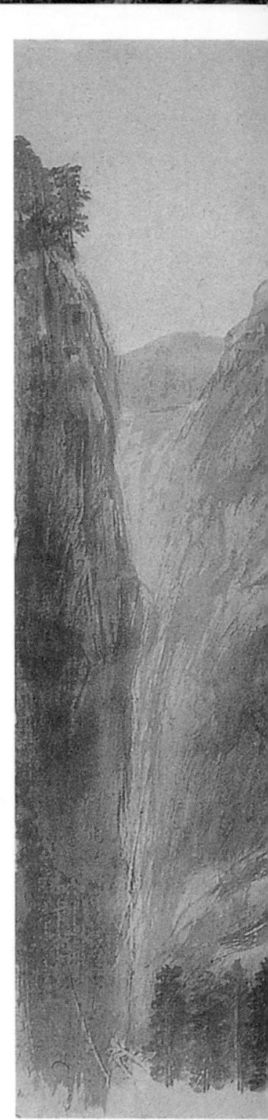

江兆申　高江急峽
1983年　97×356cm
水墨設色紙本（上圖）

江兆申　雨後
1987年　50×62.5cm
水墨設色紙本（下圖）

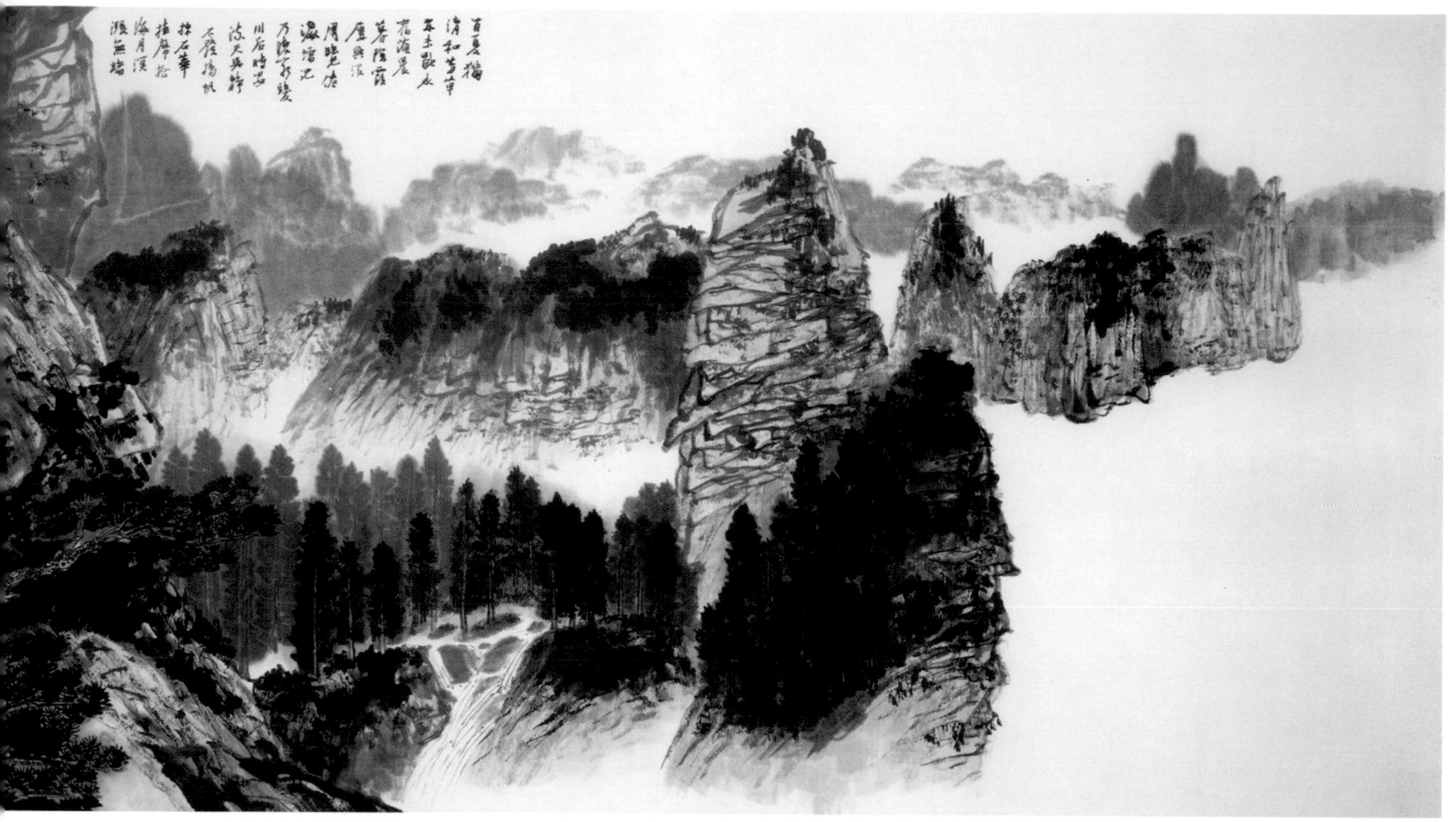

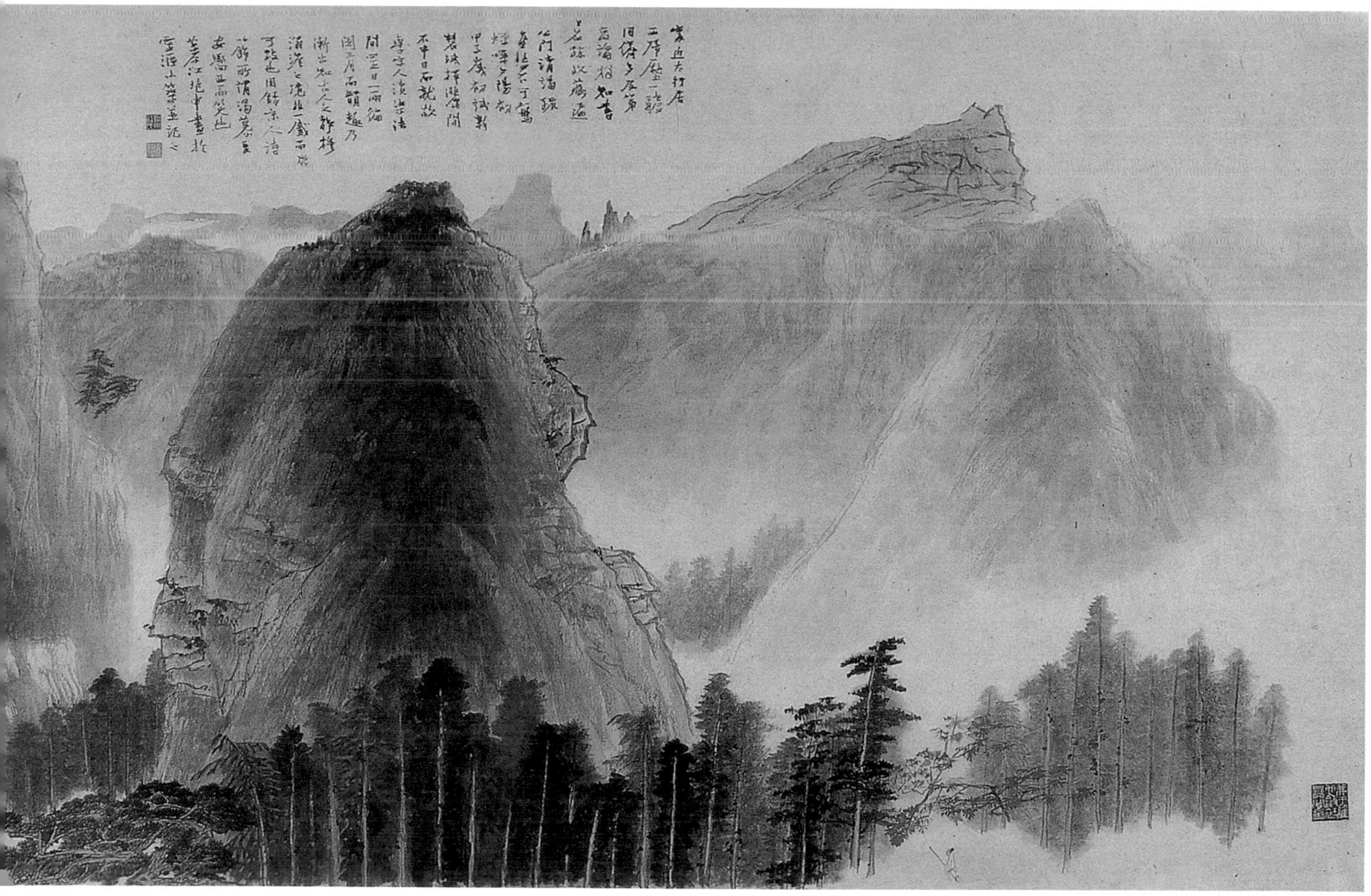

江兆申
煙噪夕陽
1984年
92×180cm
水墨設色奢砂紙
(下圖)

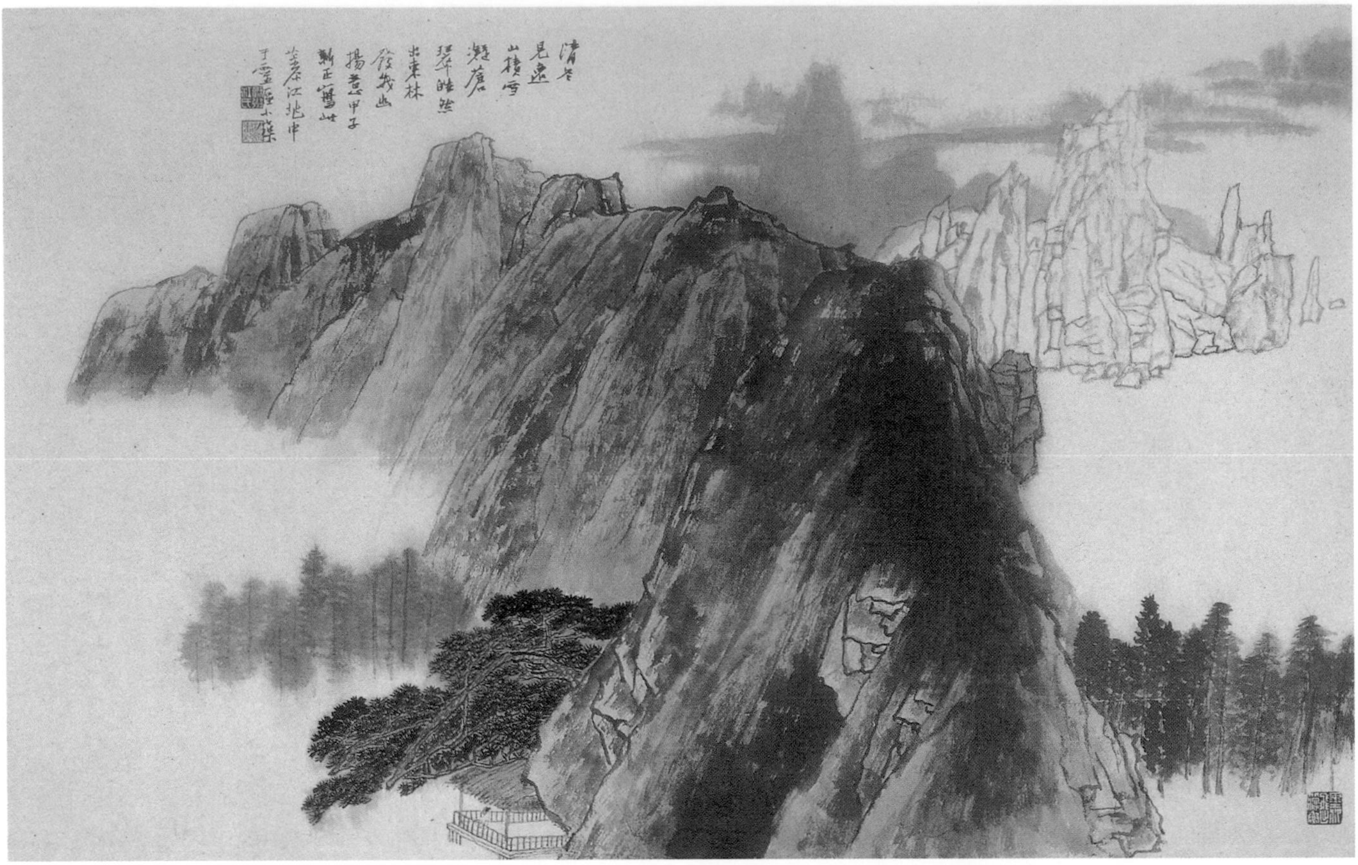

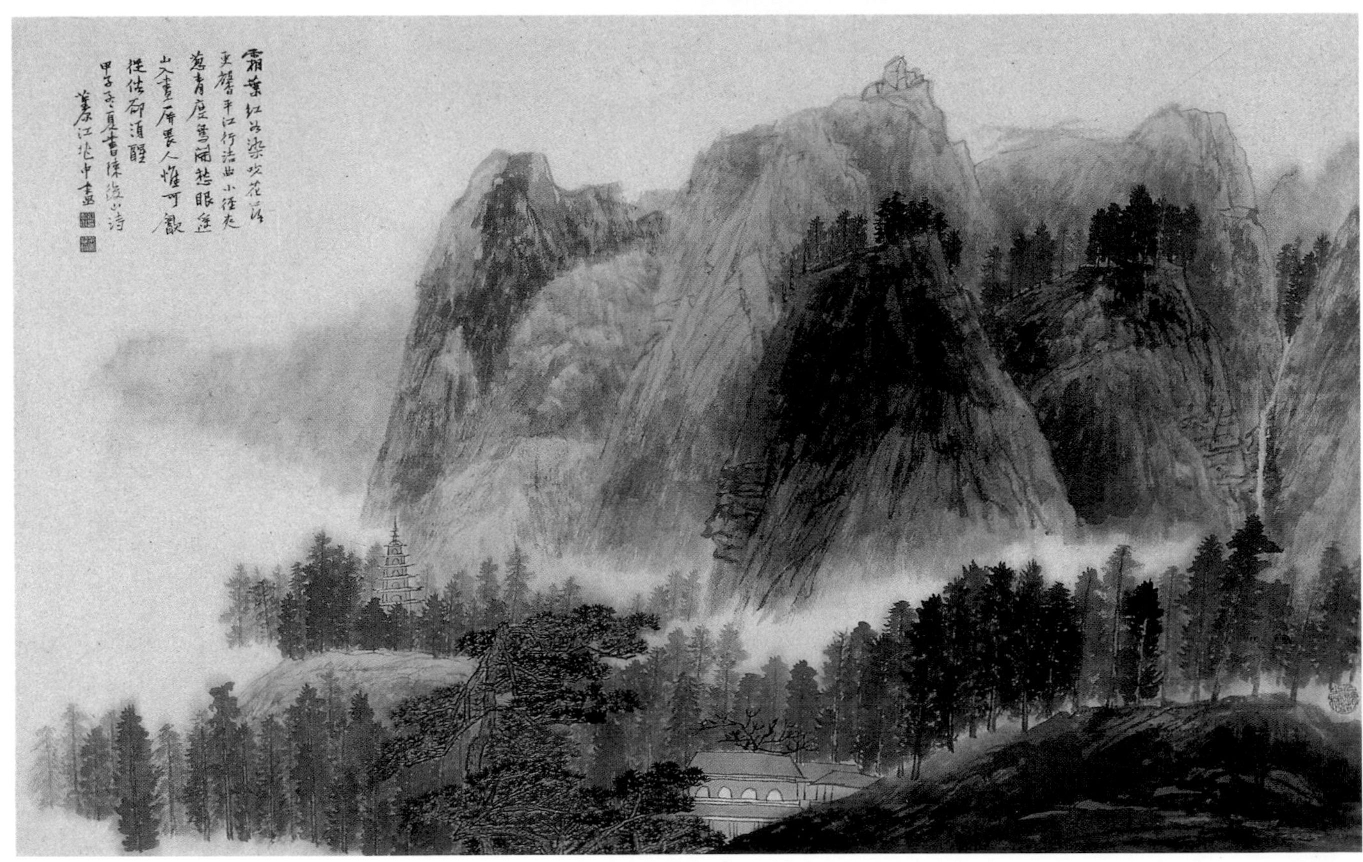

- 江兆申　峰巒蒼翠
  1984年　62×99cm
  水墨設色紙本（上圖）
- 江兆申　青山紅葉
  1984年　62×99cm
  水墨設色紙本（下圖）
- 江兆申　秋雨詩話
  1985年　61.5×98cm
  水墨設色宣紙（右頁上圖）
- 江兆申　叢山林屋
  1984年　61.5×98.5cm
  水墨設色紙本（右頁下圖）

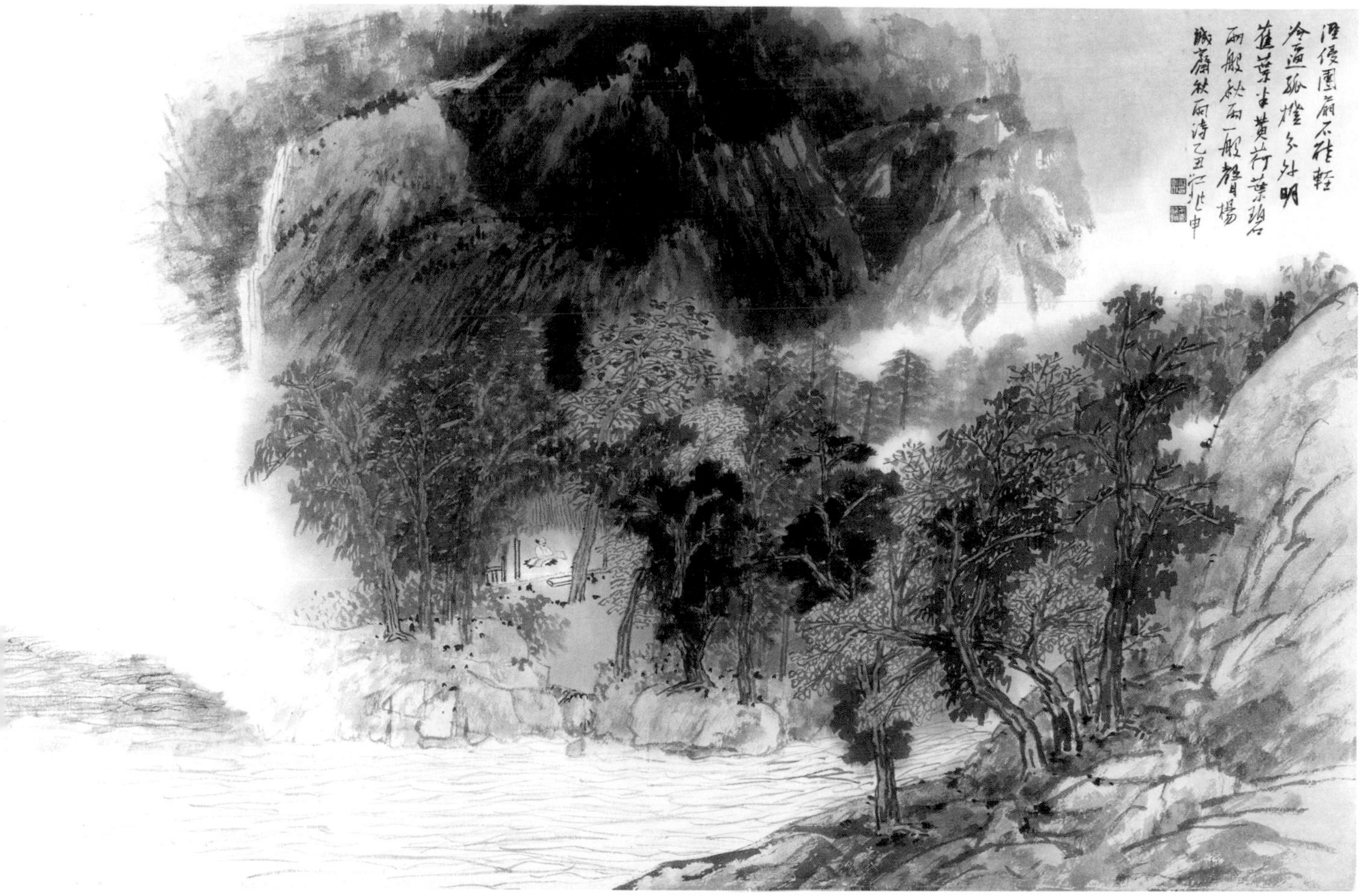

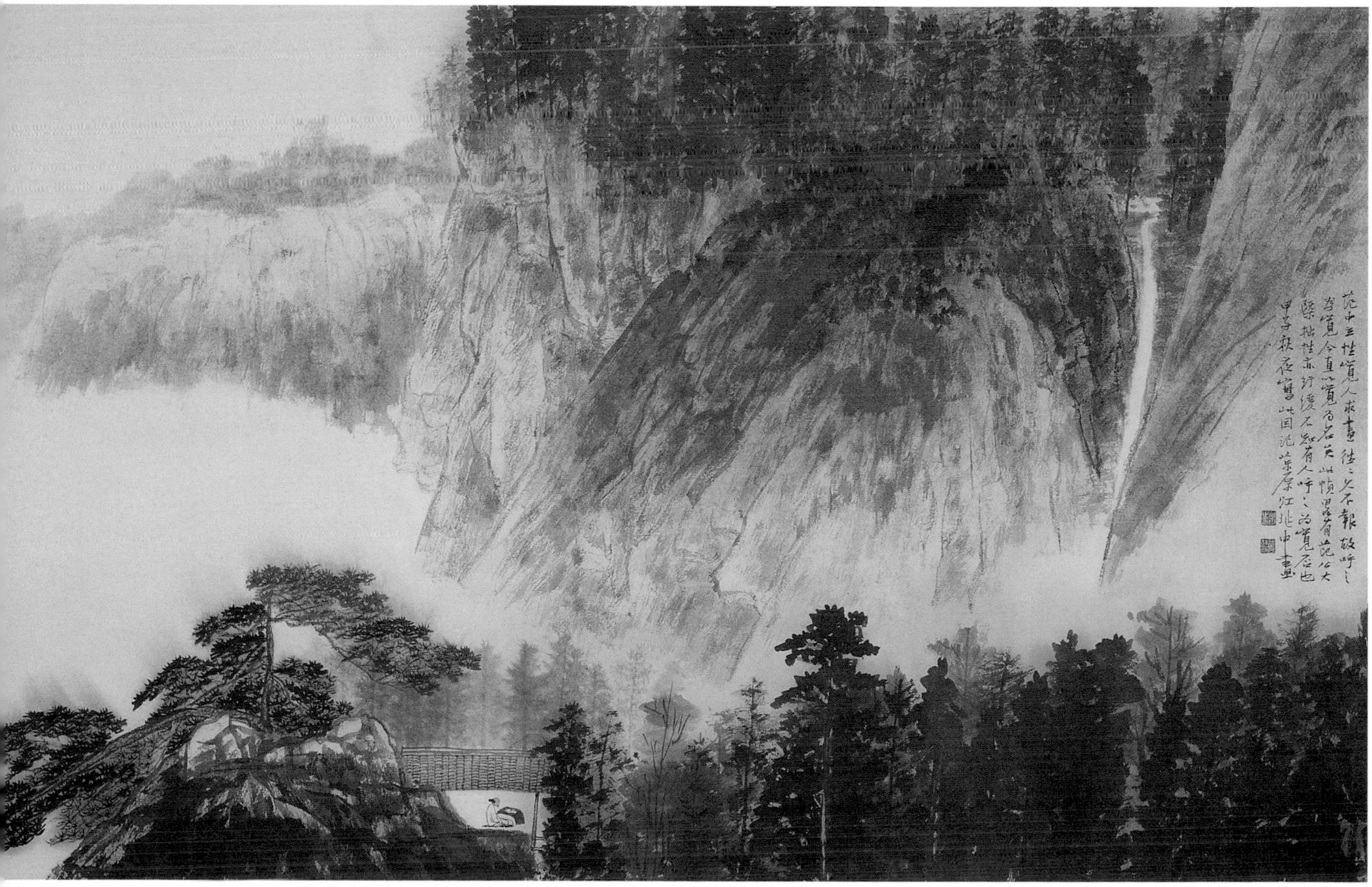

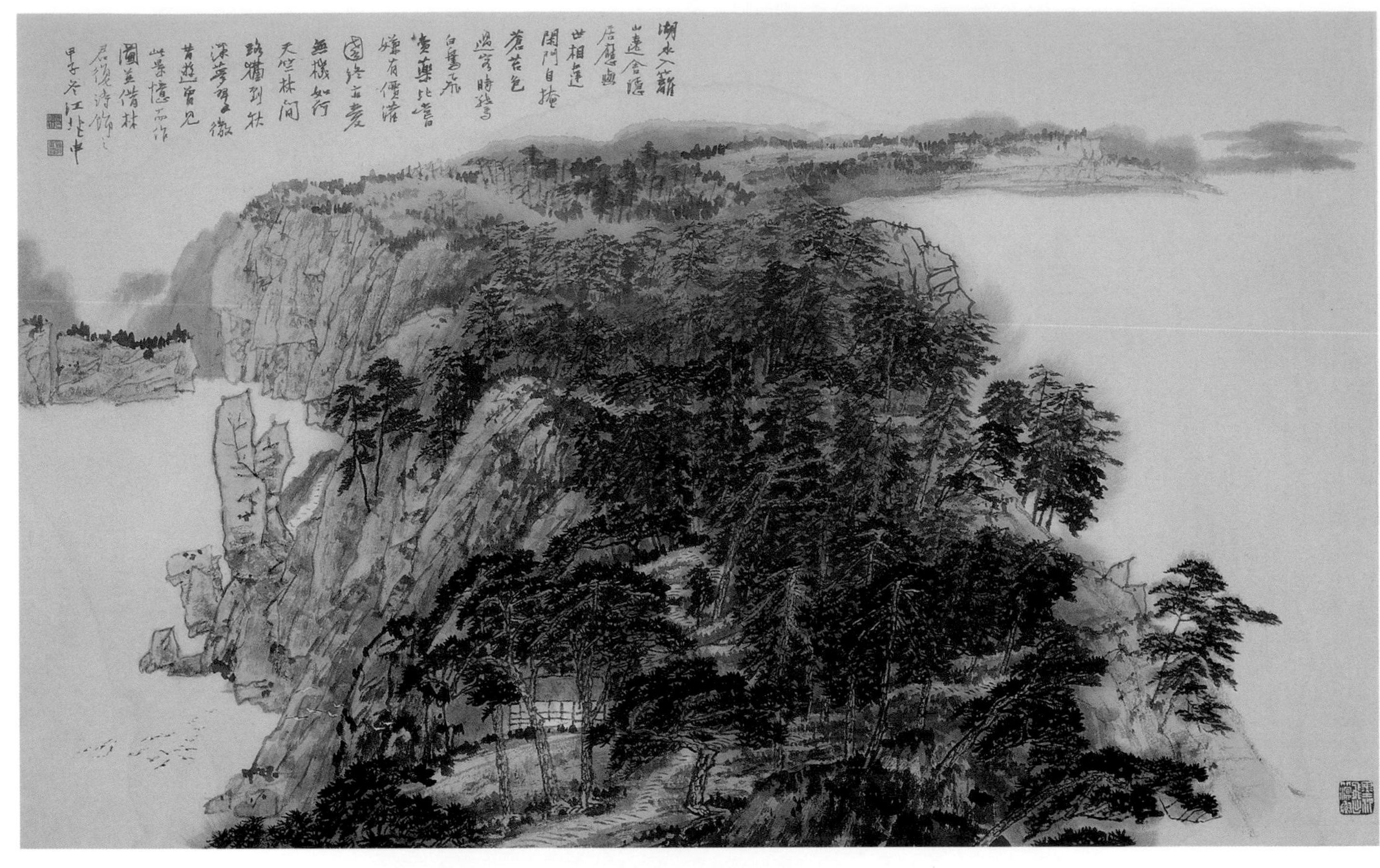

江兆申
平湖長島
1984年
61×98.5cm
水墨設色紙本
（上圖）

江兆申
琅玕散碧
1987年
63×100cm
水墨設色紙本
（右頁上圖）

江兆申
白雨跳珠
1985年
49×62cm
水墨設色紙本
（右頁下圖）

的畫法是取法自北宋范寬的拙性紆緩。

而這時期尚有幾件畫作更別具特色，如〈平湖長島〉雖寫昔日曾見的景物，但畫法卻很罕見，數百長松於山脊間綿延，而層層推移且簡鍊的追求，也形成日後〈風櫃斗〉的先聲。〈白雨跳珠〉取徑蘇東坡「黑雲翻墨未遮山」詩意，天地間別具蒼潤詩意，於暮雲陰霾之際別添款書，更具興味；而〈赤壁前遊〉（圖見76頁）更是少見的手卷，於湖山壯闊間自有一股閒適清幽之意。〈琅玕散碧〉在畫幅前景作盛夏翠竹蔥蘢蓊鬱，與孤立的筍峰形成歧異的均衡感，其竹林用筆古人絕無此法，故筆墨、布局皆令人拍案叫絕。

至此之後，江氏畫風轉趨內斂，並逐步形成他晚歲的面貌。〈大江蒼莽〉雖仍作高峰奇石，但造型筆緻已趨鬆秀圓融，漬染亦多顯水氣；〈山居清課〉作於宣紙上，主景巨石明暗分立，筆法渲染越顯清潤，於勾筆複皴間輔成著剛健渾厚；而〈山溪清泛〉則更顯出點染在宣紙的醇厚幽深，筆線淡墨多層次交疊，讓人油生夏木蓊鬱的涼意。

這幾年間，江氏開始多作六尺巨軸，如〈溪橋話舊〉中顯然是將前述的風貌作縱深排列，畫面單柱山形已被消解，唯遠山主峰作勾墨赭色，意筆線條率性揮灑，卻筆筆筋骨相連而鋒利如刃；此幅山勢渾圓貌似台灣山景，渲染也顯得厚實樸茂，頗近元代王蒙〈花溪漁隱〉的濃蔭綿密。而〈深山急澗〉（圖見78頁）用墨渲染更顯濃郁沉斂，從長線與苔點的組織看來，是他以元人筆墨營宋人丘壑的代表，與前述〈高江急峽〉相較，筆墨已然濾淨老辣之氣，不再刻意彰顯，而浸潤著水氣瀰漫的渾厚華滋。

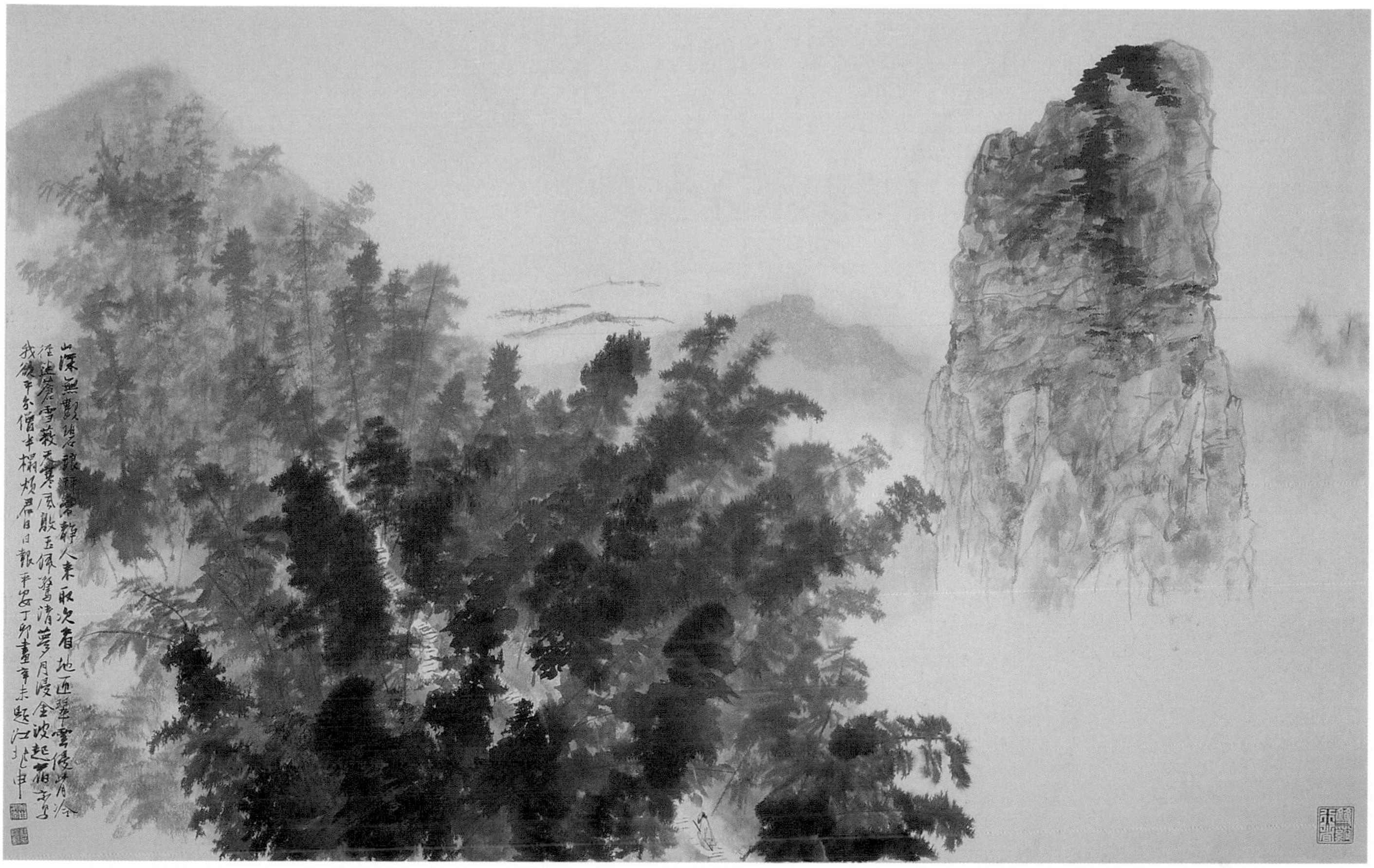

山深無數碧琅玕露靜人來取次看地匝翠雲侵月冷徑迷香雪撒天寒風敲玉佩驚清夢月浸金波起細寒我欲平分借半榻煩君日日報平安丁卯畫辛未題江兆申

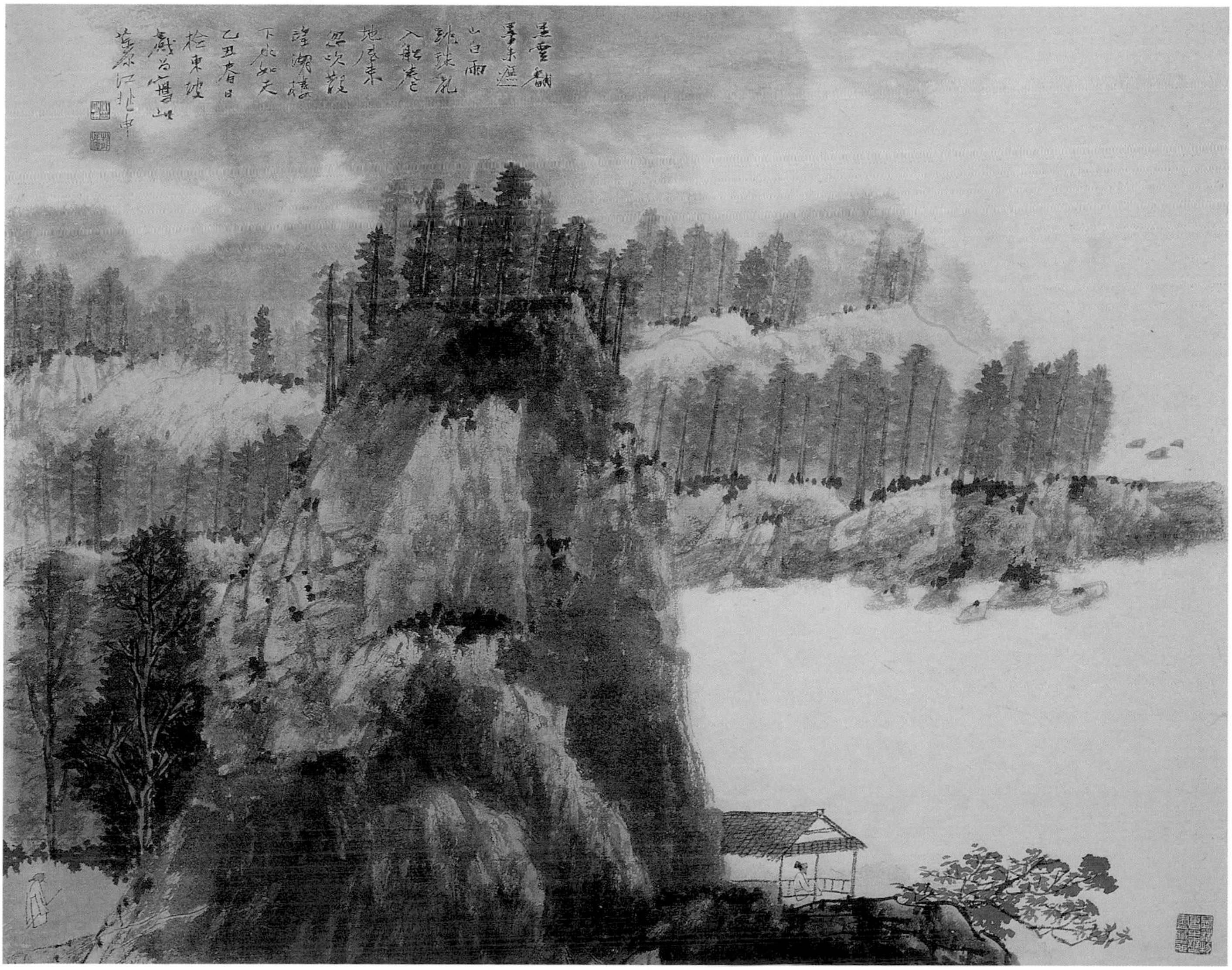

黑雲翻墨未遮山白雨跳珠亂入船卷地風來忽吹散望湖樓下水如天乙丑春日拾東坡截句寫此茮原江兆申

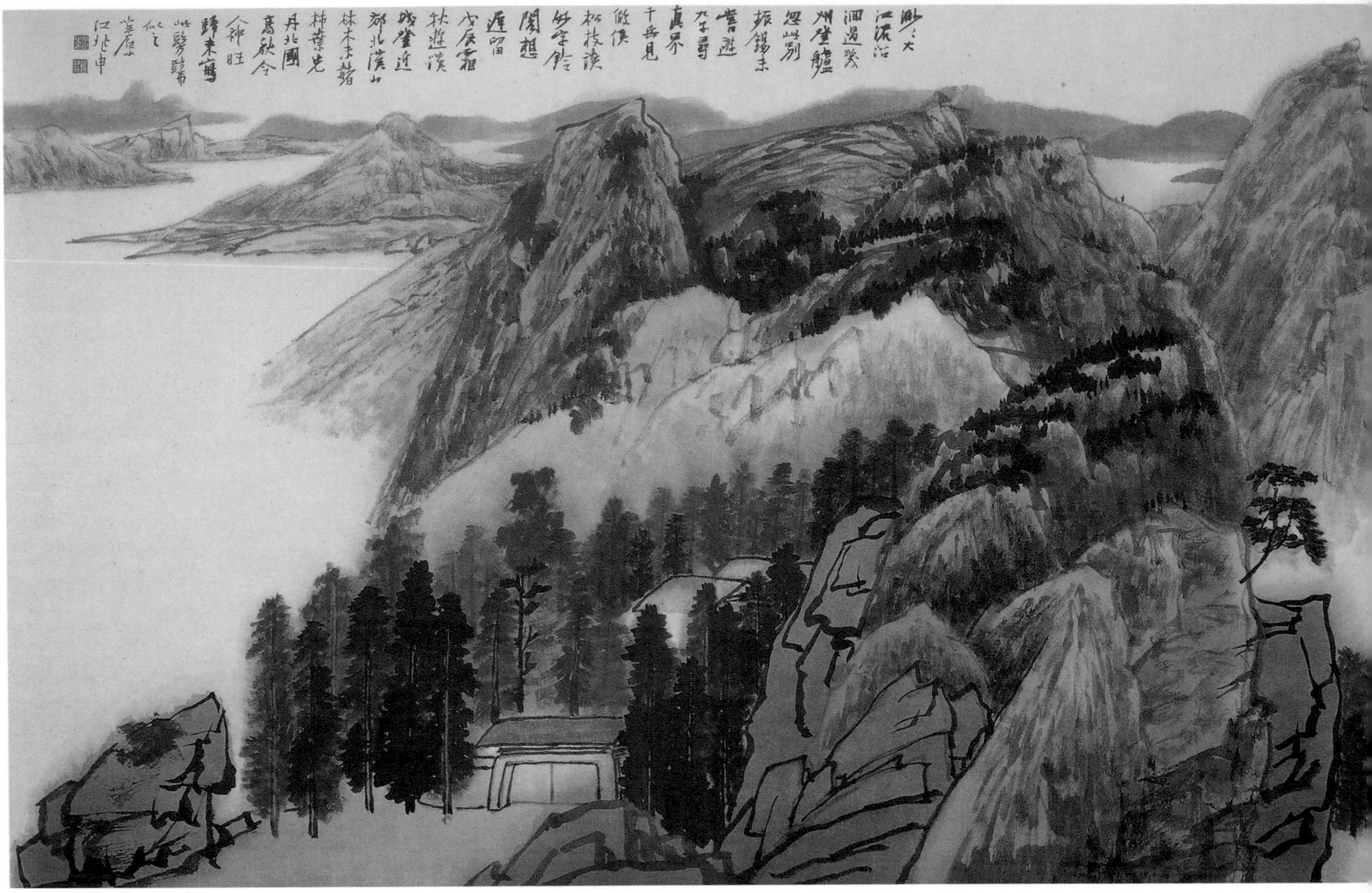

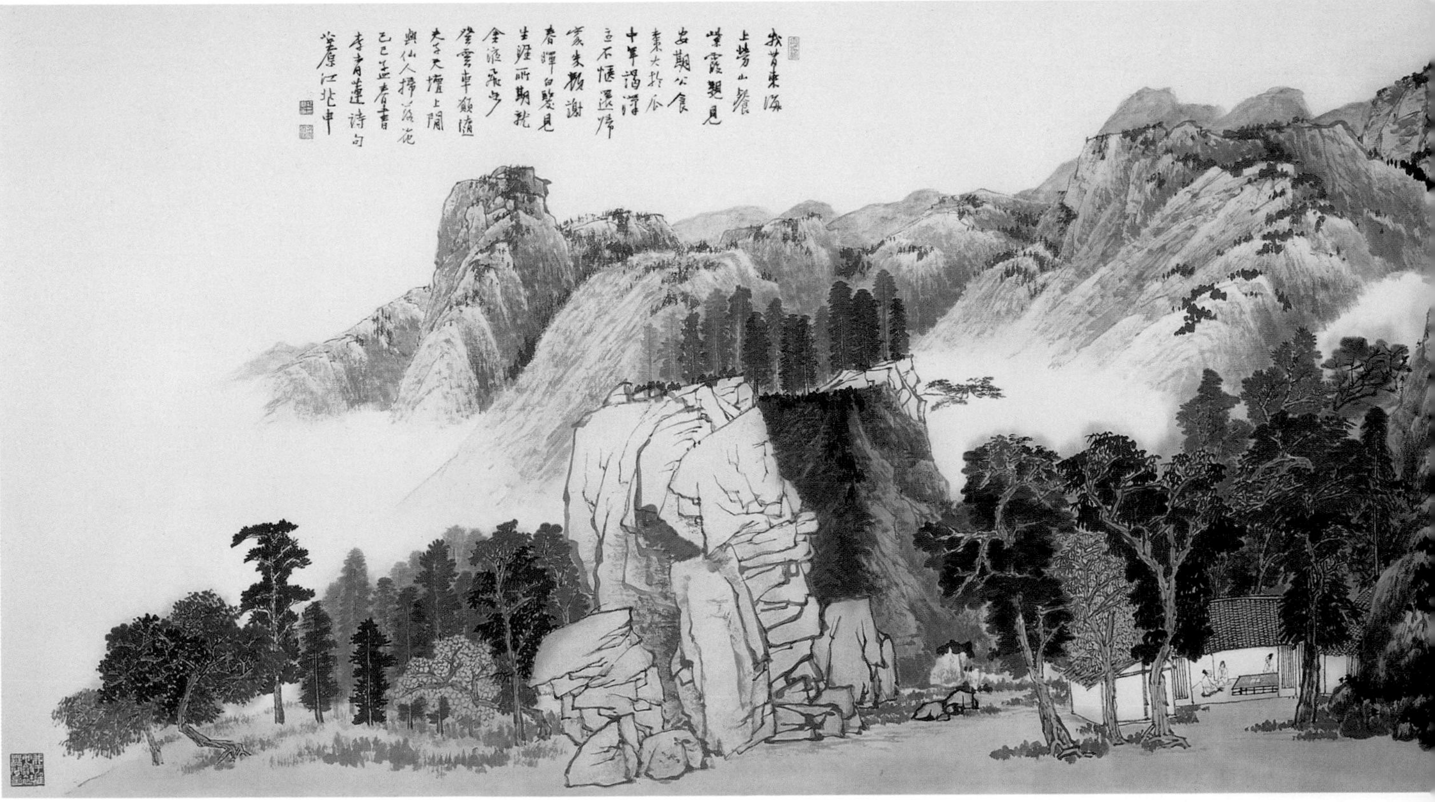

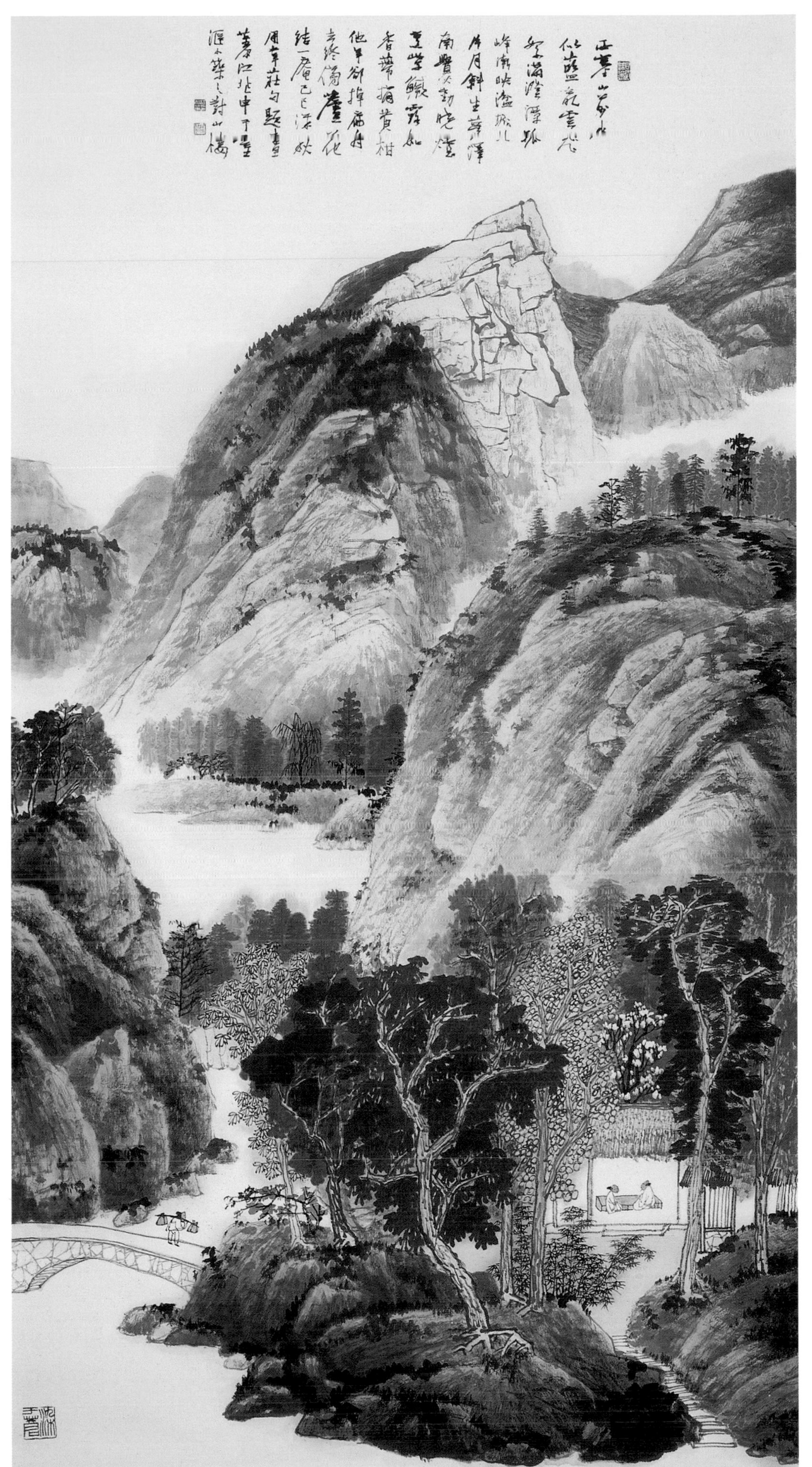

江兆申
大江蒼莽
1988年
61×99cm
水墨設色紙本
（左頁上圖）

江兆申
山居清課
1989年
96×180cm
水墨設色紙本
（左頁下圖）

江兆申
溪橋話舊
1988年
180.3×97.4cm
水墨設色紙本
（右圖）

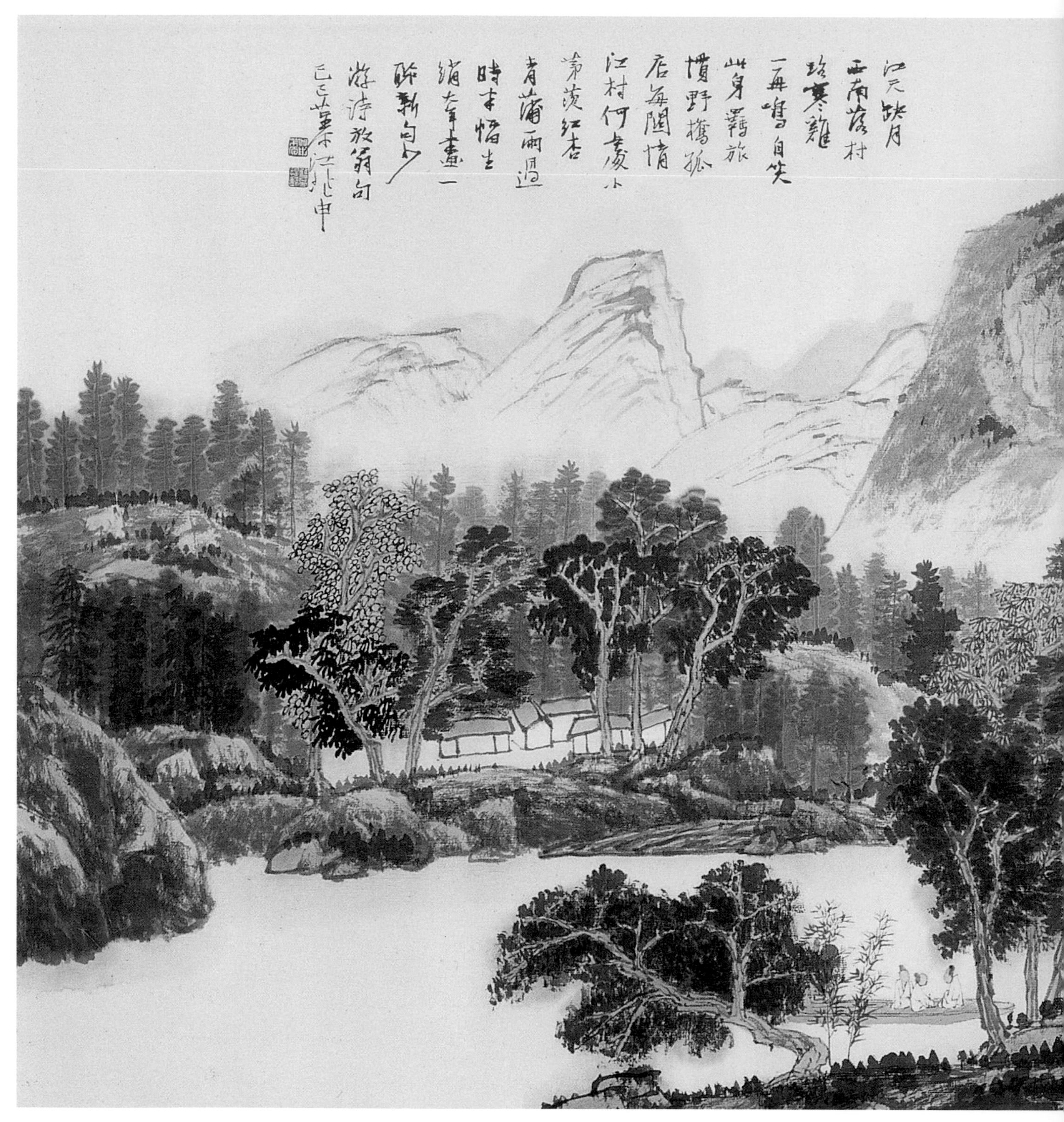

江兆申　山溪清泛
1989年　69×137cm
水墨設色紙本

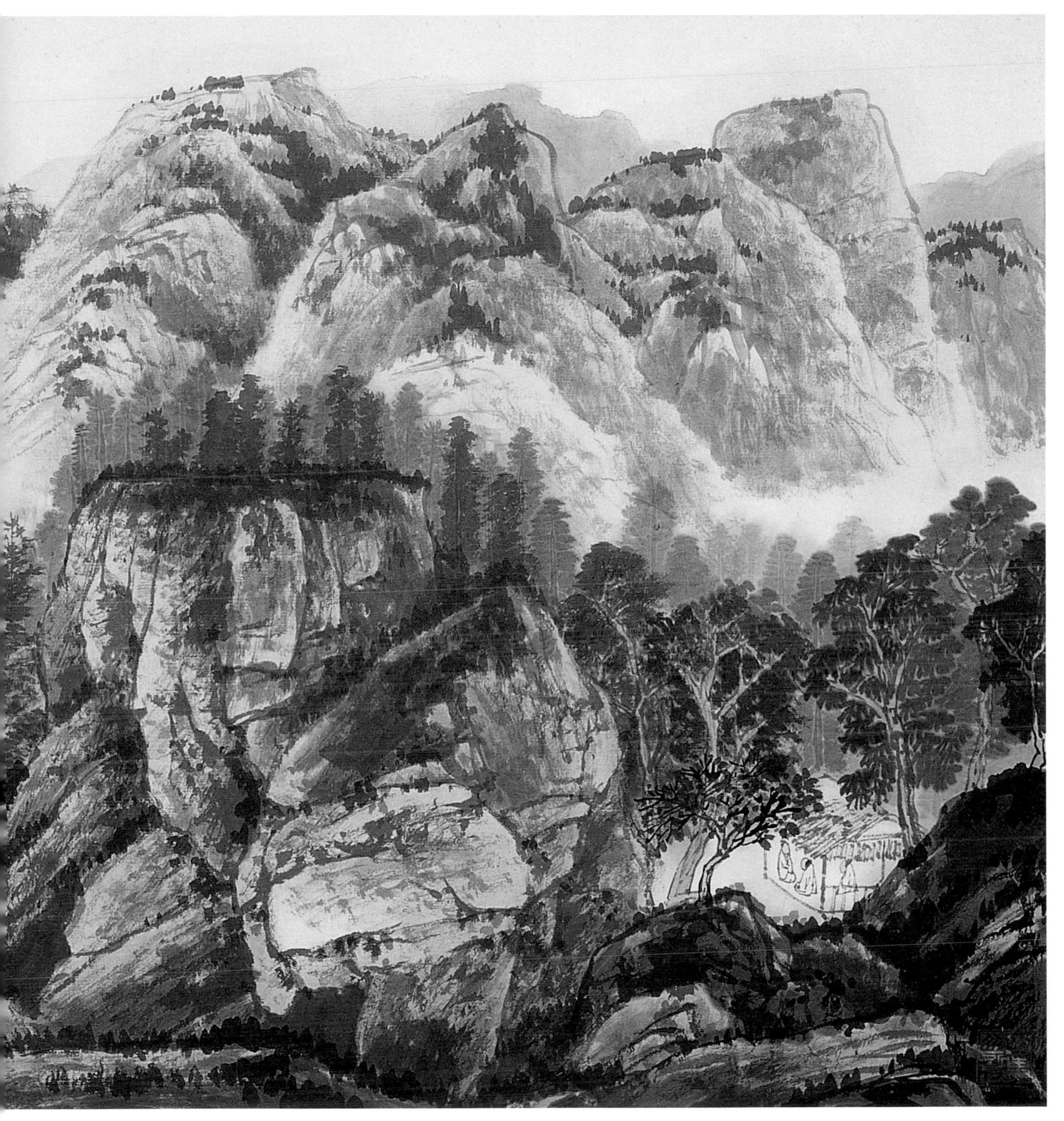

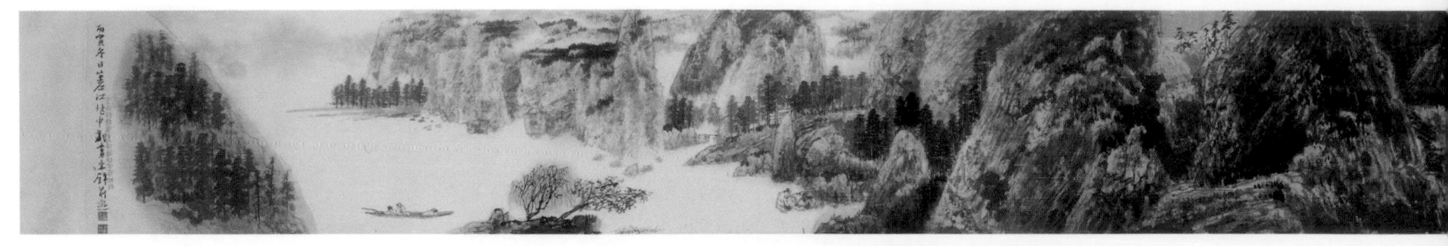

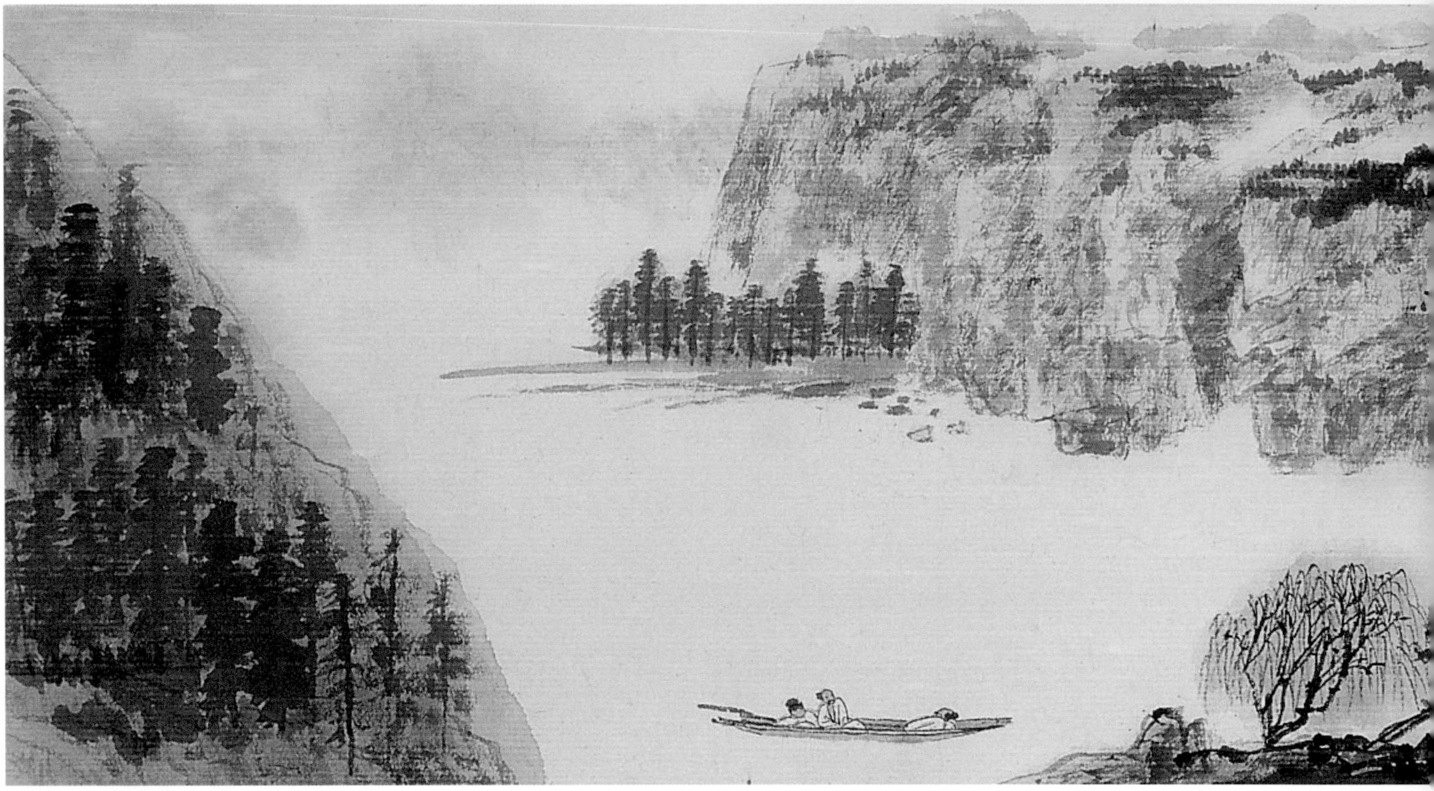

江兆申
〈赤壁前遊〉卷
1986年
29.7×365.5cm
水墨設色紙本
（本頁二圖，下圖為局部）

4.秀逸清潤

年過六十之後，江兆申畫風逐漸步向清逸溫潤。〈秋江鷗陣〉在層峰壁立間筆墨已是淡雅而鬆秀，而無論是〈春風綠岸〉的疏林平遠，還是〈綠酒春深〉、〈春江曙影〉的清健險絕，畫面已在整體畫幅的寒暖色中，敷染上滋潤的石綠色，別增春意融融的妍媚。

此一風格，同時延伸到小品冊頁中，一九八七年的《杉林溪紀遊冊》依序沿溪行溯至青龍瀑並攀登上源、夜宿鳳凰谷、溯杉林溪至松瀧巖，一路景物歷歷陳現。第二開寫步行溪畔，回首來路「繡壁倚天，嵯峨萬仞」之景，林靄崖壁間一片清曠；第十二開沿山壁攀梯行至松瀧巖，巨嶂參天卻能清麗婉約，而飛瀑奔湍下尤顯幽靜迷濛，一派空寂簡逸。次年作《戊辰山水冊》兩套，一縱一橫，皆採楮皮羅紋生紙。在冊一〈湖山飛雪〉中顯得靜謐沉著，而〈松溪清泛〉則有方折的虯松拔地挺生，亙穿前後間僅存孤舟泛江，此冊在一九九二年已為大英博物館收藏。在冊二裡〈春山遊屐〉作山塊三四疊，主景花青設色再罩染石綠，並勾金線點苔，款書還述及金碧山水脈絡淵源；而〈松影泉聲〉以半邊巨巖逼顯後方瀑布，顯出結構平面化的淡逸。

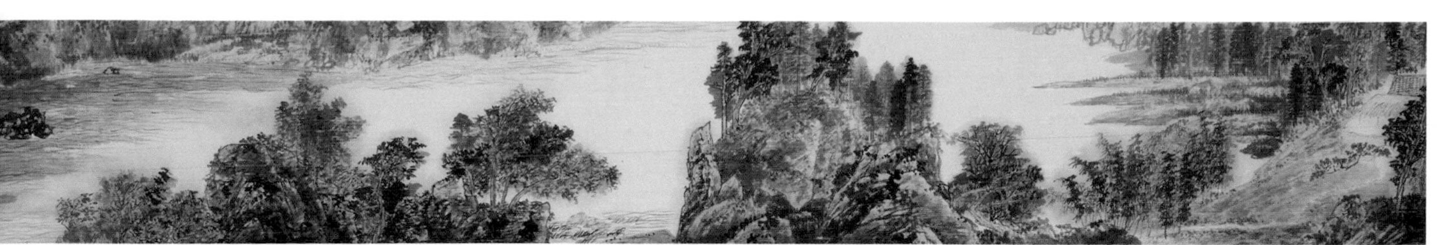

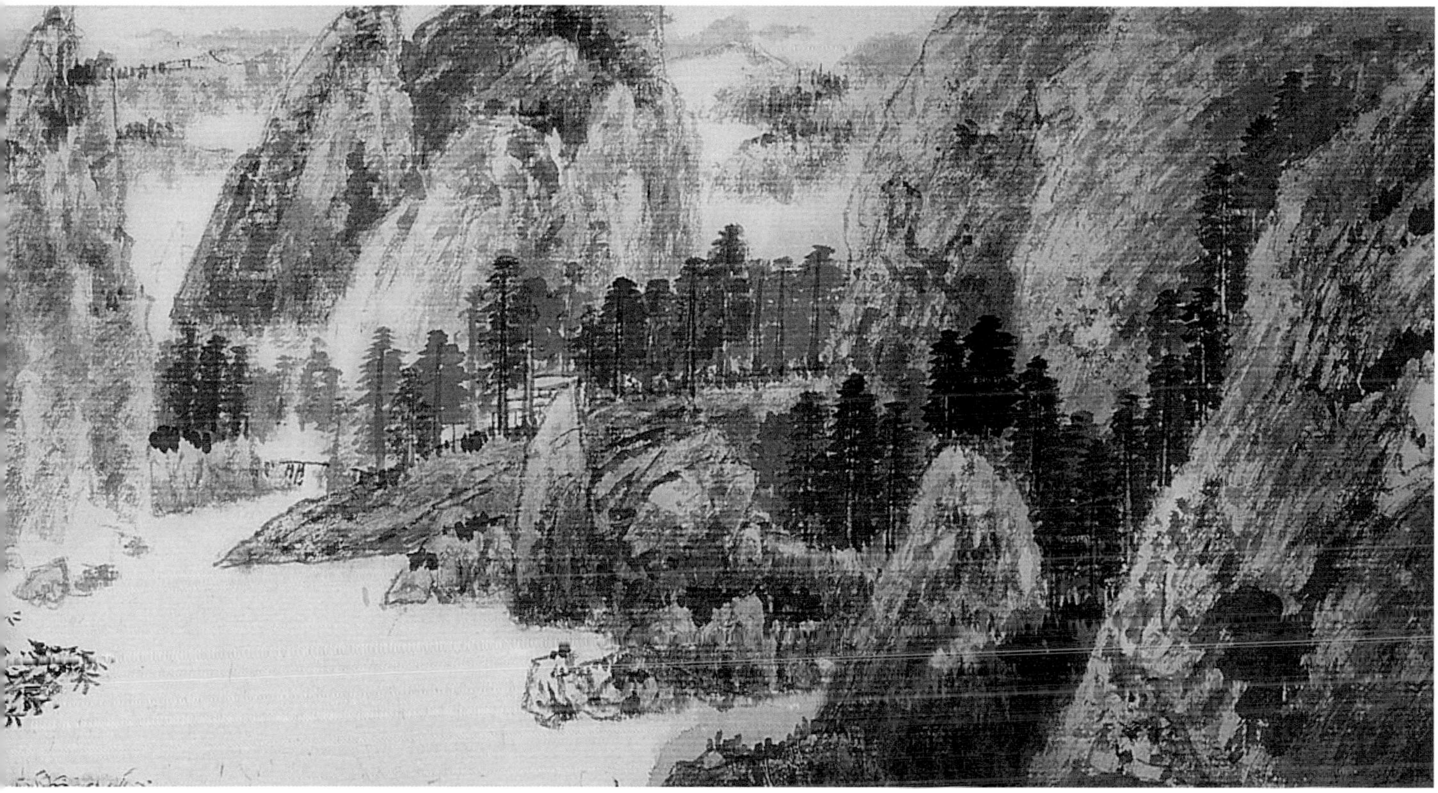

而《唐詩書畫合冊（一）》，分別作春夏秋冬之境，並以書、畫相應和，抒發著晚歲閒逸的心理投射，別具平淡天趣。與廿年前《花蓮紀遊冊》務追險絕相較，可說是復歸平正而人書俱老，而使用「大風堂」所製仿宋羅紋簪紙，底色古樸而受墨益發妍潤。[註32]爾後他陸續完成《滄洲趣冊》、《四季十二景冊》、《山水十六開冊》，皆朝向此間清柔、渺遠、幽靜的沉穆平和。大體而言，他的小冊構景皆從平日創作布局中，取其簡潔鬆秀而來，不作充天塞地的奇險，特別顯得精巧細緻。

這段期間，江兆申因心肌梗塞入院治療，而他也有意放棄公務員生活，遂在埔里找到退隱的地點建了「揭涉園」，因爲覺得這裡的風景像極了他的家鄉。一個老文人，在耳順之年以後心境上已無所爭，對生活、工作上的不快也不再悒憤，想安頓的內在轉變遂形成敦厚質樸的畫境。此後，台灣的山林、行旅家鄉的歸屬感，日益在他的畫面中形成重要的元素；「畫家到了最後，還是要從真山真水去尋找他的養分。」江兆申這麼說著，而這個想法，自此展開了他晚期山水面目的序曲。

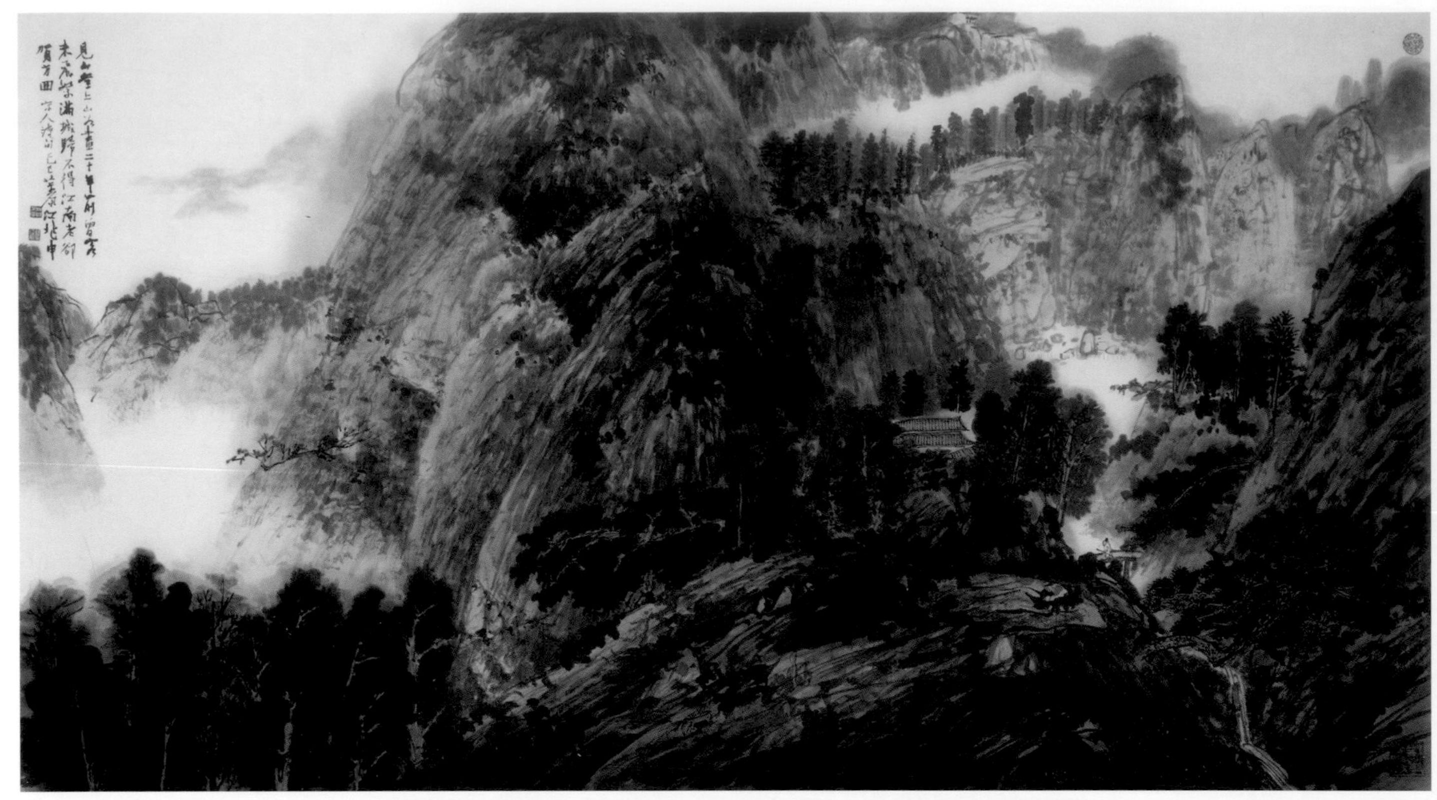

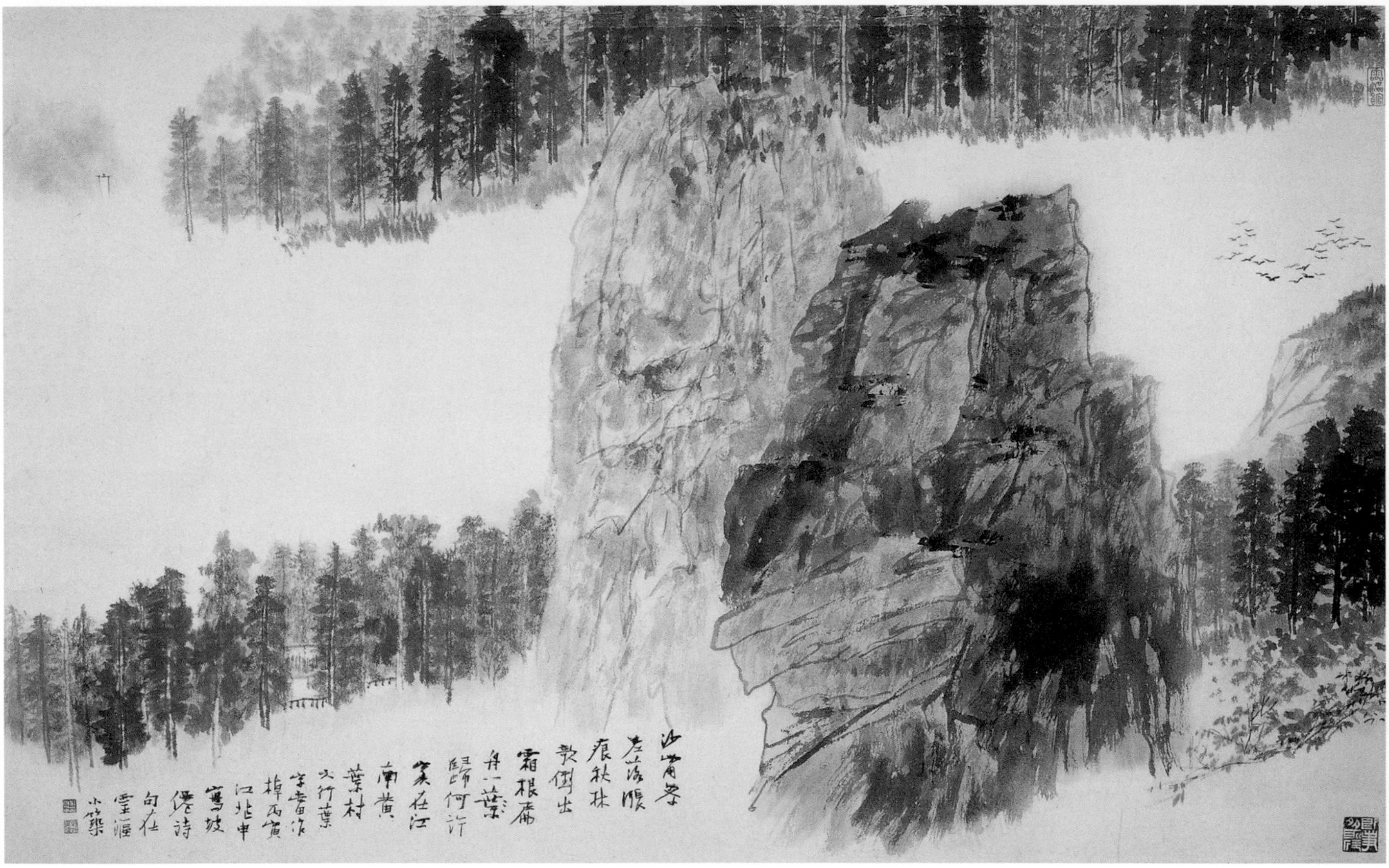

江兆申　深山急澗
1989年　83×151cm
水墨設色宣紙（上圖）

江兆申　秋江鷗陣
1986年　62×99cm
水墨設色紙本（下圖）

江兆申　春風綠岸
1986年　63×100cm
水墨設色紙本（右頁上圖）

江兆申　綠酒春深
1987年　63×100cm
水墨設色紙本（右頁下圖）

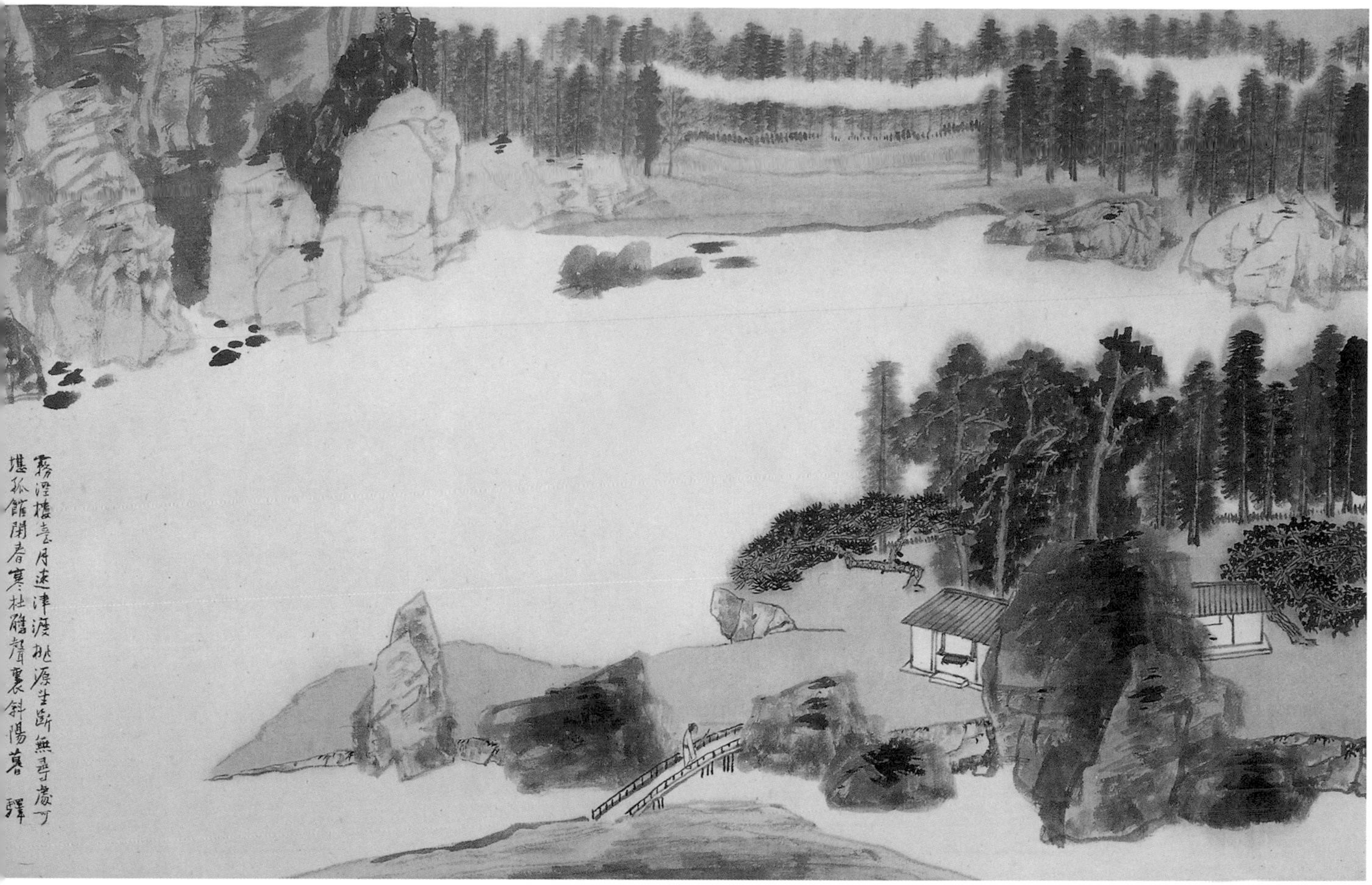

霧失樓臺月迷津渡桃源望斷無尋處可堪孤館閉春寒杜鵑聲裏斜陽暮 驛

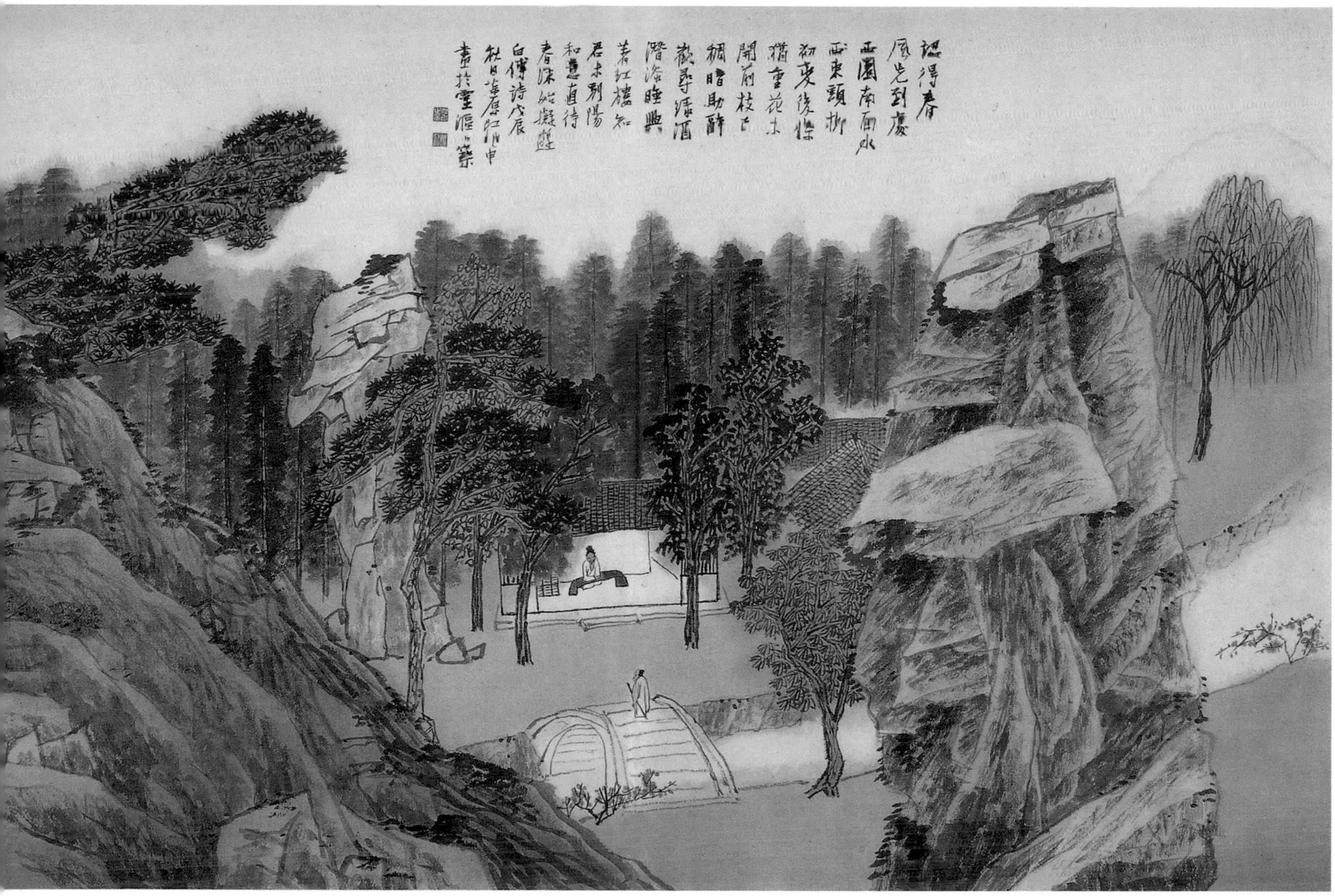

記得春風先到處西園南面水東頭柳初變後條猶重花未開前枝已稠暗助醉歡尋綠酒潛添睡興著紅樓知君未別陽和意直待春深始擬遊 白傅詩 戊辰秋日華原紅仲畫於雲涯山築

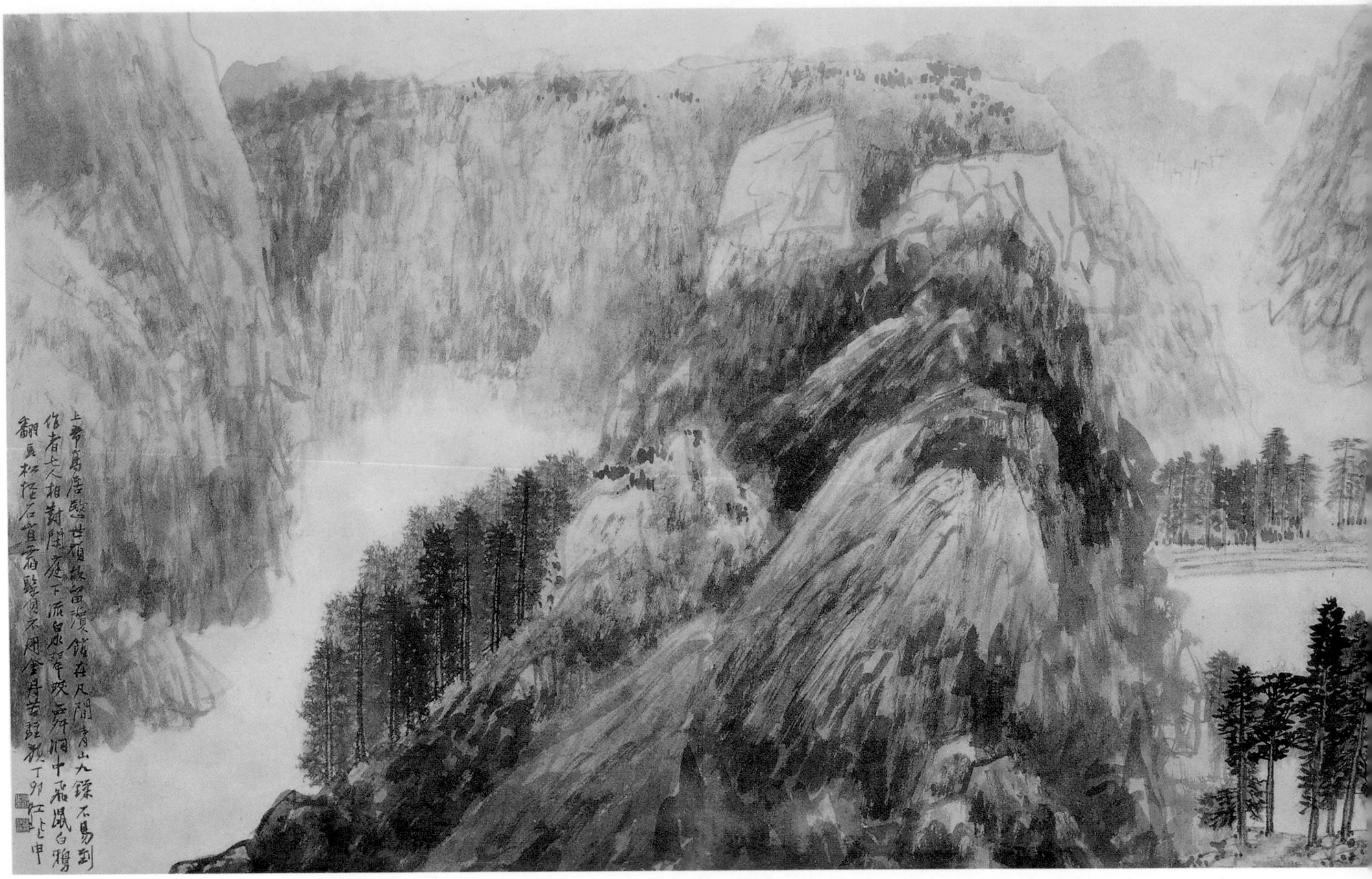

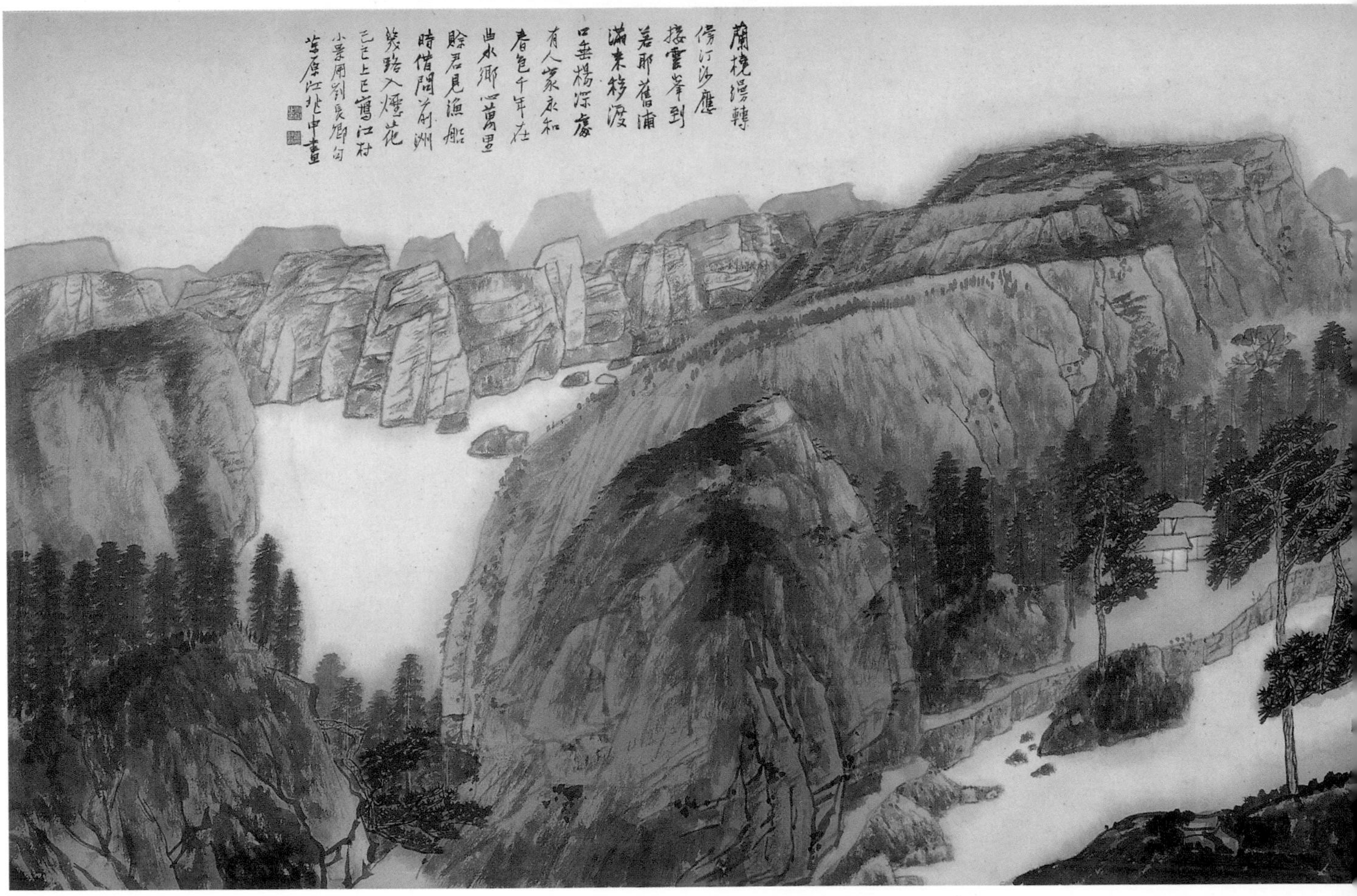

江兆申　煙霞大壑　1987年　63×100cm　水墨設色紙本（上圖）

江兆申　春江曙影　1988年　63×100cm　水墨設色紙本（下圖）

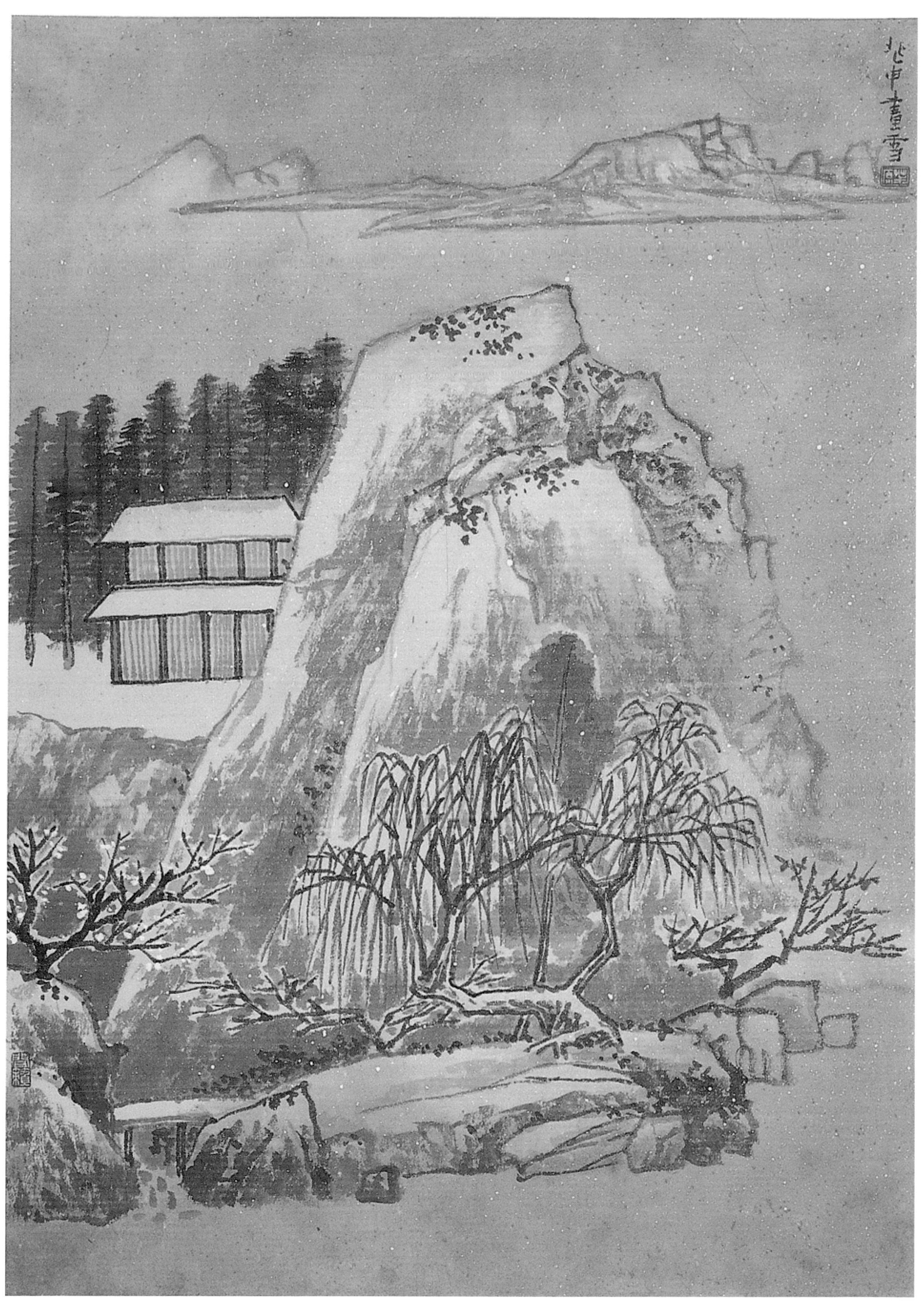

江兆申　戊辰山水冊（一）之〈湖山飛雪〉　1988年　42×30cm　水墨設色　淨楮羅紋箋

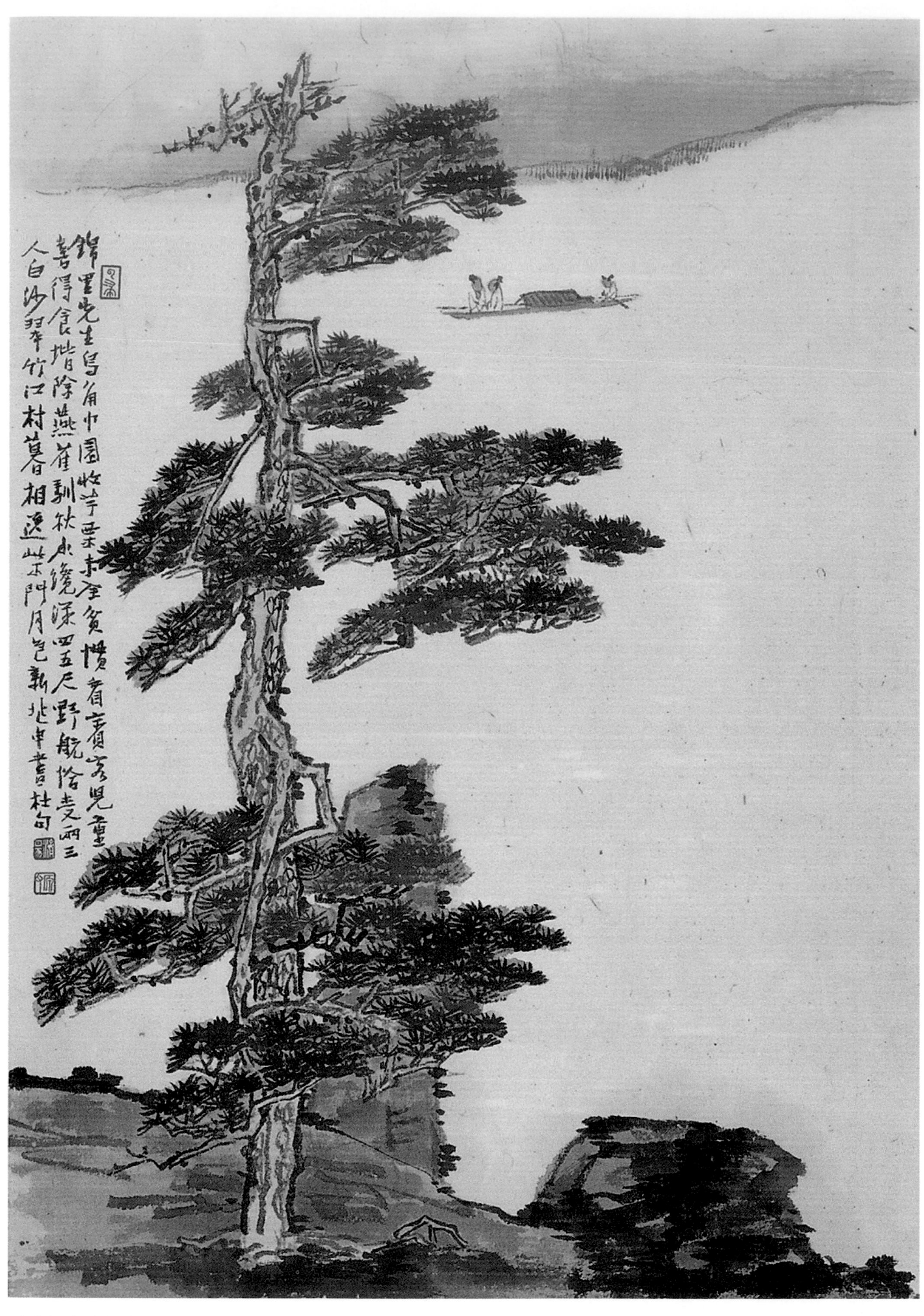
錦里先生烏角巾園收芋栗未全貧慣看賓客兒童
喜得食階除燕雀馴秋水纔深四五尺野航恰受兩三
人白沙翠竹江村暮相送柴門月色新兆申書杜句

江兆申　戊辰山水冊（一）之〈松溪清泛〉 1988年　42×30cm　水墨設色　淨楮羅紋箋

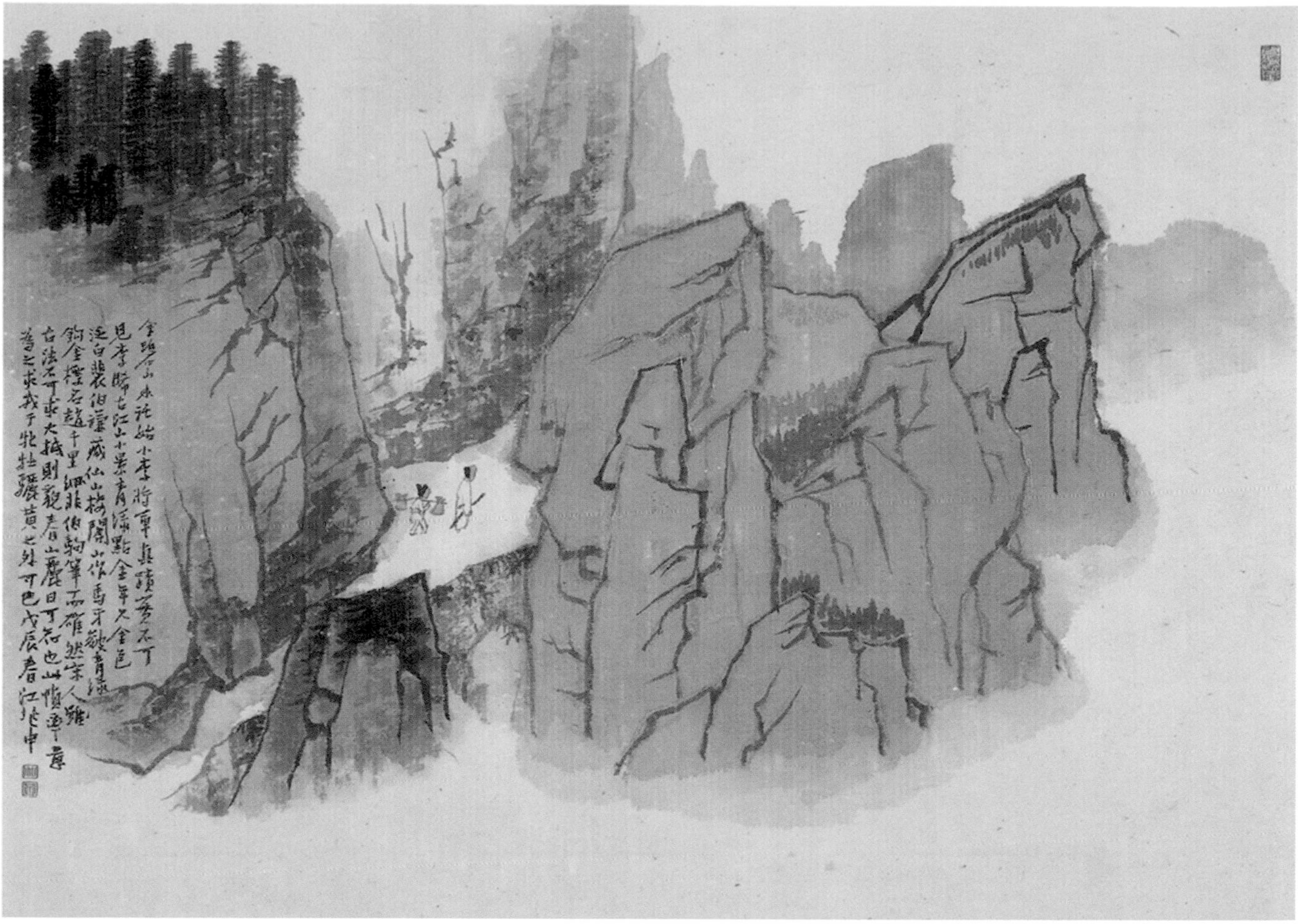

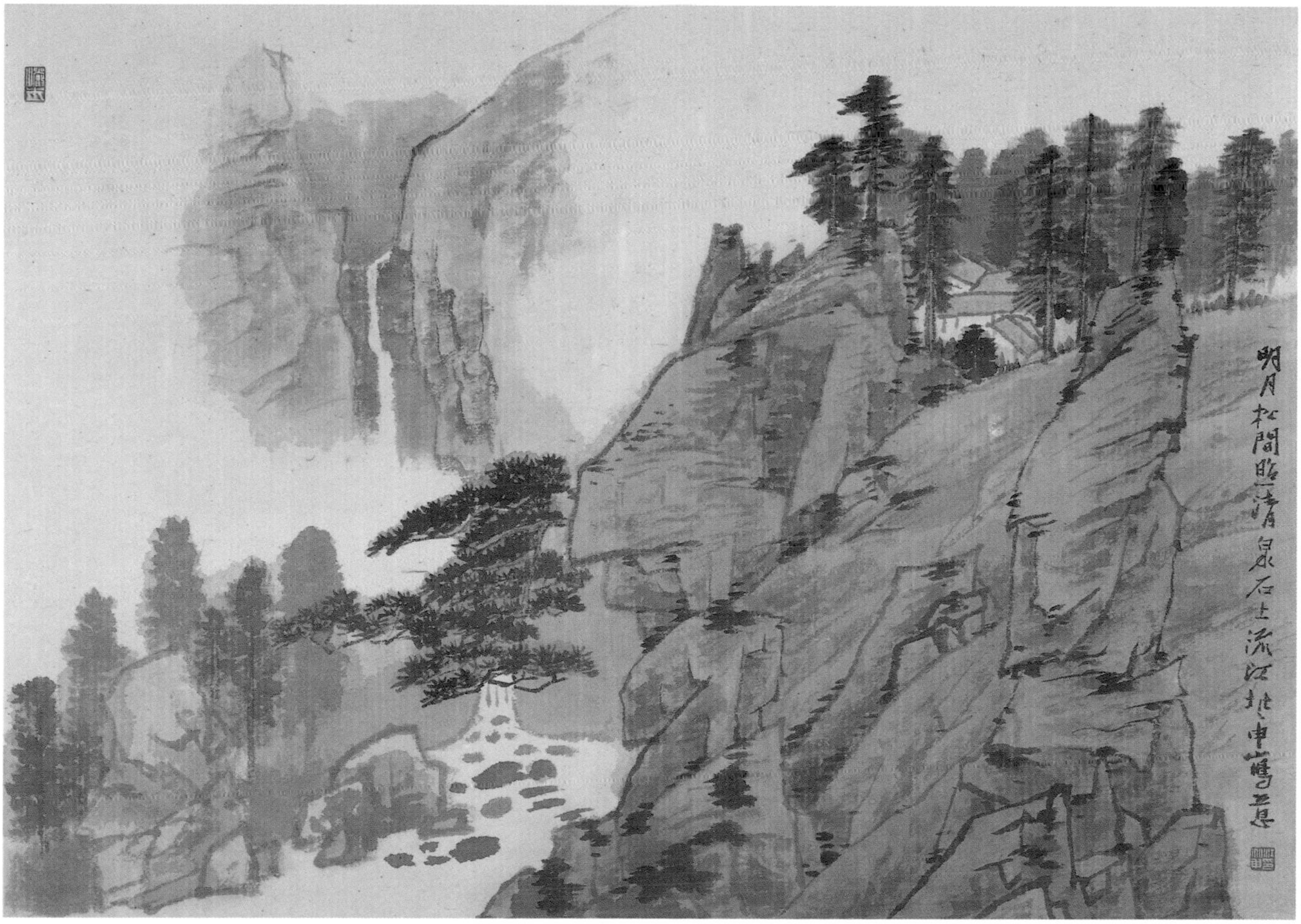

江兆申　戊辰山水冊（二）之〈春山遊屐〉　1988年　30×42cm　水墨設色　淨楮羅紋箋（上圖）

江兆申　戊辰山水冊（二）之〈松影泉聲〉　1988年　30×42cm　水墨設色　淨楮羅紋箋（下圖）

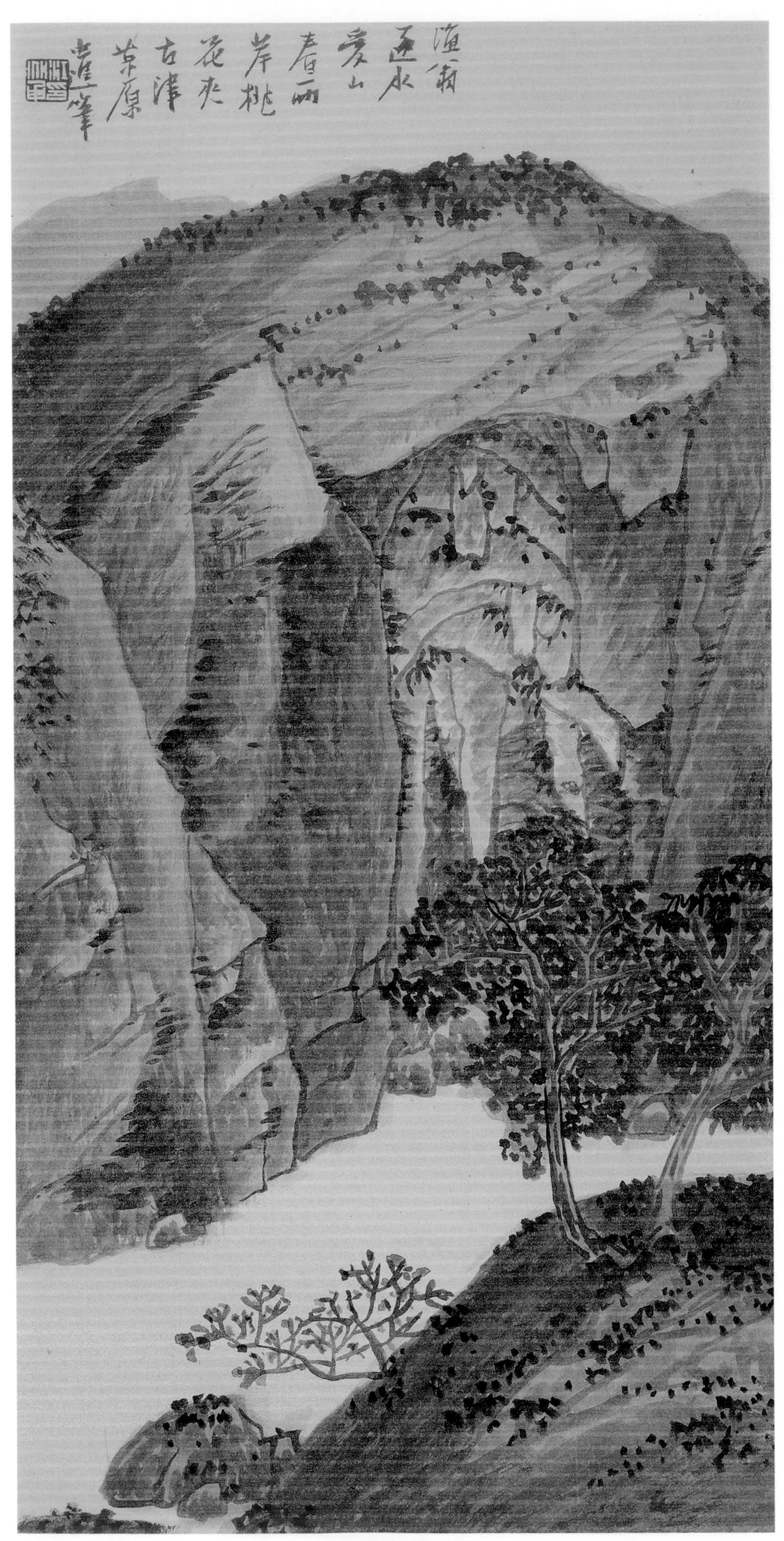

江兆申
山水十六開冊之四
1992年
32.7×16.5cm
水墨設色
蓉砂羅紋箋

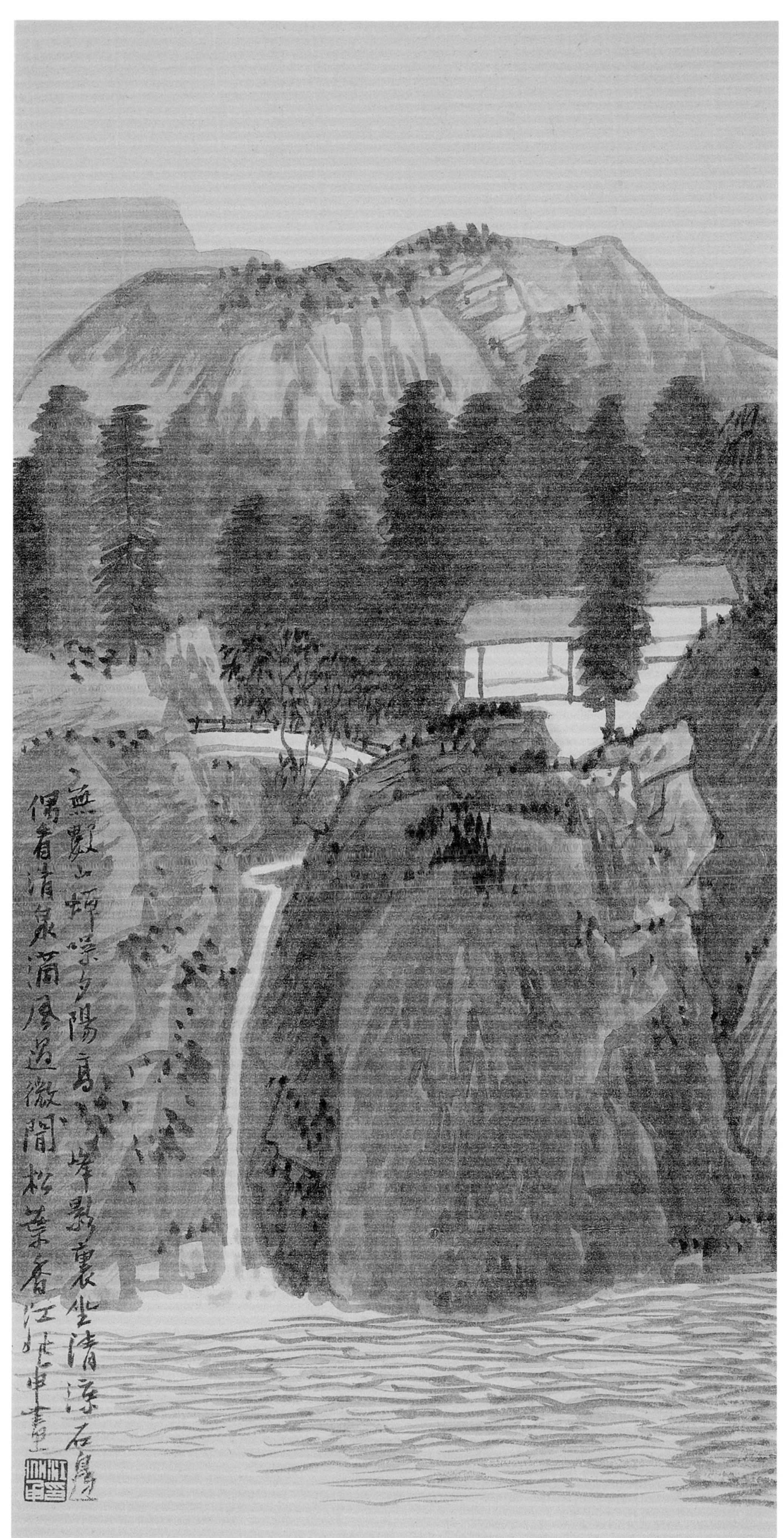

江兆申
山水十六開冊之七
1992年
32.7×16.5cm
水墨設色
礬砂羅紋箋

故人具雞黍邀我至田家綠
樹村邊合青山郭外斜開
筵面場圃把酒話桑麻待
到重陽日還來就菊花
孟浩然過故人莊 兆申書

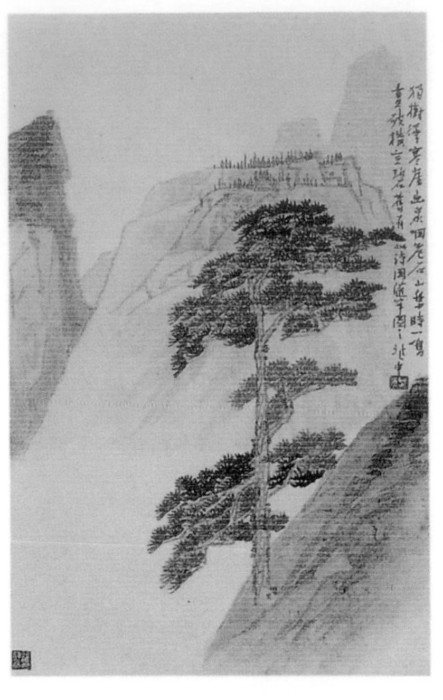

山頭南郭寺水號北流泉老
樹空庭得清渠一邑傳秋花
危石底晚景臥鐘邊俛仰
悲身世溪風為颯然
杜少陵秦州雜詩 兆申

高樓月似霜秋夜鬱金堂
對坐彈盧女同看舞鳳皇少
兒多送酒小玉更焚香結束
平陽騎明朝入建章
王摩詰奉和楊駙馬六郎秋夜即事 兆申

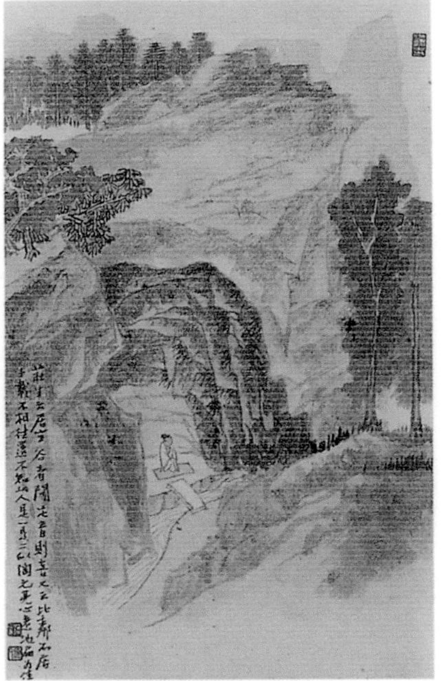

野寺殘僧少山園細路高麝
香眠石竹鸚鵡啄金桃亂水
通人過懸崖置屋牢上方重
閣晚百里見秋毫
杜少陵山寺 兆申書

中歲頗好道晚家南山陲興
來每獨往勝事空自知行到
水窮處坐看雲起時偶然
值鄰叟談笑無還期
王摩詰終南別業 江兆申書

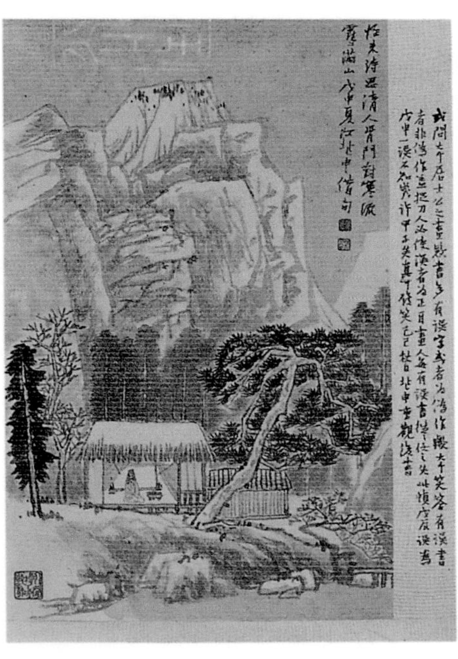

江兆申
唐詩書畫合冊（一）
1988年
34.7×22.1cm
水墨設色
礬砂羅紋箋
（左右頁圖）

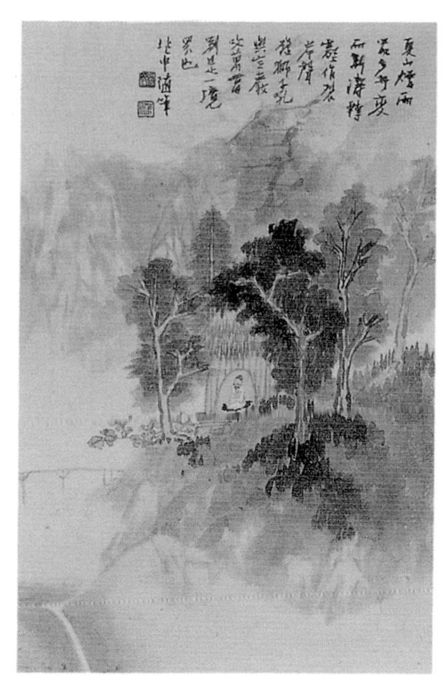

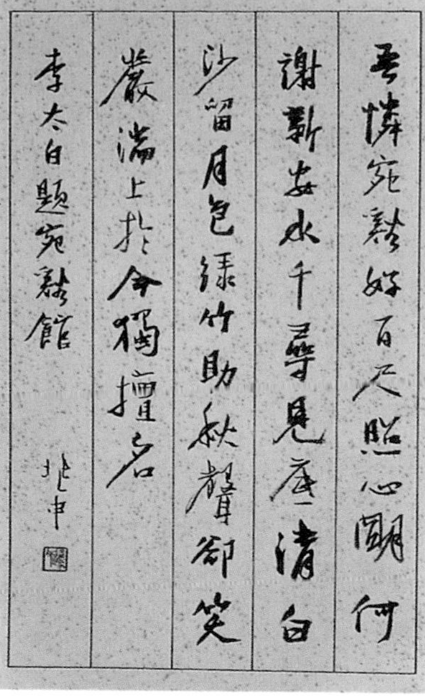
吾憐宛溪好百尺照心明何
謝新安水千尋見底清白
沙留月色綠竹助秋聲卻笑
嚴湍上於今獨擅名
李太白題宛溪館
兆申

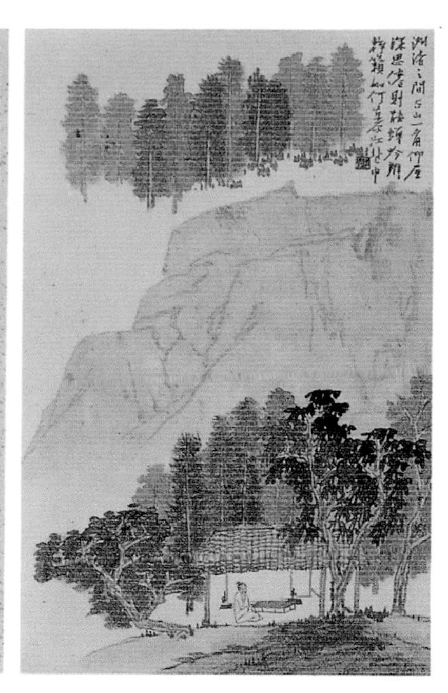

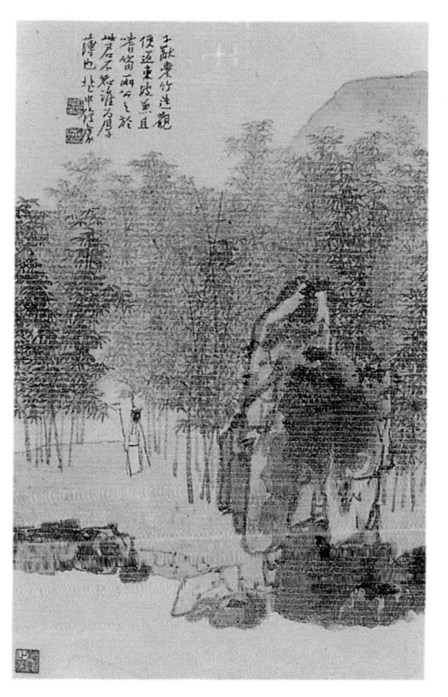

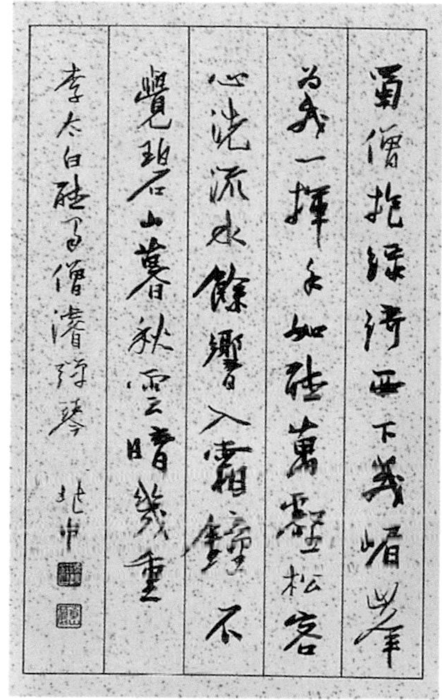
蜀僧抱綠綺西下峨眉峰
為我一揮手如聽萬壑松客
心洗流水餘響入霜鐘不
覺碧山暮秋雲暗幾重
李太白聽蜀僧濬彈琴
兆申

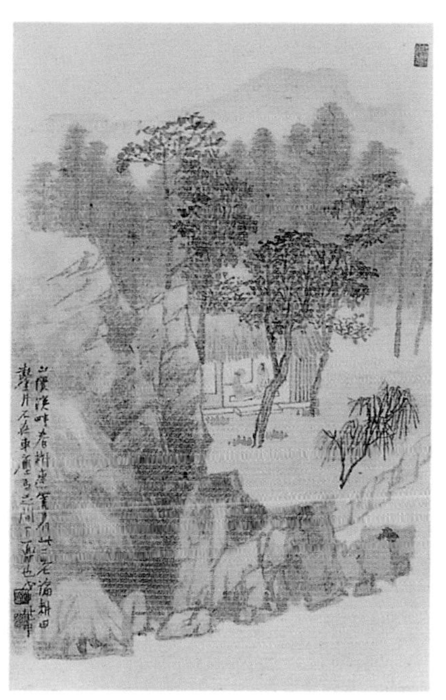

我愛陶家趣林園無俗情春
雷百卉坼寒食四鄰清伏枕
嗟公幹歸山羨子平年年白
社客空滯洛陽城
孟浩然李氏園林臥疾 兆申

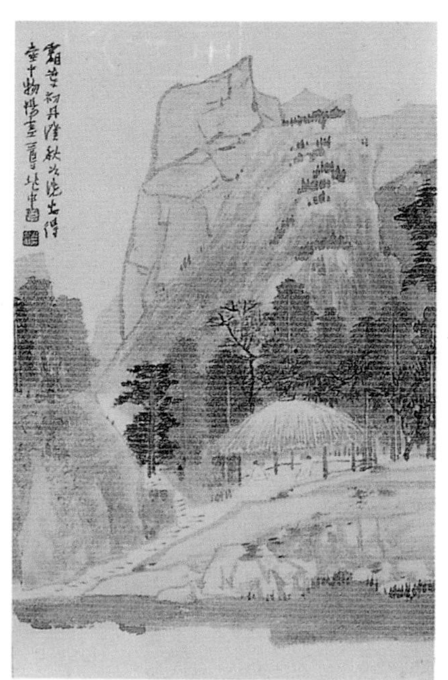

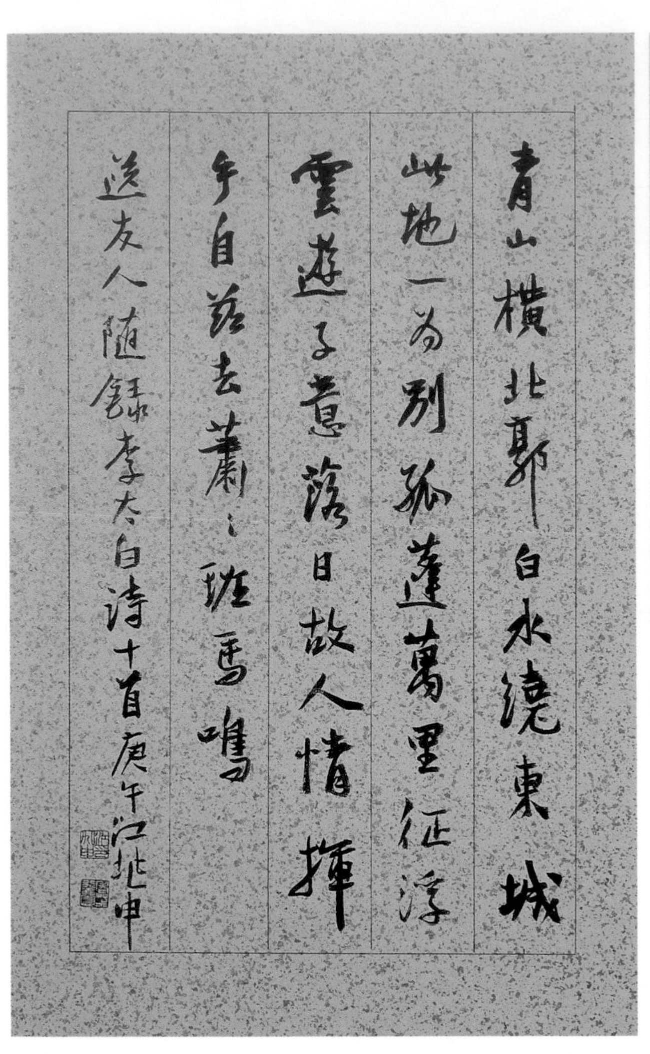
青山橫北郭白水遶東城
此地一為別孤蓬萬里征浮
雲遊子意落日故人情揮
手自茲去蕭蕭班馬鳴
送友人 隨錄李太白詩十首 庚午江兆申

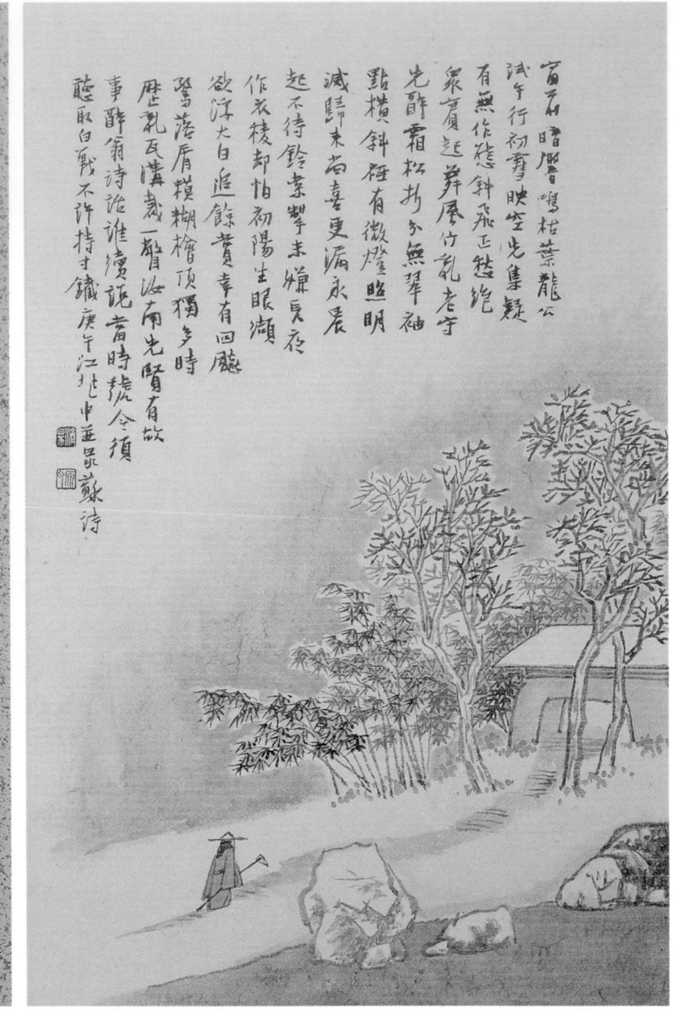
窗前暗響鳴枯葉龍公
試手行初雪映空先集疑
有無作態斜飛正愁絕
衆賓起舞風竹亂老守
先醉霜松折恨無翠袖
點橫斜祇有微燈照明
滅歸來尚喜更漏永晨
起不待鈴索掣未嫌長夜
作衣稜却怕初陽生眼纈
欲浮大白追餘賞幸有回飆
驚落屑模糊檜頂獨多時
歷亂瓦溝裁一瞥汝南先賢有故
事醉翁詩話誰續說當時號令須
聽取白戰不許持寸鐵 庚午江兆申並錄蘇詩

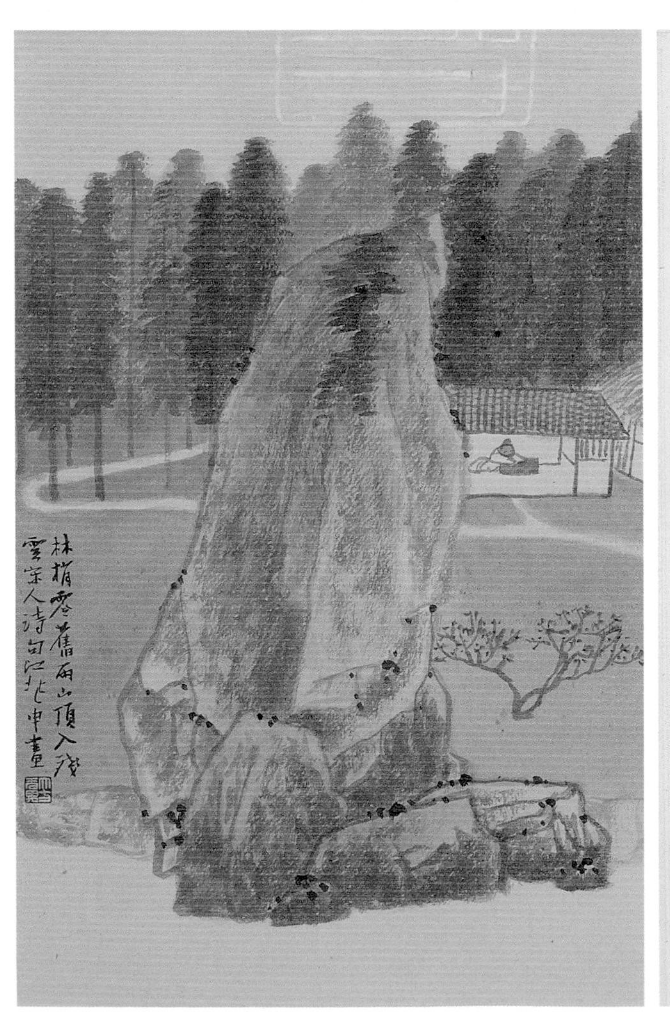
林梢露舊雨山頂入殘
雲宋人詩句江兆申畫

十州只解寄鵞毛鼎內何曾饋
百牢驅使木奴供露顆催科郭
索獻霜螯鄉封萬戶只多醉天作
一丘都是糟卻被新詩大清絕喚
將雪窖更風饕 楊誠齋以糟蟹洞
庭甘送丁端叔端叔有詩因和 兆申書

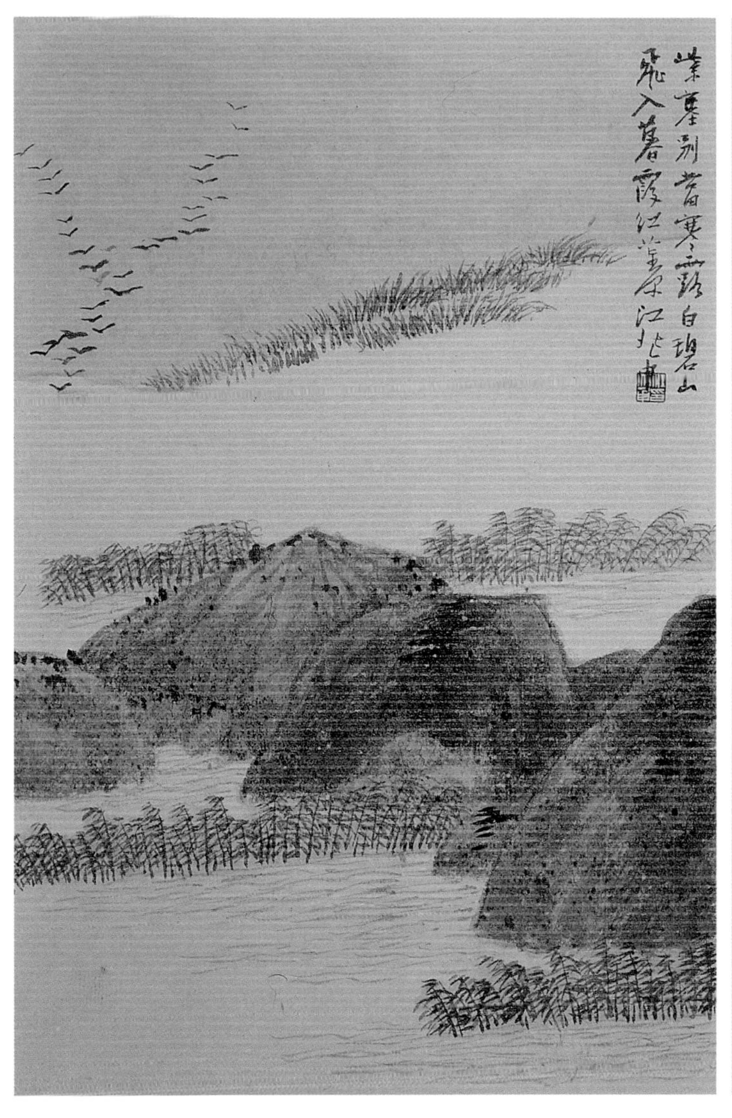

已愧雙旌古晉陵更堪一節古
羊城偶逢舊治年頻熟忽署
新銜分尚生山與君恩誰是
重身如秋葉不勝輕向來百
鍊今繞指一寸丹心白日明楊誠齋
新除廣東常平之節感恩書懷

江兆申
滄洲趣冊（冊十）
1990年
35×22cm
水墨設色
薯砂羅紋箋
（左頁上圖）

江兆申
四季十二景冊（冊二）
1991年
35×22.5cm
水墨設色
薯砂羅紋箋
（左頁下圖）

江兆申
四季十二景冊（冊九）
1991年
35×22.5cm
水墨設色
薯砂羅紋箋
（上圖）

（四）第三期：樸厚期
（1990至1996年，66至72歲）

退職後深居埔里的江兆申，對於當地風光景致的吐納，與得暇四處行旅的見識，創作遂傾向自然朗靜的老大意拙。此時由奇峭險峻的盛年風格，轉爲渾厚樸實、密塞滿紙的晚年面貌，甚至營造著滿紙線條骨力、破筆苔點的蒼鬱，可說是從中年的狂放轉爲靜穆內斂。

江氏這時期的畫風，逐漸從結構切割而臻於氣脈相連，這同於他重視文字結構的「黏」性，或許與繪畫起著緊密的關係。江兆申就認爲，中國繪畫之於詩與書之間的關係密不可分，唯有情景交融的剪裁，行諸於畫面的取景與造境才能妥切，構圖與章法才能意境深遠，這也成就他晚年畫作中綿長內蘊的追求。江兆申曾就文人畫在詩與畫間，提出這樣的看法：

> 作詩的條件，是要抓得住情與景，要情景交融，這又是畫家們訓練腦的最好方法。手經過訓練，他的筆墨才有深趣；腦經過訓練，他的取景造境才有感性、才有深度；心中坦蕩，可以不矜持、不偽飾，自適其性之所宜而不用其所短。（註33）

水墨畫與詩的關係，是在促使畫面從複雜的自然元素中，抽離出強烈的主題與精神性，從而賦予畫面深刻的人格特徵。然而繪畫呈現是一眼而盡的氣勢，故而初見全局即能論斷深

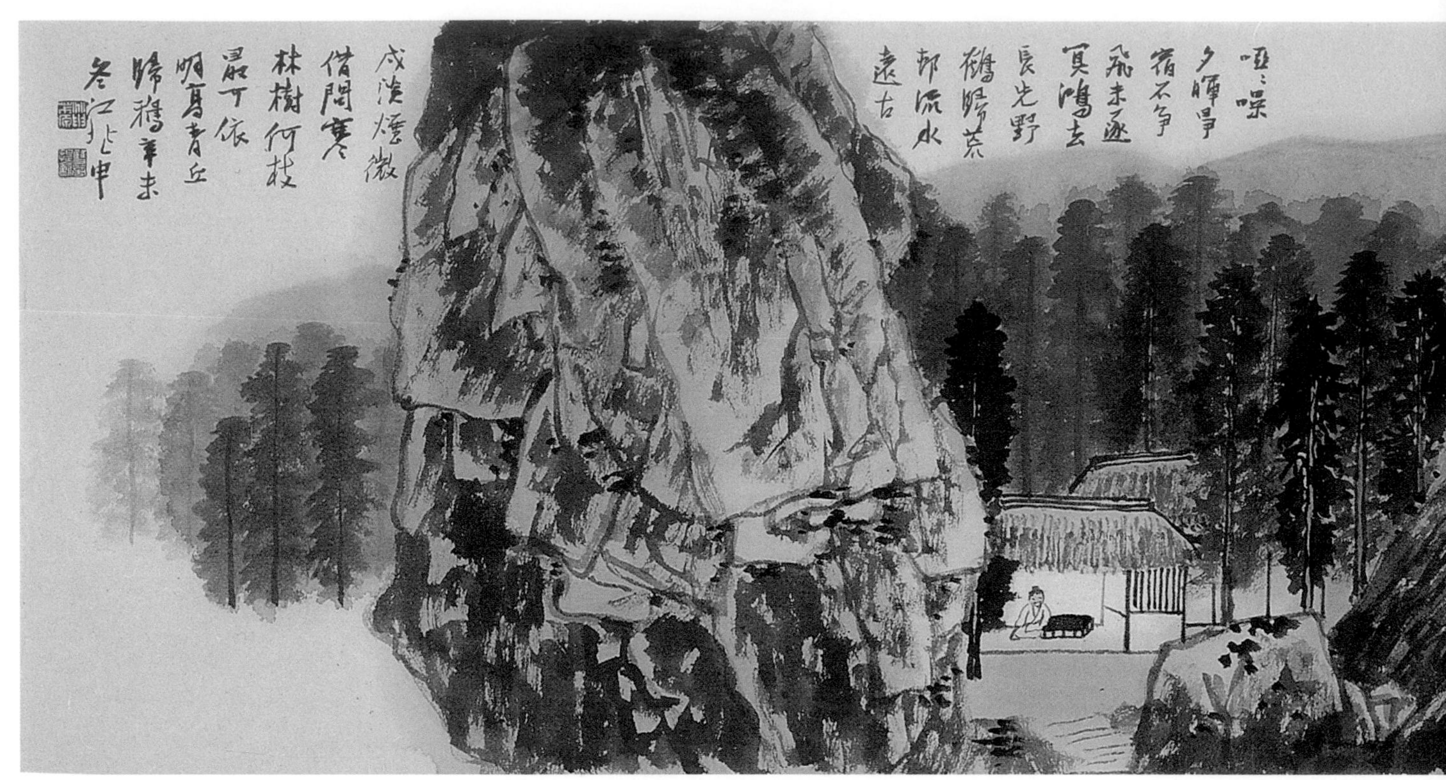

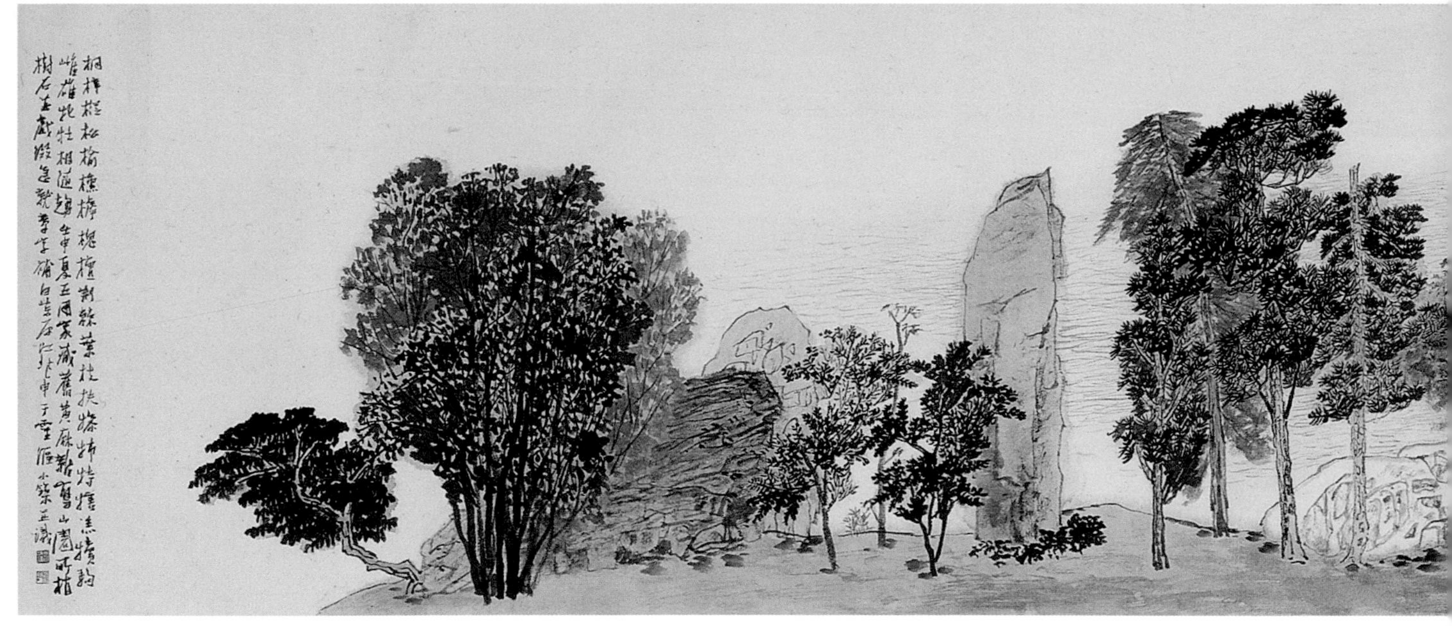

淺，並於遠望近取間體現畫家的巧筆意造。對江兆申而言，山水的營構是疊築在感性的筆墨直覺，透過自然遊歷與美景領略，爬梳出自我的經驗法則，綻開個人精神體驗的抒意，山水於我已然是樹石合一，點線合一，筆人合一。沉潛著文學與書畫創作的涵養，也成就江兆申晚年創作上臻於顛峰的文質深趣。

一九九一年九月，江兆申從他任職半生的故宮博物院退職，被迫離開他最熱愛的工作，雖然他的心情豁達開朗，卻也難掩不捨。那年冬日，他在〈暮藹歸鴉〉的款識借題元代高啓〈歸鴉〉詩：「啞啞噪夕暉，爭宿不爭飛。未

江兆申
暮藹歸鴉
1991年
31×100cm
水墨設色紙本
(上圖)

江兆申
園木圖
1992年
48×187cm
水墨設色
淨楮羅紋牋
(下圖)

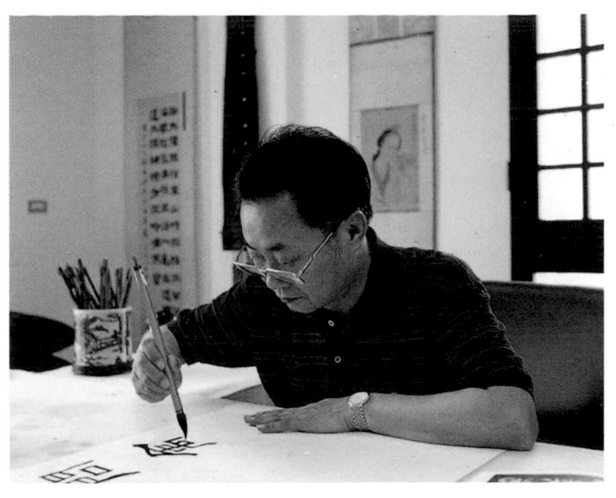

研究工作，確有許多的不捨，幸而此時埔里的「揭涉園」也大致完成，約一年後他已能逍遙此間的生活，還笑著對學生說：「早知退休生活這麼好，當初該早些退下來。」晚年的江兆申，就在這裡完成他生命後期最精彩動人的詩篇。

次年夏日〈園木圖〉即描寫著新居園內門庭植栽，而〈園居圖〉則是園外鯉魚潭邊，雨過天青後山巒挹翠的情致，顯見其筆墨與渲染越趨秀潤；畫間雲煙留白，取徑著北宋米芾以降的雲山法，但峰頂與夾嶂間卻是光影交臻，這種融古鑄今的手法，直入深沉的文人況味。

而這時期江兆申也開始使用早年於日本所訂製的畫紙。(註34) 這批仿宋羅紋紙是分次製作，據說期間試用調整耗時頗久。合計四種，品類如下：

一、約一九八一年左右，委請昔日製作「大風堂」牋的匠人，唯其年歲已大，故僅負責監造，由子嗣抄製。以楮皮、雁皮爲材料，竹簾紋理明顯，完成「靈漚館精製五尺礬砂仿宋羅紋牋」兩種，分作淡褐色、淡黃色熟紙，有「靈漚館製」楷體浮水印記，紙張尺寸147.5×75.5公分。

二、約一九八三年前後，委託日本人間國寶菊池五介製作，爲原色楮皮礬紙、生紙兩種，紙背有自書楷體「靈漚館精製六尺淨楮仿

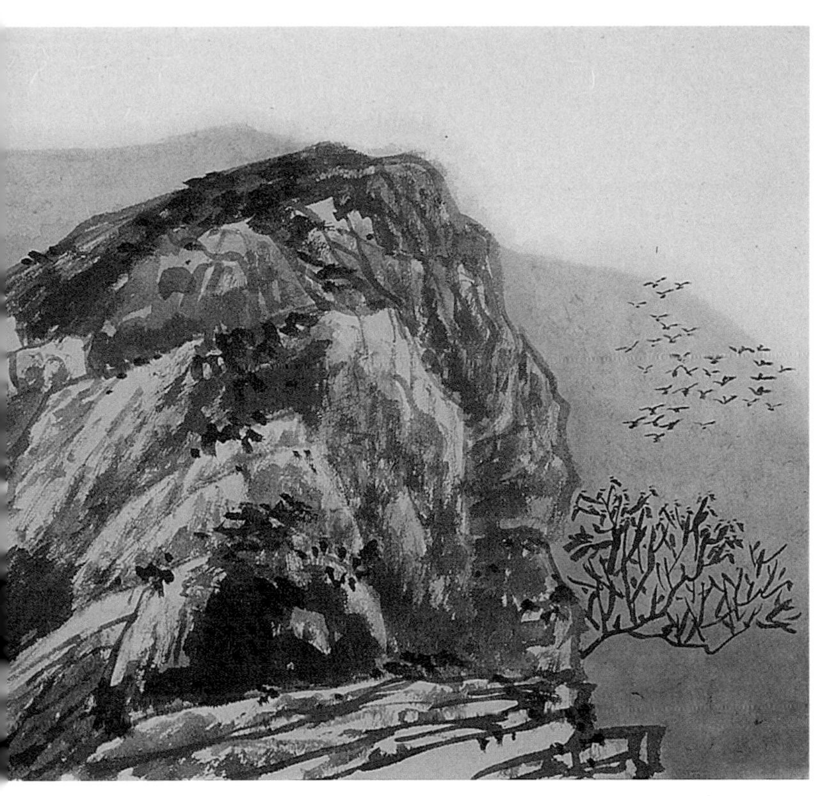

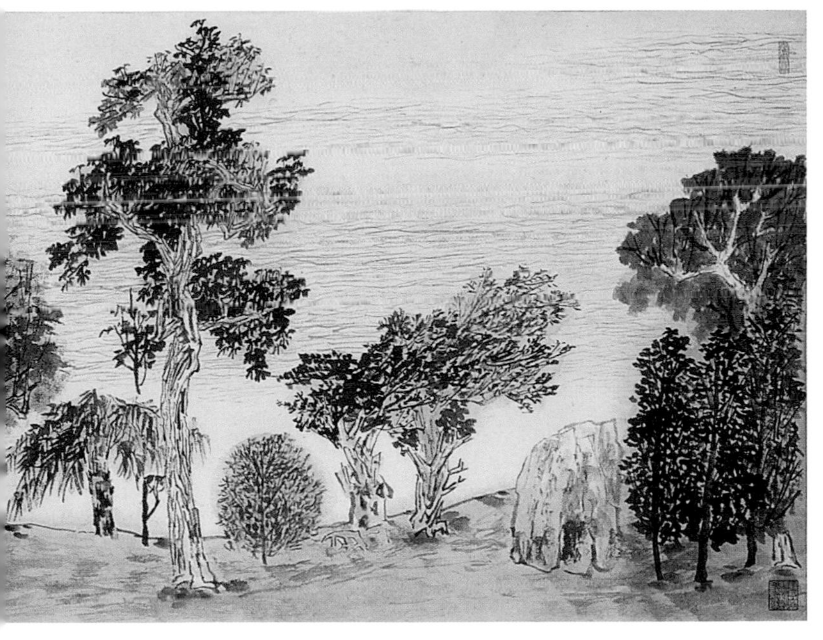

1992年，江兆申臨〈張遷碑〉八屏於埔里揭涉園。（右上圖）

逐冥鴻去，長先野鶴歸。荒邨流水遠，古戍淡煙微。借問寒林樹，何枝最可依？」畫中巨巖兀立，右方枯枝獨立，寒鴉若棲欲飛於暮靄中不知何所屬？隱士獨居山野茅屋，靜聽夕暉鴉噪聲，貌似清靜，卻又難掩意在言外，一片霞煙淡漠的孤獨感。試想，乍然脫離半生熱愛的

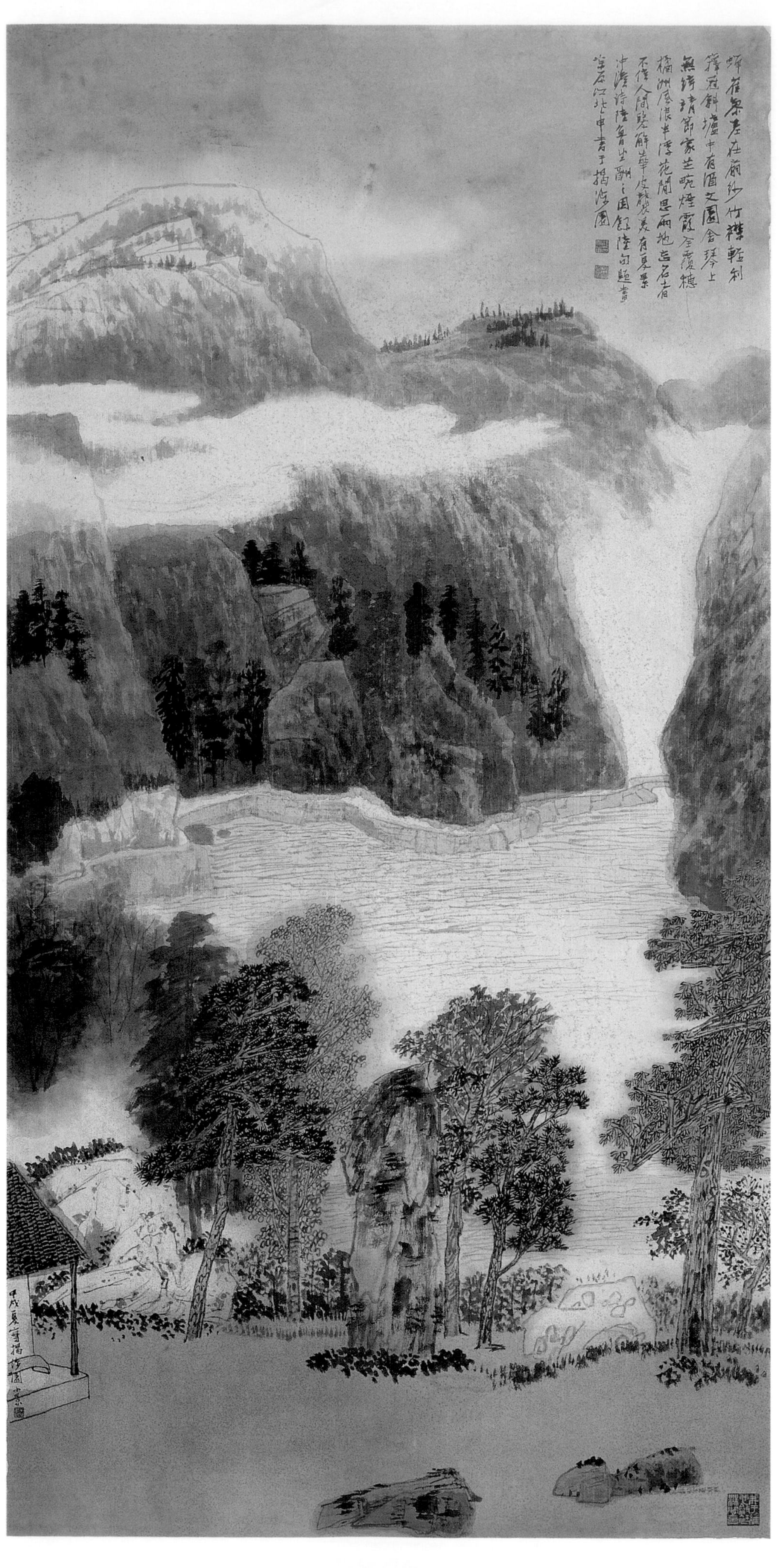

江兆申
園居圖
1994年
186×94cm
水墨設色
淨楮羅紋牋
(左圖)

江兆申
夏日茅齋
1981年
74×145cm
(右頁上圖)

江兆申
江南詩意
1984年
93×186cm
水墨設色
淨楮羅紋牋
(右頁下圖)

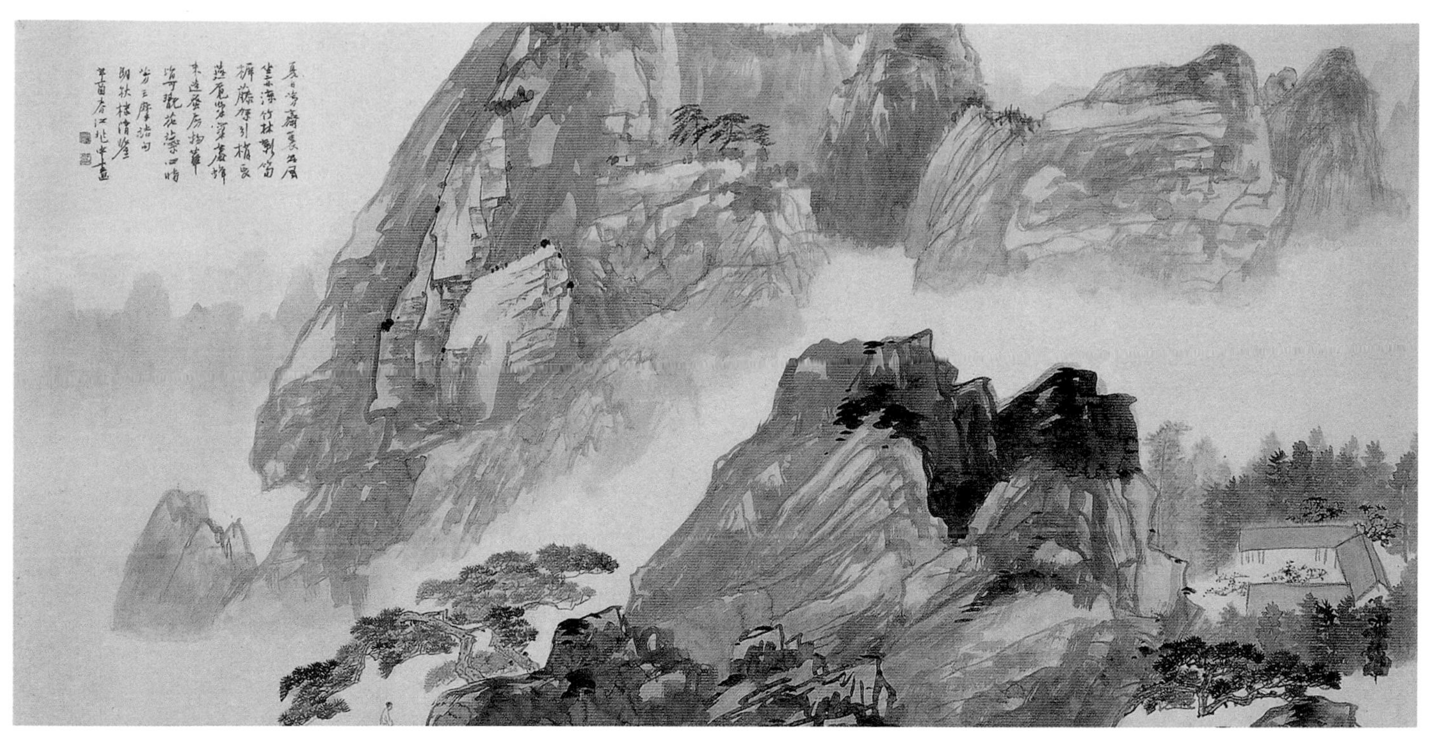

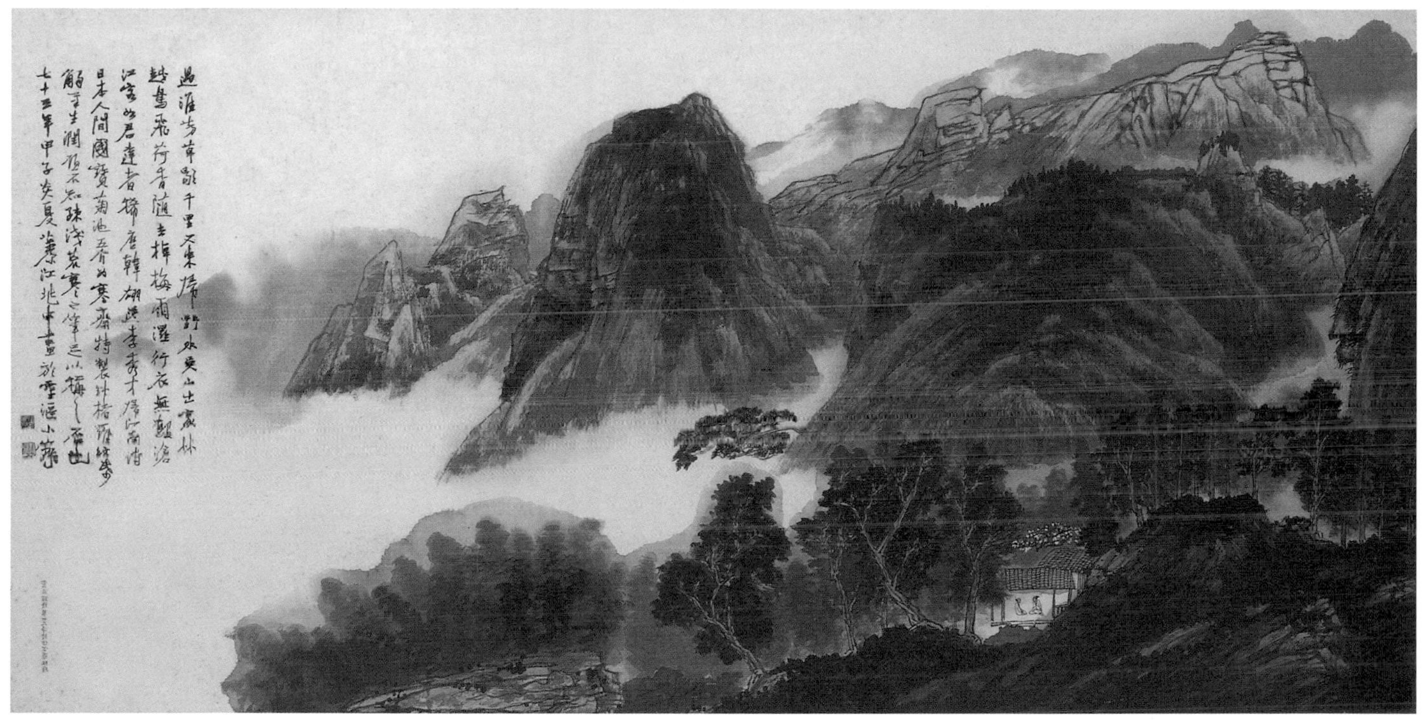

宋羅紋牋」辰砂鈐印一行，紙張尺寸186×94公分。

一九八一年春日，江氏曾試用了新紙作〈夏日茅齋〉贈與門生。而八四年在〈煙噪夕陽〉(圖見67頁)題款有：「甲子歲初試新製紙，揮灑間不中日而就；欲學宋人漬染法，間四五日一兩徧，閱三月而韻趣乃漸出，知古人之靜穆滃濬之境，非一蹙而蹴可致也。」六尺淨楮生紙，可以見到作於同年夏日〈江南詩意〉款書：「日本人間國寶菊池五介，為寒齋特製純楮羅紋紙，觸筆生潤，顧不知疎淺荒寒之筆，足以稱之否也。」但不知是否因礬紙著筆渲染耗時，他此後並未多用。直到一九九二年在埔里時期，才在創作大尺幅畫作中重現這批仿宋羅紋紙。

幾乎自此開始，江兆申的畫作經常能將生活、旅遊經驗化作繪畫語言，無論是鄉居風情、山林野遊或是故國行旅，以寫生爲主已經是此時的創作回歸，取代了先前筆意造境、結構爲先的主觀。

（1）台灣寫生的畫境

一九九二年暮春，江兆申與學生有北橫之行，此行所見產生不少畫作。〈山行紀遊〉中他注入對自然的吸收與體悟，畫裡林木已非先前雙勾直幹的符號，茂密塗佈的亂筆，反而寫盡自然蓊鬱生機。近景斜切叢樹渾然，遠山不但圓緩了塔山的陡峻，更將留白逼迫至畫紙邊緣，桃紅葉點更添畫幅妍媚生機，直是台灣山林面貌的縮影。此行「自巴陵赴棲蘭，一路連山，摩天玄閟」，而〈瀉白浮青〉(圖見98頁)就表現著這次行旅所見，台灣春夏交替間山林深邃幽密的濕潤，以綿密的側筆皴刷點線，並加渲染增添妍潤，重巒深森渾成一體。這兩張畫皆作於淨楮仿宋羅紋生牋上，而台灣山林濃鬱的恬適安逸，令人產生一世清涼的隱逸之心。

在〈深山古木〉(圖見99頁)則是有意將此行所見的奇景，應和著元代吳鎮所作的〈雙檜圖〉。他早年爲文談述吳鎮此作，如此寫道：

> ……他所得的意象，似乎是在高坡樹隙中俯瞰遠村。……沿著老幹，一條支流的溪水曲折遠來，使樹隙之間形成一片空靈。……檜樹左邊，又有兩株雜樹，濃葉暢茂；他的作用，一是調和遠近，一是陪襯主樹，使不至孤立，一是在坡與水之間，醒出虛和實的感覺，然後用濃濃淡淡的村樹，引出兩疊遠山，……山上皴紋不多，大都用渲染，墨色也很淡，再用遠樹苔點醒出山的輪廓。畫中之所有，只是江南一帶常見的樹，常見的山，常見的景。然而他給你的第一感覺，則是大樹擎天，驚奇駭俗，細加領略，卻又覺山村寂寂，暮靄滿山，是那麼的靜謐而平凡。(註35)

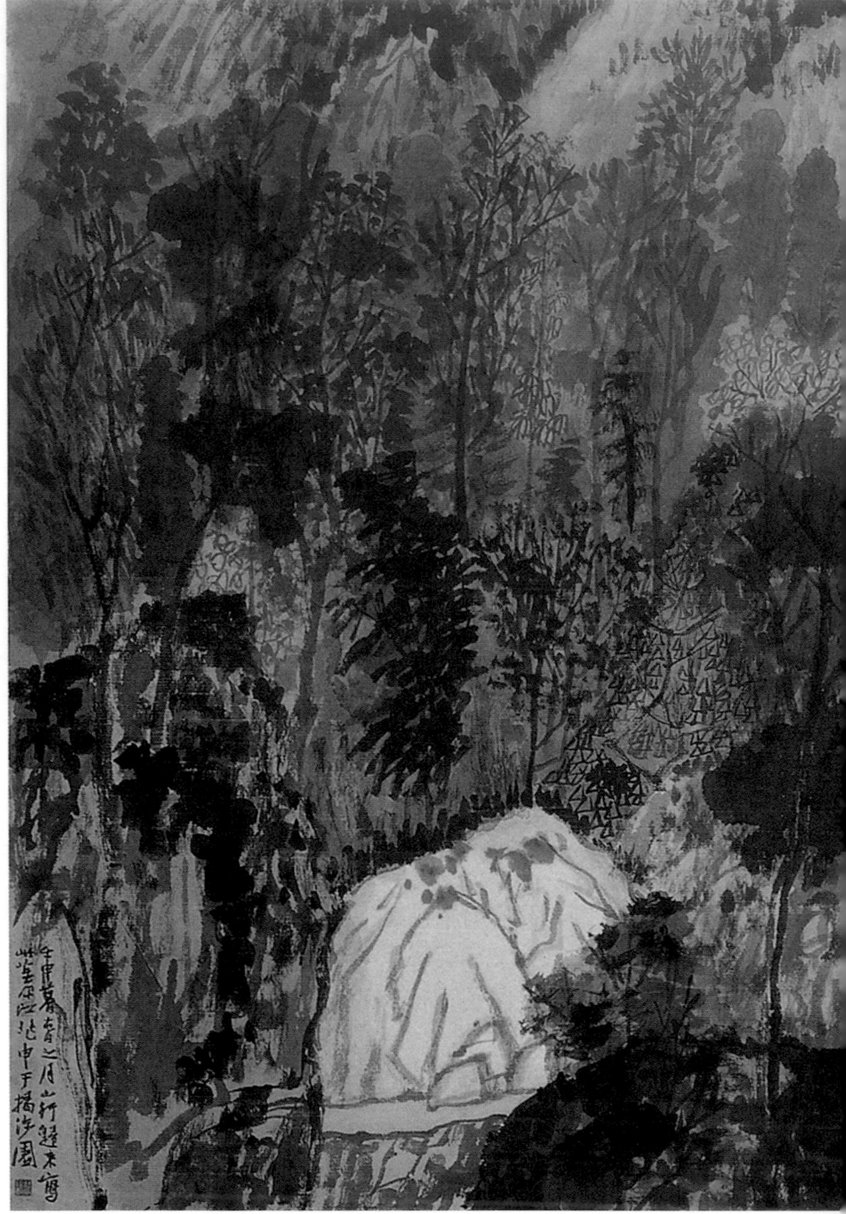

江兆申
山行紀遊
1992年
94×186cm
水墨設色
淨楮羅紋牋

他認爲吳鎮繪畫的成就，「意蘊」大於「技巧」，是從大自然中感受、吸收，且去滓存精的重新組織，並透過書法根基中擒縱自如的筆意表達而出。因此在題記中他提及吳鎮「古今無此格」，且「筆意高遠，非凡愚所能夢見。」從畫作中古木挺拔分立，而遠窺坡徑蜿蜒，別有山中歲月不知長的幽靜，亦與吳仲圭逸趣相合。

〈高山絕壑〉(圖見100頁)同樣寫此行所見山壑極幽之境。在巖層嶙峋的切面節理中，絨絨

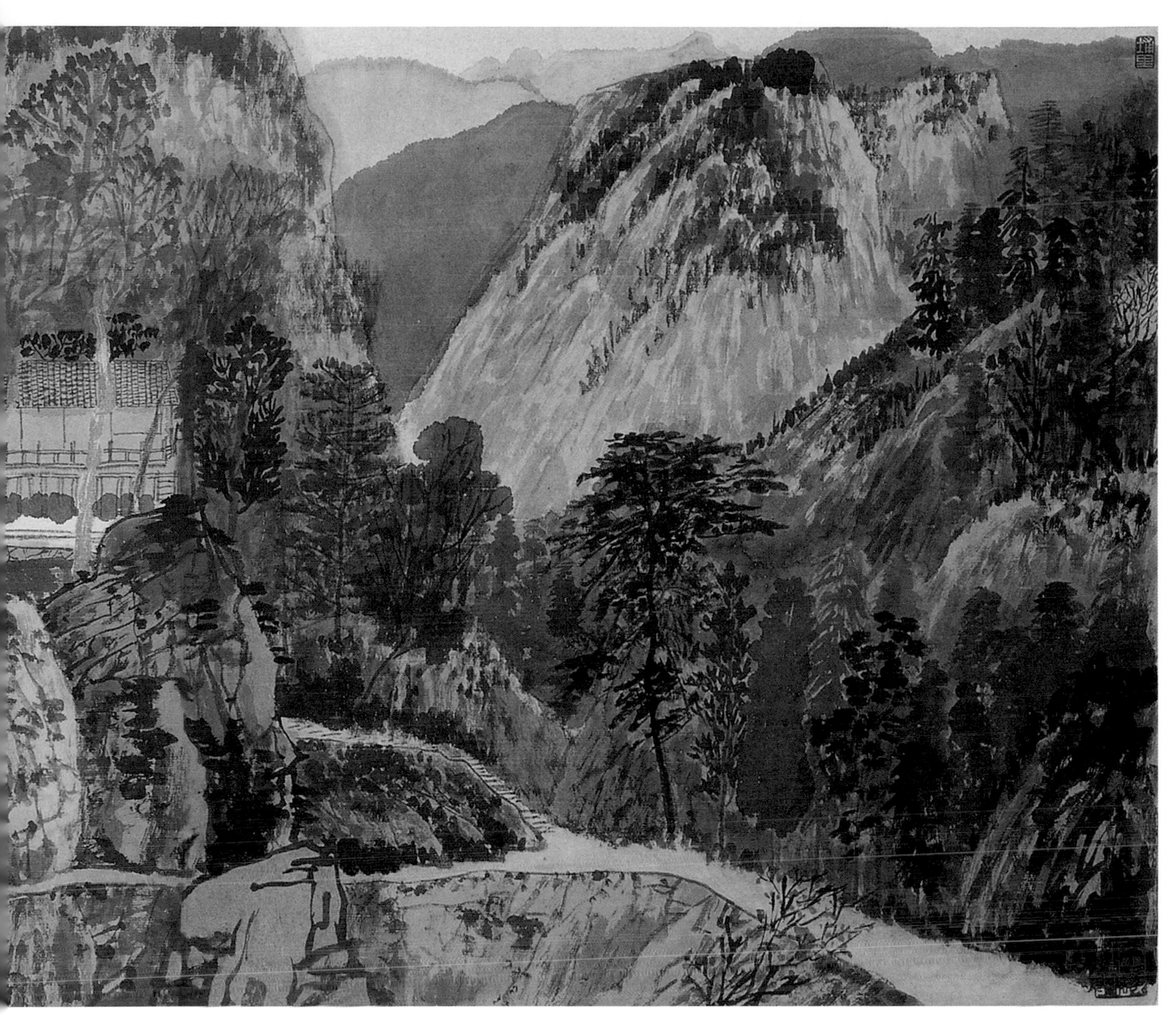

叢樹似林若竹般蔥蘢蓊鬱，在潔淨的汁綠與赭色交融中，在路徑狹橋與懸瀑幽微裡，景物彷若託寓著故鄉黃山之險狹，也交雜著江氏晚年的虛幻與鄉愁。

〈草嶺〉(圖見101頁)寫暮秋之際車行草嶺，於谿谷重嶂間見石壁崢嶸巉岈，畫面濃蔭渾融於奇秀中，益發顯出山氣的潤澤。而〈八通關〉(圖見102頁)一作，可顯見江兆申晚年擅長大塊面切割的特徵。自風櫃斗到台大實驗林區的賞梅途中，經八通關古道山麓，居然見到「山之麓有白梅一株，疏影暗香，高峻之甚，巖旁大樹，葉多零落。而背山則叢林茂密，濃翠如盛夏，此景疑惟炎方有之，然而亦不易遇也。」此冬夏景致混於一畫，恍若傳說王維〈雪中芭蕉〉意境，卻是炎夏台灣山色。前景用筆草草勾砍，於巖壁透亮中復以赭墨渲淡，彰顯右方山崖綠翠屏障；其間筆線橫亙，花青鋪疊於石綠染彩的叢樹之上，白梅一株兀立於前，楓樹於山間而略施白粉。這一系列的台灣寫生，刻意以縱軸取勢彰顯的高山絕壑，都被收攝在舒緩的山脊稜線下，透過不厭其煩的層疊加染，猶能彰顯礬砂羅紋牋沉斂的內蘊。

在此之前，因友人曾提議要贈梅樹植於揭涉園，江兆申遂興起造訪的念頭，與學生、朋友相約至風櫃斗賞梅，次年作成〈風櫃斗〉，在落款有如下記述：

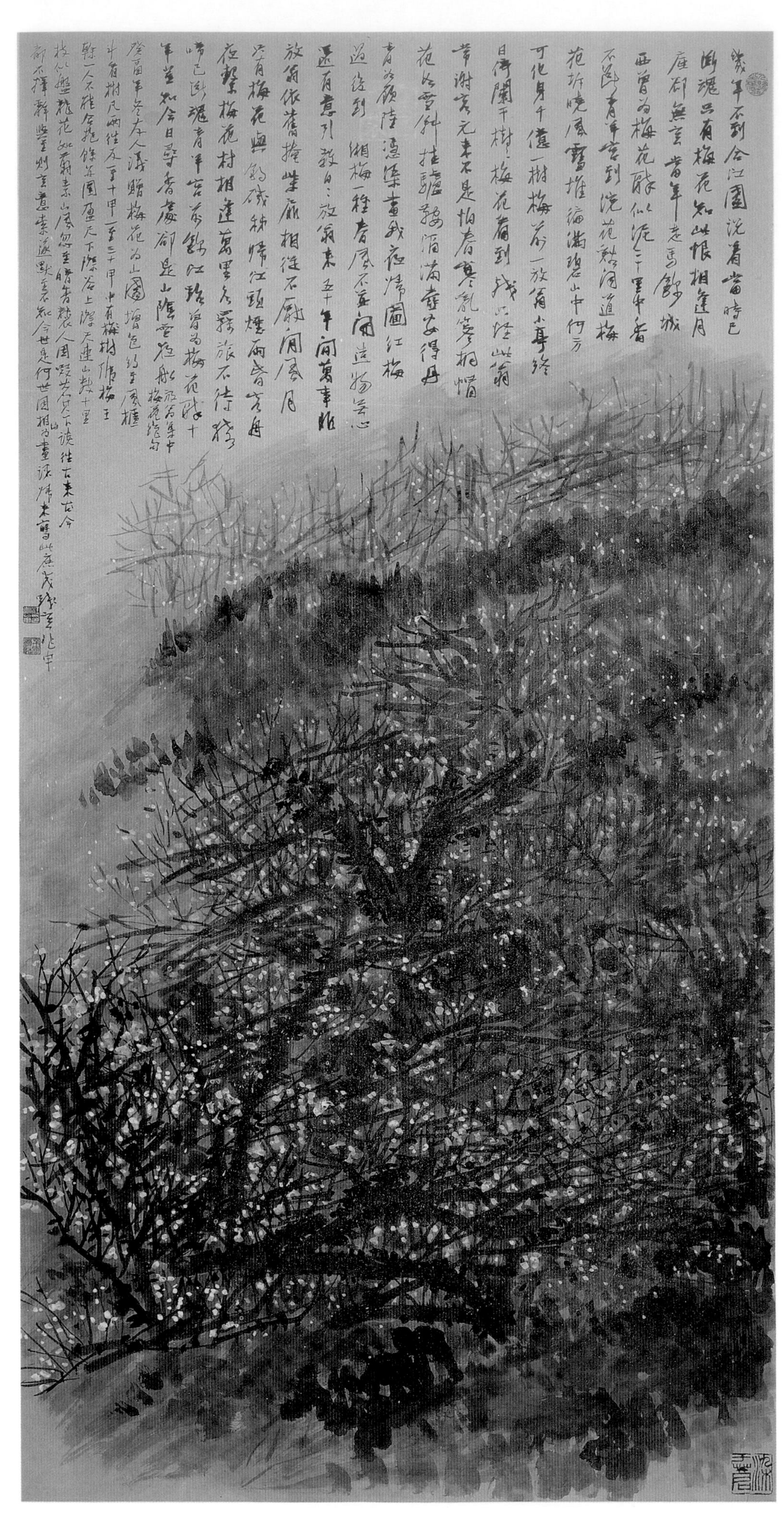

江兆申
風櫃斗
1993年
147×75cm
水墨設色
礬砂羅紋箋
(左圖)

江兆申風櫃斗賞梅
(右頁圖)

癸酉年冬友人議贈梅花為山園增色，約至風櫃斗看樹。几兩往反，一至十甲，一至三十甲。中有梅樹號梅王，幹一人不能合抱，餘亦圍盈尺。下際谷、上際天，連山數十里，枝似盤龍，花如翦素，山風忽至，暗香襲人。因啜茗其下，談往古來今，都不擇辭，興至則言，意索遂默，至不知今世是何世。因相約為畫課，歸來寫此，庶幾踐言。

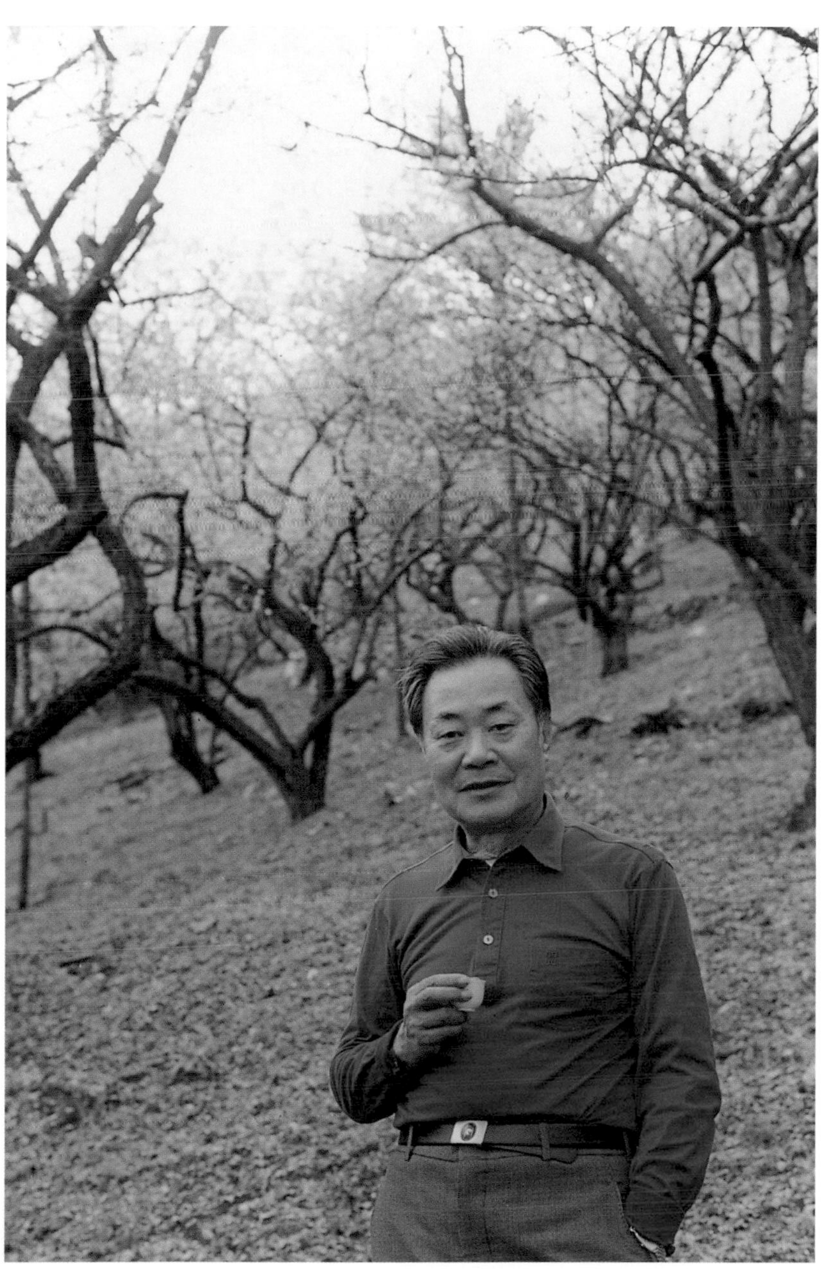

梅花耐寒而孤傲，早在北宋即是文人抒臆高潔的象徵，詩人林和靖晚年以梅妻、鶴子孤居西湖孤山。江氏早歲在杭州，就曾有過在大雪中「在林和靖巢居閣下趺坐。雪花著衣輒化，而四圍梅花盛發，冷香蝕人心神。」(註36)對江氏而言，這次的寫生除了領略梅王的姿態，也述及與周遭環境，甚至樹下品茗賞梅所體會的盎然生意，更有著身處其間不知何世的物我合一。賞梅本是雅事，意興所至即可，故園主此行後雖欲移梅樹相贈，先生則以不盡然能植活而婉拒。

〈風櫃斗〉可以說是江兆申晚年作品中，最豪放且兼融形象超越的代表作，是年六十九歲。在書畫史上未曾有過如此兼融梅花形質的描繪，又顯出筆墨生趣的畫作，那率意粗筆亂墨的梅叢枝椏，遠望頗能掌握枝幹坡間的層次統一，而細膩點漬、筆敲飛濺的粉白，儼然灑落滿山遍野，綻放出一片生意盎然。但意圖以筆墨混融出抽象的生趣，在此後他仍不斷思索著，生前最後遊東北醫巫閭山，對於龍泉寺後方山巒起伏陡坡的松林，除了對同行門生所述的寫生思維，提示過：「最後應再加『點』才好。」次日在香嚴寺以盤龍松爲題的思索，亦有著如下的對話：「我就是要把前面的大松畫得繁亂，乍看之下像松又不像松的樣子，在這枝葉的隙縫中隱隱約約露出一點點主殿的屋簷。在松針結頂的樹梢露出半個塔影出來，然後把正殿前的香爐改成漸江畫中偶有出現的敬字亭。」(註37)約略可以想見，江氏試圖紛亂主題的松樹，復點綴方塔、亭子以添其畫眼。這意欲於繁雜中逼顯景物的意圖，或許也與他晚年畫作中刻意以點、線統涉全局的思惟是一致的。

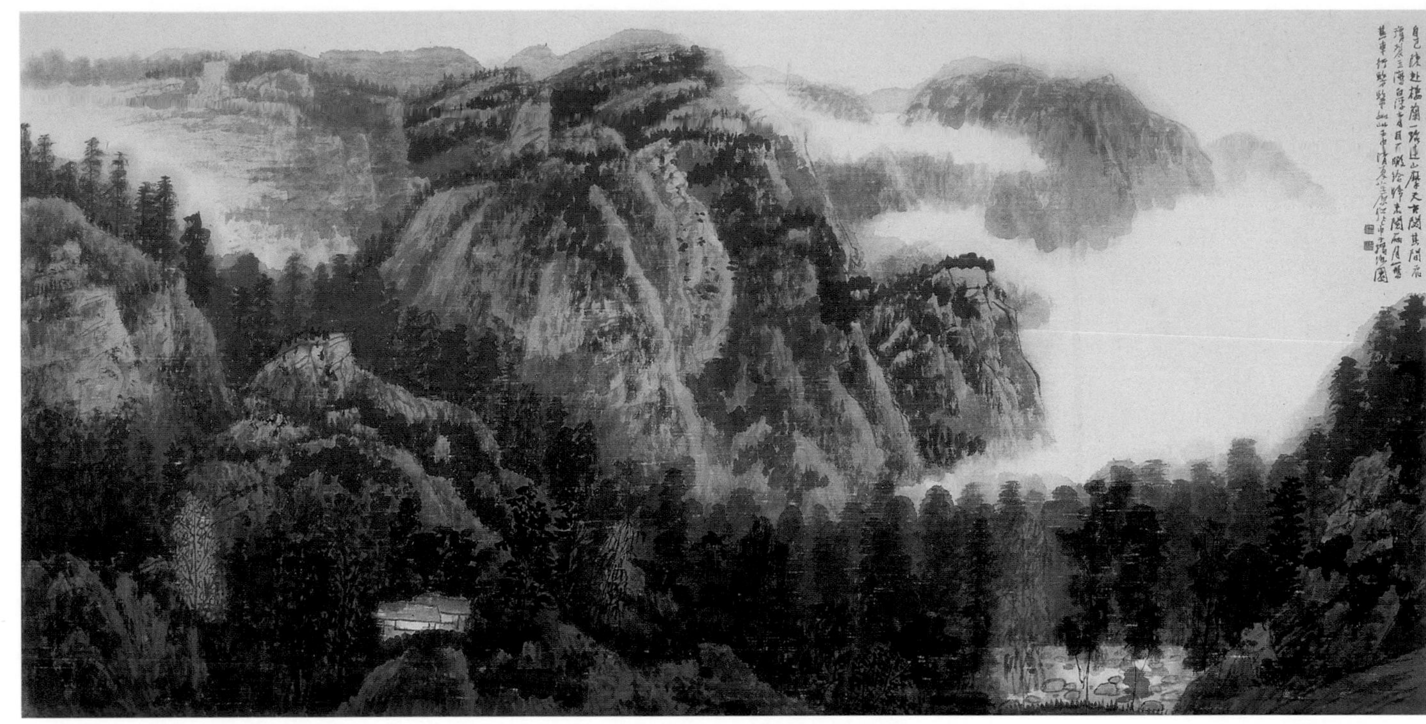

江兆申
寫白浮青
1992年
94×186cm
水墨設色
淨楮羅紋牋

(2) 羈旅歸返的鄉愁

江兆申生於安徽，雖未曾登過黃山，黃山卻一直是他的夢裡原鄉。早在一九七九年，他便於〈黃澥雲峰〉追憶年輕能從家鄉遠眺的雲門峰，而心生嚮往。一九九一年兩岸開放旅遊後，他在〈高巖雲影〉亦有感於：「適時海禁漸弛，門生故舊多有遊黟黃故山而發為圖繪者。僕羈旅未歸，時興浩歎……」則是他追憶故鄉景致所作。（圖見103頁）

在兩年後的八月，退下公職後的江兆申終能以「江兆申書畫展」的畫家身份赴大陸展覽。繼台北市立美術館跨年展出，就展品中檢選五十件巡迴首展於北京中國美術館，此行除參觀北京故宮的收藏外，尚遊歷了近郊名勝，九月則續展於安徽省黃山市博物館。這一行，少小離鄉四十餘年的遊子，終於回到鄉愁縈念的故鄉。從千島湖到深渡的船上，他再次嚐到了四十年來思念的臭鱖魚，在舉箸三次的談笑間，沿途風趣的他竟也有些許近鄉情怯的思緒；用膳後他躺臥在甲板上，心情若有所思的凝重起來，直到見到深渡船口鄉親迎接的紅布條後，先生的眼神竟變得複雜且深邃……。這個心情的轉換，看在同行門生眼中，想必泛起與唐代賀知章〈回鄉偶書〉中少小離家的滋味相契合吧？在展拜先祖、嚴慈的塋地後，他終於登上夢迴已久的黃山。

這一趟旅程在回台後，他追憶此行創作了〈嚴陵釣台〉、〈西子湖〉、〈千島湖〉、〈黃山〉（圖見104-107頁）四聯屏，並於次年夏天另抄錄許疑盦吟詠四地的詩句補爲詩塘。無論是舊地重遊或是久仰初至，這一趟行旅對他而言恍如隔世。嚴陵釣台他在幼年曾經到過，而今景色已不同往昔。全幅黑白對比強烈，筆線墨點或直皴側掃、或逆筆勾石筋，率性中頗見巖層切割、筋骨嶙峋。西子湖則是他少年時期工作遊歷處，往昔環植桃柳，今日已是夏木森鬱，湖山顯得渾厚且更勝以往。千島湖是此行自杭州到黃山間的水徑，本是山巒起伏之處，今時因

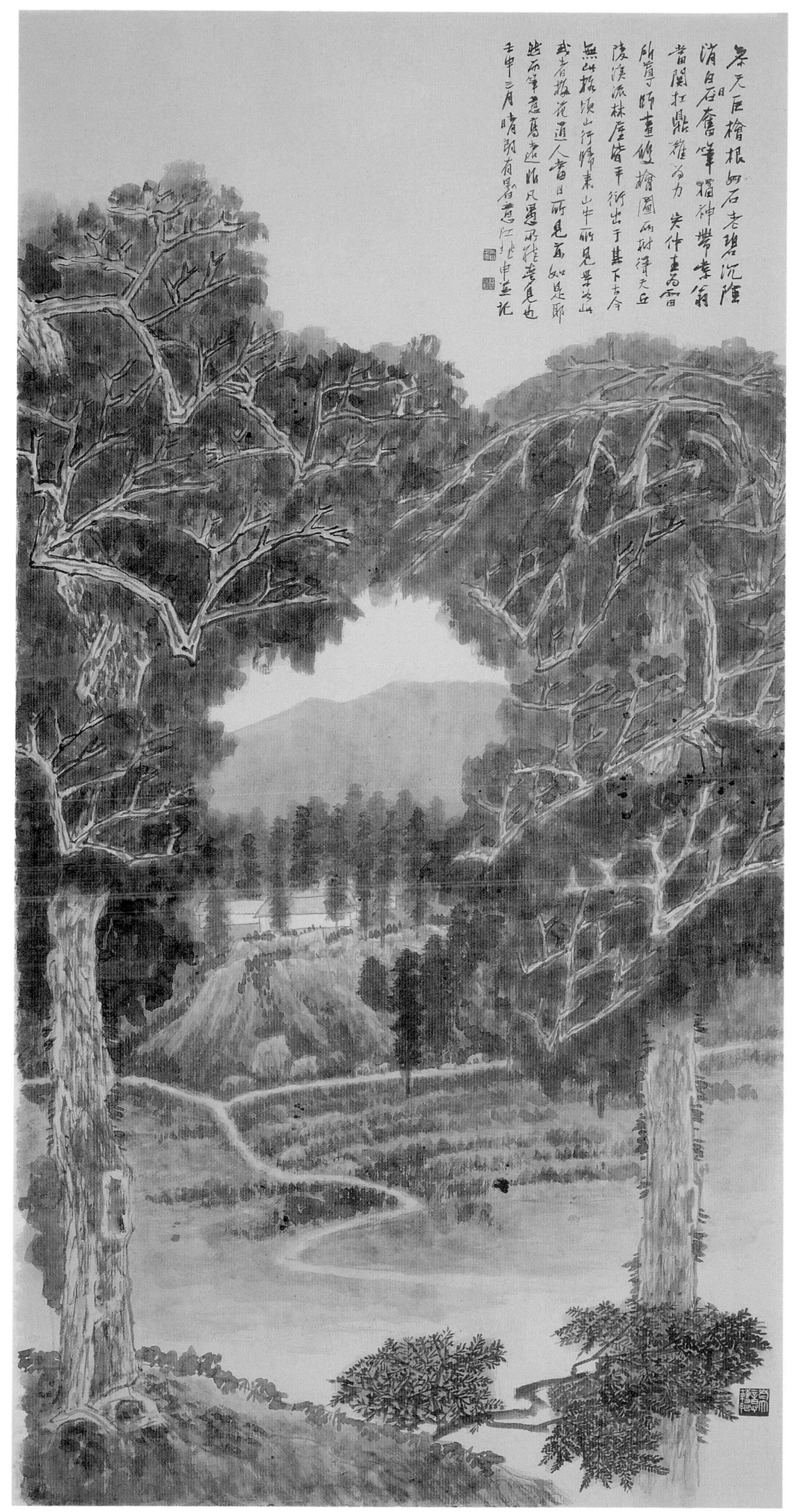

江兆申
深山古木
1992年
147.5×75.5cm
水墨設色
蓉砂羅紋箋

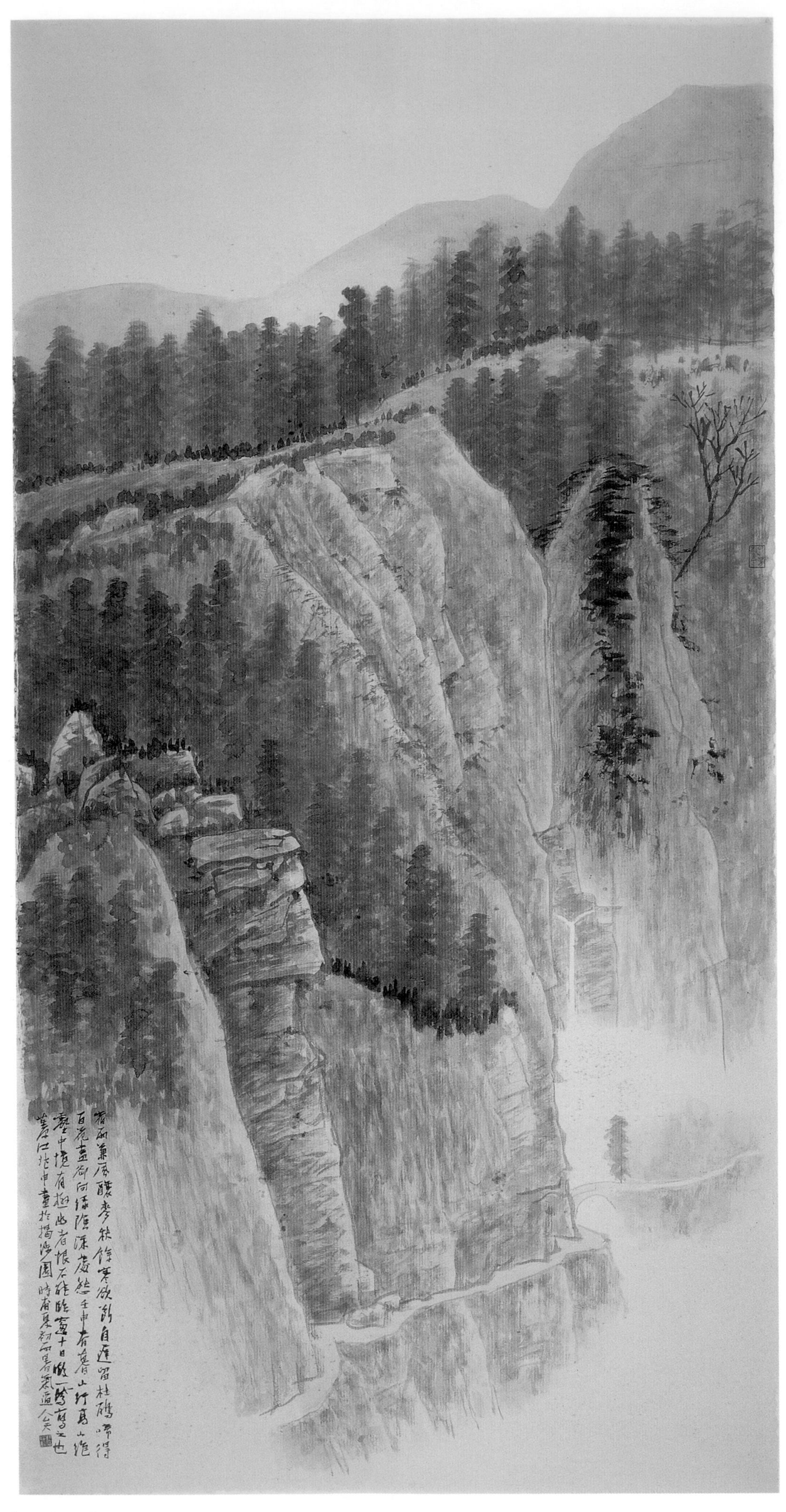

江兆申
高山絕壑
1992年
147.5×75.5cm
水墨設色
礬砂羅紋箋

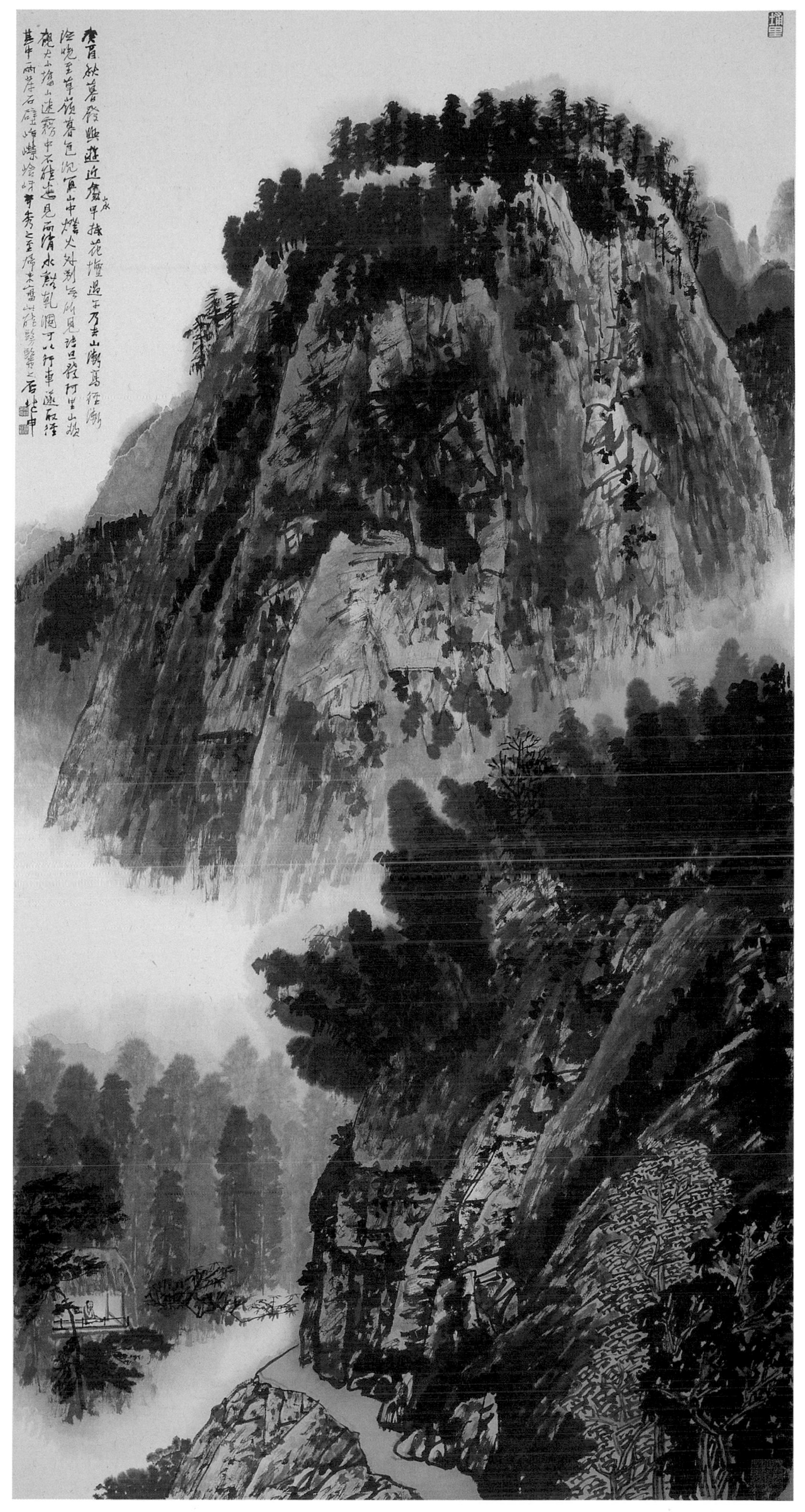

江兆申
草嶺
1993年
188×97cm
水墨設色宣紙

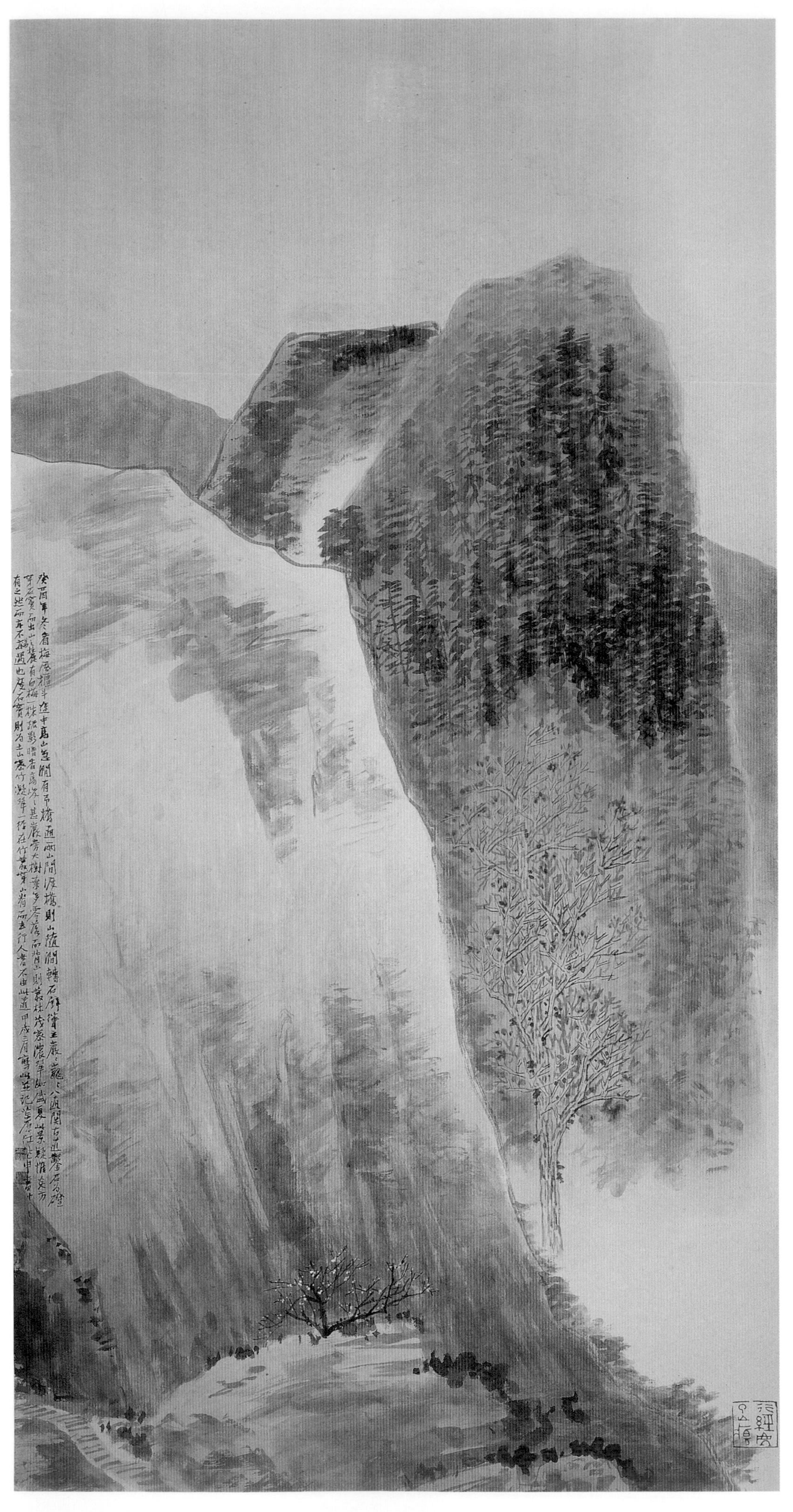

江兆申
八通關
1994年
146×75cm
水墨設色
礬砂羅紋箋
(左圖)

江兆申
黃澥雲峰
1979年
62.3×98.8cm
水墨設色紙本
(右頁上圖)

江兆申
高巖雲影
1994年
98×180.5cm
水墨設色宣紙
(右頁下圖)

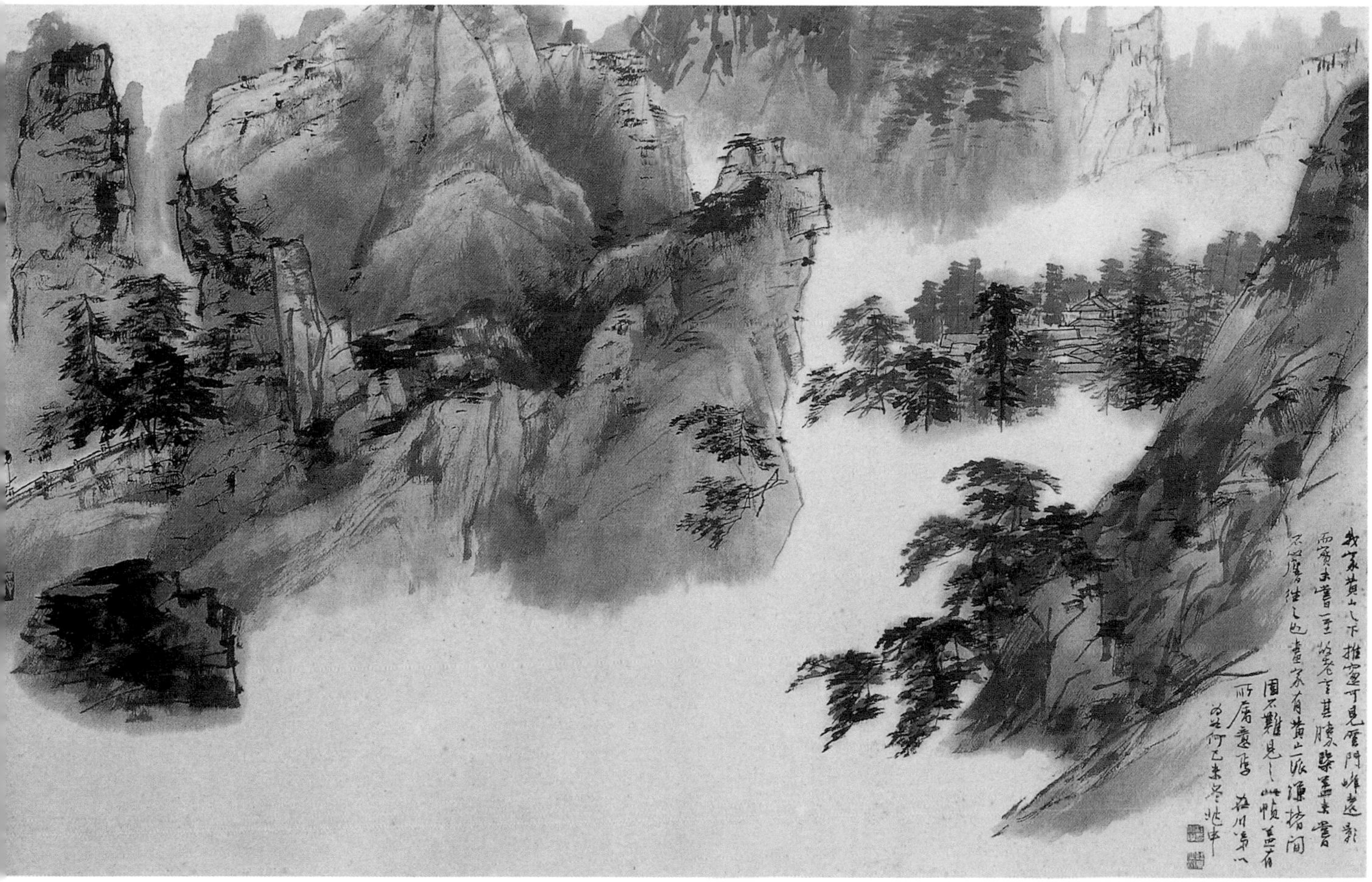

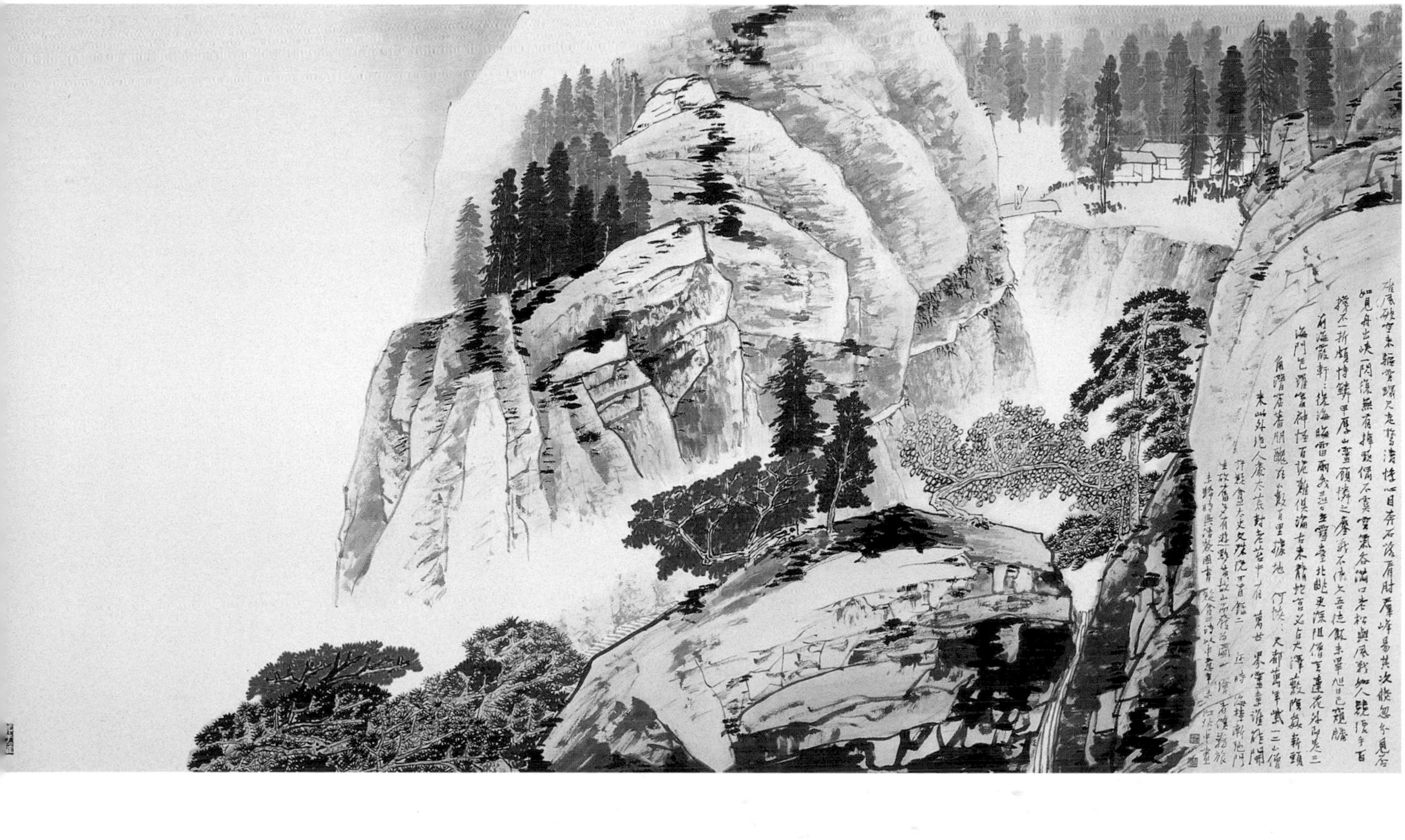

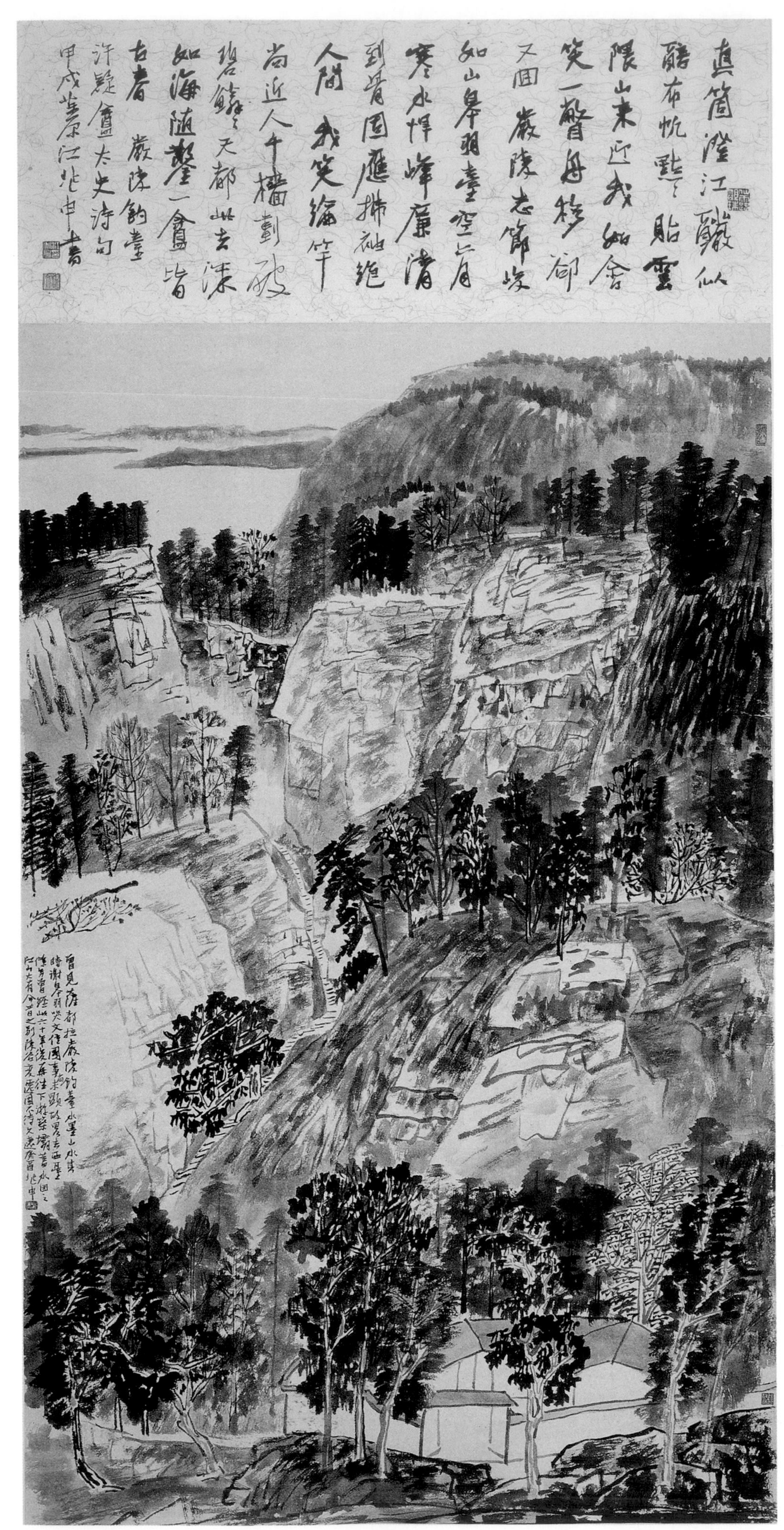

江兆申
嚴陵釣台
1993年
99×61.5cm
水墨楮皮紙

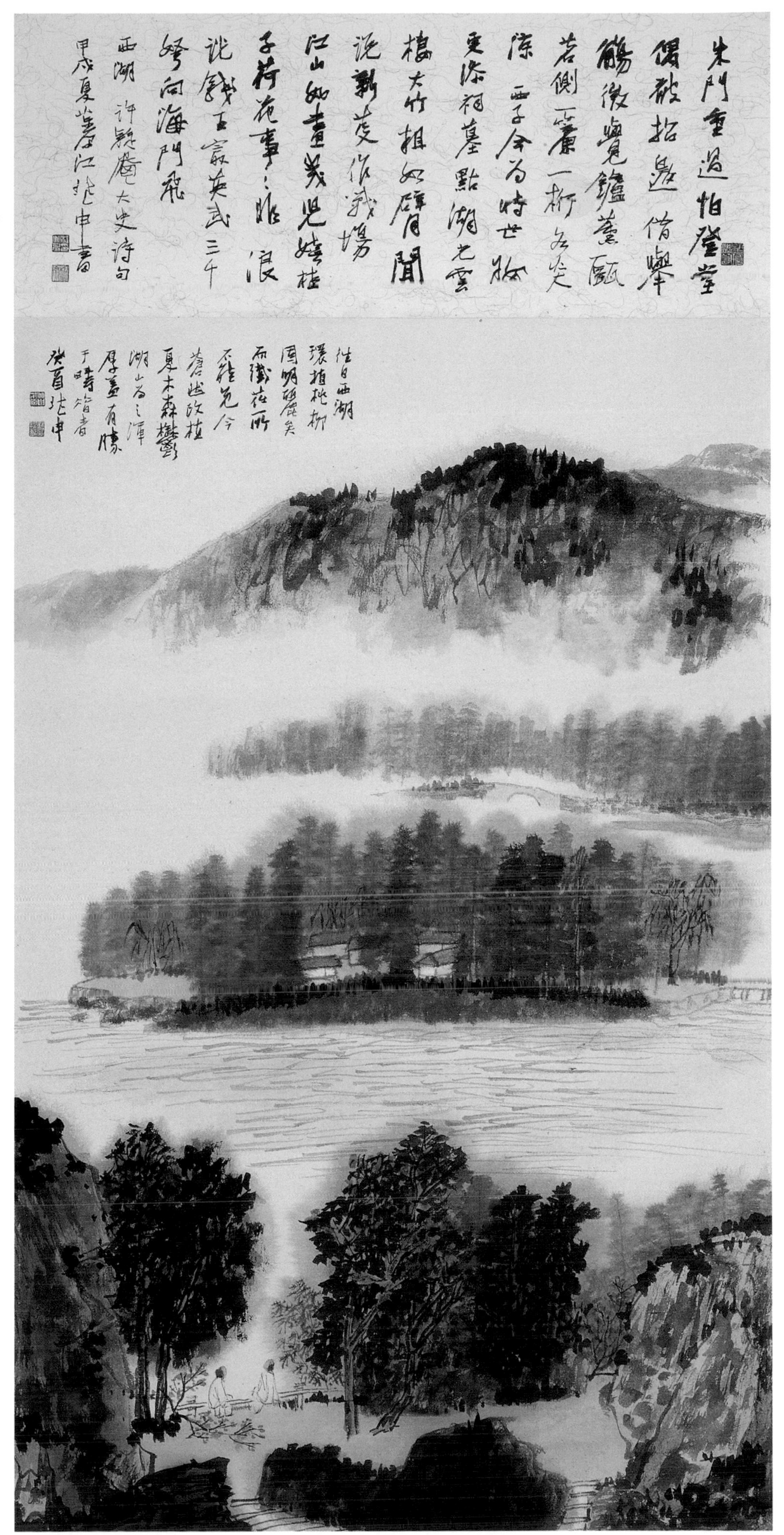

江兆申
西子湖
1993年
101×62.5cm
水墨設色楮皮紙

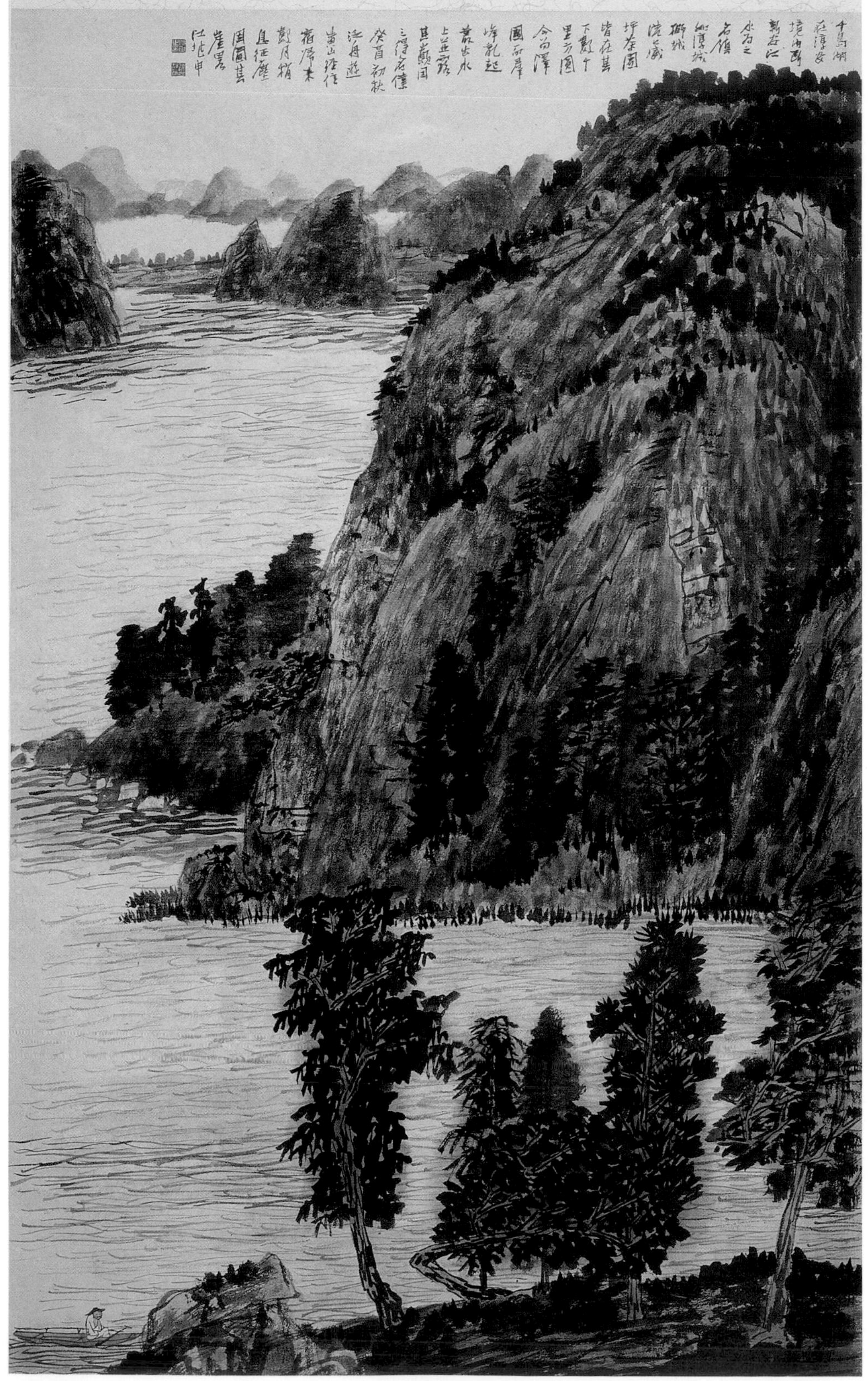

江兆申
千島湖
1993年
98×61cm
水墨設色楮皮紙

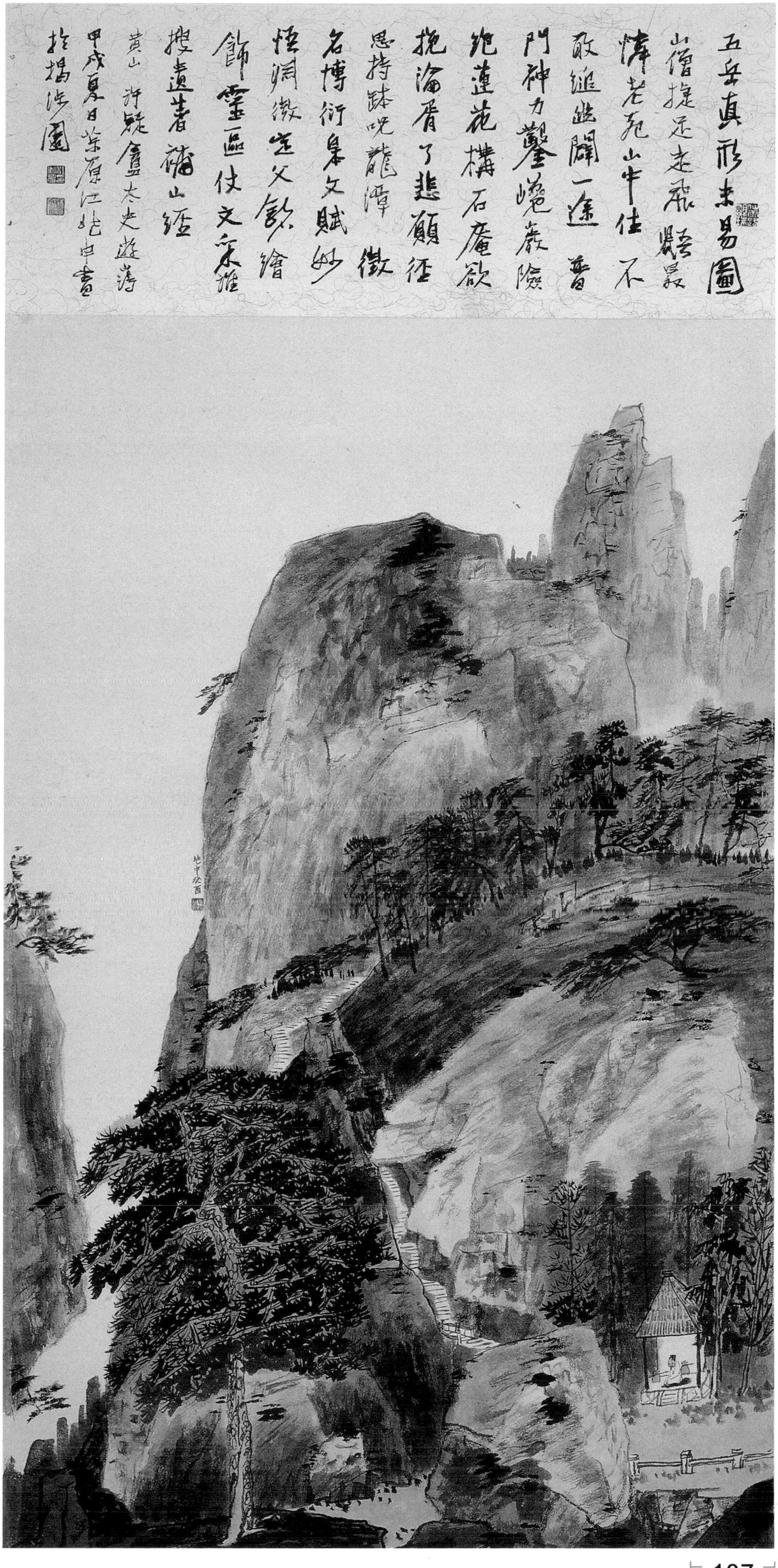

江兆申
黃山
1993年
98×61cm
水墨設色楮皮紙

遼寧省博物館
姜館長念恩先生並請轉
楊仁愷先生因賤軀偶感不適
醫囑暫宜靜養
貴館惠籌拙展恐難如期進行請
准延緩並　鑒諒是幸　肅此敬請
撰安　江兆申敬啟　八月吉

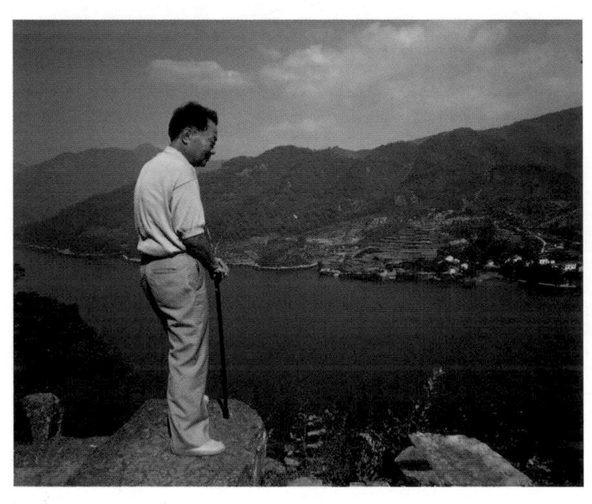

▎1995年江兆申書法傳真稿（上圖）

▎江兆申攝於嚴陵釣台該地照片（下圖）

築水庫而成爲澤國，江氏初遊此地，歸鄉情思竟化作濃郁的墨線，點畫間頗有樸翁墨趣。黃山原名北黟山，因奇松、峭壁、雲海三絕而有天下奇景的美譽，明代徐霞客有「五嶽歸來不看山，黃山歸來不看嶽」的讚嘆，自清代梅清、石濤、漸江以降，即爲黃山畫派追求奇險，與精神心靈避居、依託的空間。

對於黃山雖早心嚮往，卻是生平初次登遊，歸來後，江兆申對黃山之奇有著如下的描述：

> 癸酉夏，遊黃山登光明頂，攀援所歷以為盡得其奇，……蓋遊名山如讀古人書，必久質之而味始出也。[註38]

〈黃山〉一作山塊嶙峋，岩壁上疏林奇松俯仰有姿，一派清朗秀潔。左下逼仄狹縫山隙，其間數峰清遠，更顯主景高聳奇峭，倘非身歷其境，思索再三亦難得此險絕。全幅略施勾皴，用筆欹側疏放，有著中年奇峭險峻的特徵，卻更趨荒冷。學者蔣勳認爲：「我總覺得，江先生的畫中組合了兩種矛盾。一種是明末漸江式的孤傲冷峻，這部分隱藏在墨線的骨格和寂靜的空白中；而另外一部份則非常接近唐寅，包括皴法上黑白的反差，樹的茂密的點，黑色飽含水份的濕潤之感，以及色彩的運用偏於明度與彩度較高的作法。」[註39] 事實上，江兆申與漸江不僅同屬安徽歙縣人，又是同宗，在性格上也的確有幾分冷傲之氣，而他對唐寅的研究與熱中，當也是同他有所契合，莫怪乎筆墨中兼具兩家特長，尤能彰顯自身孤絕、狂狷的傲骨。

以黃山爲主題的創作，此後一系列如〈雲壑懸泉〉於前景作大塊山壁，上不見頂、俯不著谿，遠方峰柱起伏、斜陽照壁，靜謐幽然於一片奇峭險狹間。〈喬松雲嶽〉更作巨松撐天，山巖折切頗得黃山欹側之態，與漸江頗有意合處。而〈雲巖霜樹〉、〈萬壑千巖〉一作秋高氣爽，一作巖嶂疊翠，皆得黃山神靈幽韻。

此次大陸之行後，有人力勸他回歙縣定居。一九九五年八月中旬，兩岸由於處於不安定的飛彈恐嚇中，當時局勢很亂，那時他本欲到瀋陽展出，便以健康理由覆電婉拒了出席。[註40]

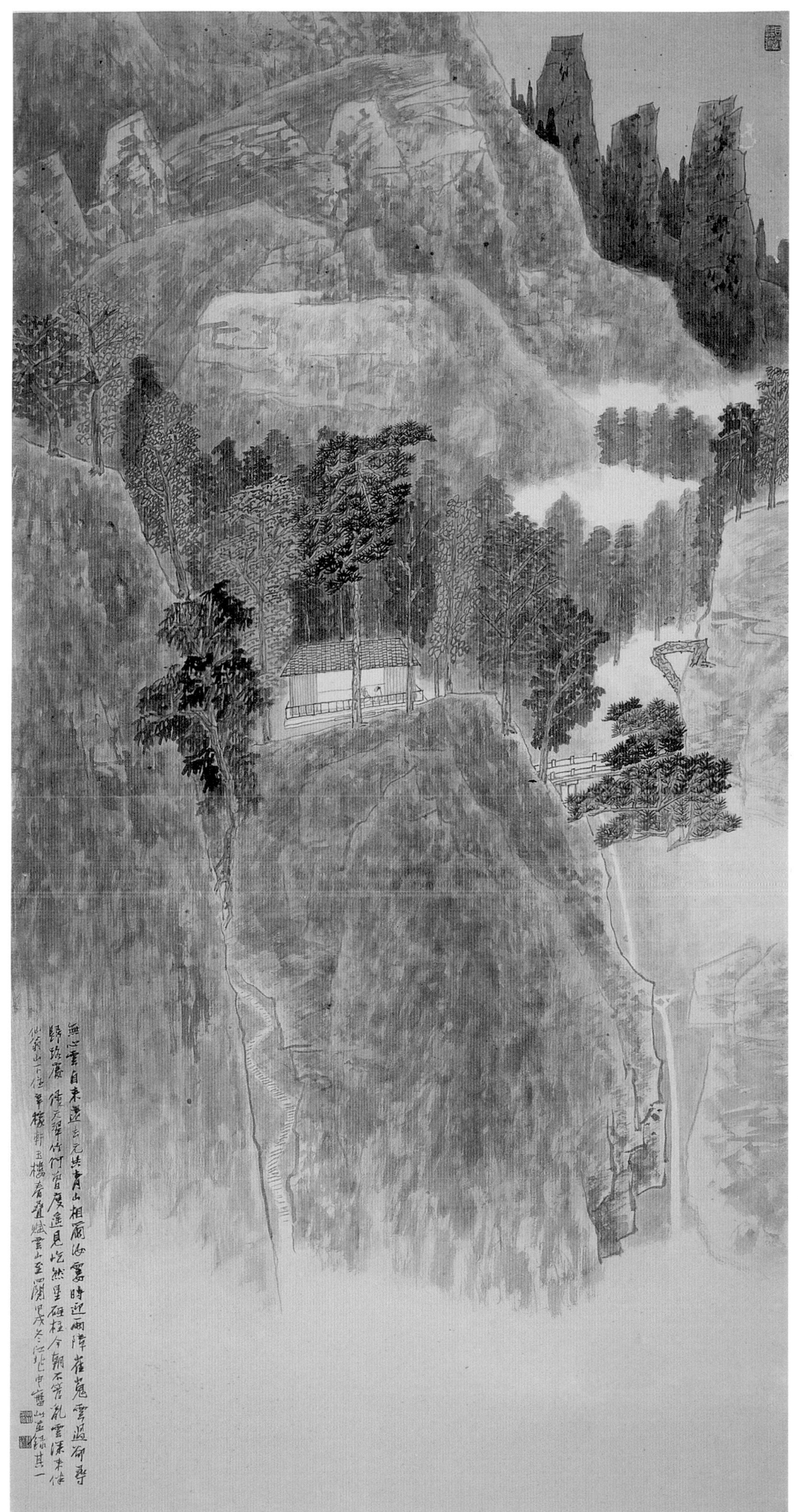
無心雲自來還去元共青山相爾汝霧時迎雨障崔嵬雲過卻尋
歸路處 侵天翠竹何曾度遙見屹然星砥柱今朝不管亂雲深來伴
仙翁山下住 辛稼軒玉樓春戲賦雲山至四闋甲戌冬江兆申寫山並錄其一

江兆申
雲壑懸泉
1994年
147×75cm
水墨設色
礬砂羅紋箋

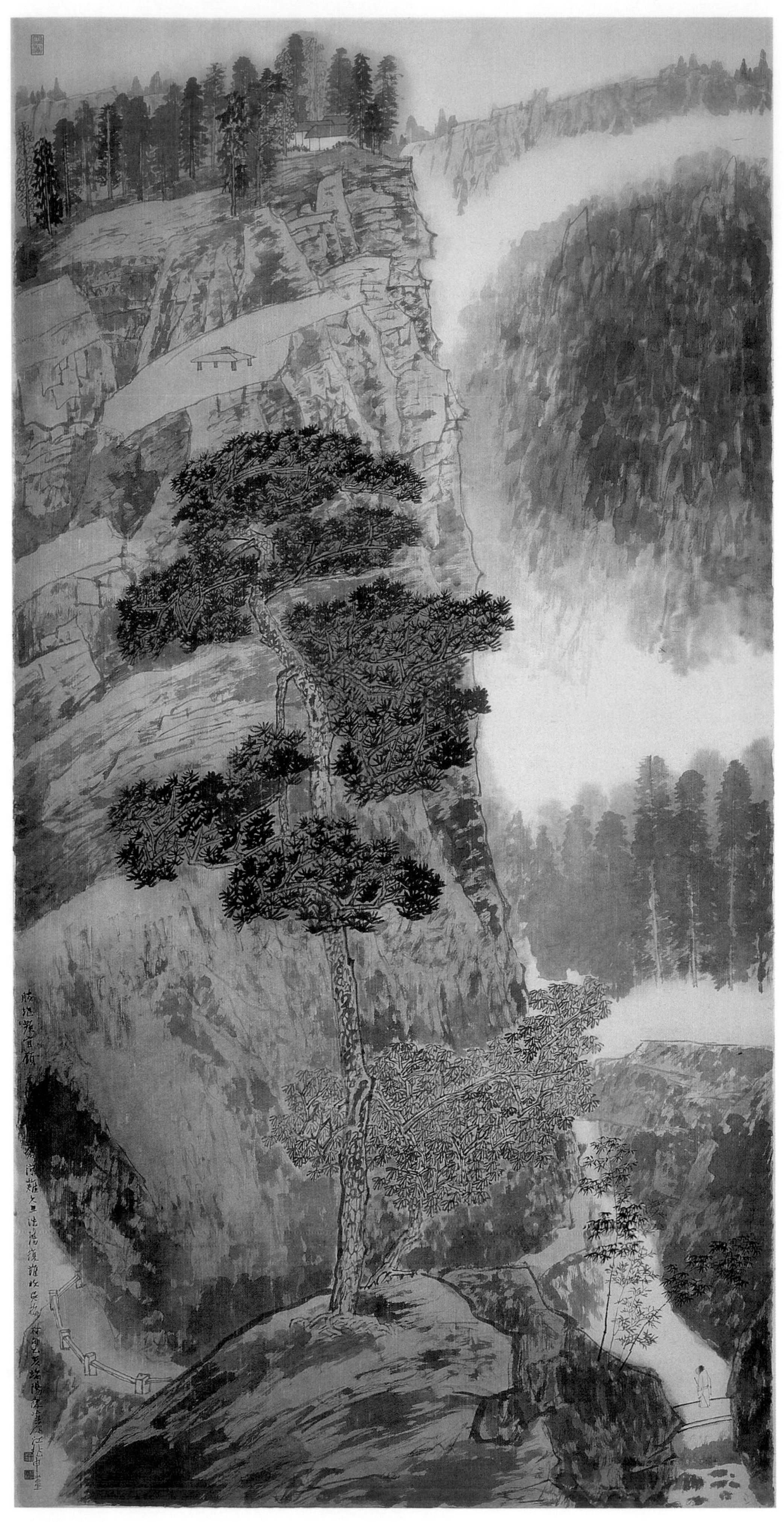

江兆申
喬松雲嶽
1995年
187×94 cm
水墨設色
淨楮羅紋牋

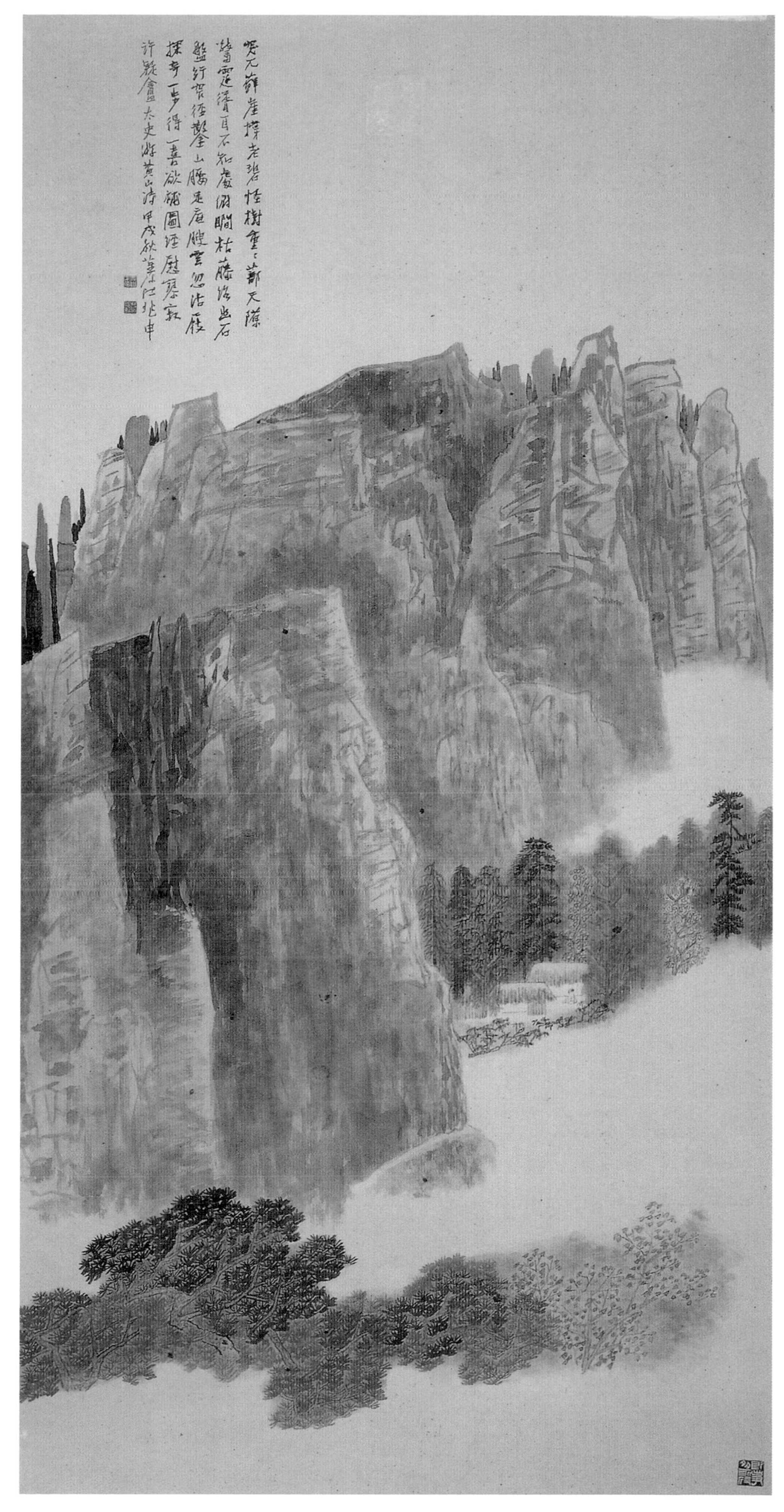

江兆申
雲巖霜樹
1994年
147×75 cm
水墨設色
礬砂羅紋箋

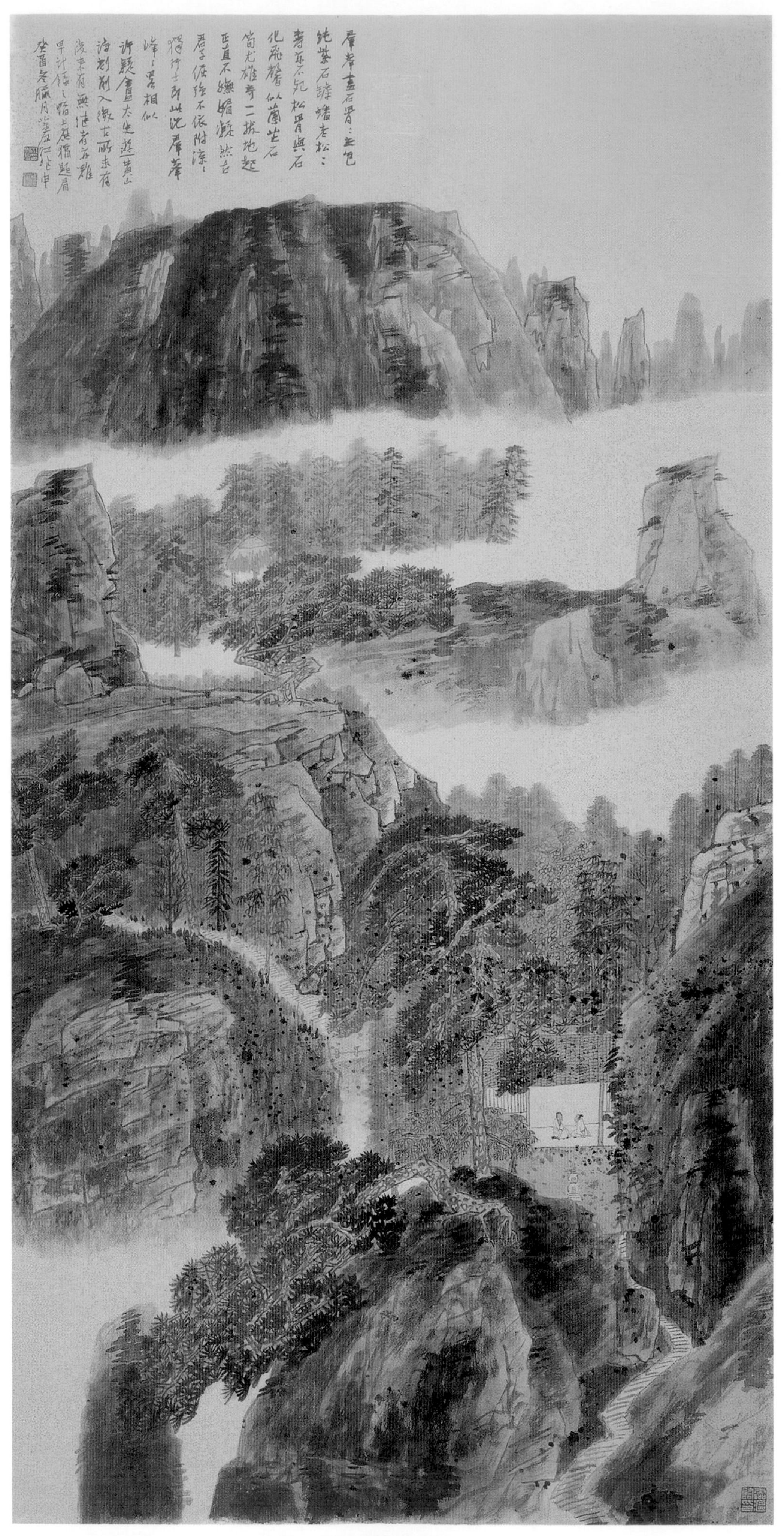

江兆申
萬壑千巖
1994年
146×75 cm
水墨設色
薯砂羅紋箋
(左圖)

江兆申
湖山萬頃
1994年
133×68 cm
水墨設色宣紙
(右頁圖)

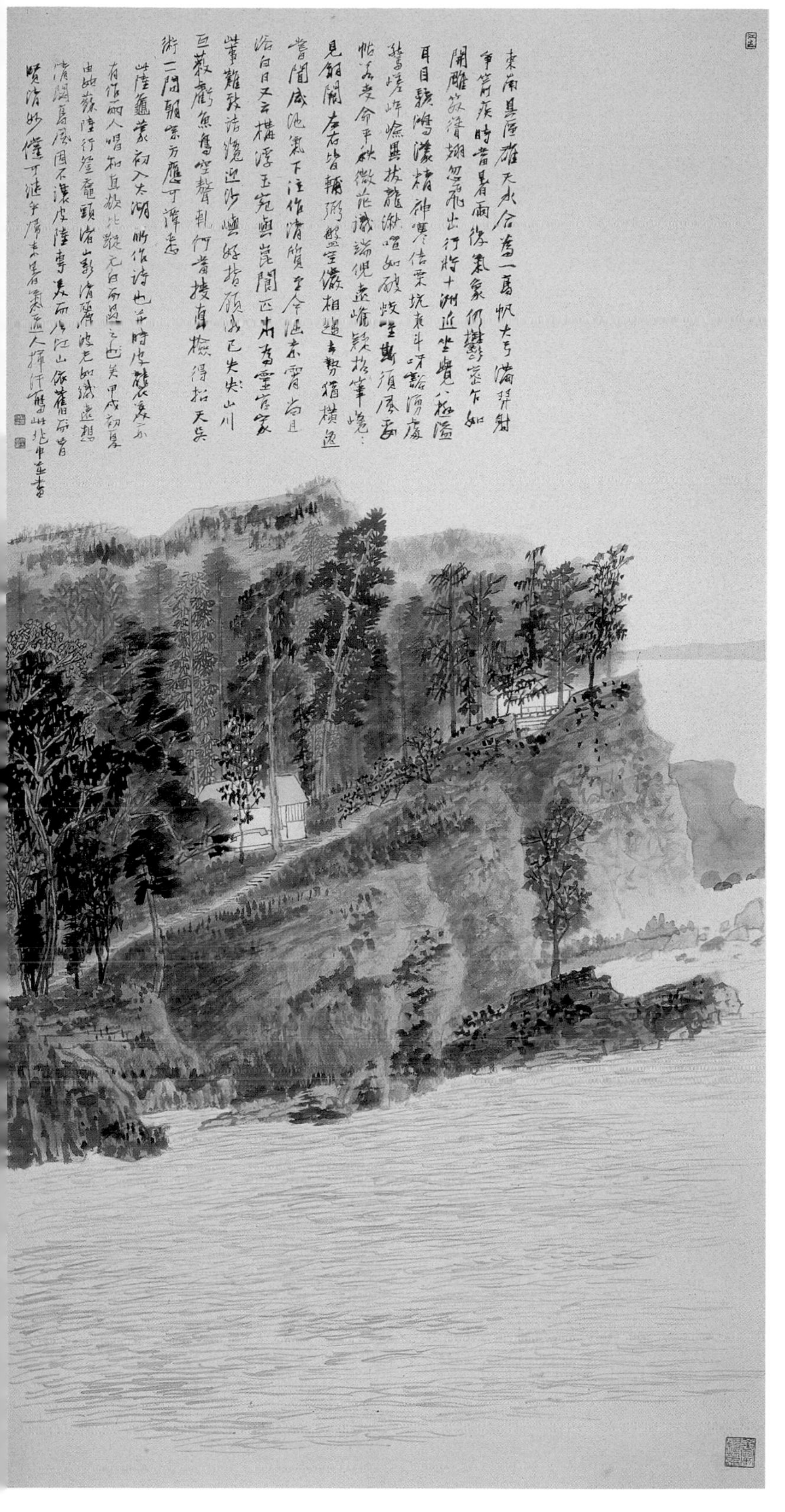

(3) 紙墨相發的溫厚

文前提及早年所訂製的「靈漚館精製羅紋牋」，在此時江兆申的作品中開始被大量運用。而尺幅也從原來常見的橫作，一變爲縱長的中堂，構圖形式上更刻意加大塊面間重山疊嶂的厚實。這時期構圖明顯朝向三個不同的方向：一、是強化畫幅虛實對應的區塊；二、是追求山勢壓頂迫塞，或作染天密實於畫面上端；三、是破筆點漬加重，以渲染增添蓊鬱潤澤。

所謂強化畫幅虛實對應的區塊，除前述〈高山絕壑〉、〈雲巖霜樹〉外，〈湖山萬頃〉的黿頭渚，描寫緬甸桂河的〈夾岸長林〉，〈暮春三月〉的隔水雙岸，〈小築臨江〉(圖見124頁)的巨石迫眉，皆以區塊切割彰顯著構圖的現代感。

而此際所好畫面壓頂迫人的形式，則如〈後赤壁賦〉所描寫蘇東坡：「乃攝衣而上，履巉巖，披蒙茸，踞虎豹，登虯龍，攀栖鶻之危巢，俯馮夷之幽宮。」畫面於斷岸千尺間僅取水落石出處，蘇子緩步於岩塊峻嶒間，全幅用筆簡潔有力，以小楷款書支撐布局更增險巇。〈秋林層疊〉構圖雖同前作，卻是點線交織蔥融茂密，而〈山窗靜寄〉作高山壁立，開天窗於左上遙望嶂壁暮色，通幅於遼闊無盡中別顯沉斂，此兩幅似有相和於元代王蒙畫意。而〈清江一曲〉(圖見119頁)中孤松撐挺著千巖萬壑，則卓然傲立著不安定感，此作雖是漸江風骨，但值得注意的是此際運用青綠澤染的手法，似有早年畫風的回溯。

此時江氏作品也逐漸由濃郁厚染，轉爲破筆點漬的潤澤幽深。除前述〈草嶺〉外，〈清溪峻壑〉顯出萬壑巨巖中的蔥蘢，先前嶙峋的山塊已化爲圓緩，渲染間亦有夏日斜照，青翠襲人的陰涼。〈江上峰青〉(圖見125頁)、〈山塢人家〉尤似黃昏日暮的山氣凝實，而由於渲色醇厚，更顯出高竣深茂、濃綠深秀的幽寂。而從〈清江一曲〉(圖見122頁)到〈雲罅茅堂〉，這種潤實正逐步轉變爲蒼勁。

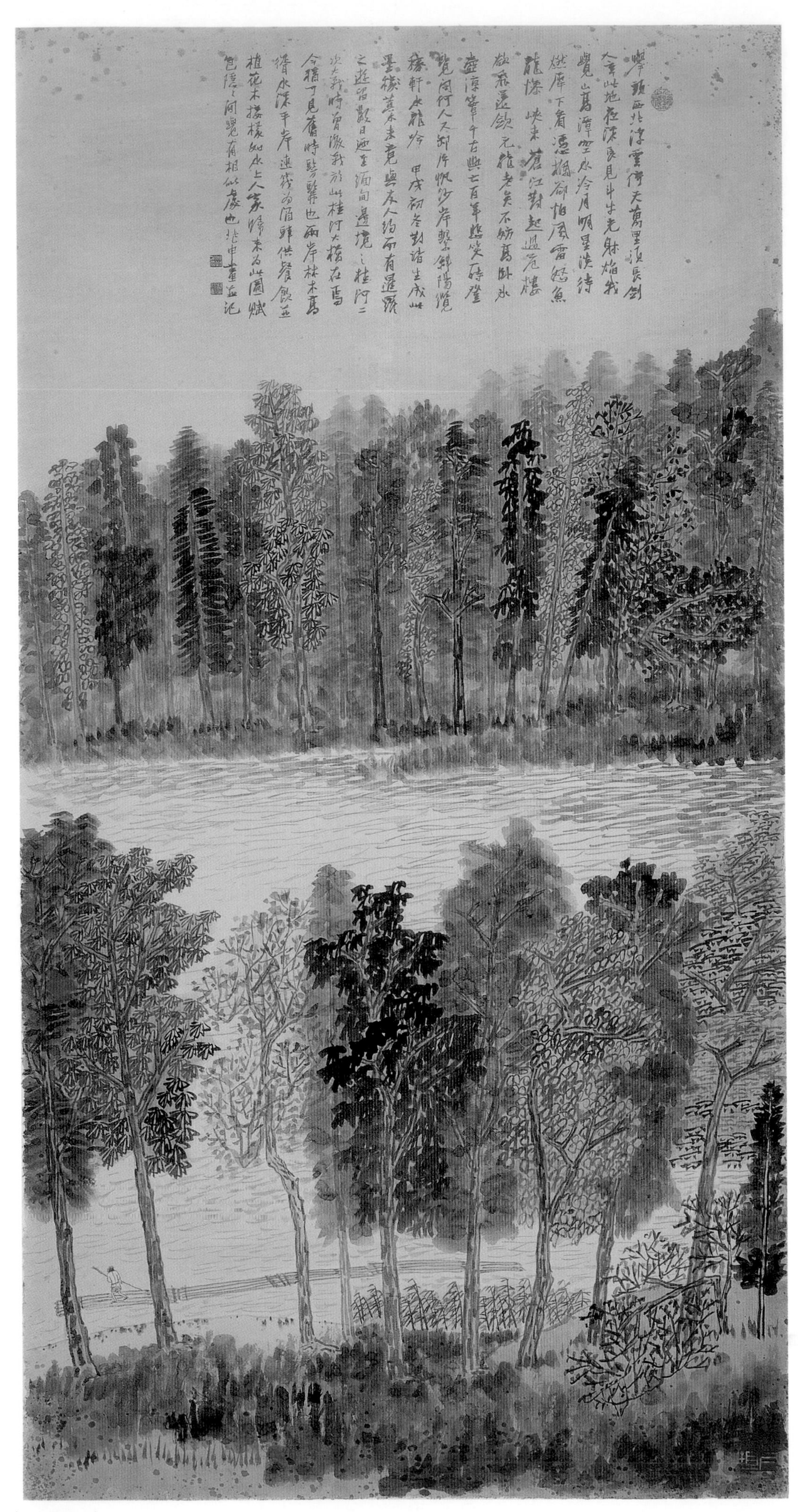

江兆申
夾岸長林
1994年
147×75 cm
水墨設色
奢砂羅紋箋

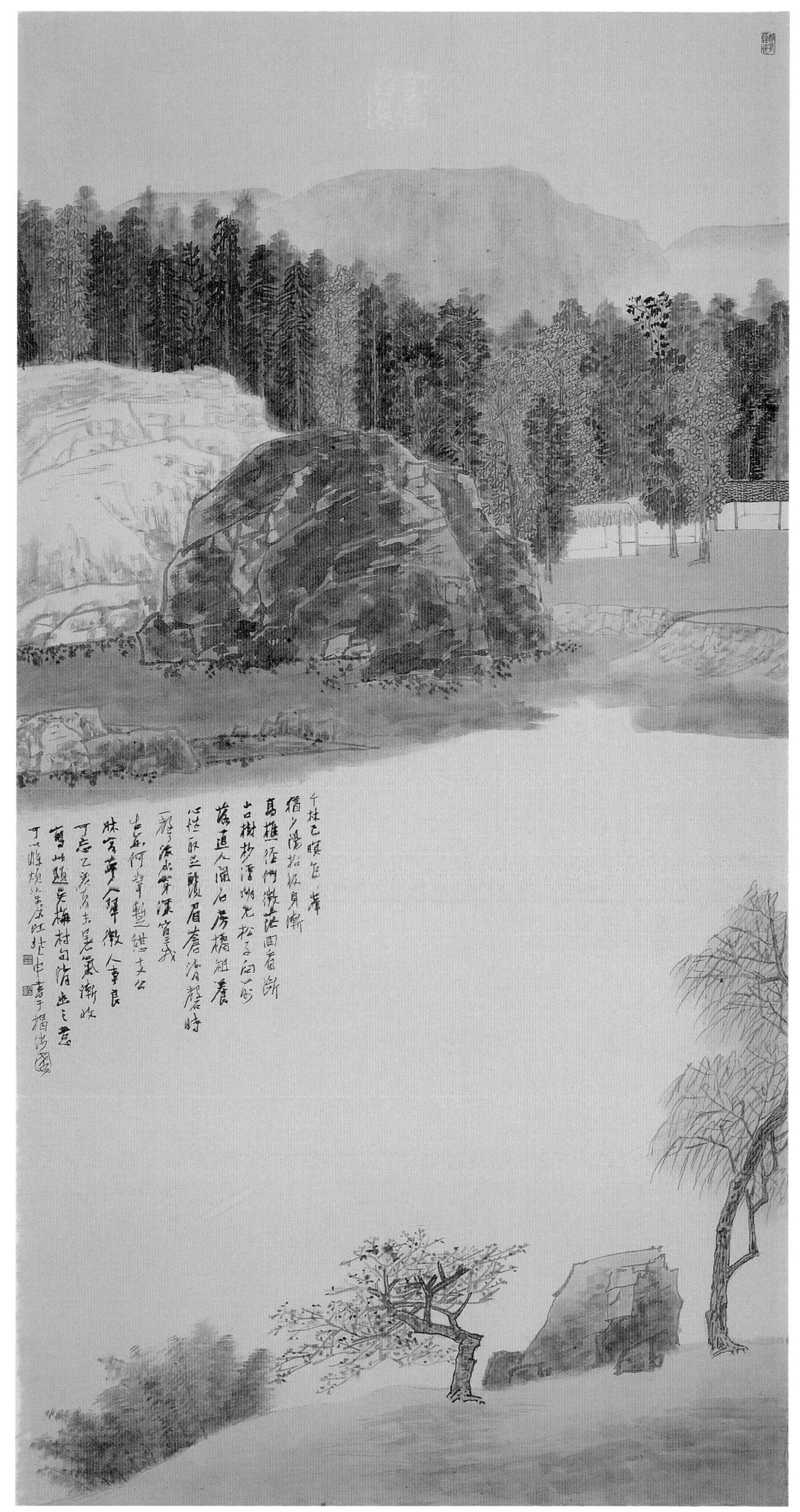

江兆申
暮春三月
1995年
147×75 cm
水墨設色
蓉砂羅紋箋

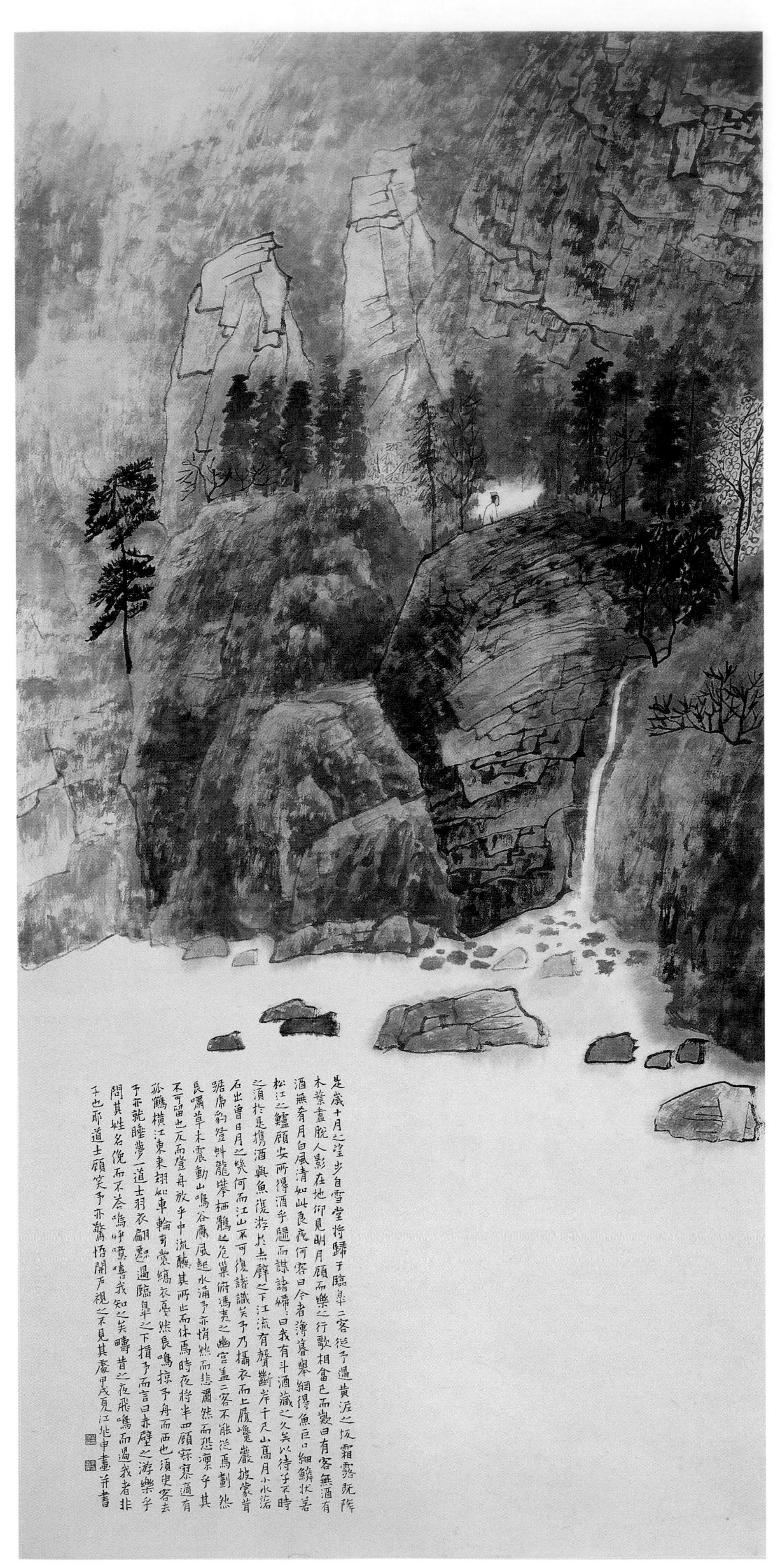
是歲十月之望步自雪堂將歸于臨皋二客從予過黃泥之坂霜露既降
木葉盡脫人影在地仰見明月顧而樂之行歌相答已而歎曰有客無酒有
酒無肴月白風清如此良夜何客曰今者薄暮舉網得魚巨口細鱗狀若
松江之鱸顧安所得酒乎歸而謀諸婦婦曰我有斗酒藏之久矣以待子不時
之須於是攜酒與魚復游於赤壁之下江流有聲斷岸千尺山高月小水落
石出曾日月之幾何而江山不可復識矣予乃攝衣而上履巉巖披蒙茸
踞虎豹登虬龍攀棲鶻之危巢俯馮夷之幽宮蓋二客不能從焉劃然
長嘯草木震動山鳴谷應風起水涌予亦悄然而悲肅然而恐凜乎其
不可留也反而登舟放乎中流聽其所止而休焉時夜將半四顧寂寥適有
孤鶴橫江東來翅如車輪玄裳縞衣戛然長鳴掠予舟而西也須臾客去
予亦就睡夢一道士羽衣翩躚過臨皋之下揖予而言曰赤壁之游樂乎
問其姓名俛而不答嗚呼噫嘻我知之矣疇昔之夜飛鳴而過我者非
子也耶道士顧笑予亦驚悟開戶視之不見其處甲戌夏江兆申畫并書

江兆申
後赤壁賦
1994年
136×66.5cm
水墨設色紙本

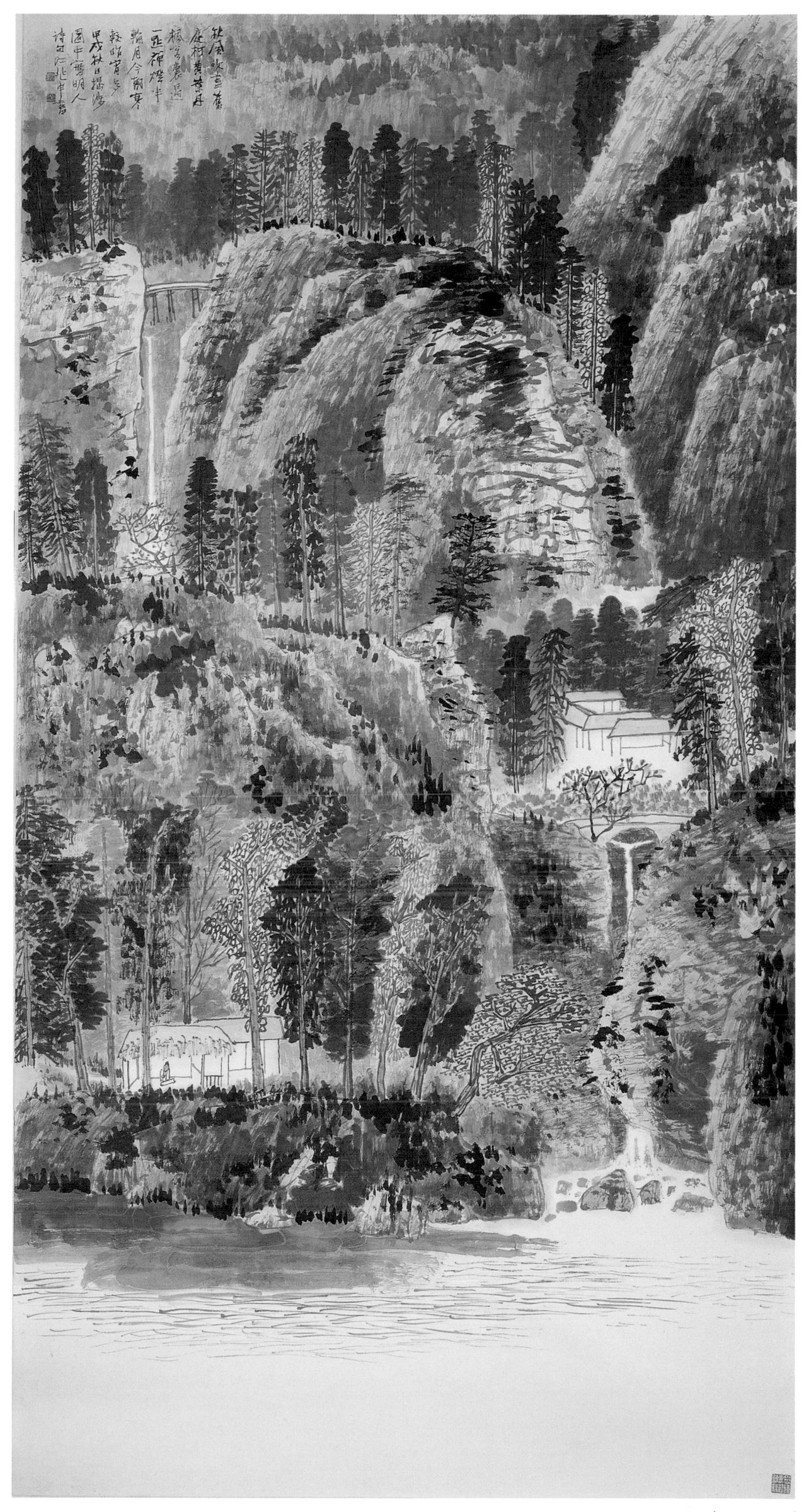

江兆申
秋林層疊
1994年
172×90cm
水墨設色宣紙

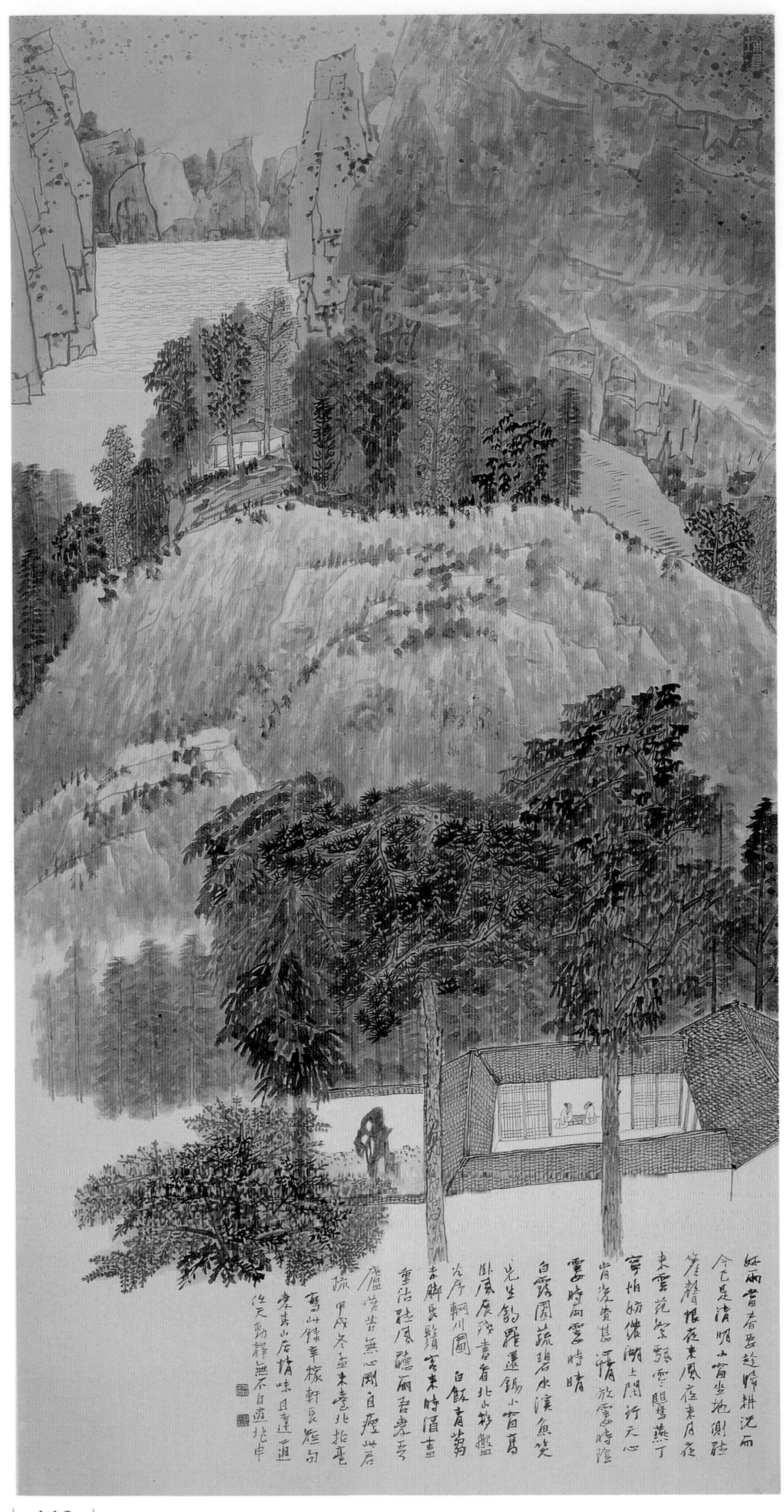

江兆申
山窗靜寄
1994年
147×75cm
水墨設色
礬砂羅紋箋

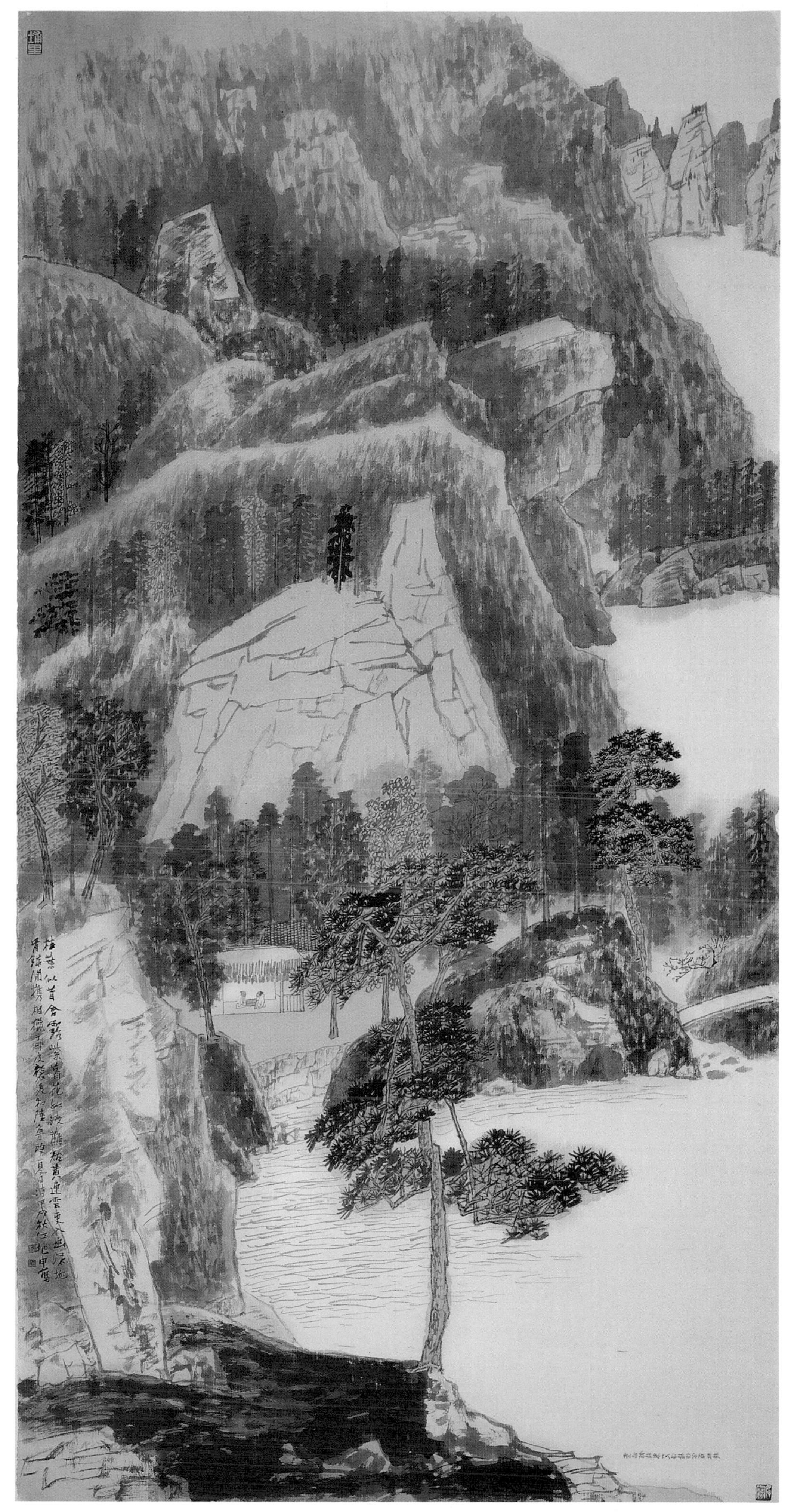

江兆申
清江一曲
1994年
186.5×94cm
水墨設色
淨楮羅紋牋

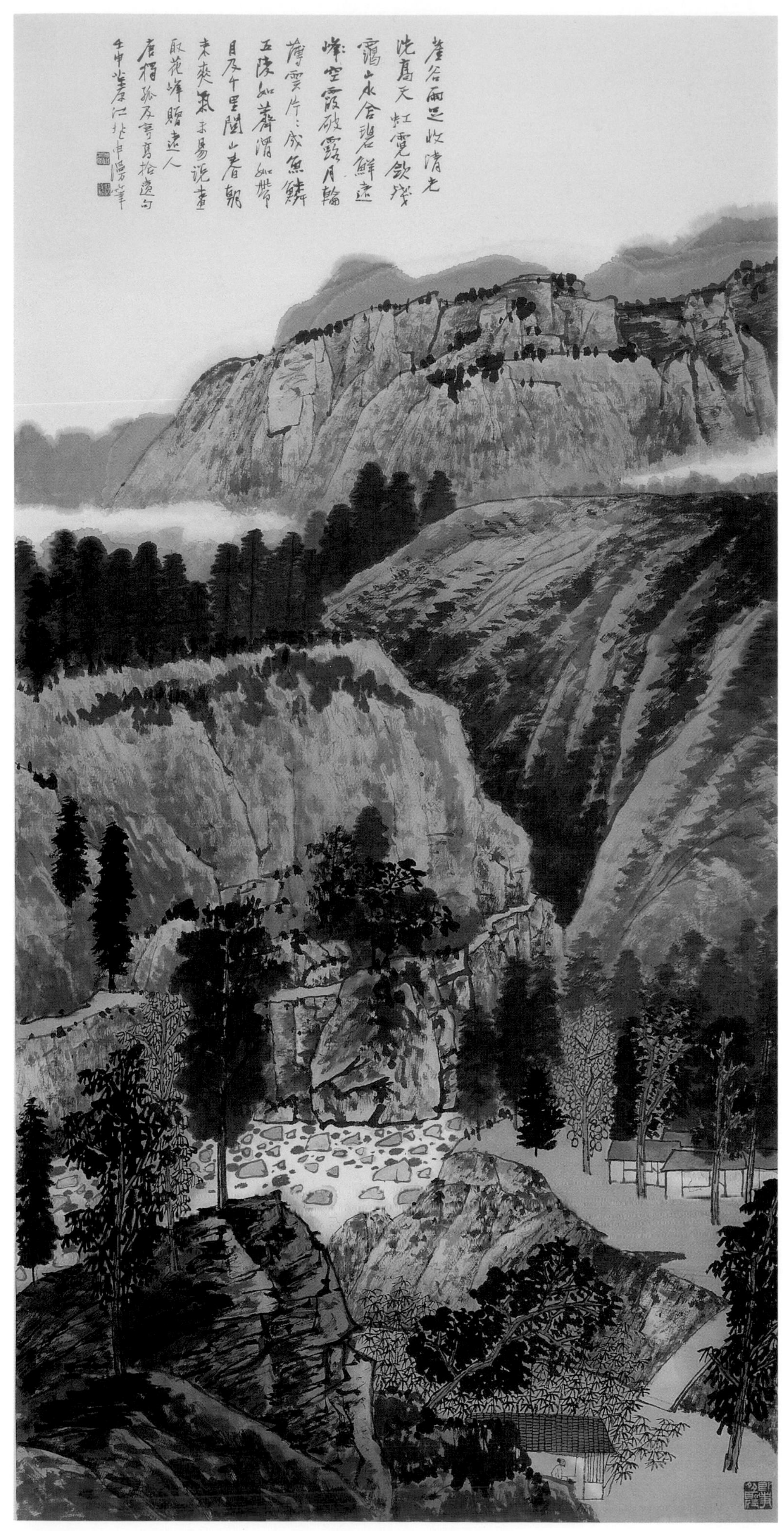

江兆申
清溪峻壑
1992年
138×69cm
水墨設色宣紙

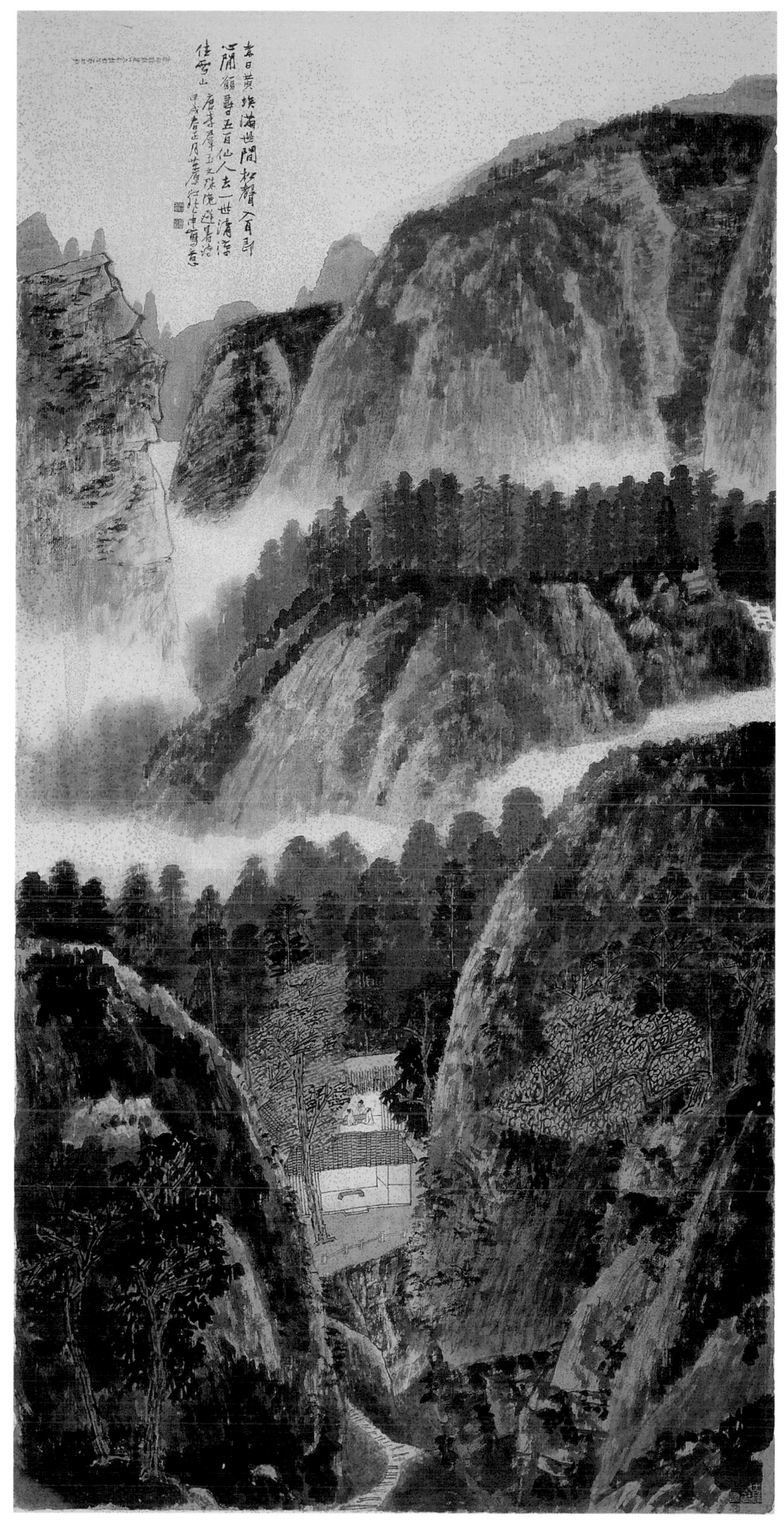

江兆申
山塢人家
1994年
187×94cm
水墨設色
淨楮羅紋牋

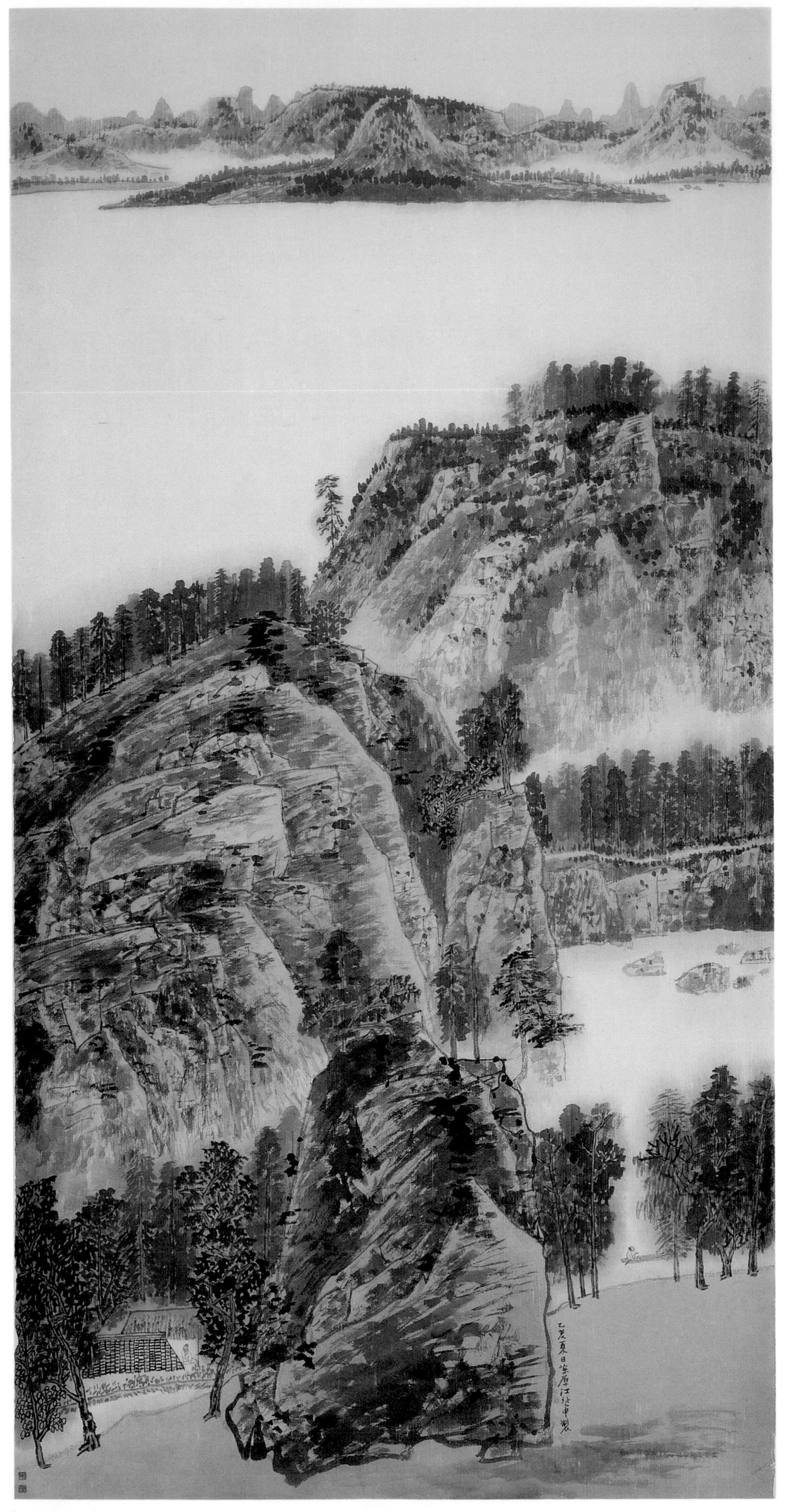

江兆申
清江一曲
1995年
187×94cm
水墨設色
淨楮羅紋牋

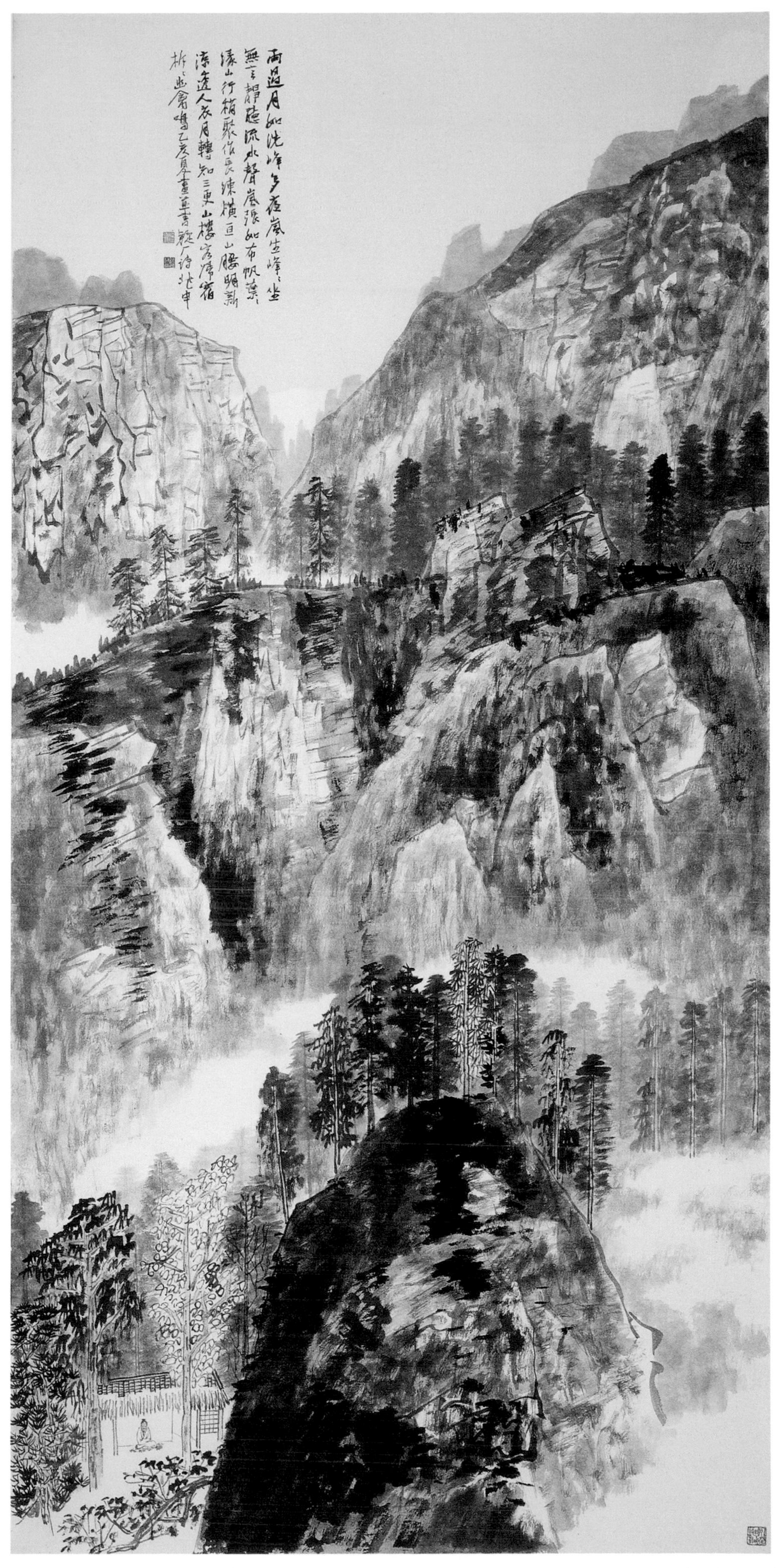

江兆申
雲罅茅堂
1995年
136.3×67.7cm
水墨設色宣紙

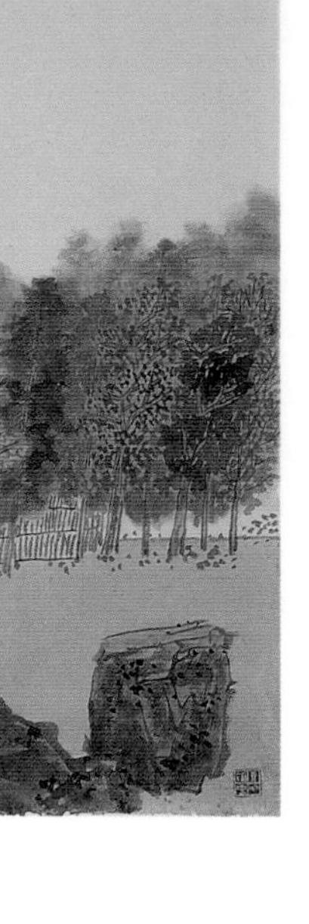

江兆申
小築臨江
1994年
75×147cm
水墨設色
礬砂羅紋牋

這時期最迫人心境的巨製是〈江山新雨〉(圖見126頁)，山頭留白的光影浮動，明暗對比更爲強烈，雖純以水墨作畫，僅遠山略施花青、赭色水染松幹，卻別顯生意；尤其右方雙勾一樹，貫穿了水面的波瀾湧動，卻直撐起大片江山，可謂奇險至極。通幅畫面筆墨滿布，顯見用筆奔放悍霸、氣象森嚴的老辣，淡染天際更顯出山雨欲來的凝重，延伸著壯年縱橫淋漓的墨法，別顯磅礴跌宕的筆墨俱老。

與上述作品通幅迫塞相較，〈深山急澗〉(圖見127頁)更是萬點亂墨滿溢於紙，僅留急澗一隅，確是江氏最晚年的傑作。山崖半壁連貫，巒頂重壓而下，而巒外數峰遠映，高聳羅列而層推至百里之遙。畫面雙松拔地而立，儼然獨立於淙淙水聲中，松後巨石以淺赭勾勒，對比著畫面更爲透光，筆墨橫縱點

註14：江兆申，〈東西行腳〉，《靈漚類稿》。台北：世界書局，1997，頁663。

註15：侯吉諒整理，〈江兆申畫語錄〉，《江兆申先生紀念集》。台北：新光吳氏基金會，1997，頁98。

註16：江兆申，《關於唐寅的研究》。台北：國立故宮博物院，1987，三版，頁23。

註17：江兆申，〈溥心畬〉，《雙谿讀畫隨筆》。台北：國立故宮博物院，1987，再版，頁186。

註18：溥心畬著，江兆申編，《寒玉堂畫論》。台北：學海出版社，1975，初版。以下引用《寒玉堂畫論》同本註。

註19：侯吉諒，〈江山千兆申氣象〉，《江兆申先生紀念集》。台北：新光吳氏基金會，1997，頁188。

註20：據江兆申遺孀章桂娜女士所述：1947年二二八事件發生時，江兆申的姊姊在台籍人士的協助下，從台灣攜子避居大陸期間，曾暫居杭州此處。感念之餘，也促使江兆申日後特別提攜台籍學生。

註21：此為江先生對門生李義弘口述。

註22：安娜堡曾經舉辦過石濤大展，時間點約在1968年2月前未久。江氏此行是否見過展覽資料，致使影響此後畫風，尚可進一步探究。展覽資訊可參考徐復觀，《增補三版：石濤之一研究》。台北：學生書局，1979。

註23：黃賓虹喜用單宣生紙，以松煙宿墨作畫，雖能顯其厚重，卻往往在托裱後因脫膠而需再次複筆積疊。宿墨於濕筆中多黑，唯乾後呈暗灰色，且宿墨多顯膠液滲漬，此黃氏畫法獨絕。江兆申好採新研油煙墨，其色清亮，故濃墨淡破的暈瀋中，猶有清淡秀潤之姿。

註24：此法或許是江兆申取鑑唐寅繪畫特色而來，見《關於唐寅的研究》。台北：故宮博物院，1987，三版，頁121。

註25：陳宏勉，〈從文人畫談江兆申先生的創作〉，《現代美術》。台北：台北市美館刊，1997，12期，頁21-2。

註26：此江兆申描述唐寅與周臣間師友關係用語，引自王世貞〈藝苑卮言〉，見《關於唐寅的研究》。

註27：關於江兆申是否受到張大千潑墨影響一論，李義弘持有不同看法，他認為此際由於江兆申應邀赴韓展出時間急迫，在公暇之餘或許於有意無意間遣筆用墨放縱快意，而作於和紙上的濕筆暈染，居然頗能留住筆線質地，故此際創作即轉為多用撞水破墨法。

註28：此紙當初為朋友所贈，覺其筆墨韻味頗佳，故託門生曾允執友人，於京都「森田和紙」購得。紙張原作為茶葉包裝用，質地應屬楮樹皮。依薄厚尚分為飛、旭、巴三種，江氏多用「飛」這款薄紙。紙張的特質是：厚紙吃墨多，然欲求黑而沈穩則需耗時渲染，且枯筆時容易產生瑣碎而顯燥氣，但薄紙則反之；而紙性能帶水跑墨，

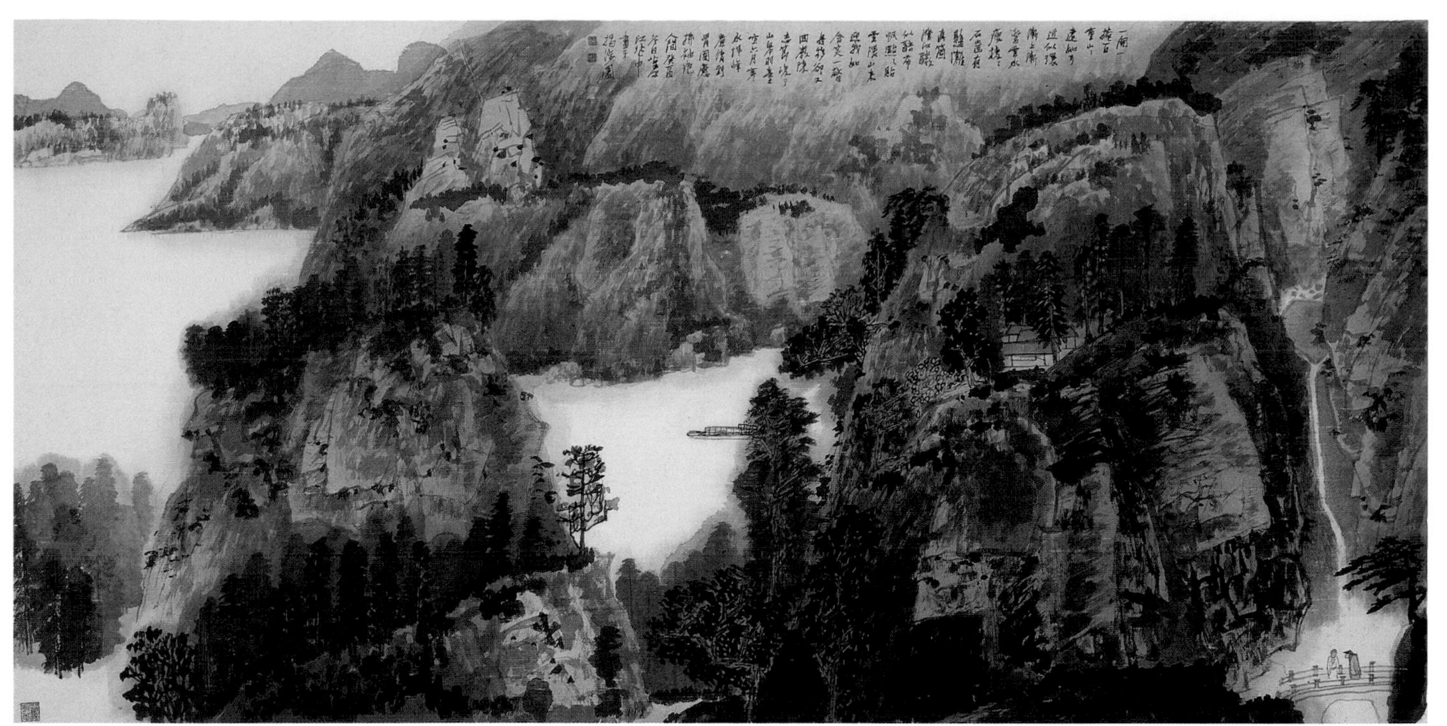

江兆申
江上峰青
1993年
93.5×188cm
水墨設色
淨楮羅紋牋

佈卻密不容針，或以花青點漬增其變奏，籠罩在濕染皴淡間恍若眞能聽得深山空谷中，急澗跳珠嘈嘈嚷嚷的奇境，簡直一片潺秋泉鳴。

自一九九三年以後，江兆申試圖將他對自然寫生的創見，透過宋人丘壑的崇高，於筆墨點染的變化間取得新的次序與法則，這不但解決了他壯年期創作塊面的拼貼效果，更進一步在山勢間取得整體的前後接續，無疑的對他後續的創作起著重大的可能性——或許將石濤之於點線交融的手法，往前推進一步（註41）；或許透過黃賓虹筆墨勃鬱的抽象理解，再次開創混雜的構成形式；或許是江氏晚歲渴筆面目所揭示的蒼繁意境……。

但可惜的是，這一切的可能，卻在魯迅美院的那場演講中，嘎然而止。

故於空氣濕潤時作畫尤顯潤澤。2010年初筆者走訪該店，現今所購恐非昔日品質，但分別出自土佐、伊予兩家和紙作坊，厚薄亦有差異。

註29：此處係引用巴東撰述「清剛雅健」、「意筆書寫」、「幽深濃鬱」、「秀逸清潤」之風格區分。詳見〈始知真放在精微——試論江兆申之畫風歷程〉，《江兆申的藝術》。台北：台北市立美術館，1992，頁89-94。

註30：此時圖版多取自台北阿波羅畫廊出版《江兆申畫展》圖錄，惟當時作品著錄為「編號1、2、3……」，故作品名稱係筆者依原作題記自行命名，以利讀者辨識。

註31：原載於江兆申，〈山鵲棘雀‧早春與文會——談故宮三張宋畫〉，《故宮季刊》，11卷4期，1977。後收入《靈漚類稿》。台北：世界書局，1997，頁73。

註32：這些冊頁皆用仿宋羅紋紙所繪，唯其中材料的差異，請參見「樸厚期」文中所述。

註33：江兆申，〈談中國文人畫〉，《靈漚類稿》。台北：世界書局，1997，頁144。

註34：據悉早年張大千向日本訂製有「大風堂」浮水印記的仿宋羅紋紙，曾送給江兆申試用，後來大千向他提及近來少有佳紙，而早年製作亦將用罄云云，江氏遂發興委託日人高島義彥先生引介，製成一批以為回贈。

註35：江兆申於1986年所發表，〈談中國文人畫〉，收入《靈漚類稿》。頁135。

註36：此段跋文見於1981年畫作〈寒梅〉，圖版收入《靈漚傳緒‧江兆申書畫紀念展》。台北：國立歷史博物館，2006，頁78。

註37：李義弘口述、楊武訓整理，〈未完成的畫〉，《江兆申先生紀念集》。台北：新光吳氏基金會，1997，頁141-142。

註38：參考《鮑二溪弘達喬梓畫輯》。台北：靈漚館出版，1994，頁41。

註39：蔣勳，〈孤傲與秀潤〉，《江兆申的藝術》。台北市立美術館，1992。頁48。

註40：據曾允執告知筆者，當時江兆申踱了一夜方步未眠：「從大陸渡海到台灣，好不容易退下來，原想享幾年清福，希望不再像當年一樣逃難。」感慨至深：「渡海來台後，好不容易有一點成就，都是台灣這個社會給予的，這時我怎麼可以離開台灣去那邊開畫展呢？真有衝突的話，倒楣的是兩岸的民眾啊……。」

註41：1993年，江兆申在北京故宮博物院點覽了郭熙〈窠石平遠圖〉、石濤〈搜盡奇峰打草稿〉等畫作，影響其此際畫風頗深。

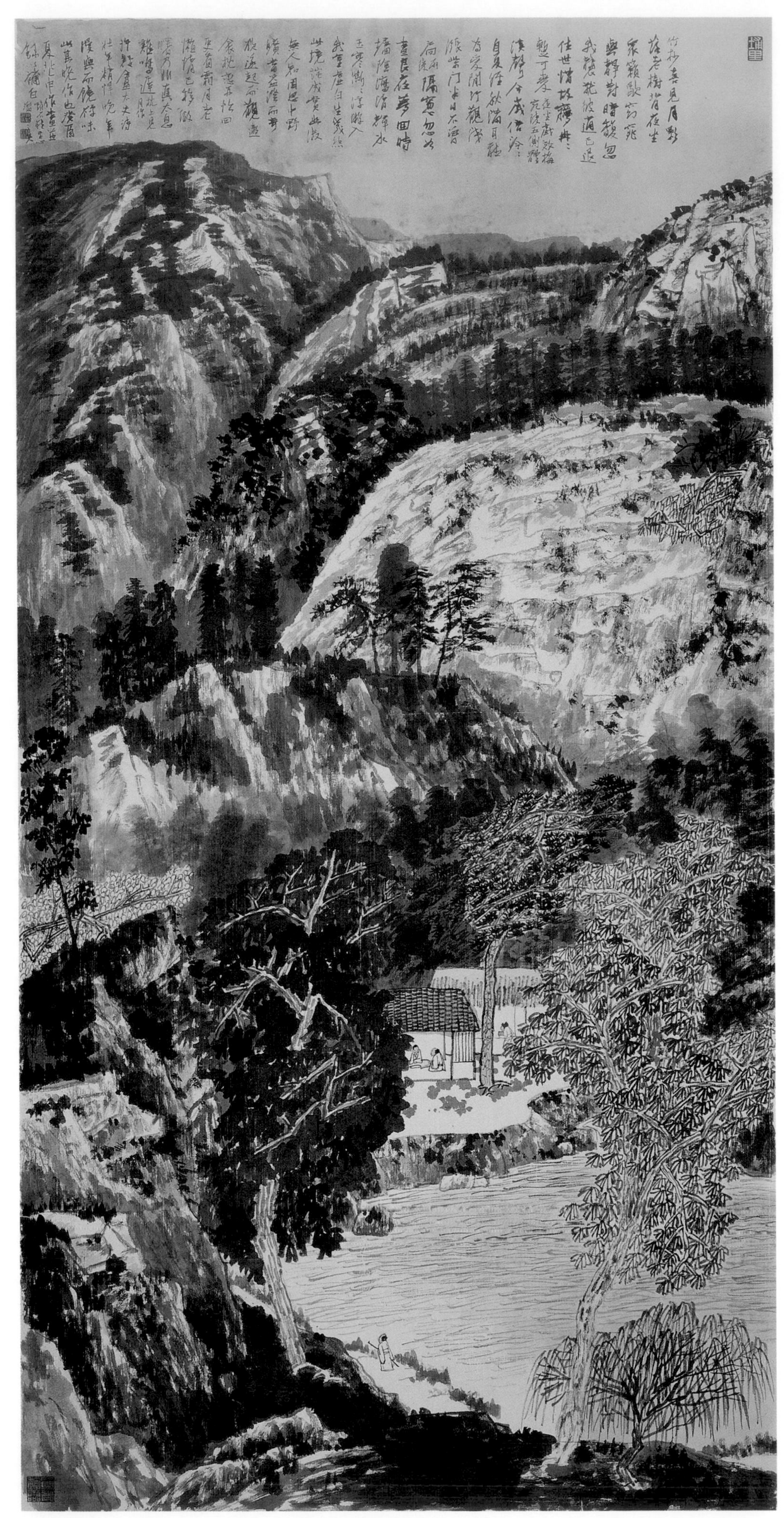

江兆申
江山新雨
1993年
186×94cm
水墨設色
薯楮羅紋牋

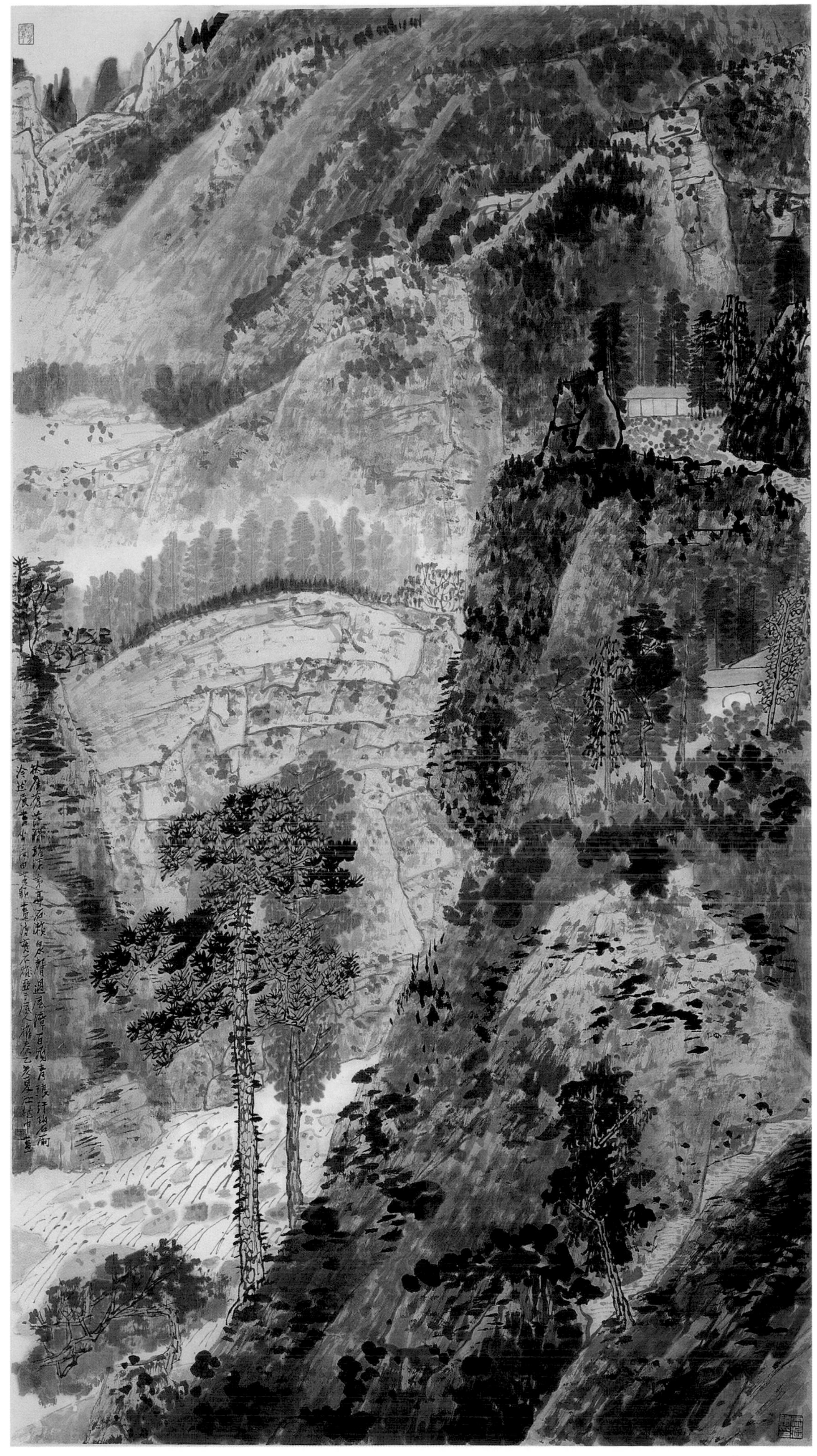

江兆申
深山急澗
1995年
151.5×83.3cm
水墨設色宣紙

四 江兆申書法與繪畫間的融滲

唐寅的用筆，得力於趙孟頫和李邕書法的幫助不少，特別是李邕剛健而婀娜、飛舞而凝重的用筆方法，在唐寅畫中時時可見。此則不僅周臣，即在其他畫家當中亦頗少見。

——江兆申〈關於唐寅的研究〉

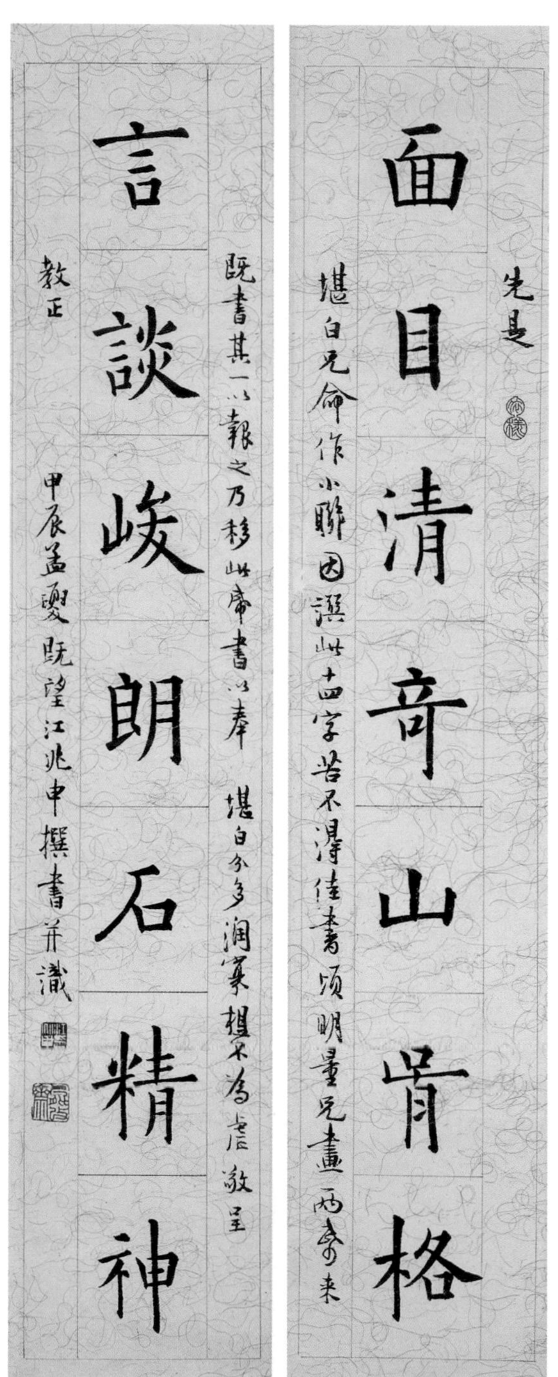
面目清奇山骨格
言談峻朗石精神

江兆申
楷書對聯
68.5×12.5cm×2

江兆申的繪畫除了表現出個人的學養與風範外，於書法結體、篆刻籌佈與美術史研究都直接影響他的創作思考，尤其在以書入畫、大膽構圖的變化上，彷彿勃鬱著他一生的藝術情性。在此，特闢章節敘述江兆申書法風格演變的目的，是要凸顯這它人視爲繪畫餘事的書法，是如何全面影響其筆墨、構圖、氣韻的表現。

整體而論，江兆申書法早年得飄逸俊秀之姿，以小楷、行草爲主；中歲在碑學的臨摹鍛鍊中，逐漸發展出傾側、險峭的書風，同時能將楷體融入行書的奇峭，並佐以隸體以醇厚自身線條的質性；晚年鑄以石鼓篆體的淬鍊，使他的書風更呈現出萬歲枯藤般倔傲勁健。三個時期書風，相對影響他繪畫線條清雅恣意、勁健方折、蒼潤老練的不同傾向。

(一) 楷勢嶔崎

十三歲時江兆申即能爲同鄉耆宿許疑盦太史補抄杜甫《草唐詩集》，十五歲尚留有〈九成宮醴泉銘〉臨本。渡台拜入溥儒門下後，得先生教導開始進行閱讀與抄寫古籍的工作，除專精於晉、唐小楷外，自習唐初歐、褚書風後轉入虞、顏體貌，使他在楷書創作能由欹側漸入圓厚，但其間貫穿影響最深的仍屬歐陽詢書

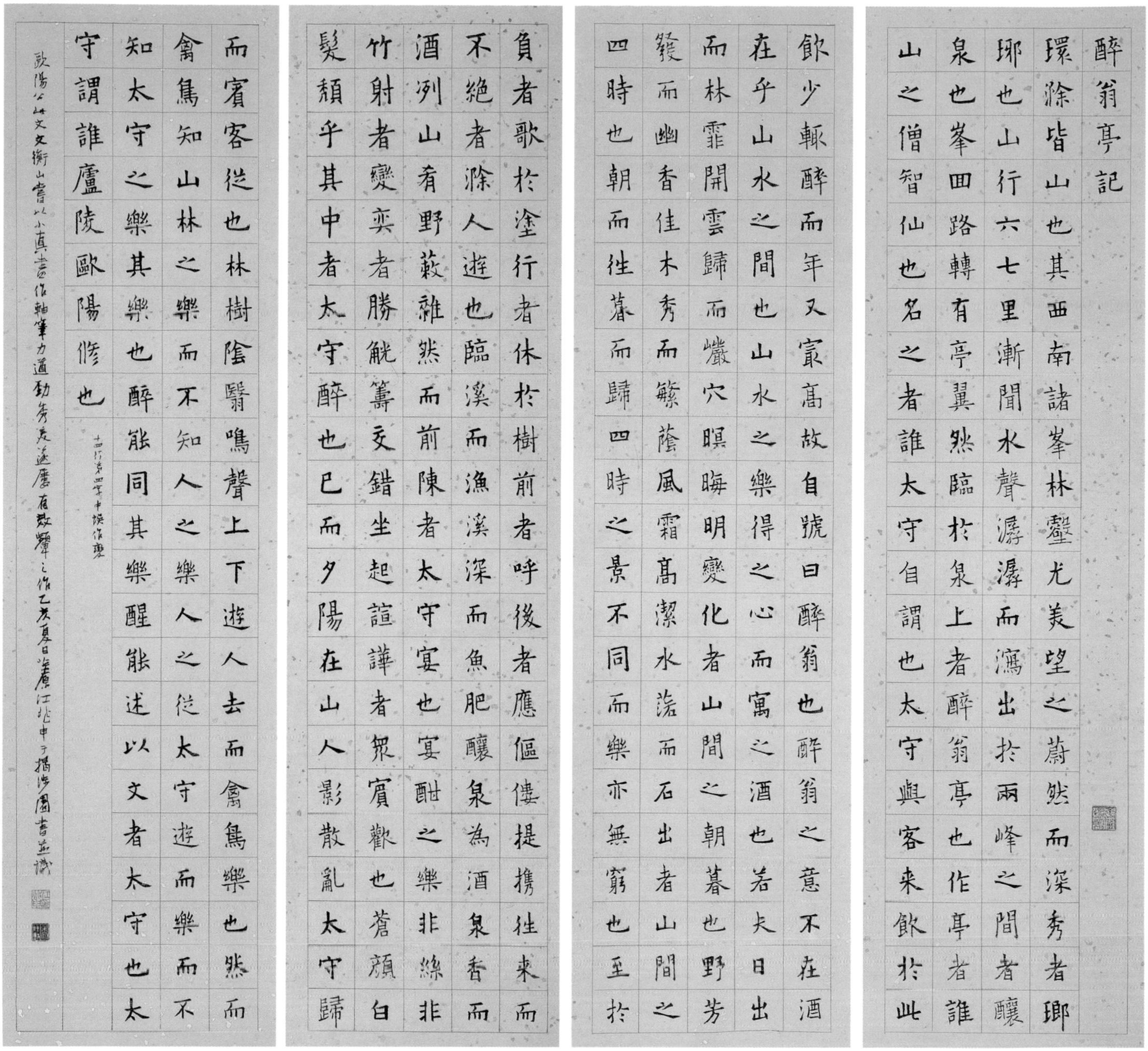

江兆申
醉翁亭記
121.5×32.5cm×4

風，也造就他四十歲左右行書風貌的重要標幟，但此時書作看來尚稱清健俊朗。在他五十一歲前收藏了〈唐衛國公李靖碑〉明拓本，而〈唐王居士塼塔銘〉五塊殘拓，更經他考據後以雙鉤補足全本，可知其廣泛的研究精神。

直至七十一歲那年夏日，江兆申以楷書〈醉翁亭記〉展現他在楷體上兼融諸家，且能險飭勁折的神貌。八月，江氏於「遼寧省博物館」拜觀歐陽詢〈夢奠帖〉眞蹟後，體會到：「原蹟淡墨禿穎，險峭天成，人言歐公不擇筆而書，信然！」之後，他將早年詩文以楷法重新抄錄，後收錄於《江兆申楷書集》中，此時楷體已在漢、唐法式間，卻竟暗合魏、隋書風峻峭，與隸、行書風之馳墨，頗見晚年書畫意態蕭散、蒼莽老辣用筆，在書法史上似乎未曾有過先例。

（二）榜書緊結

江兆申年輕時任教基隆、頭城中學時，常爲學校圍牆、操場執寫如人身高的大字，據悉雖以棉花沾墨書之，竟能因地制宜且體勢猶在，這種經驗也奠定他五十歲時得以〈依巖〉二字榜書獲獎。雖然此後並未在大字榜書上多

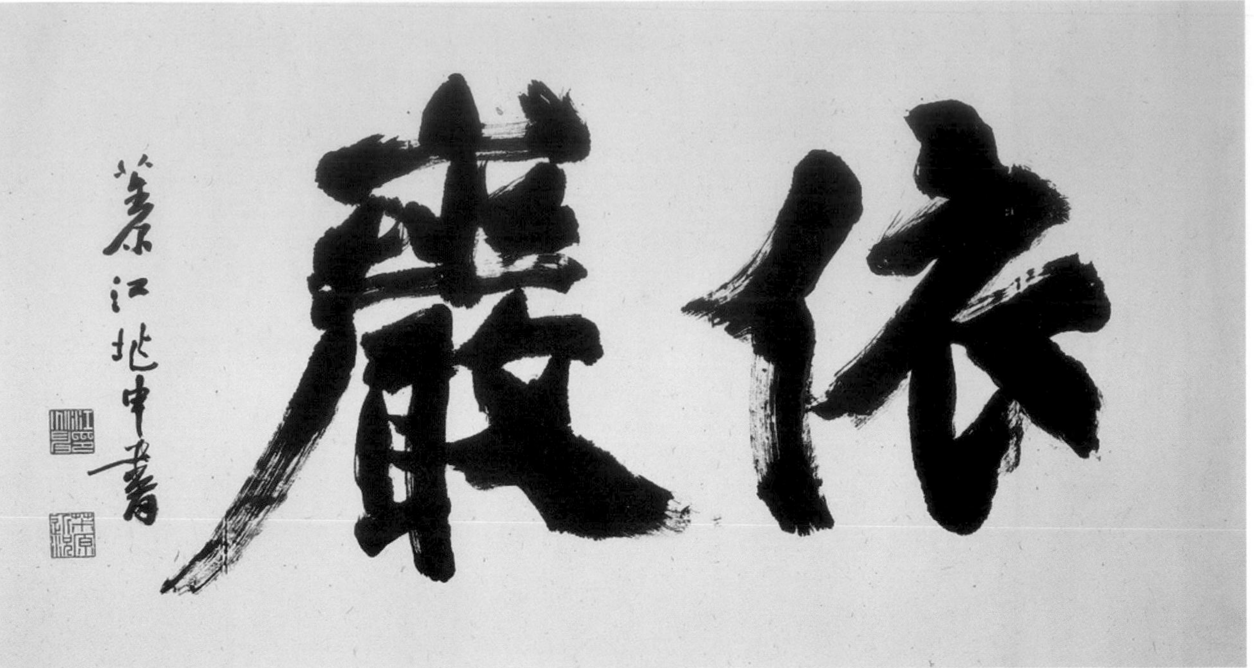

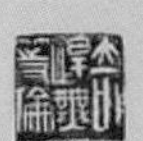

江兆申
依巖
1974年
91×171cm
（上圖）

江兆申
阮嘯
1983年
69.5×136.5cm
（中圖）

江兆申
雕龍
69×132cm
（下圖）

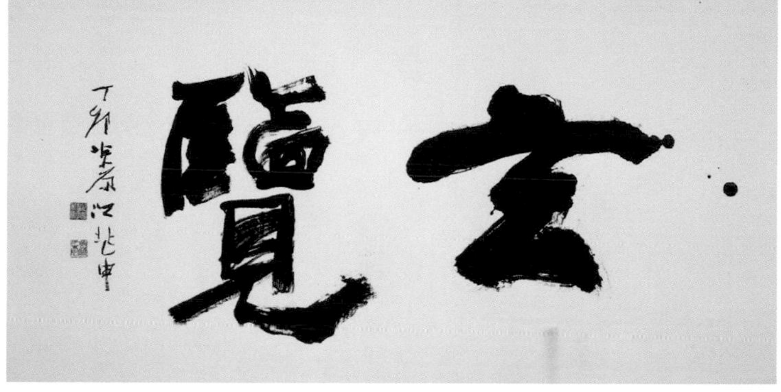

江兆申
大雄寶殿
1990年
67.8×245.5cm
（上圖）

江兆申
摘露
1994年
84.5×153.5cm
（左下圖）

江兆申
玄覽
1987年
92×177cm
（右下圖）

所著力，但還是創作不少如〈榜書五言聯〉（圖見134頁）、〈阮嘯〉、〈雕龍〉、〈淵停〉、〈玄覽〉、〈摘露〉等。在他晚歲的幾年間，曾爲高雄縣紫竹林精舍書寫〈大雄寶殿〉、嘉義香光寺書〈香光莊嚴〉等爲數不少的榜書，且在黃山白雲溪景區還留有〈臥石批雲〉大字鐫刻於摩崖石壁上。而七十歲所書〈楷書飲冰室集辭聯〉更印證著他晚年書風如何從跌宕緊結，逐步傾於渾穆勁挺的風貌。

（三）隸體勁挺

最早於弱冠之際，江兆申便開始臨習《張遷碑》，渡台於宜蘭期間仍勤習不輟。一九六八年《花蓮紀遊冊》第六開已見運用於款識處，兩年後《密執安雜詩冊》亦見到引首六字隸體，此後偶有對聯書作。

約自八〇年代，他開始專致於漢隸諸體的臨習與創作，包含《史晨碑》、《乙瑛碑》、《魯峻碑》、《衡方碑》、《夏承碑》、《北海相景君碑》、《西嶽華山廟碑》、《封龍山頌》、《西狹頌》等皆有涉獵，但主要還是以隸書碑版爲主，而少有摩崖書風。其中影響最深，首推《張遷碑》與《禮器碑》，兩大漢碑各擁雄渾樸厚、清健奇峭，江兆申能兼擅並專致成家，且《張遷碑》的方折筆法，又影響著他日後在篆書的用筆邏輯。

就現存資料看，江氏在中年所作隸書或四體屏風中，多屬《張遷》與《禮器》，但偶見其戲筆如《祀三公山碑》、《婁玄儒碑》、《中岳嵩高靈廟碑》等，可見他的涉獵是建立在正統穩定，而輔以個別或孤本的異體。

以他六十七歲所寫〈梁任公集宋詞隸書十七言長聯〉（圖見135頁）爲例，此件長逾一丈二的書蹟，在隸書體貌上兼融篆書結構，乾濕並濟而略帶行書筆意，顯現用筆勁折的內蘊沉著。

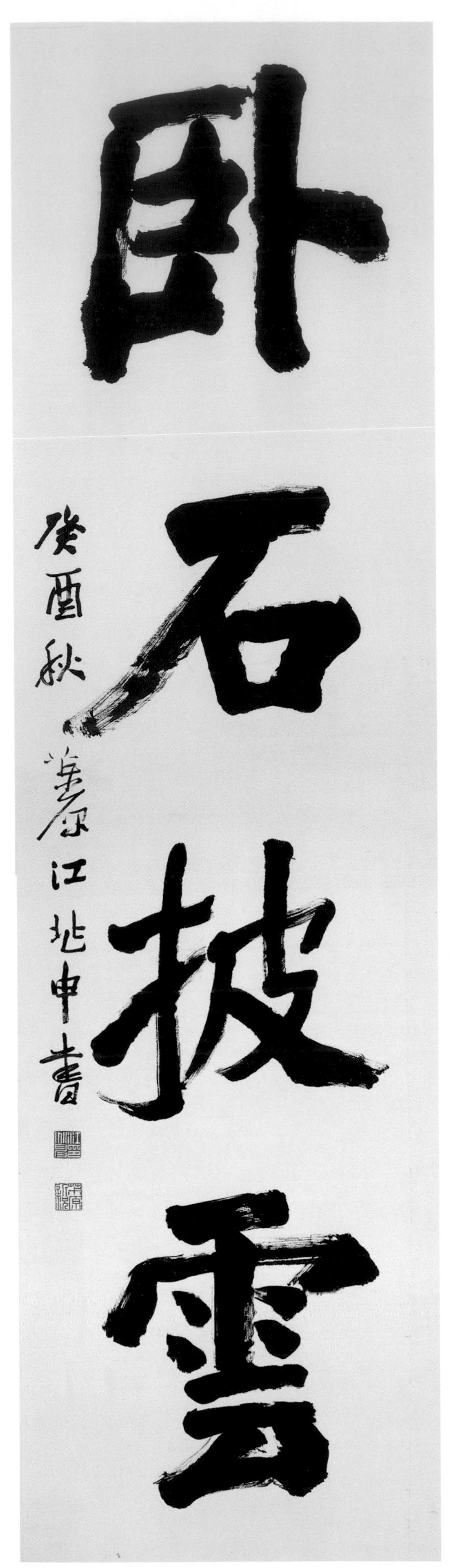

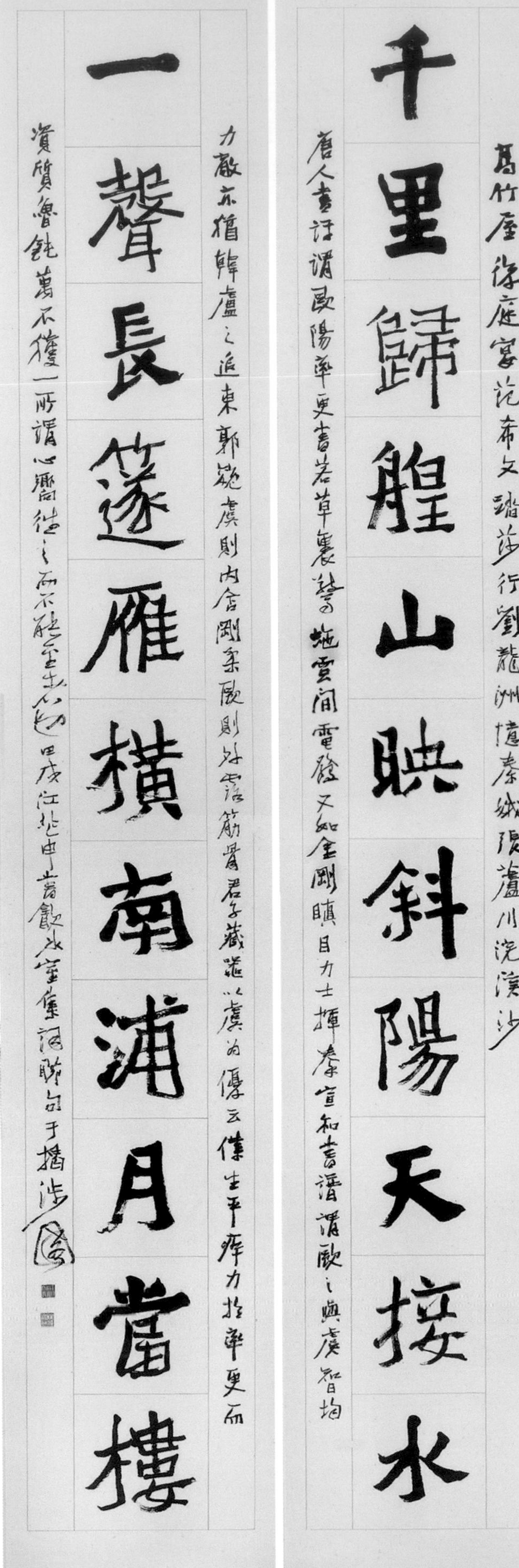

▍江兆申
臥石披雲
1993年
364×97cm
（左圖）

▍江兆申
楷書飲冰室集辭聯
1994年
363×58cm×2
（右圖）

▍江兆申
大篆鐘鼎款識
（此書為江兆申與父親江昌吉、四舅父合作，於圖版上分別以江、父、舅標示。）
1936年
43.5×27cm
（右頁圖）

而〈隸書五言聯〉更是集方折蒼健、內斂雄勁於一身，毛筆含墨枯竭相對在紙張發滲的粗澀，全賴執筆運行的力度與彈性，江兆申的書法已然全以氣格勝出。

(四) 篆筆枯屾

對江兆申而言，雖然十一歲時他即能學寫鐘鼎文字，並在日後輔成於篆刻的運用，但直至晚年在讀吳昌碩所書《石鼓文》後，才體會到那線條的醇厚與後勁，給他一種「慢慢喝烈酒」的餘韻。發現自身不足之處後，在六十二歲初春他開始發憤狠狠臨摹《石鼓文》，以四年的時間寫了三百通，而這紮紮實實的暮年基礎，又影響他九〇年代最後六年的書法面目。按說書法臨摹的高深處，當是在古典邏輯裡不斷鑽探，並與自身美感造型、筆墨提按的重複演練間，逐步歸納自己的書學吞吐，四年臨篆的成果，從形似的體貌逐步將《石鼓文》鍛鍊成硬挺而緊湊，並體會出篆書線條結體「其間虛實響應，儘有回護，非一味整齊可以稱職。」(註42) 並從而摻入他別所體會如秦權量、詔版鑄刻的書風，那蜷曲且拙澀的老辣生動，在近代當能跨過吳昌碩修挺圓勁的面目，呈現完全不同的書風表現。

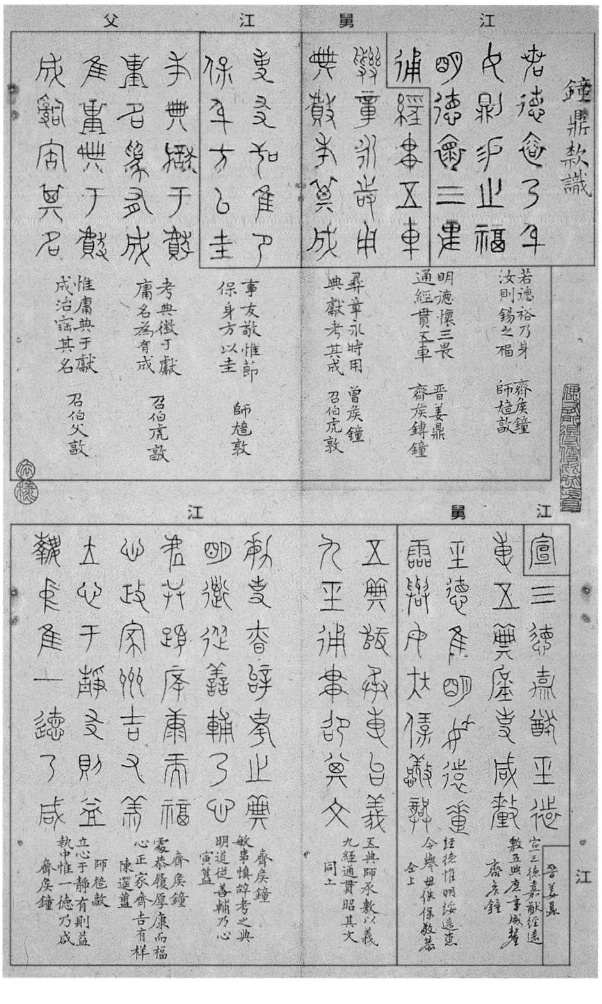

其暮年時期的書風，有一種硬折、老辣且拖曳著線條彈性，跌宕而沉著、乾枯屾挫卻豐含筋骨，使他的書法境界提升到高度層次，就此看來，如果江氏並非英年早逝，他的書體應該還會持續往枯渴勁健的面目發展。

(五) 行書倔傲

影響江兆申最重要的書學面目，除了他最爲人稱道對於《九成宮醴泉銘》、《張遷碑》、《石鼓文》的斂縱之外，評者還不能忽略宋代書學、明人書風對他一生書法面貌的影響。最能展現江兆申書學的個人特質主要即在行書，他的行書兼雜草法，書體演變隨著他閱歷的深入，逐漸完備個人奇險的藝術美學。江氏早年抄書即可見楷、行互用，而拜入溥儒門下後，他的書風就明顯受到老師飄逸酣暢的影響；四十歲後，江兆申的書法已可見到個人面目，風格轉變的關鍵當是進入故宮後的眼界大增，與受明代書家落筆迅疾暢快的影響有關。

從現存的書跡看來，六〇年代中期江兆

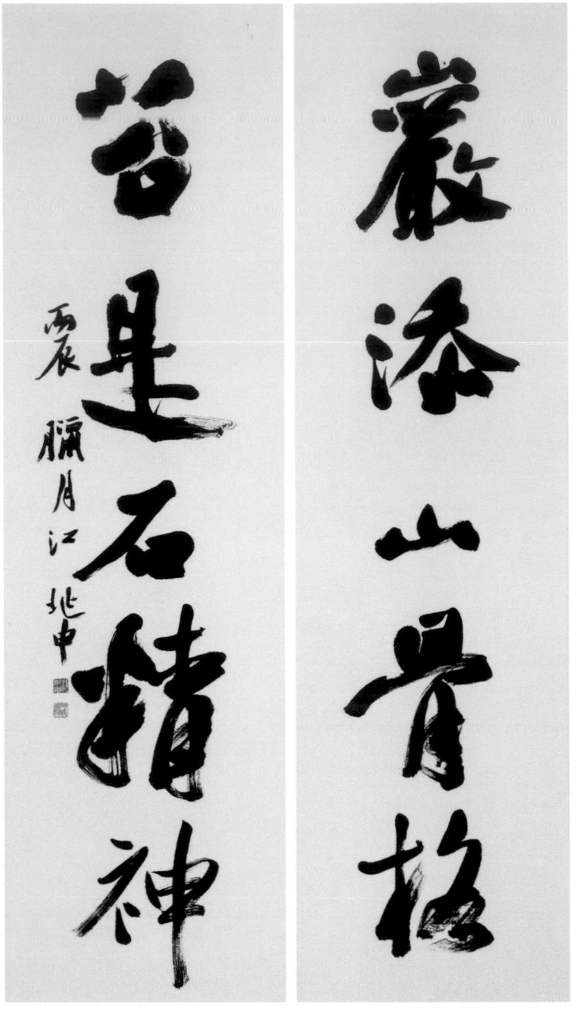
谷是石精神
巖添山骨格
丙辰 桐月江兆申

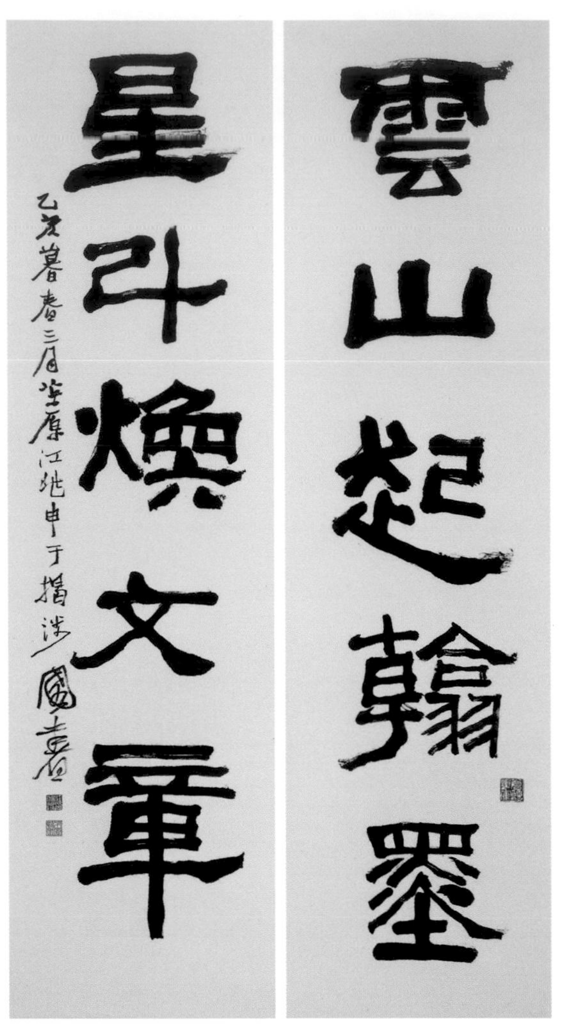
雲山起翰墨
星斗煥文章
乙亥暮春三月望後江兆申于摩耶精舍

江兆申
榜書五言聯
1976年
181×49cm×2
（左圖）

江兆申
隸書五言聯
1995年
175.5×46.7cm×2
（右圖）

申的行書如〈行書東坡七言詩條幅〉結構兼融歐陽詢、米芾的體態，而筆法氣息也頗近蘇軾、黃庭堅一路，風姿綽約卻自有氣格。但在七〇年代初期，也就是江氏四十六歲之後，他陸續收得三件明代書家的書作，分別是陳淳〈書李白襄陽歌行草卷〉（1971收藏）、董其昌〈自書詩卷〉（1984收藏）、祝允明〈草書詩卷〉（1984收藏），尤其陳淳、祝允明這兩件書蹟，更在日後持續影響江兆申行書創作跌宕縱橫的取法。透過江兆申這時所作〈行書七言詩條幅〉與〈行書林和靖寒食詩條幅〉（圖見46頁）看來，似乎刻意從原先參差單字的章法中，轉為跌宕連綿的伸展，應是陳淳書作的啓發，並從行氣錯落與轉折欹側中，兼融了黃山谷草書奇縱變幻的狂狷。假使針對書、畫間筆意的相互影響分析，此時如〈行書王維輞川詩〉、〈榜書五言聯〉用筆多尚意而爛漫不羈，結體粗闊而兼有《張遷碑》與顏魯公筆意，與他此時善用濕重墨塊的繪畫筆調是一致的；再往後如一九八〇年〈行書四屏〉的用筆，線條較為飄忽細緻而富變化，也同於此時作畫追求線條的意態。這段期間，他書畫中的線條均多用寬筆，憑藉骨肉豐勢以彌補此時線條厚度不足。整體說來，江氏五十五歲以前憑才氣作畫，重學問素養，故而呈現壯盛的筆意辛辣；但此後又跳脫這乍現的潑墨，勤奮不懈的從碑學中揣摩體現出遒勁而蒼厚的性格。

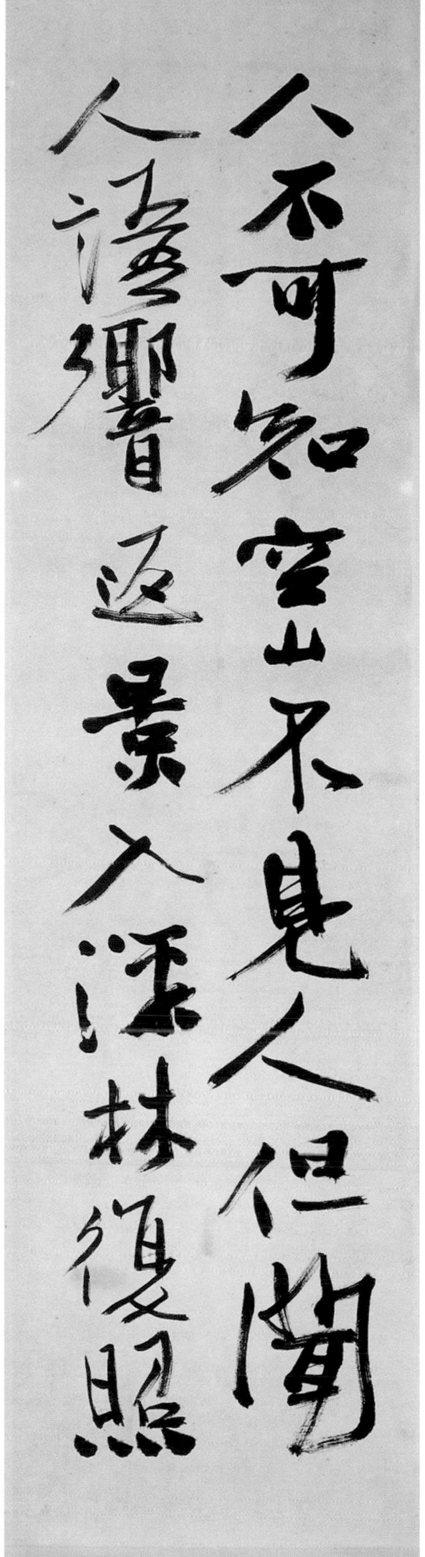

江兆申
梁任公集宋詞隸書
十七言長聯
1991年
368.5×35.5cm×2
(左圖)

江兆申
行書王維輞川詩（八屏選二）
約1976年
152×41cm×8
(右圖)

臺靜農曾題跋江兆申書法曰：「椒原楷法直入信本（按：歐陽詢）之室，為余生平所僅見；行書則不衫不履，蕭散自然，令人意遠。」他這時的書風，最明顯在於行氣上已無連綿多字、一波三折與左右揖讓，先前常見在單行布白中橫撐的線條與墨點，皆已收斂成線質與結構的傾斜與連續，一變先前連綿奇幻的豪氣縱橫，轉而回歸單體有致的變奏。這時期，最重要的書作首推〈稽康琴賦〉卷（圖見139頁），這件作品極盡書風跌宕之極，在十二公尺的紙張裡無一筆重複，江氏對這件書作也極為自負。此作於一九九〇年在台北歷史博物館展時，巴東

江兆申
行書東坡七言詩條幅
135×34cm
（左圖）

江兆申
行書七言詩條幅
1972年
169×45cm
（右圖）

江兆申
石鼓文：臨獵碣八屏
1992年
179×47.5cm×8
（右頁上圖）

江兆申
行書四屏
1980年
135×34cm×4
（右頁下圖）

臨獵碣字 壬申夏子堂居江北申子雲涯小築

宋香從扇出絲漁春 深人未知 霧滿
空山 雨百舌 春風已過 杏花枝 翠削芙蓉
石作城 雨花金地 與雲平 我來只是春遊

客子自應屋記 娃名 樹暗溪 煙鳥語頻 法
山偏作亂離香 好風吹綠吳宮草 憶兒江南
賊恨人猶 風淫雨傍花多翠 城空春天

過戎已無心看芳草 不將閒淚灑銅駝
碧紅塵鞋畢照馬生 春向宮愁生 花隨溝句
無人問道上珍壺 發笑聲 館娃宮柳冷僵

魂風度蘆笙過洞門 花裏一聲何滿子 紅
黎烟月又黃昏 叢竹浮烟上海棠 此淮御 日
新雪黃吟詩 樹下 鷩山鬼狼人籍 昌吳花一錦囊 兆申

此庚申年所作書也 在川拔得四屏 乃于篋中得此 不意而五書不亡 觀存時面目可也 甲子春 兆申再記

解說此作有論者以爲造詣可直追明代文徵明而有過之時，江先生當場非但無謙遜之意，還補充曰：「這還是比較『穩妥』的說法！」(註43) 可見此際他對自己書法的高度自信。

九〇年代後，江兆申的行書逐步完成他個人美學的極致展現。這一個時期，他的書體已不似先前的奇縱，卻在肩架面貌上傾斜而錯

江兆申
行書李青蓮横江詞
1994年
355×98cm
(左圖)

江兆申
行書蘇東坡前赤壁賦
1994年
175×47cm×8
(右上圖)

江兆申
稽康琴賦（局部）
1990年
(右下圖)

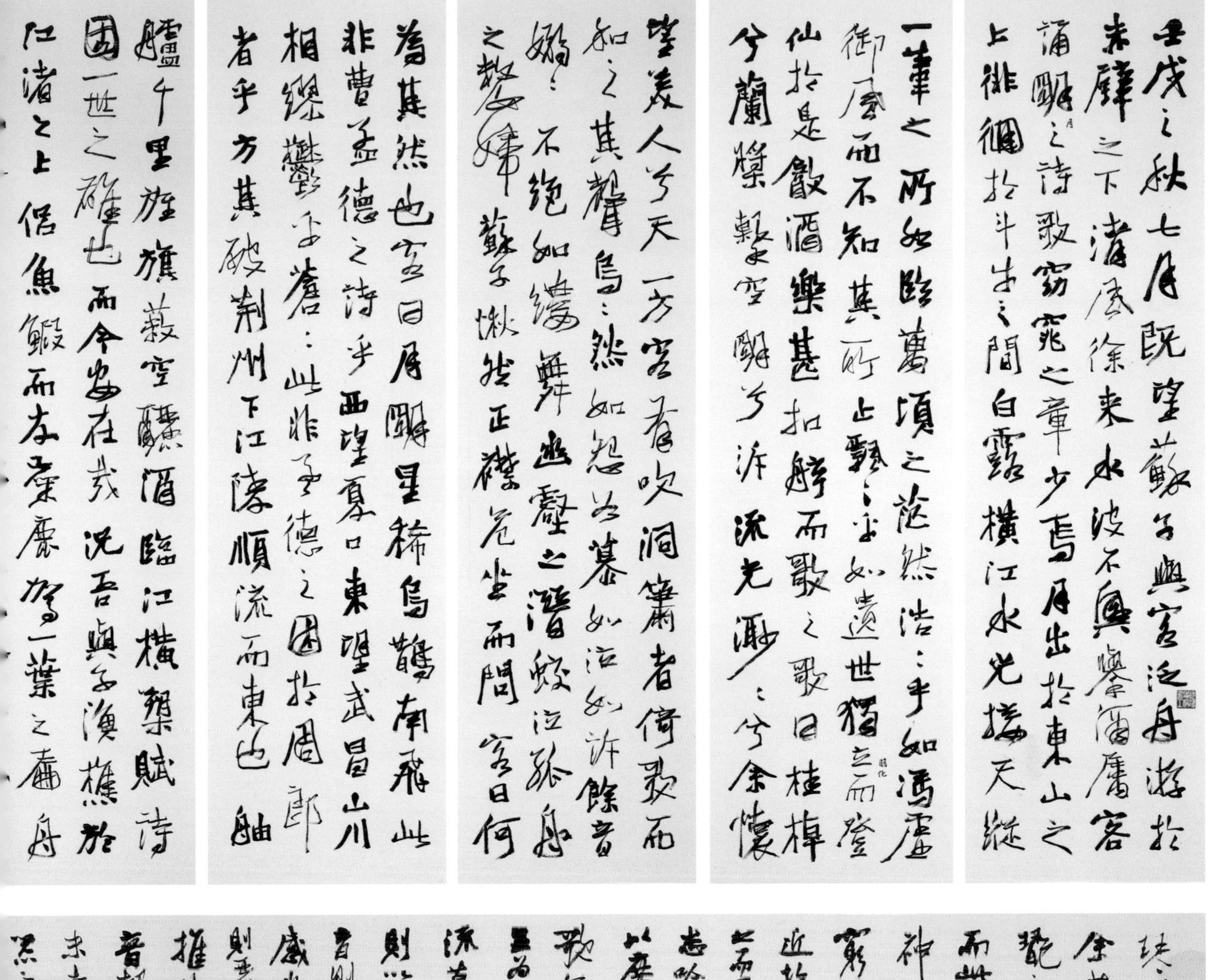

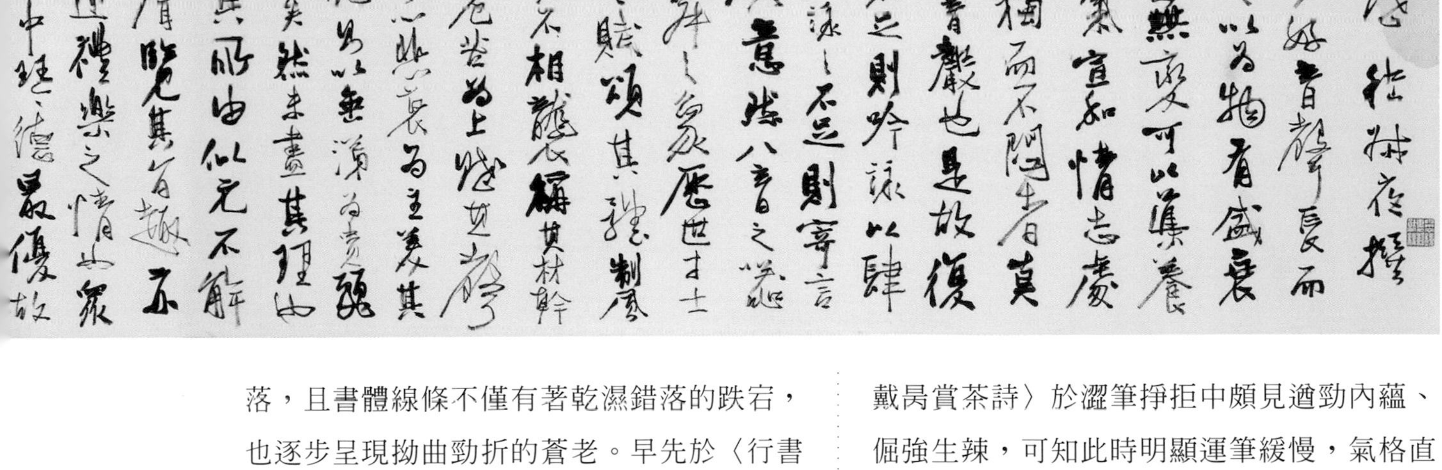

落，且書體線條不僅有著乾濕錯落的跌宕，也逐步呈現拗曲勁折的蒼老。早先於〈行書七言絕句條幅〉即顯出這樣的態勢，而〈行書蘇東坡前赤壁賦〉在結體行氣雖仍作錯落奇崛之變，但明顯用筆已具乾裂秋風意態；同年〈行書李青蓮橫江詞〉書作縱長一丈二，則極盡強勁拗折的晚年筆性。〈行書宋戴昺賞茶詩〉於澀筆掙拒中頗見遒勁內蘊、倔強生辣，可知此時明顯運筆緩慢，氣格直入樸實渾穆。而兩件〈行書五言聯〉(圖見141頁)也可感受到他用筆雄渾的陽剛美，無論筋骨健拔或屈強努拗，在崢嶸中仍不失峻拔穩健的特色，都與他晚年畫風相互陶淬。

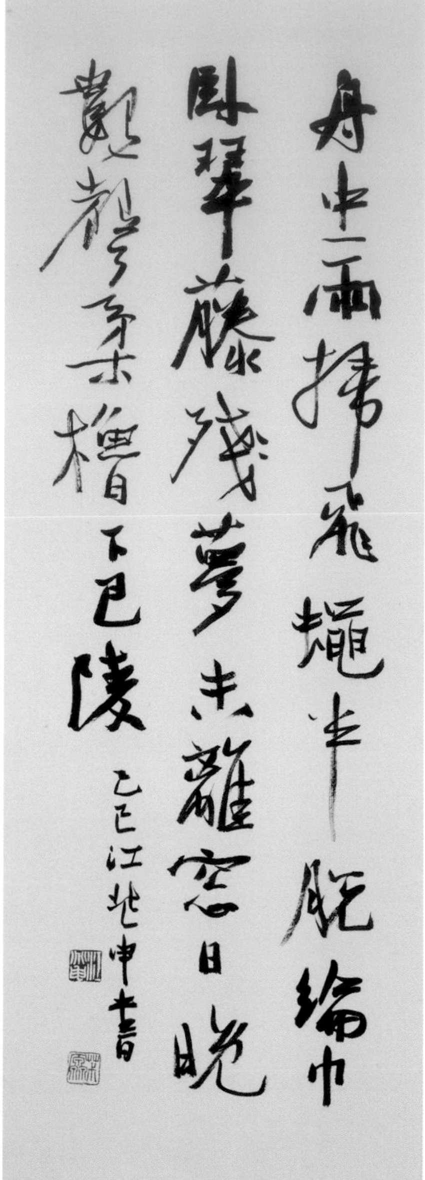
舟中一雨掃飛蠅半脫綸巾
臥翠藤殘夢未離窗日晚
數聲柔櫓下巴陵
己巳江兆申書

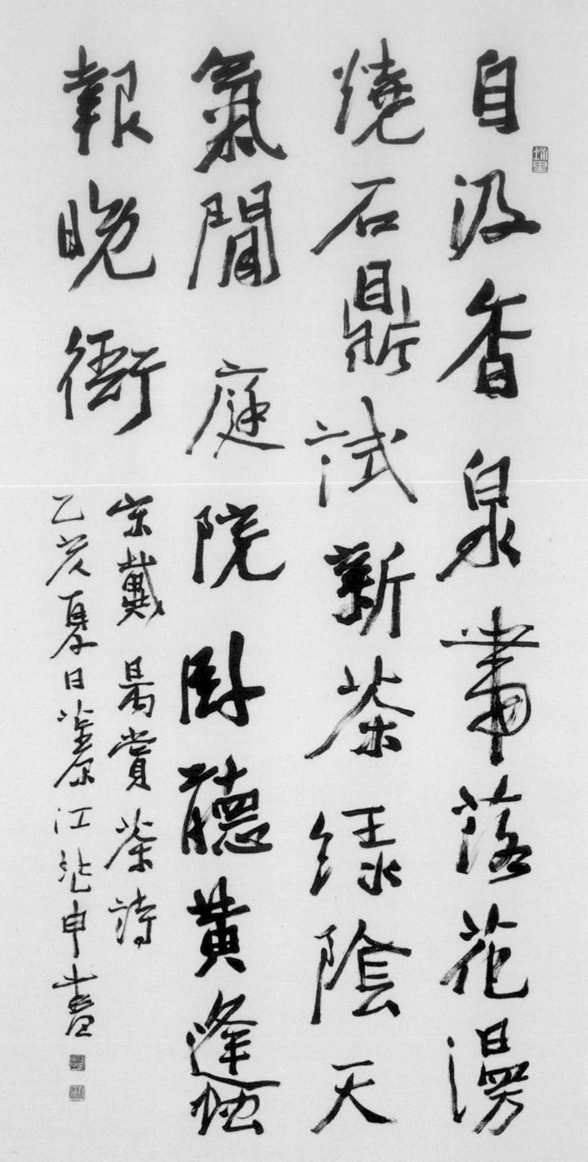
自汲香泉帶落花漫
燒石鼎試新茶綠陰天
氣閒庭院臥聽黃蜂
報晚衙
宋戴昺賞茶詩
乙亥夏日江兆申書

江兆申
行書七言絕句條幅
1989年
98×35cm
(左圖)

江兆申
行書宋戴昺賞茶詩
1995年
138×69cm
(右圖)

江兆申
行書五言聯
1994年
175×47cm×2
(右頁左圖)

江兆申
行書五言聯
1995年
172×44.5cm×2
(右頁右圖)

(六) 小結

總括江兆申的書風與他的繪畫關係，可以明確結論如下：

(1) 摹古期：書風清健典雅

由於慕學溥儒的書風，以至於畫中線條用筆也呈轉折輕盈的跳躍感。七〇年代中後期，他的書風將歐體結構轉爲行書，而略似蘇、米一路，也受到唐楷與北宋四家啓發頗多，但由於此時的書體是結合楷體的嚴謹、與溥儒的輕巧秀麗，故也暗合此時的繪畫風格偏向清雅恣意。

(2) 狂狷期：結體縱肆跌宕

一九七一年，江兆申得陳道復書卷後，對於陳淳「鴻飛獸駭，變化無端」之姿頗爲神往，自此影響他趨向奔放揮灑、縱橫爛漫之氣，也激發此後的繪畫增添較爲放縱的勾筆寫意。八〇年中期，他的行書受到《張遷碑》影響，摻變以沉著勁健的寬筆，對於墨色與線條乾濕的掌控也達到自信與和諧。此時他的畫作增添了筆線的粗獷，以大塊面側筆塗抹著濃淡墨塊，簡化了傳統皴紋分面，而從山石結構組成塊面立體感，且變化著抽象的墨瀋效果。

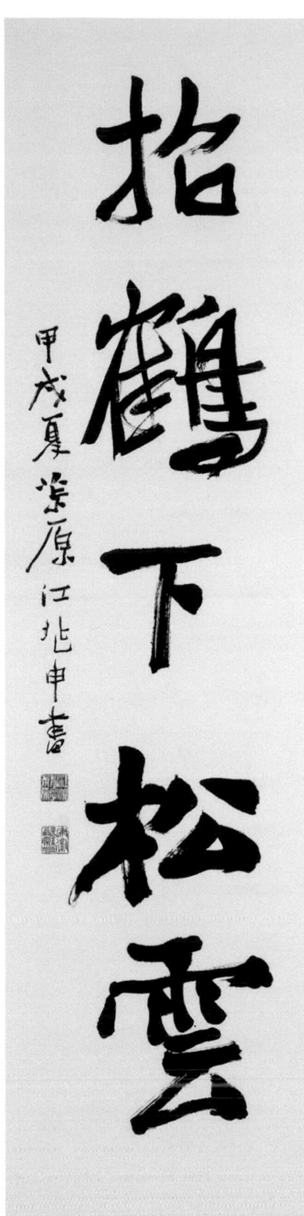
拈鶴下松雲

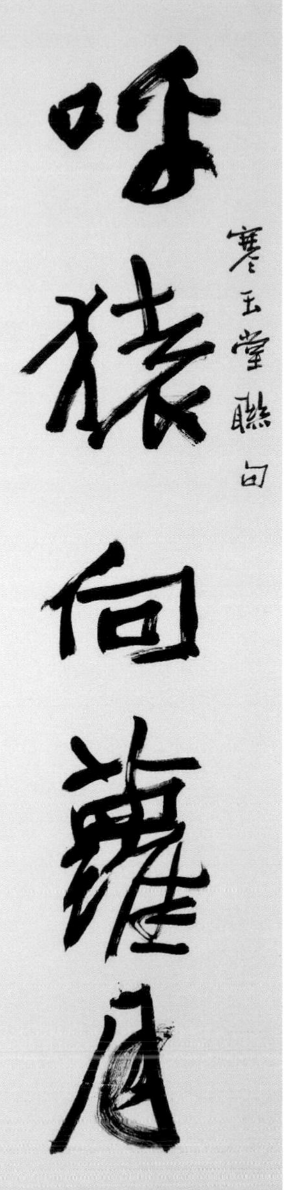
呼猿向蘿月

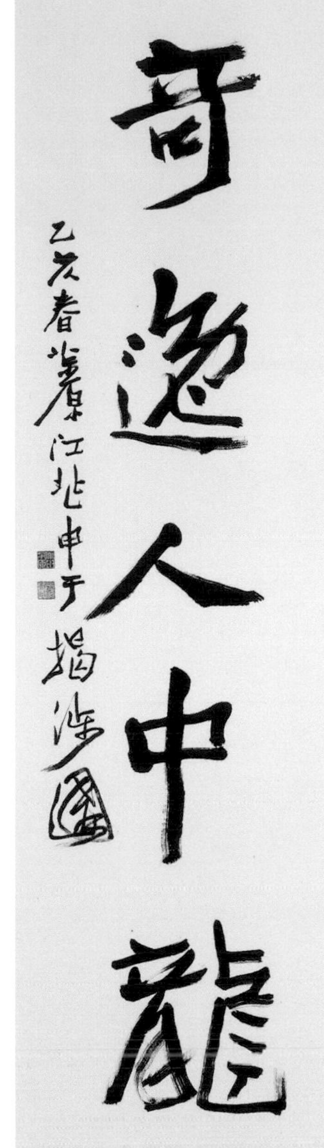
奇逸人中龍

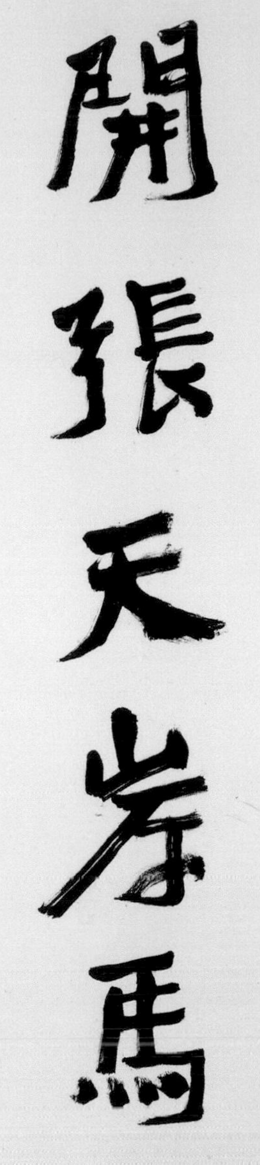
開張天岸馬

(3) 樸厚期：筆意拙澀蒼勁

九〇年後，江氏書體多呈勁折方正之態，與晚年極力追求碑學線條之骨力、組織成崚峭險峻的結構相通。透過古典碑學上溯的歷程，在與古人相應和的時空對話裡，凝斂自身的氣度、成熟本我的面目、框架線質的追尋、融鎔筆墨的老成，從而體驗出虛實空間的挪移律動。故而他的作品，終能轉拙於渾穆老境，並體現在他對線條結構、筆法皴擦所蒼斂的山水質地。他此時構圖的密實與繁複的皴擦，在在表現出關注於「帶燥方潤，將濃遂枯」的點線交融。可以說，此時的江兆申，已然體會皴法勾線與線質骨力之間完全融合的法則，他所結構出的山塊肌理，實際已是繪畫與書法的抽象結構，就是空間布白，就是書、畫、印統合著人書俱老的敦厚樸質，（註44）也是延續自清代金石派之後，以書入畫思想下的筆力創造。

註42：見其1990年所作〈臨獵碣四屏〉書軸落款，收錄於《江兆申書法作品集》。台北：圓神出版社，1997，初版，頁142。

註43：巴東，《江兆申書法藝術之研究》。國立歷史博物館，93.8出版，頁74。依筆者觀點，此作頗能出入於明人風尚，尤其在行書卷的表現，當不亞於沈周、文徵明與唐寅之作，甚至遠溯唐、宋書家中亦多能比翼。

註44：關於江兆申書法的風格變化歷程，可參閱傅申，〈努力的天才——江兆申的書藝人生〉，《江兆申書法作品集》。台北：圓神出版社，1997。

五 江兆申的影響與藝術成就

我沒有為繪畫生多少名山向道之心，也沒有為自己設下期望畫得一定要有多好，我只是慢慢的畫，畫不好仍然繼續慢慢的畫，便像一道淡淡的蝸涎，緩緩的橫過階際。其實再細想，我一生的遭遇也莫不如此，又何僅是繪畫。——江兆申〈我的藝術生涯〉

任何一個時代的藝術，都是「風格創新」與「文化底蘊」相互折衝的結果，而創新除了具備開發可能的實驗性外，更需要持續的創作檢驗，以避免一再墮入窠臼。藝術創作的持續動能，必須建構在生命經驗、內涵與創作實力的兼顧，在實驗的可能性歷程後，更應是美學成果的躍升。回溯過往傳統的典範，無論是正面肯定或是負面引誡，都提供了演進歷程中人文思想的承載，認定傳統必然建立在因襲面目的表象，就誤解文化繁衍意義的力道。

中國知識份子在西方強勢文明入侵後，激進者倡導摒棄舊思惟文化，所代表的是「五四運動」以來的全面性反傳統主義，否定文人畫的價值，轉提倡以「院體畫」與西方寫實精神結合的中國畫改造。然而以社會革命思想引領個人藝術修爲，不免偏頗弊病，以至「中學爲體，西學爲用」的同時，實際卻已喪失「發揚傳統文化精髓」的能力。

藝術創作者在思想論述上所堅持的，絕對是建構在自身體悟的主觀價值，而以美學、歷史爲主導者，則是放眼於文化潮流思想的當代意義；但試想，藝術風格何時曾由理論家去引領呢？冷然以當代社會意識的論調，去踐踏文人價值爲附庸風雅的迂腐，或是在西潮制約的潛意識中，認定水墨傳統匱乏而加以「改革」，甚至意欲誤導破除形式、皴法即能彰顯水墨時代意義，實際上都缺乏對創作人格的回歸與反省。

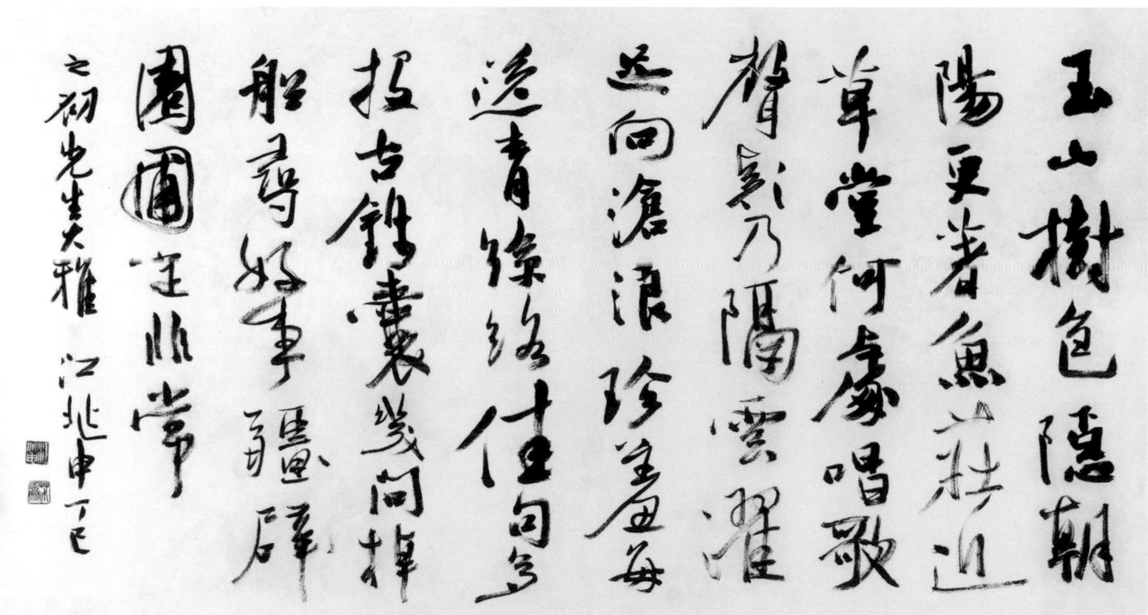

江兆申
行草書元人七言律詩
1977年
136×69cm

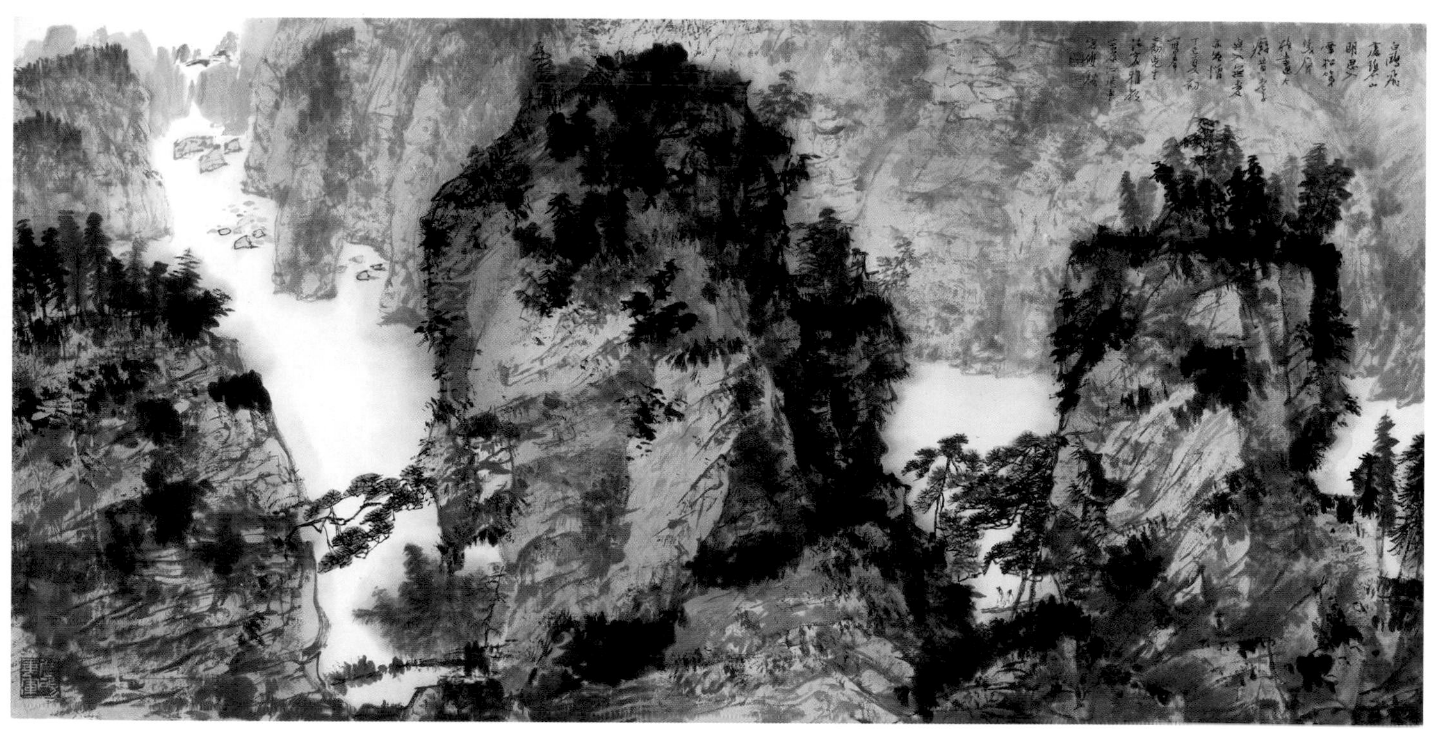

江兆申
碧山雲松
1977年
136×69cm
水墨設色宣紙

在改革大旗的號角聲中，我們不禁要質疑：在水墨當隨時代的意涵下，廿世紀是否累積過任何深沉的探索？所謂揚棄筆墨價值轉求以媒材形式的競逐，其藝術價值是否曾隨之精進？殊不知筆墨成就物像形質，而文人畫又多追求以質有而趨靈，靈性不足即在書畫藝事中缺乏氣格，以致產生了不少求新則野、泥古易俗的弊病。從百年來的水墨實驗看來，無論是技巧與形式的鑽研，或是藉由西潮引領陶淬者，往往是顧此失彼，也促使我們不得不深思自身的文化特質，如果不去除偏見採取中道以互補、印證相成，人文價值的崩解將無法再度建立典範。水墨畫歷經文人體系引領成就了藝術史，此一知識份子本然性格的驅避，既是文化特質也是典範成就，倘不為私利所致，又何需革命與斷裂？處在這樣的時代，處在廿一世紀的台灣，江兆申成為眞知灼見的特殊在於，他的創作源頭皆指向傳統文人觀念，卻能夠藉此創出嶄新的面貌，他的藝術無疑提供給創作者、評論家面對未來茫然乏力的再次醒悟。筆者以為，站在廿一世紀的起點上，江兆申的藝術成就至少提供了以下的思考：

（一）不隨世逐的自我堅持

文人思想的遞嬗，有其各自本質心性與內在涵養的孕育，而文人美學能平行於所處時代，自有其投射於文藝心理的寄託與因應，端賴於個人體悟與技巧鍛練。以當代教育普及化，是否能使每個受到高等教育洗禮者，皆具備知識份子的氣度，恐怕未必！因此可以說，文人心性與情思傳達，實際上是思想、美學、技巧缺一不可。必須省思的是，藉西方文明不斷以推翻再建構的觀點，看待東方重傳承、重筆墨精神的文化特質，是否顯現著文化霸權思惟下的狹隘偏頗？失去信心全面棄守，勢必將自身文化拱手讓渡而全盤盡沒！書畫傳統植基於人文的總和，是立足於歷史根源的重新思考

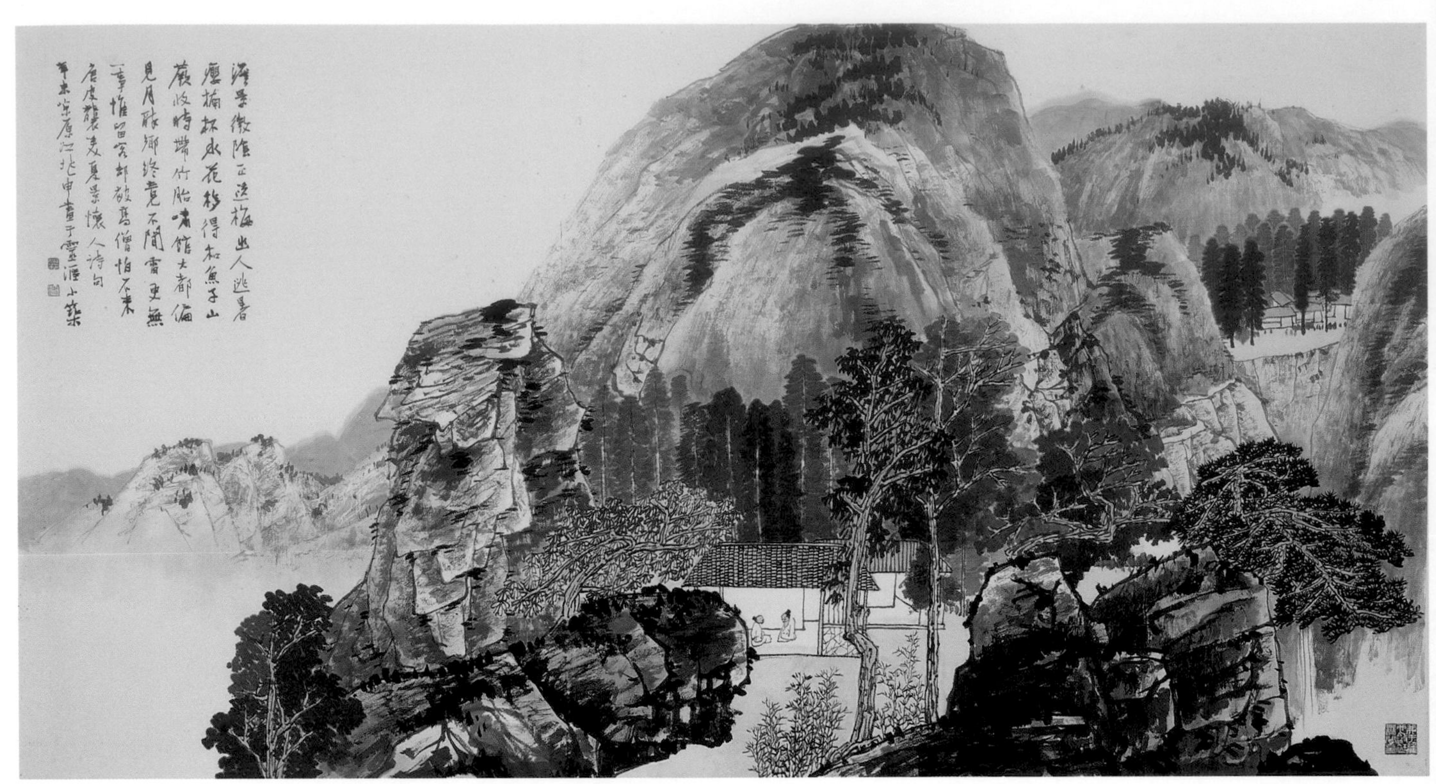

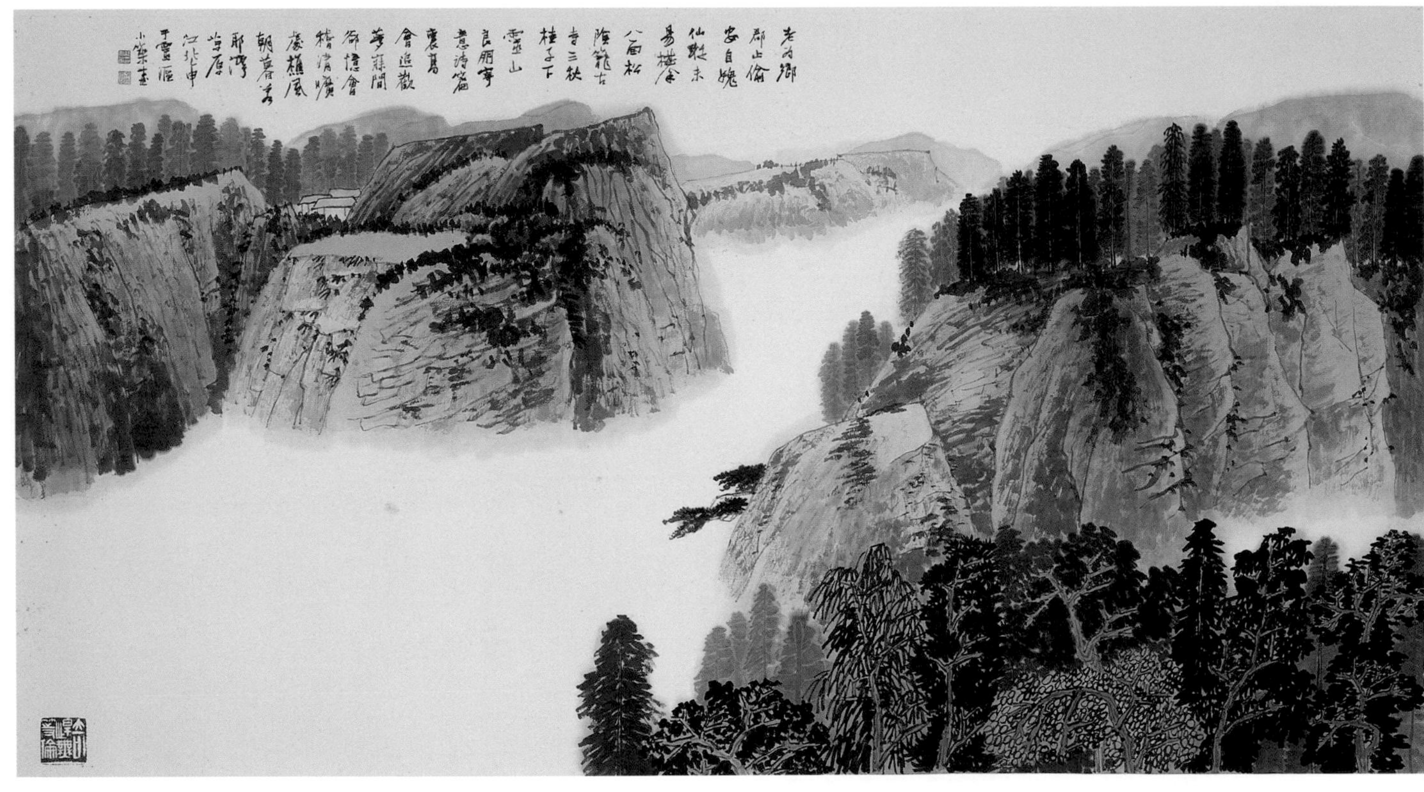

與創造而來，畫家必然透過不同時空的文化理解與思考，重新演繹出一套既熔古鑄今，又符合自身思惟的藝術法則。

因此，談論江兆申的繪畫，如果妄言他缺乏挪用、拼貼或抽象等等的「現代感」，確實是強以西方認知倨傲著東方文明的傳承。一路走來面對過外在潮流與藝術氛圍的變化，相信江兆申不會沒有徬徨與憂慮，只不過他面對生命境遇的困頓，很自覺一己歸往的藝術堅決，對時代逐好的起伏他自有定見，果斷於自身不足處的發狠鑽研，這一段過往的衝突與掙脫，似乎都泯沒在他山水面貌的表象下，使其書畫展現的內在精神，顯得如此孤傲而兀立，無疑的樹立出當代文人野逸精神的典範。

江兆申
四景山水
1991年
97×180.5cm×4
水墨設色紙本
（左右頁圖）

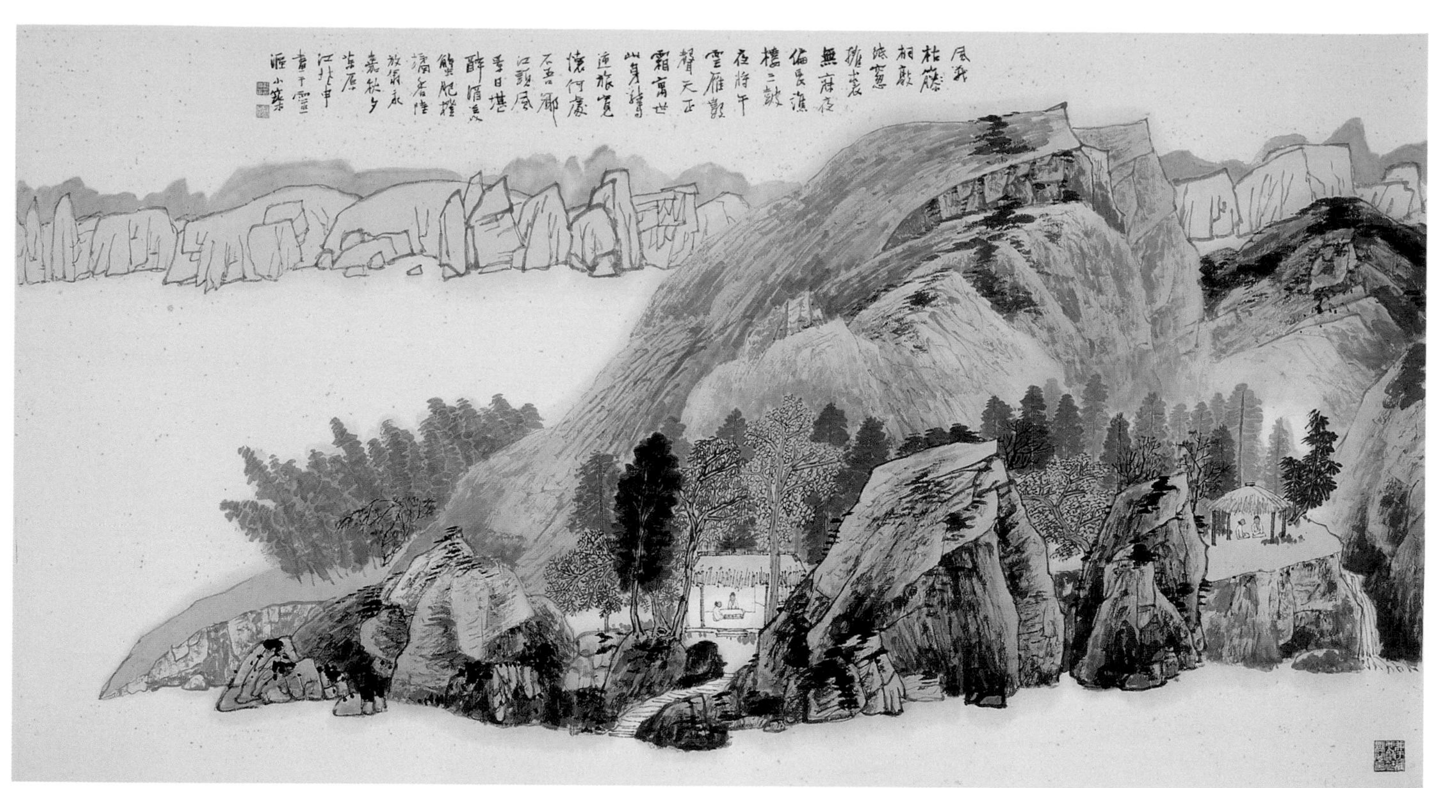

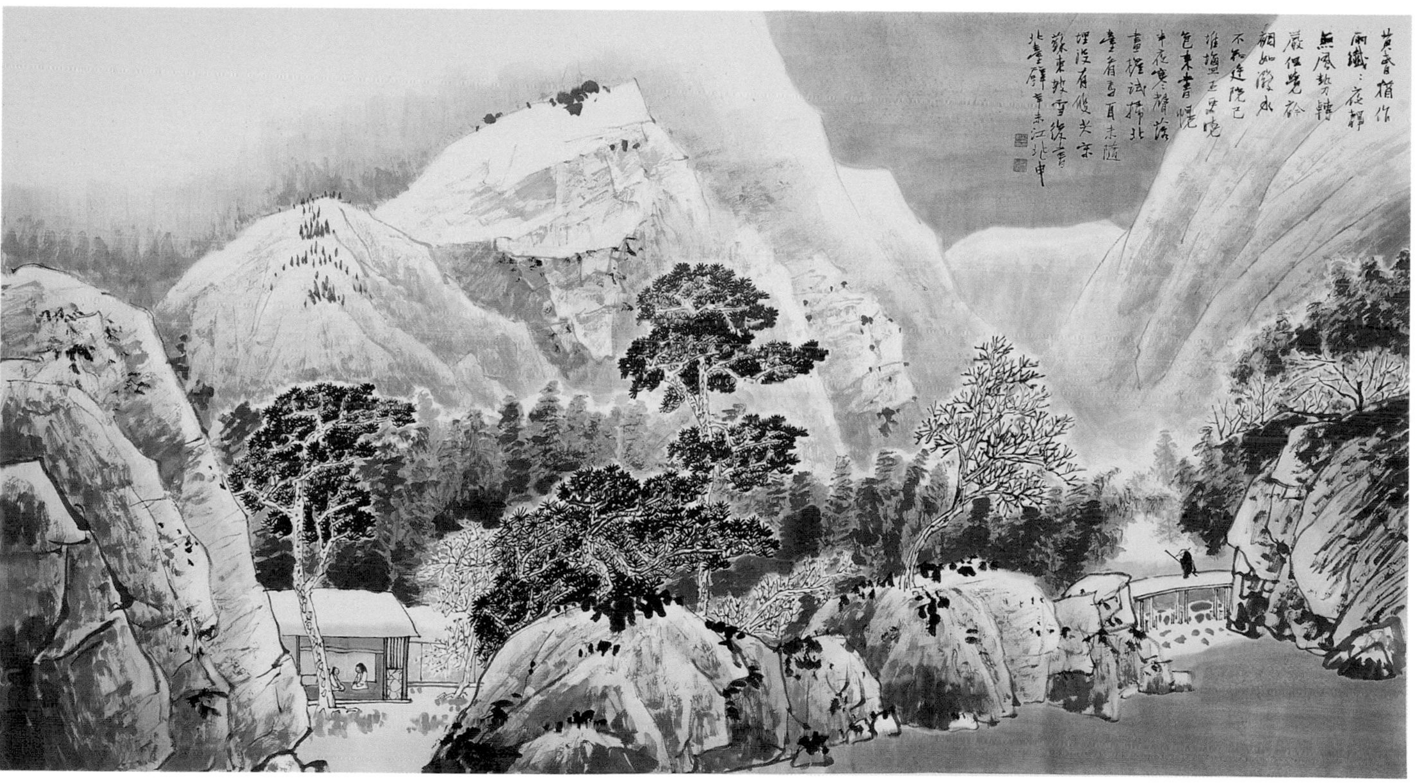

（二）畫格凌駕於形式的文人特徵

在江兆申所處的時代，他見證著東西文化間的差異，從自己提出的美術史論述與西方對應的關係上看，他純然了解不同文明在面對中國傳統繪畫論述上的觀點差異。但他不同於學院裡刻意造作的東西交融，以至於越形自卑的將水墨降格爲形式技法的更迭，他承繼的是自身對傳統的高度理解與信念，在創作上有意識的將前人語法變革消化，以鮮明出時代新意下的身形。

自古文人書畫看待人品與書格、畫格爲

不可分割的關係，對人品氣度的推崇也往往勝過作品形式。近代齊白石書畫的被敬重，即與其人格有關，李苦禪也常說：「人無品格，行之不遠，畫無品格，下筆無方。」平心而論，在廿世紀文人書畫美學的延續下，溥心畬雖於經學、詩文、書畫的功夫紮實，但個人在繪畫形式的開創性略顯不足，唯留與後世而為人所傾慕的，卻是他作品中散發的清健雅逸、冷冽嶙峋的個人氣質。因此，意欲述及形式創新的開拓，至溥儒恐是強弩之末，但相對於追求精神折射的氣度，溥心畬卻早已站上文人典範的高峰，這是西方論者所無法理解的筆墨人格。

江兆申雖承襲「寒玉堂」所蹈誨的涵養，但他的藝術實際上是透過傳統典範的深掘，轉換以自身生命際遇與情性的折射，才逐步跌宕其書畫中冷冽倔傲的情性伸展。可以說，探討江氏的畫作，不應僅只於行旅紀遊或是構圖形式的新舊，他無疑假藉著山水作為其生命歷程的寫照，其性格特質已然溢滿於畫面之外，可

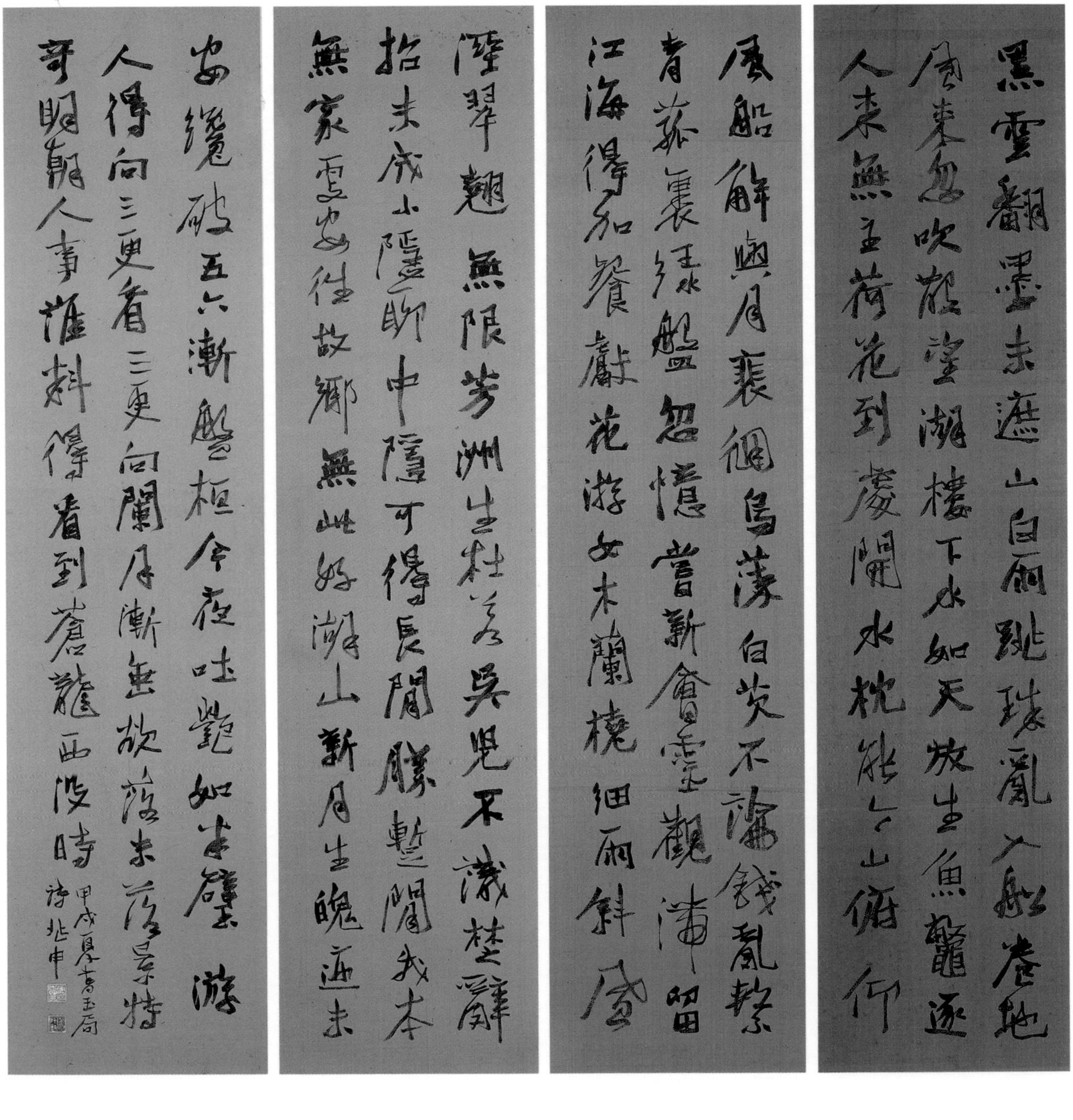

江兆申
四色宮絹蘇詩屏
1994年
136×32.7cm×4

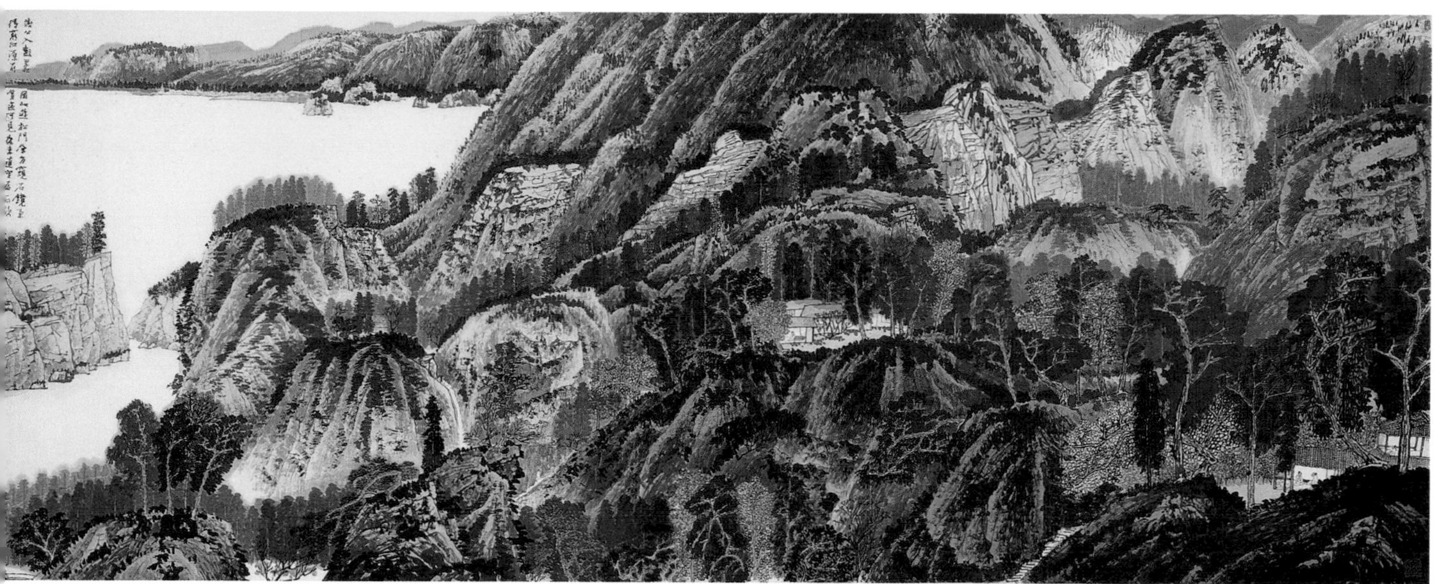

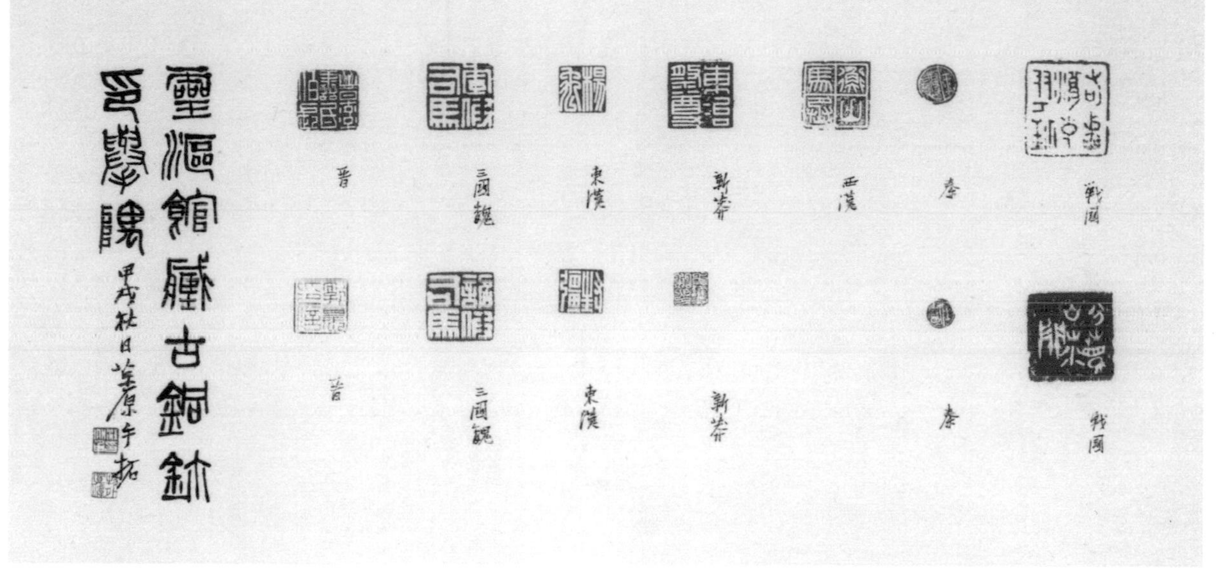

▌江兆申
彭蠡秋光
1991年
192×500cm
水墨設色紙本
（上圖）

▌江兆申
靈漚館藏古銅璽印舉隅
1994年
32×46cm
（下圖）

說是在歷代冷逸清峻的畫格上，繼倪雲林、漸江、八大山人之後的當代巨匠。

（三）寫生潮流裡重新回歸筆墨本質

水墨畫的寫生，在民國初年由徐悲鴻引領著改革的力量，採取了西方科學理性的寫實概念，雖某種程度將水墨從寫意率性回歸到理性的思考，卻也將筆墨性格的本質消磨殆盡。寫實固然能傳達對象的外形，卻終究無法呈現藝術的內在，近代林風眠、傅抱石、李可染雖同處在這一波的浪潮中，但他們在吸取西方經驗的同時，也結合著自然與人格情操的表現，使自己更趨近於東方思惟的表現。

五〇年代隨著政府遷台的水墨畫家，以概念化的「文人畫」傳統，套用記憶中的大陸山水符號，將水墨帶向病態遙想的低吟；而一九六〇年代抽象水墨，則試圖脫離對自然對象的觀察，拋棄筆墨精神特色，使作品失去假藉的物象依存，以致淪爲內容的蒼白空虛。此後，

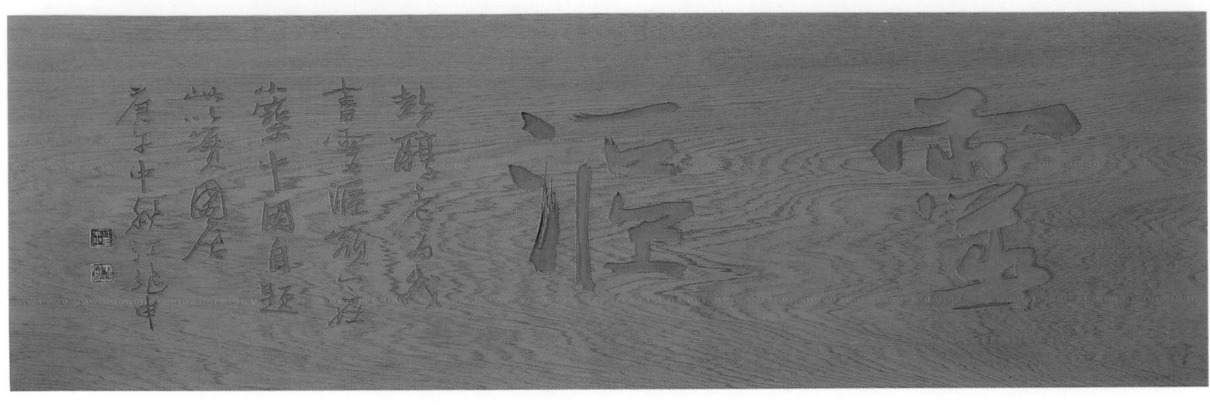

江兆申
「靈滬」木匾額
1990年
38×105cm

江兆申
「大方無禹」刻竹筆筒
1982年
14.5×9.2cm

由黃君璧、傅狷夫所引領的寫生教學，也不免在形式技巧的引導下，以單一視點的現場速寫、不求筆墨的埋頭紀錄，而漸次失去對畫意與畫境的思惟，使八〇年代乍起的鄉土運動至今未曾具備藝術價值。

從廿世紀初開始，水墨畫家都在思考著同樣的路線問題，諸如傳統皴筆與當代文明的接續問題？身處現代多元歧異的價值體系，該如何從本我的創作出發？新水墨語言該如何發揚而不至淪爲潛意識的囈語？從廿一世紀回顧，這樣的問題並沒有在過去百年間消失，反而更進一步啃噬、焦慮著藝術創作者的靈魂。歷經

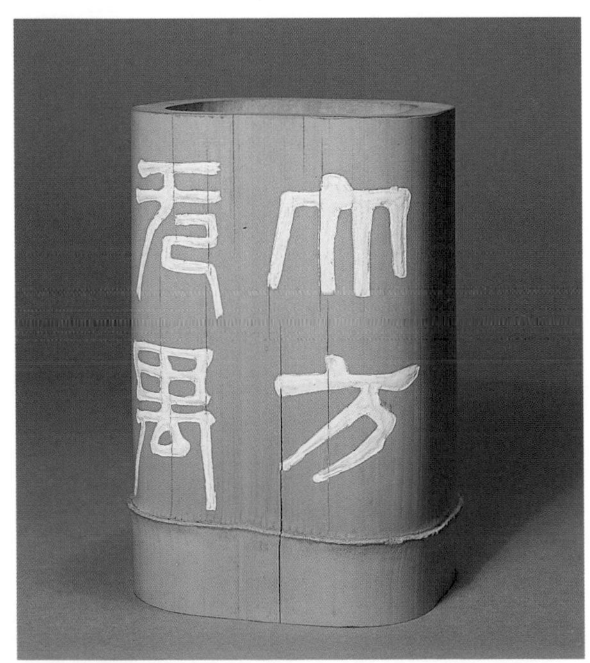

這些流派衝擊，江兆申選擇緩緩透過內在生命與文人傳統中汲取養份，使得他的藝術極富內在性靈，直至晚年創作之於寫生概念的實踐，是建立在對傳統意義與筆墨情性的理解上，確實與台灣當時所流行的寫生意念不同。

在江氏的作品中，頗多是針對多視點的聚焦與透視觀念的搏合，從前文所陳述他對於創作與藝術史脈絡的關聯，確實是經過自我深思熟慮所領悟的創作變革。因此可以下結論道：江兆申的藝術，是在自身的創作中，實踐了宋人丘壑的形質與崇高、元人筆墨的情性表徵，以及清代金石派以書入畫的整體延續。當然，這之於寫生時弊的矯正與建構，並非一朝一夕可得，從江兆申的花蓮寫生開始，歷經壯年時期對於自身美感的構築錘鍊，以至晚年之際的自然印證，他確實完成了屬於自己的時代難度與高度。

（四）變革中由傳統再出發的明燈

上個世紀中期以後，渡台的文人畫已然僵化，水墨所面臨的挑戰，從試圖對抽象的引鑑、鄉土寫生的普及、超現實拼貼的獎賽，到企圖割斷傳統臍帶的道隱蹤藏，這一段時空的潮流似乎風起雲湧，使水墨傳統看似岌岌可

危，然而千濤拍岸的激情過後，歷經數十載高瞻遠矚的意識批判，卻似乎也是雲煙過眼。

當代藝術家經常墮入特定時空的思考中無法自拔，殊不知所謂當代的創造性，其實在藝術史上從未脫離過對傳統的吸取或批判，因此諸如張大千、江兆申、余承堯等人，在他們所屬的時代中非但未曾身陷渦漩，反而以其個人力量創造出一個時代的表徵，這無疑給當代汲營於形式創新的藝術家們一記當頭棒喝！

江兆申立足在故宮的高點，引領當代書畫傳統的學術研究，他的動靜一定程度影響著同時的水墨創作者，可以說是廿世紀後期引領文化延續與創新的精神領袖。在他輻射下所激盪的相互淘淬，已形成台灣當代書畫界的重要典範，諸如其入室弟子陶晴山、周澄、李義弘、呂淑珍、顏聖哲、莊澄欽、蔣貞良、曾中正、羅培寧、許郭璜、古村俊二、王清河、侯吉諒、李螢儒等；與他在故宮任內或執教台大、文化兩所院校所影響者，如林柏亭、王耀庭、朱惠良、何傳馨、陳葆眞、顏娟英、嵇若昕、蔡玫芬、蔡和璧、周哲、小魚（陳正隆）、倪再沁、陳永模等，幾乎是渡海三家後，在台灣擴散影響最大的一脈。而他的成就，也正是數十年來水墨面臨時代變革的潮流裡，歷經種種對西方的移植、模擬與形式空洞的貧乏過後，重新引燃著由傳統再出發的明燈。

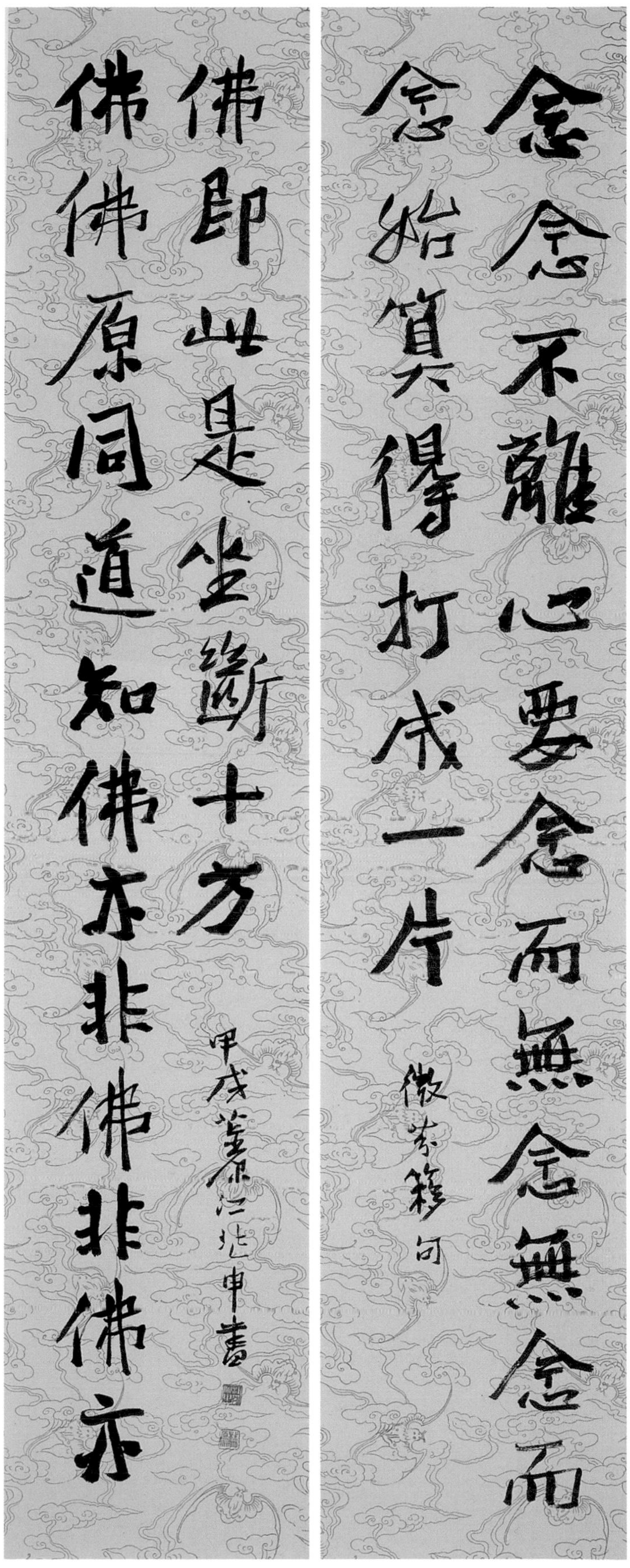
念念不離心要念而無念無念而
念始算得打成一片
微芬簃句
佛即此是坐斷十方
佛佛原同道知佛亦非佛非佛亦
甲戌叢篆江兆申書

江兆申
行書廿一言聯微芬簃句
1994年
137×27.5cm×2

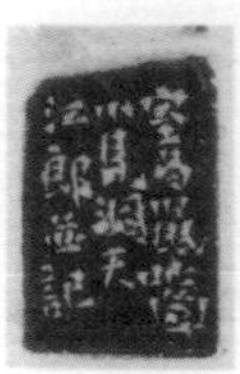

小有洞天之室

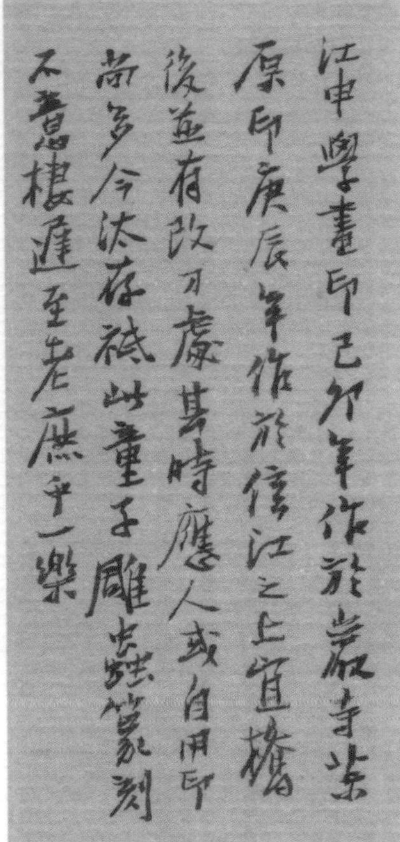

江申學畫印己卯年作於嚴寺紫
原印庚辰年作於信江之上宜櫓
後並有改刀處其時應人或自用印
尚多今汰存祗此童子雕蟲篆刻
不意棲遲至老應乎一樂

江申學畫．椒原

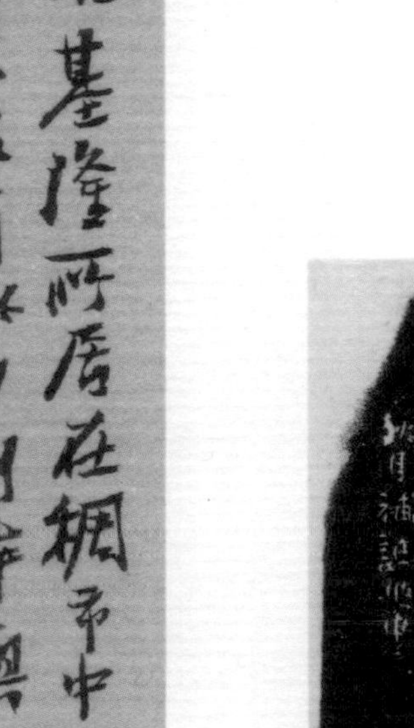

暮雲山館基隆所居在桐帝中
而鄉間背皆山故有此印刻時與
崇原鉢一印後先當在壬辰時

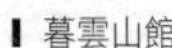

暮雲山館

猶有蓬之心語出莊子蓬野草也莊
子又云蓬生麻中不扶自直則知蓬之性
拳曲而不暢直是則文義可知矣
此印凡兩刻第一刻之心二字相疊[似人]志字
第二刻離而曲之恩或可辨也然觀者猶
讀志蓋志之為字本之志心合文安可強哉

猶有蓬之心

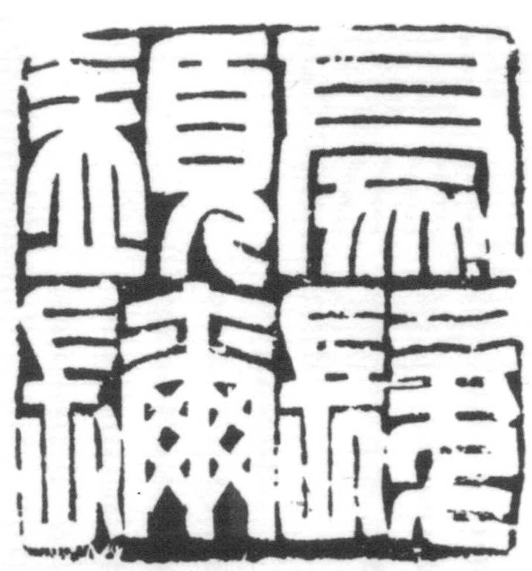

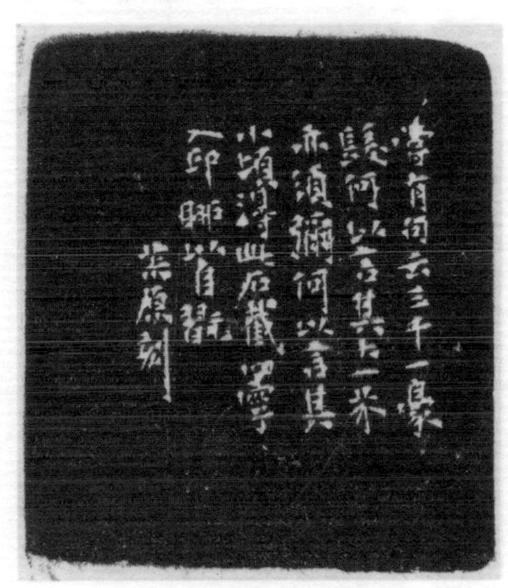

豪髮須彌

呼我為牛

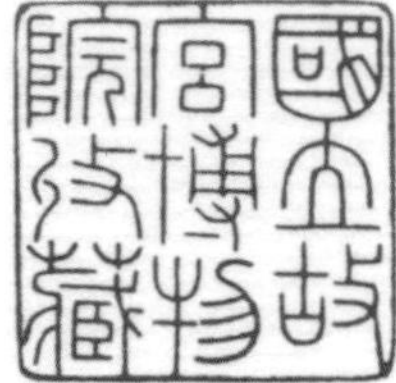

此印入故宮時蔣慰堂院長屬
刻專為圖書文獻處典藏古
籍鈐朱者見當時目力大異于今

國立故宮博物院收藏

青山杉雨氏得元楊廉夫草書張氏
通波阡表卷極精遂名其齋曰獲廉
囑刻此印鈐于卷上後與所藏元明清
三代書法名蹟卅一件寄贈東京國立博物館

獲廉齋

江兆申讀書校碑平畫

靈衣鏡裏紫鮫綃　墨池飛出北溟魚

追逐世好稱書工

兆申椒原書畫　無廖心膽醉時真

老大意轉拙

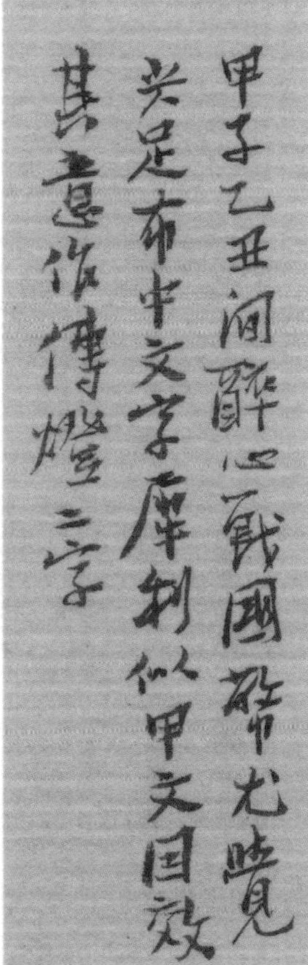

傳燈

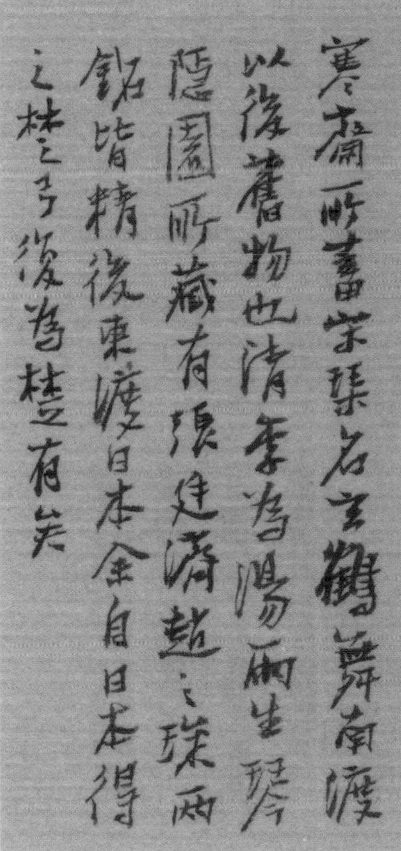

玄鶴舞

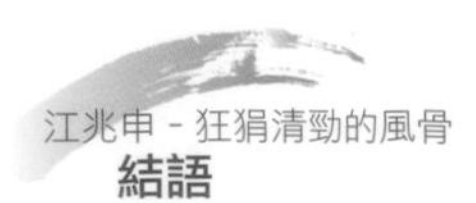

六 結語

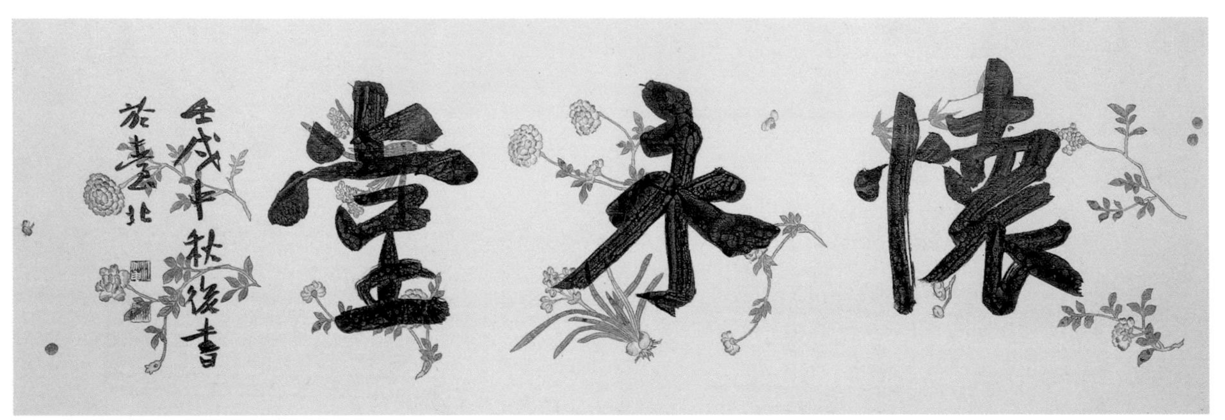
懷永堂
壬戌中秋後書
於臺北

江兆申
懷永堂
1982年
舊蠟箋紙

水墨畫歷經上個世紀的傳承與變異，在廿一世紀初的觀察中已然歸納出「純種水墨」、「異種水墨」、「變種水墨」（註45）三種動向，而這三種動向所形成的各自表述，正方興未艾且持續進行著。然而，藝術究竟是要以觀念理論先行的修辭學爲方向，或是要回歸藝術內化的純然意識？這已是水墨創作者務必自行釐清的課題。

回溯水墨畫所經歷的百年焦慮，縱使兩岸名家輩出，仍不免被譏爲東方封閉文化下的民族主義情懷，究其原因不只是水墨傳統的深沉與難度，恐怕還潛藏著西潮革新淺識下的偏見。然而水墨畫終究要面對傳統與未來的延續，不能因現代化的箍咒而失去對傳統文化價值的肯定，與筆墨人格氣度的彰顯。

當前台灣面臨著現代化狂潮與海洋性格使然，使傳統文化不斷受到西方潮流衝擊而無法積澱。江兆申以其所學，能擺脫短暫流行的淺薄，鑽研著自身對繪事的高瞻遠矚，其中存在的是精闢的定見與膽識；在當代能推陳出新，且能把筆墨、把造型元素延伸至石濤「一畫見性」的境界者，恐怕唯有江兆申一人。

近代美術教育的普及，透過新式科學、理性分析的教育導向，削弱了傳統以氣韻、境界識別水墨的神采，結果使世代交替下的水墨畫家追逐著光影形象與理念修辭，而漸次消弭了對於內在性格的渴求。廿世紀末一度流行的新文人風潮，就是失落在求新求變下，缺乏傳統深度以至無疾而終；竊以爲，所謂的「新」應是在時代脈絡氣息下的不同，如果僅存於口號的天人合一或形式的虛實相映，終無法掩蓋那潑墨趣味下的蒼白乏力。

江兆申以個人學識與藝術史的通會，成

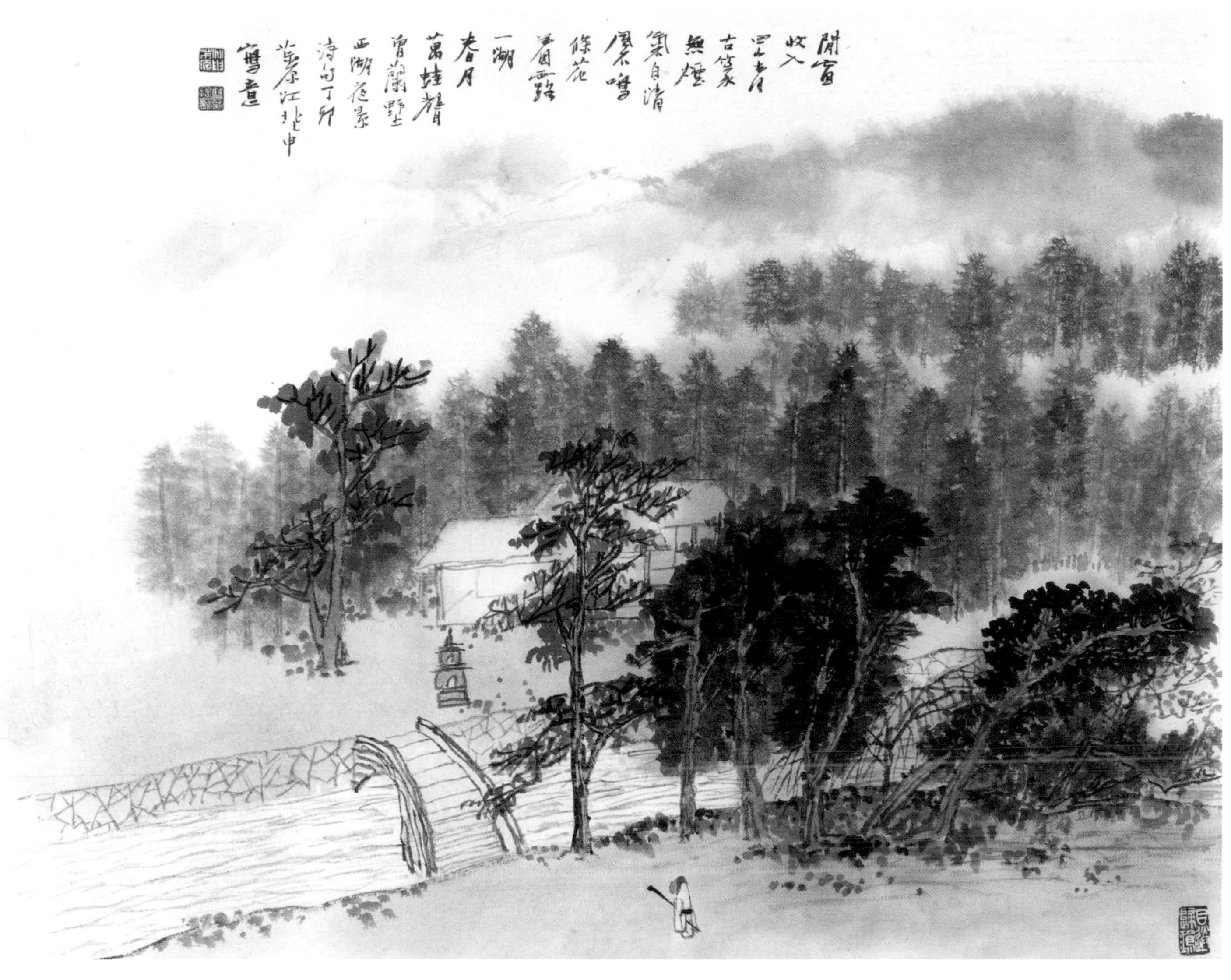

江兆申
西湖詩意
1987年
48.5×61.8cm
水墨設色楮皮紙

就了他的創作體系，比同時代的畫家更多對古典的認識與印證，他無疑在這個時代成為一種指標與例證：透過傳統書畫之於皴法結構的掌握，透過書法布局之於線質擒縱的啓沃，他開展著屬於這個時代風貌的筆墨情性，以一己力挽狂瀾，讓水墨畫的焦點重新回到筆墨本質，放眼日後華人學術的交流與激盪，江兆申的成就勢必將散染出更大的影響與超越。

一直以來筆者就堅信，藝術創作要面對的，除了要跳脫自身師承之外，並非只是無止盡的開創與前進，而是去理解一種深刻文化在激情與理智間，歷經淬鍊而存留的動人意境，畢竟生命的孤寂與失落，都能激發出創作者掙脫的慾望，去掙脫的不僅是傳統的束縛，也包含許多對現代潮流茫然浮沉的迷思。以此而論，江兆申所開展出來的新視野，雖然僅影響了少部分台灣當代水墨創作者，但沉淪已久的筆墨精神已被喚醒，勢必將引燃出水墨藝術復古創新的火光。

註45：高千惠，〈接龍——全球化中的水墨觀念與立論〉，《藝種不原始》。台北：藝術家出版。頁114。

七 江兆申生平大事年表

1925年 一歲。乙丑年八月，生於安徽歙縣巖寺。

1931年 七歲。入小學，不慧，斥歸，侍母學書。冬，從吳仲清讀。偶事雕刻。

1932年 八歲。從三舅父方叔甫讀，學庸畢，冬，至上海，偶作畫。

1933年 九歲。侍父讀，畢論語，為人書扇及聯，頗受老輩獎譽，隨四舅父謁黃賓虹。

1934年 十歲。歸。秋，入小學四年級，偶為人治印。受鄧散木稱賞。

1935年 十一歲。小學四年畢，輟學，鬻印補助家用。為鮑月帆鈔金石款識。

1936年 十二歲。鬻印，刻碑，見張翰飛作畫。

1937年 十三歲。為許疑龕太史補杜甫草堂詩集，成，太史贈之以詩，云：「吾鄉江安甫，早師張皋文，十四授禮經，卓然稱博聞。今汝所居室，乃昔張氏館，晨起開軒窗，潁水明照眼。亭亭擢奇秀，十三工作書，腕力漸勁健，篆刻亦已劬。古來干霄材，皆自尺寸始，願汝學有成，博汝父母喜。」

1941年 十七歲。作〈圓光散記〉一文，受興國謝德徵知賞，請同邑舉人郭鑑存為之改文。偶亦作詩，鮑倬雲錄為詩弟子，惟所做絕少。

1949年 廿五歲。渡海來台，讀陸游劍南詩鈔，作詩漸多。

1950年 廿六歲。冬，投書溥心畬求錄為弟子，學畫，獲覆書云：「江君鑒，久游歸來，承君遠辱書問，觀君文藻翰墨，求之今世，真如星鳳。儒講授之餘，祇以丹青易米而已。讀君來詩，取徑至高，擇言至雅，倘有時來此，至願奉接談論。」始謁溥心畬於台北，時任教基隆。

1951年 廿七歲。讀杜詩全集、昭明文選、莊子、淮南子、呂氏春秋、柳河東文集、謝朓集、列子。

1952年 廿八歲。讀資治通鑑、庾信、韓愈、李商隱諸家集。

1957年 三十三歲。自基隆遷宜蘭，讀四史。

1959年 三十五歲。自宜蘭遷台北，讀蘇軾、黃庭堅諸家集。

1965年 四十一歲。五月，在台北中山堂舉行首次個展，展出書畫六十件，及印拓六冊。九月，供職國立故宮博物院，任副研究員。

1967年 四十三歲。發表〈楊妹子與馬遠之畫〉一文。

1968年 四十四歲。四月，發表〈六如居士之身世〉一文。七月，發表〈六如居士之師友與遭遇〉一文。遊蘇澳、花蓮、天祥，歸，作《花蓮紀遊冊》十二開。十月，發表〈六如居士之遊蹤與詩文〉一文。十一月，遊阿里山，歸，作紀遊冊八開。十二月，美國安娜堡密西根大學中國文化研究所年會，以〈六如居士之身世〉一文列為主要論文，通過以客座研究員身份邀請訪美一年。

1969年 四十五歲。一月，美國安娜堡密西根大學藝術史系主任艾瑞慈博士來訪。發表〈六如居士之書畫與年

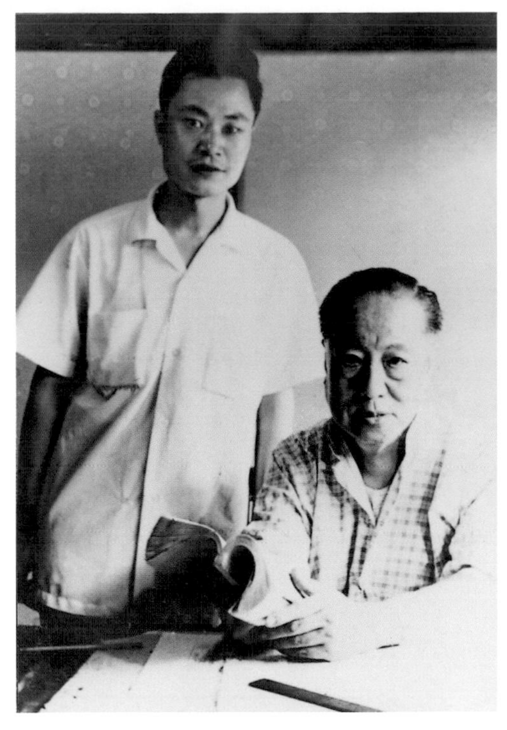

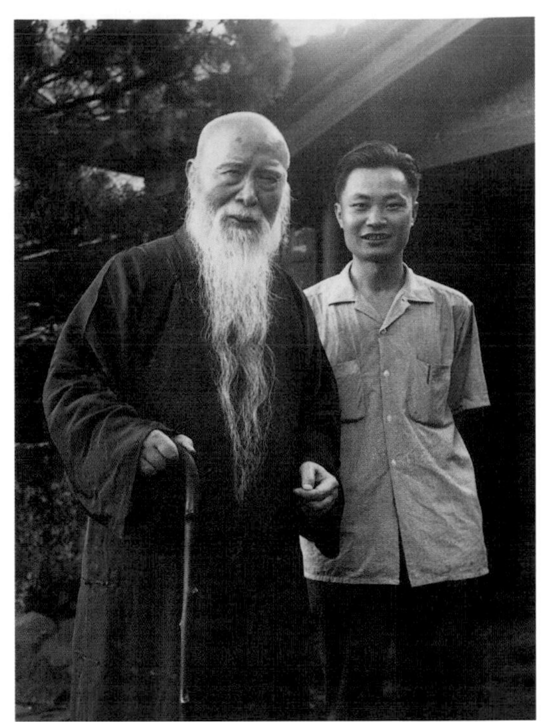

江兆申（左）與溥心畬合影（左圖）

江兆申（右）與于右任合影（右圖）

譜〉一文。七月，發表〈關於唐寅一聞知商榷〉。陞任研究員。八月卅一日，應美國國務院之邀，啟程赴美，參觀帝昂博物館藏品於舊金山，九月初，抵安娜堡。九月底，參觀堪薩斯城納爾遜博物館。十一月，六如居士四文，合為《關於唐寅的研究》一書，獲嘉新優良著作獎，《花蓮紀遊冊》十二開，獲中山文藝獎。十二月下旬，赴華府，參觀弗瑞爾博物館庫藏。

1970年 四十六歲。一月中旬參觀費城博物館、費城大學博物館、普靈斯頓大學博物館。四月，發表〈從畫家構圖意念來看中國山水畫的舊有進展〉一文。至紐約，參觀顧洛阜氏大都會博物館收藏，轉波士頓，參觀波士頓藝術博物館，哈佛大學博物館收藏，及燕京社書庫。赴加拿大，參觀多倫多皇家博物館，遊尼加拉瓜大瀑布。五月，再赴紐約，參觀翁萬戈氏收藏。七月，再赴紐約。八月卅日，啟程返國，九月一日至國立故宮博物院報到。留美一年，完成十六世紀蘇州地區畫家活動情形研究卡三千張，正本存密大資料室，複製副本攜歸，歸國後復補成研究卡八百張。九月廿五日，在國立故宮博物院舉行旅美作品展，為個展中第二次，內容包涵詩、書、畫，約共六十件，總統夫人親臨觀賞，評畫「秀而能厚」。

1971年 四十七歲。整理研究資料、泐成文徵明年譜。四月，發表文徵明年譜第一卷。七月，發表文徵明年譜第二卷。十月，得陳淳草書卷。發表文徵明年譜第三卷。

1972年 四十八歲。一月，發表文徵明年譜第四卷。四月，發表文徵明年譜第五卷。在台北春秋藝廊舉行第三次個展，展出書畫共五十八件。七月，發表文徵明年譜第六卷。遊阿里山。九月，任國立故宮博物院書畫處處長。

1973年 四十九歲。三月，編輯《元趙孟頫墨蹟・上》。五月，遊韓國，主持故宮珍藏在漢城展出兩週。在故宮主辦「吳派畫九十年展」第一期，在五月份展出。展出作品，以沈周為主，唐寅、文徵明為副。九月，再度遊美，參加華府弗瑞爾美術博物館開館五十週年紀念典禮，及中國人物畫特展開幕式，中國人物畫討論會，並訪問密西根大學、紐約大都會博物館、堪薩斯城納爾遜博物館、加州大學及紐約私人藏家翁萬戈、顧洛阜。十一月下旬，「吳派畫九十年展」第二期展出，以文徵明為主，唐寅、仇英、陳淳、陸治為副。艾瑞慈教授專程自美來台，留故宮三週，參觀一、二兩期「吳派畫展」，並對沈周、文徵明畫定年方面，提供若干意見。

1974年 五十歲。五月，「吳派畫九十年展」第三期展出，以文徵明為主，仇英為副。六月，以〈依巖〉二字巨榜，獲教育部六十三年書法獎。編輯《元趙孟頫墨蹟・下》、《元鮮于樞墨蹟》、《元人墨蹟集冊》、《宋畫精華》。

1975年 五十一歲。五月，應日本產經新聞社邀請，書海社協贊，在日本銀座中央美術館舉行書畫展覽，並印行《江兆申詩文書畫篆刻選目錄》。八月，應邀參加香港中文大學中國文化研究所文物館舉辦明遺民書畫研究會，並參觀私人收藏。編輯《文徵明墨蹟》、《董其昌墨蹟》、《明人墨蹟集冊》、《文徵明畫繫年》。

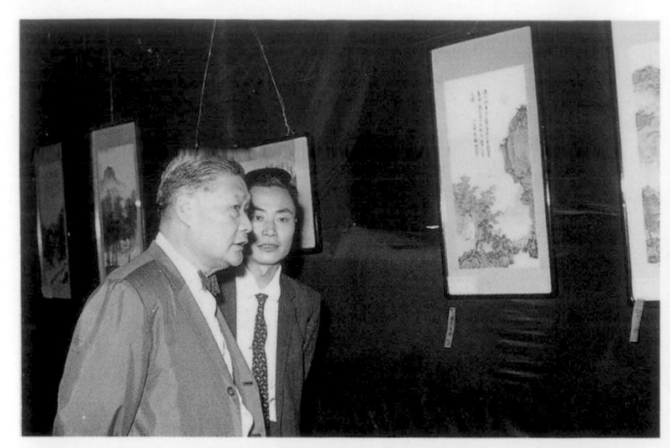

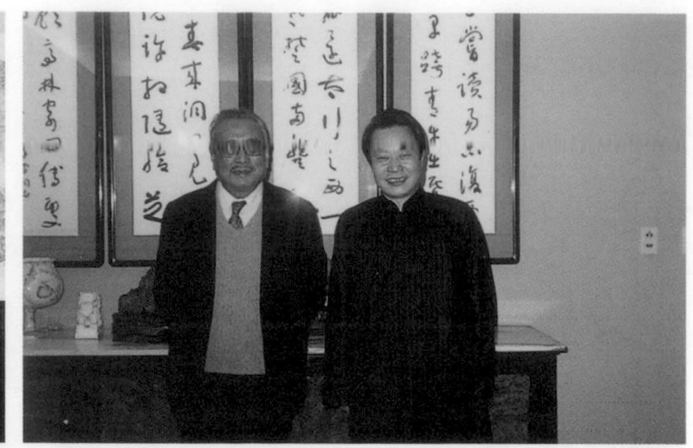

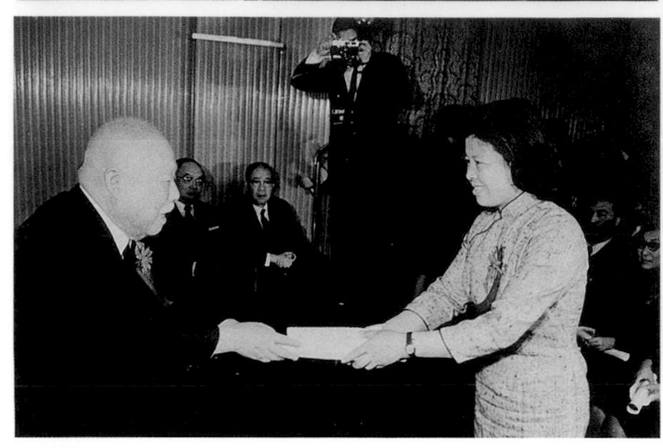

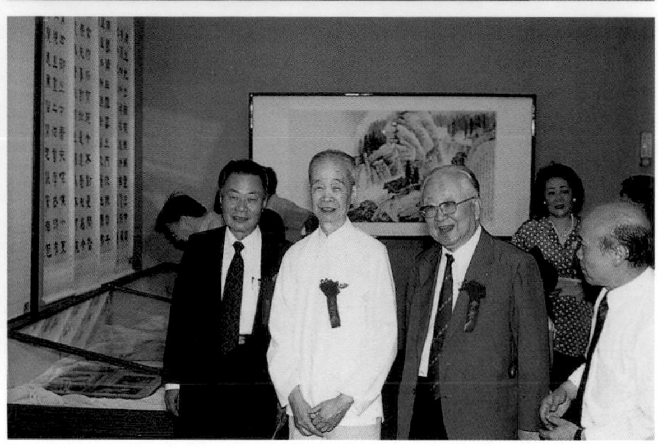

1965年，江兆申於台北中山堂舉行首次個展，與葉公超合影。（左上圖）

1969年，《花蓮紀遊冊》十二開，獲中山文藝獎，由夫人章桂娜代表領獎。（左下圖）

江兆申（右）與臺靜農合影於台北不爭齋（右上圖）

1993年江兆申於北京中國美術館個展時，與楊新、啟功、徐邦達諸位先生合影。（右下圖）

1976年 五十二歲。一月，應美國安娜堡密西根大學藝術史系邀請，赴美參加文徵明書畫討論會，並發表論文。二月，訪問參觀美國各大博物館及私人收藏，並遊日本、香港。三月歸國，完成〈東西行腳〉一文。四月，與青山杉雨、古村甍齋合編《林伯壽先生藏蘭千山館書畫目錄》，日本二玄社出版。

1977年 五十三歲。六月，發表〈山鷓棘雀，早春與文會（談故宮三張宋畫）〉一文。七月，兼代國立故宮博物院副院長。八月，應日本書海社邀請，赴日參觀所舉辦之書法展覽。

1978年 五十四歲。八月，赴韓接受慶熙大學贈授文學榮譽博士學位。十一月，韓國東亞日報舉辦張大千畫展，陪同大千再度赴韓。任國立故宮博物院副院長兼書畫處處長。

1980年 五十六歲。五月，應韓國亞東日報社之邀在漢城世宗會館舉行「江兆申畫伯特別展」。展品印成《江兆申作品集》一書。

1984年 六十歲。十月，台北阿波羅畫廊舉行江兆申畫展。

1985年 六十一歲。五月，參加美國紐約大都會博物館舉辦以「文字與圖像：中國詩、書、畫之間的關係」為主題之國際討論會，並發表〈從唐寅的際遇來看他的詩書畫〉一文。會後經斯德哥爾摩、巴黎、倫敦、羅馬、新德里在各大博物館提件參觀。十月，發表〈朱晦翁易繫辭〉一文。

1986年 六十二歲。四月，應香港中文大學新亞書院之「一九八六年龔雪因訪問學人計畫」邀請，主持學術講座，發表「談中國文人畫」一文。五月，至東京，主持僑領林宗毅捐贈國立故宮博物院文物初審工作。

1987年 六十三歲。作丈二大幅山水及《杉林溪紀遊冊》十二開。

1988年 六十四歲。四月，印行《江兆申戊辰山水》一、二兩冊。五月，應日本東京大乘淑德學園大學部邀請發表演講，講題為「中國文人畫」。五月九日至十四日，應日本東京橋壺中居邀請，舉辦書畫展，並印行展覽作品目錄。十月，應邀赴韓國國立現代美術館發表演講，講題「論張大千的山水畫」。

1989年 六十五歲。十月，〈深山急澗〉為台北市立美術館收藏。

1990年 六十六歲。一月，出版《唐詩書畫合冊兩種》。十二月，於國立歷史博物館舉行盛大個展，展出各期書畫精作六十二件（一百餘張），並出版全部作品圖錄。

1991年 六十七歲。一月，於台北清韵藝術中心舉行「江兆申書畫展」。九月，自國立故宮博物院退職。

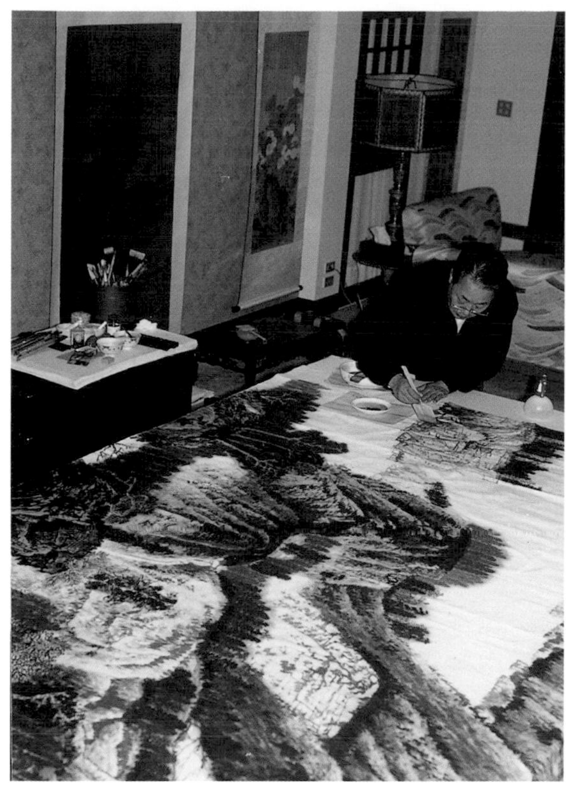

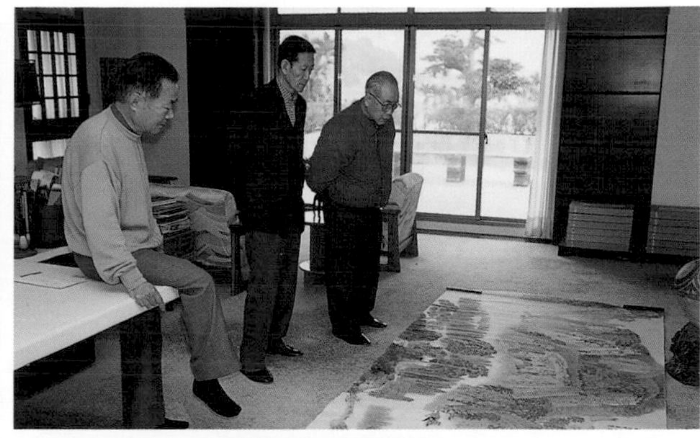

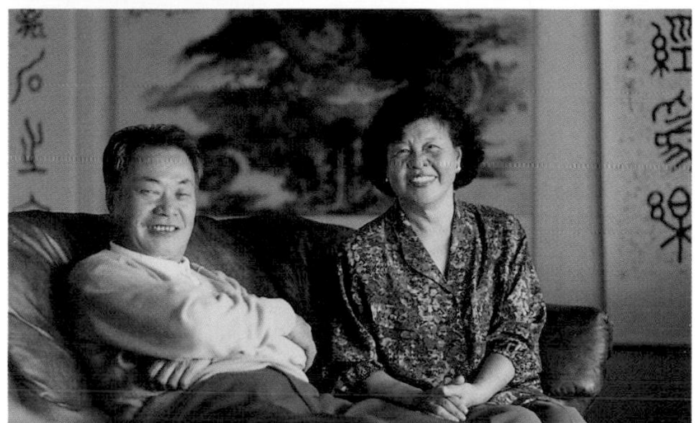

1991年，江兆申作丈六大幅山水〈彭蠡秋光〉於埔里揭涉園（左圖）

1996年，江兆申與吳平、李大木二位先生於埔里揭涉園。（右上圖）

江兆申與夫人合影於埔里揭涉園（右下圖）

1992年 六十八歲。五月，《戊辰山水冊》為大英博物館收藏。十月三十一日，於台北市立美術館舉行「江兆申書畫展」，為期三個月，並出版全部作品圖錄。

1993年 六十九歲。八月，「江兆申書畫展」繼台北市立美術館跨年展後，就展品中簡選五十件巡迴展出，首展在北京中國美術館。除參觀故宮收藏及近郊諸名勝外，歷覽居庸關，登八達嶺、金沙嶺、長城，並遊承德、外八廟、避暑山莊。九月，續展於安徽省黃山市博物館。展拜先祖先嚴慈塋地，初遊黃山。並出版作品圖錄。

1994年 七十歲。一月，「江兆申書畫展」在香港藝術中心展出。六月，在新加坡文物館展出，主持揭幕並遊覽。出版作品圖錄。五月，黃山白雲溪景區摩崖石刻「臥石披雲」四大字竣工，應邀遊山並勘察石刻。順道遊姑蘇太湖諸名勝。

1995年 七十一歲。八月廿二日起，應邀在遼寧省博物館舉辦個展，為期兩週。共展出書畫近作四十件，並出版作品圖錄。

1996年 七十二歲。四月廿九日起，參觀遼寧省博物館收藏及近郊北陵、東陵諸名勝外，登千山、醫巫閭山，並遊北寧、哲里木盟、西林格勒牧區、柯爾沁牧區。五月十二日上午九時，心肌梗塞猝逝於瀋陽魯迅美院演講席中。五月三十日，骨灰移送台北縣萬里鄉靈泉禪寺天祥寶塔奉安。八月，於上海美術館舉行「江兆申書畫展」，展出作品一百零八件，並出版《江兆申書畫集》。

1997年 六月廿一日起，於台北市立美術館舉行「江兆申逝世週年書畫展」，為期三個半月。出版《江兆申楷書集》、《江兆申行書小楷集》、《江兆申書法作品集》、《江兆申篆刻集》、《江兆申先生紀念集》、《靈漚類稿》。

2001年 十二月，國立台灣美術館主辦「江兆申精品展——游蹤畫意」於巴黎台北新聞文化中心。

2002年 四月至十月，國立故宮博物院、台北藝大關渡美術館、鴻禧美術館、高美館聯合舉辦「嶽鎮川靈——江兆申書畫藝術展」，並出版作品圖錄三冊。故宮並與關渡美術館合辦「江兆申書畫藝術國際學術研討會」。

2006年 八月，國立歷史博物館舉辦「靈漚傳緒——江兆申書畫紀念展」，並出版作品圖錄。

2010年 三月，「台灣近現代水墨畫大系——江兆申卷」，藝術家出版社出版。四月，國立故宮博物院接受江氏遺孀章桂娜女士捐贈書畫作品六十件、印章五十方，並舉辦「椒原翰墨——江兆申夫人章桂娜女士捐贈書畫篆刻展」。

國家圖書館出版品預行編目資料

〔台灣近現代水墨畫大系〕江兆申──狂狷清勁的風骨
= Contemporary Taiwanese Ink Painting Series / 吳繼濤 著. -- 初版.--
台北市：藝術家，2010.03 面：21×29公分

ISBN 978-986-6565-76-2（平裝）

1. 江兆申 2.畫家 3.學術思想 4.台灣傳奇 5.藝術評論

940.9933 99003602

〔台灣近現代水墨畫大系〕

Contemporary Taiwanese Ink Painting Series

江兆申──狂狷清勁的風骨

吳繼濤 著

圖版提供 李螢儒

發行人 何政廣
主編 王庭玫
責任編輯 謝汝萱
美術編輯 張紓嘉

出版者 藝術家出版社
台北市重慶南路一段147號6樓
TEL：（02）2371-9692～3
FAX：（02）2331-7096
郵政劃撥：01044798 藝術家雜誌社帳戶

總經銷 時報文化出版企業股份有限公司
倉 庫：台北縣中和市連城路134巷16號
電 話：（02）2306-6842

南部區域代理：台南市西門路一段223巷10弄26號
電 話：（06）261-7268
傳 真：（06）263-7698

製版印刷 欣佑印刷
初版 2010年03月
定價 新台幣600元

ISBN 978-986-6565-76-2（平裝）
法律顧問 蕭雄淋

行政院新聞局出版事業登記證局版台業字第1749號